KI mit Office

Das Praxisbuch

Wolfram Gieseke

Markt+Technik

ISBN 978-3-98810-073-3

Produktmanagement Christian Braun, Burkhardt Lühr
Lektorat, Herstellung Jutta Brunemann
Covergestaltung David Haberkamp
Coverfoto © PhornpimonNutiprapun – Adobe Stock
Druck Himmer GmbH Druckerei & Verlag, Augsburg
Printed in Germany

Vorwort

Künstliche Intelligenz ist gerade dabei, unseren Arbeitsalltag zu revolutionieren. KI-Assistenten wie Copilot, ChatGPT oder Perplexity verfügen nicht nur über gigantisches Wissen, sondern beherrschen auch Sprache(n). Dadurch verstehen sie nahezu beliebige Anweisungen und liefern maßgeschneiderte Ergebnisse zurück. So werden sie zu virtuellen Mitarbeitern und Kollegen, die Aufgaben in Sekunden bewältigen, für die man selbst womöglich Stunden gebraucht hätte.

Insbesondere, wer tagtäglich mit Office kommuniziert, Texte erstellt, Zahlen bearbeitet oder Präsentationen vorbereitet, kann von der Unterstützung durch KI-Assistenten enorm profitieren. Auch deshalb hat Microsoft sein Copilot fest in das aktuelle Microsoft 365 (ehemals Office 365) integriert, was dessen Nutzung besonders komfortabel und effizient macht. Ich zeige Ihnen aber auch, wie Sie beliebige andere KI-Bots nutzen können, um deren Ergebnisse in Ihre Dokumente zu integrieren.

Wenn Sie wissen möchten, wie Sie mit KI-Hilfe Ihre Office-Aufgaben schneller und effizienter bewältigen können, dann ist dieses Buch genau das richtige für Sie. Schreiben Sie bessere Texte, verwandeln Sie trockene Daten in anschauliche Diagramme, erstellen Sie professionelle Präsentationen im Handumdrehen und erledigen Sie lästige Outlook-Korrespondenz mit wenigen Mausklicks.

Wolfram Gieseke

PS: In meinem Blog unter www.gieseke-buch.de informiere ich über aktuelle Entwicklungen und stelle spannende neue Anwendungsmöglichkeiten vor. Er dient als ständige Aktualisierung und Ergänzung meiner Bücher. Sie können hier auch mit mir in Kontakt treten, um Ihre Fragen oder Anregungen loszuwerden.

Inhaltsverzeichnis

1. So unterstützt KI Sie im Office-Alltag

Nachdem künstliche Intelligenz viele Jahre ein Forschungsobjekt für Wissenschaftler war und allenfalls in speziellen Nischen praktischen Einsatz fand, ist ihr nun innerhalb kürzester Zeit ein geradezu revolutionärer Durchbruch gelungen. Ausschlaggebend dafür war die Entwicklung von Sprachmodellen, die menschliche Sprachen nicht nur erkennen und »verstehen« können, sondern die ihr umfangreiches Wissen auch selbst jederzeit in Texte, gesprochene Sprache, Bilder, Musik oder Videos umsetzen können. Solche Modelle dienen als Basis für KI-Assistenten, die jederzeit auf Zuruf Informationen erfassen, analysieren und daraus auch Inhalte generieren können.

Gerade bei der Büroarbeit mit Office-Anwendungen können solche Assistenten schnell unverzichtbare Helfer werden, wenn Sie sich mit ihren Möglichkeiten erst einmal vertraut gemacht haben. Denn diese können jederzeit auf Zuruf

- umfangreiche Dokumente auf das Wesentliche zusammenfassen,
- lästige Standardaufgaben für Sie erledigen,
- Ihre Texte korrigieren, optimieren und in andere Sprachen übersetzen,
- Ihnen schon beim Formulieren von Briefen, E-Mails und anderen Dokumenten unter die Arme greifen,
- Datentabellen für Sie analysieren und passende Formeln vorschlagen,
- wesentliche Zusammenhänge in komplexen Daten erkennen und visualisieren,
- Sie beim Erstellen von Präsentationen unterstützen oder Ihnen sogar einen großen Teil der Arbeit daran ganz abnehmen,
- passende Bilder, Grafiken und Diagramme zur Illustration Ihrer Dokumente und Präsentationen generieren,
- aus eingegangenen E-Mails die wesentlichen Informationen und Aufgaben herausfiltern,
- sie bei der Kommunikation mit Kollegen und Partnern auf der ganzen Welt unterstützen und entlasten,
- und noch vieles mehr.

1.1 Wie werden Computer künstlich intelligent?

Unter **k**ünstlicher **I**ntelligenz (KI) oder im Englischen **A**rtificial **I**ntelligence (AI) versteht man Anwendungen, mit denen Maschinen menschenähnliche Intelligenzleistungen erbringen können. Ursprünglich hatten Forscher dazu die Vorstellung, tatsächlich ein menschliches Gehirn in Software zu simulieren. Davon hat man sich inzwischen weitestgehend verabschiedet. Denn ein menschliches Gehirn mit seinen mehr als 80 Milliarden Neuronen können selbst die neuesten Superrechner nicht in allen Details nachbilden.

Muster in umfangreichen Trainingsdaten erkennen

Auf dem Weg dorthin hat die Wissenschaft aber viele Erkenntnisse gewonnen, die sich heute in praktische Anwendungen umsetzen lassen. Ein wesentlicher Bereich sind Algorithmen und Modelle, die es Computern ermöglichen, aus Daten zu lernen, indem sie Muster darin erkennen. Wenn ein Computer beispielsweise Bilder erkennen können soll, auf denen Autos abgebildet sind, könnte man eine möglichst umfassende Vorschrift definieren, nach welchen Strukturen und Pixelhaufen er Ausschau halten soll. Das wäre sehr aufwendig und würde am Ende doch nicht alle Konstellationen berücksichtigen.

Deshalb geht die KI einen – für dieses Beispiel stark vereinfachten – anderen Weg: Man trainiert den Computer beispielsweise mit 1.000 Bildern von Katzen und 1.000 Bildern, auf denen keine Katzen zu erkennen sind. Die Maschine abstrahiert die Bilddaten in grobe Muster ohne unnötige Details, um die Komplexität zu reduzieren. Dann registriert sie diese Muster in allen Bildern.

Sind alle Bilder verarbeitet, analysiert die Software, welche Muster viele der 1.000 Bilder mit Katzen gemeinsam haben. Die anderen 1.000 Bilder ohne Katzen kann sie nun noch als Gegenprobe verwenden, um Muster zu entfernen, die mit Katzen offenbar nichts zu tun haben, wie etwa Elefanten oder Fische. Übrig bleiben so nur die Muster, die offenbar Katzen entsprechen. Dermaßen trainiert kann die KI nun beliebige Bilder analysieren und mit hoher Zuverlässigkeit erkennen, ob darin Muster von Katzen enthalten sind oder nicht.

Leistungsfähige Rechner und das Internet als Datenquelle

Dieses Erkennen von Mustern in großen Datenmengen ist eine der Schlüsseltechnologien der KI. Und einer der Gründe, warum KI in den letzten Jahren eine so rasante Entwicklung genommen hat. Denn die heutige Leistungsfähigkeit von Computern in Verbindung mit der unvorstellbaren Menge von im Internet verfügbaren Daten hat zu einem riesigen Evolutionsschritt geführt. Dabei sind die Grundideen von KI teils jahrzehntealt. Nur musste man sich lange Zeit mit sehr kleinen Datenmengen begnügen, weil nicht mehr verfügbar war und weil das Training viel Rechenzeit beanspruchte. Heute hingegen haben wir hochleistungsfähige Rechenzentren mit direktem Zugriff auf Daten aus dem Internet. Und dort findet sich eine unvorstellbar große Menge und Auswahl an Texten, Bildern, Musikstücken und Videos, die die KI in die Mustererkennung einbeziehen kann.

Generative KI kann selbst Inhalte erstellen

Der zweite wichtige Baustein der aktuellen leistungsfähigen KI sind Systeme, die nicht nur bestehende Daten analysieren und klassifizieren, also Erkenntnis gewinnen können. Generative KI kann selbst Inhalte erzeugen und auf diese Weise neue Texte, Bilder, Musik oder andere Medien erschaffen. Dazu verwendet sie statistische Methoden, um Inhalte auf der Grundlage von Wahrscheinlichkeiten zu produzieren.

Wie wahrscheinlich es beispielsweise ist, dass ein Satz wie »Heute wollen wir grillen, denn das Wetter« mit den Worten » ist so schön«, »wird stürmisch« oder »spielt verrückt« fortgesetzt wird, hat das System im Training gelernt. Es wird sich bei der Fortsetzung immer für Worte mit hoher Wahrscheinlichkeit entscheiden und Kombinationen mit geringer Wahrscheinlichkeit vermeiden. Dabei wählt es nicht immer zwanghaft die allerhöchste Wahrscheinlichkeit, sondern gibt sich mit einer ausreichend hohen zufrieden, sodass eine große Bandbreite an Varianten entstehen kann. Selbst bei gleicher Aufgabenstellung wird die KI also nicht immer stumpf dieselbe Antwort geben, sondern abwechslungsreiche Ergebnisse produzieren.

Das macht aber vielleicht auch eines deutlich: Generative KI-Systeme (von heute) haben kein explizites Wissen. Sie können einen KI-Assistenten fragen, wie Photosynthese funktioniert, und werden als Antwort eine gute Erklärung erhalten. Aber nicht, weil die KI irgendeine Ahnung von Photosynthese hat, sondern weil sie eine Menge Wörter aneinanderreiht, die in dieser Abfolge mit hoher Wahrscheinlichkeit die Funktionsweise von Photosynthese erklären.

Streng genommen könnte man also eher von einer Imitation von Wissen sprechen. Man kann das ein wenig mit einem Chamäleon vergleichen: Wenn das auf einem Baumstamm liegt, nimmt es die Farbe und das Muster der Baumrinde an. Liegt es auf einem Stein, nimmt es das Aussehen der Steinoberfläche an. Es weiß nicht, was ein Baum oder ein Stein ist oder worin beide sich unterscheiden. Aber das muss es auch nicht, um beeindruckende Ergebnisse zu erzielen.

Exkurs: Schwache, breite und starke KI

Im Zusammenhang mit KI werden gelegentlich Adjektive wie »schwach«, »eng«, »breit« oder »stark« verwendet. Von schwacher oder enger KI spricht man bei Anwendungen, die auf eine sehr spezifische Aufgabe spezialisiert sind.

Solche Systeme haben eine eng umrissene Aufgabe wie etwa das Erkennen von Gesichtern, das Übersetzen von Text oder das Erfassen menschlicher Sprache einschließlich regelbasierter Antworten darauf (Alexa, Siri und Co.).

Von breiter KI hingegen spricht man bei Anwendungen, die nicht auf einen spezifischen Anwendungsfall beschränkt sind, sondern eine Vielzahl von Aufgaben lösen können. Zurzeit befinden wir uns auf dem Weg hin zu breiter KI.

Auch die derzeit entwickelten autonomen Fahrzeuge mit ihrer Vielzahl von Herausforderungen können als breite KI betrachtet werden (wenn sie denn mal richtig funktionieren). Assistenten wie ChatGPT oder Copilot können vielfältige Aufgaben lösen.

Sie verstehen nicht nur Anweisungen in menschlicher Sprache, sondern generieren oder übersetzen Texte, beantworten Fragen und führen Gespräche. Dabei können sie den Kontext eines Chats um Informationen erweitern, also begrenzt hinzulernen.

Starke KI wird von manchen als Ziel, von anderen als Horrorvorstellung betrachtet: ein System, das über so breites Wissen und so vielfältige Fähigkeiten verfügt, dass es Informationen aus verschiedenen Bereichen integrieren, sich an beliebige Situationen anpassen, aus seinen Erfahrungen selbstständig lernen und auf diese Weise letztlich womöglich so etwas wie ein eigenes Bewusstsein entwickeln könnte. Hollywood hat solche Systeme als »Terminator« oder »HAL 9000« bereits vorausgeahnt. In der Realität sind wir davon noch entfernt. Wie weit, weiß allerdings niemand so genau.

1.2 Prompts – mit KI kommunizieren

Das zentrale Werkzeug beim Umgang mit KI-Assistenten sind Prompts. Das sind Aufforderungen, etwas Bestimmtes zu tun. Öffnen Sie beispielsweise die Copilot-App, dann sehen Sie zunächst ein leeres Eingabefeld vor sich. Dort geben Sie Ihre Anweisung in ganz normaler Sprache ein. Da der Prompt Ihre Schnittstelle zur KI ist, kommt ihm eine große Bedeutung zu. Allerdings sind solche Aufforderungen an KI-Assistenten nun auch keine Geheimwissenschaft.

In diesem Buch werden Sie eine Menge Prompts finden, die Sie ausprobieren und für sich selbst abändern können. Mit ein paar Regeln und Tipps kann man recht weit kommen. Die wichtigste: Stellen Sie sich vor, Sie würden einem menschlichen Assistenten, der für Sie arbeitet, Anweisungen erteilen. Beschreiben Sie der KI Ihr Anliegen also genau so, als ob Sie es einem anderen Menschen mitteilen würden.

Abgesehen davon sollten Sie immer möglichst viele Informationen bzw. genaue Vorgaben machen. Anstatt

```
Was bedeutet Renaissance?
```

können Sie beispielsweise schreiben:

- `Beschreibe die Renaissance in drei Sätzen.`
- `Liste die fünf wichtigsten Aspekte zur Renaissance auf.`
- `Ich schreibe morgen eine Klassenarbeit über das Thema Renaissance. Was für Fragen könnten in der Arbeit vorkommen?`
- Und ergänzend dazu: `Was sind gute Antworten auf diese Fragen?`

Geben Sie der KI Kontext

Ein wichtiges Gestaltungsmittel bei Prompts ist es, der KI einen bestimmten Kontext mitzugeben, in dem sie operieren soll. Es macht ja einen riesigen Unterschied, ob man beispielsweise das Funktionsprinzip eines Elektromotors einem Kindergartenkind oder einem Elektrotechnik-Studenten erklären möchte. Teilen Sie der KI also mit, wofür bzw. für wen Informationen bereitgestellt werden sollen.

KI-Assistenten können Rollen annehmen, die Sie ihnen zuweisen. Sie können also beispielsweise schreiben:

```
Stell dir vor, du bist Physiklehrer in einer fünften Klasse
und willst deinen Schülern erklären, wie ein Elektromotor
funktioniert.
```

Ebenso können KIs eine ganz bestimmte Rolle in einem fiktiven Dialog einnehmen:

```
Stell dir vor, du bist Personalchef in einem regionalen
Entsorgungsunternehmen und führst ein Bewerbungsgespräch
mit mir. Welche Fragen würdest du mir stellen?
```

Weitere Rollen, die ein KI-Assistent einnehmen könnte:

- Er kann Experte für ein bestimmtes Fachgebiet sein und aus dieser Perspektive antworten.
- Er kann bei einem Pro- und Kontra-Thema einen bestimmten Standpunkt einnehmen und diesen vertreten.
- Er kann die Perspektive einer Person aus einer ganz bestimmten Zeit einnehmen.

- Er kann in die Rolle einer ganz spezifischen Persönlichkeit schlüpfen, wie etwa William Shakespeare, Albert Einstein oder Marie Curie.

Dieses Kontext-Prinzip lässt sich auf alle Arten von Prompts übertragen. Auch bei Bildern etwa kann es einen großen Unterschied machen, wofür man das Bild verwenden möchte. Wenn Sie einem Assistenten das mitteilen, wird er entsprechend passgenaue Inhalte erzeugen. Und das kann einen wichtigen Unterschied machen, etwa:

```
Erstelle ein Bild von einem grinsenden Clown. Es soll
auf eine Einladungskarte zu einem Kindergeburtstag.
```

vs.

```
Erstelle ein Bild von einem grinsenden Clown. Es soll
die Titelseite meines neuen Horror-Romans werden.
```

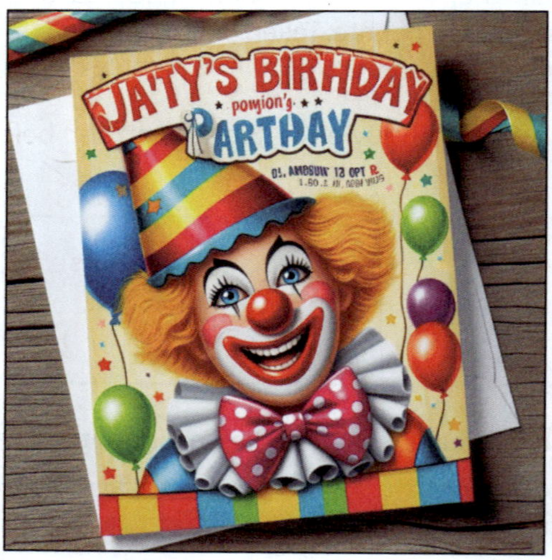

Lassen Sie sich Prompts vorschlagen

KI kann Texte erzeugen, und ein Prompt ist auch nur ein Text. Sie können sich also auch Prompts generieren lassen. Das mag im ersten Moment etwas seltsam anmuten. Aber wenn Sie nicht wissen, wie Sie eine Aufgabe angehen sollen, lassen Sie sich dafür einen Prompt erstellen:

```
Ich muss einem Bewerber leider mitteilen, dass er für
eine ausgeschriebene Stelle nicht infrage kommt. Generiere
mir einen Prompt, mit dem ich ein freundliches und
wertschätzendes Schreiben dazu erstellen kann.
```

Natürlich, Wolfram! Hier ist ein Prompt, mit dem du ein professionelles, freundliches und wertschätzendes Schreiben verfassen kannst – ideal, um einem Bewerber respektvoll abzusagen:

Prompt für ein Schreiben zur Absage auf eine Bewerbung:

„Verfasse ein höfliches und empathisches Schreiben zur Absage auf eine Bewerbung. Der Ton soll wertschätzend, professionell und respektvoll sein. Bedanke dich für das Interesse an der ausgeschriebenen Stelle und hebe positive Aspekte der Bewerbung hervor, ohne eine Zusage zu machen. Erkläre, dass der Auswahlprozess abgeschlossen ist und ein anderer Kandidat ausgewählt wurde, ohne Gründe zu detailliert darzulegen. Gib dem Bewerber mit, dass seine Unterlagen sorgfältig geprüft wurden. Biete an, die Bewerbung für zukünftige Stellen im Blick zu behalten (wenn gewünscht) und verabschiede dich mit einem positiven Ausblick."

Wenn du magst, kann ich dir daraus auch direkt ein komplettes Anschreiben erstellen. Sag einfach Bescheid, ob du formell oder eher locker klingen möchtest.

Auf diese Weise bekommen Sie nicht nur einen passenden Prompt, sondern lernen auch gleich einiges über die Möglichkeiten bei der Prompt-Gestaltung. Ebenso können Sie einen Text übergeben (einfach mit in den Prompt einfügen) und diesen analysieren lassen:

```
Analysiere diesen Text auf Stil, Sprache und Tonfall
und schlage mir einen Prompt vor, mit dem ich Texte
nach diesem Muster generieren kann.
```

Metaphern und Analogien für kreativere Antworten

Anschauliche Metaphern und Analogien sind wie Werkzeuge, die helfen, Ideen klarer und lebendiger darzustellen – und das funktioniert auch bei Prompts für Copilot. Sie regen die Vorstellungskraft (der KI) an, schaffen stärkere Verbindungen und inspirieren zu neuen Perspektiven.

- Metaphern und Analogien machen abstrakte oder komplizierte Konzepte greifbarer. Wenn Sie beispielsweise eine Geschichte zum Thema »Teamarbeit« erstellen möchten, könnten Sie einem KI-Assistenten Folgendes mit auf den Weg geben: »Schreibe eine Geschichte über Teamarbeit, als wären die Teammitglieder Bestandteile eines Rezepts, das nur gelingt, wenn alle Zutaten perfekt aufeinander abgestimmt sind.« So wird die Antwort kreativer und bildhafter.
- Bildhafte Sprache öffnet Türen für überraschende und originelle Ansätze. Wenn Sie etwa ein innovatives Design suchen, könnten Sie schreiben: »Entwirf ein Möbelstück, inspiriert von der fließenden Form von Wasser.«

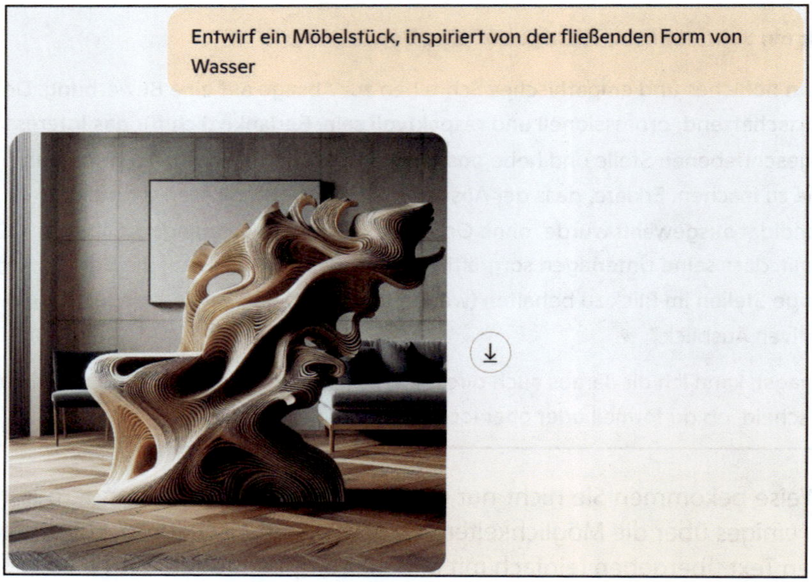

- Analogien verbinden neue Ideen mit etwas Bekanntem. Das hilft der KI, besser zu verstehen, worauf Sie hinauswollen. Statt einfach zu sagen »Erkläre Teamarbeit«, könnten Sie schreiben: »Erkläre Teamarbeit, als ob sie wie das Zusammenspiel einer Band ist – mit jedem Musiker, der ein Instrument spielt, um ein harmonisches Lied zu schaffen.«

Hier sind einige kreative Beispiele für Metaphern, die Sie in KI-Prompts verwenden könnten, um spezifische Antworten oder interessante Ergebnisse zu erzielen:

Erklärung einer Idee mit einer Metapher

```
Erkläre das Konzept der Zusammenarbeit, als wäre es
eine Symphonie, bei der alle Instrumente harmonisch
zusammenspielen.
```

Eine Geschichte mit einer bildlichen Inspiration

```
Schreibe eine Kurzgeschichte über Durchhaltevermögen,
inspiriert von einem Baum, der trotz Stürmen und Winter
stets neue Blätter treibt.
```

Problemlösungen in einem metaphorischen Kontext

```
Gib Tipps zur Überwindung von Herausforderungen, indem
du sie als Knoten in einem Seil beschreibst, die gelöst
werden müssen.
```

Design-Ideen mit einem kreativen Ansatz

```
Entwirf ein modernes Gebäude, das wie eine Blume
aussieht, die sich der Sonne entgegenstreckt.
```

Technologien als lebendige Bilder

```
Erkläre, wie das Internet funktioniert, als ob es ein
riesiges neuronales Netz wäre, das wie ein Spinnennetz
Informationen miteinander verbindet.
```

Alternative Perspektiven durch Analogien

```
Analysiere die Funktionsweise eines Unternehmens, als
wäre es ein Bienenstock, in dem jede einzelne Biene
eine Rolle im Kollektiv spielt.
```

Komplexe Prozesse mit einfachen Bildern

```
Erkläre maschinelles Lernen, als ob es ein Schüler
wäre, der durch das Lösen von Rätseln immer besser
wird.
```

Emotionen mit bildlicher Sprache ausdrücken

```
Beschreibe, wie sich Freude anfühlt, als wäre es ein
Fluss, der frisch und frei durch eine sonnige Landschaft
fließt.
```

Perfekte Prompts schrittweise erarbeiten

Stellen Sie sich vor, Sie wären Künstler und würden an einem Gemälde arbeiten. Sie beginnen mit einer groben Skizze, schauen sich das Ergebnis an, überlegen, was verbessert werden könnte, und passen dann Ihre Technik oder Komposition an. So ähnlich funktioniert auch das schrittweise Verbessern von Prompts:

1. **Erste Idee skizzieren**
   Sie fangen mit einem grundlegenden Prompt an – sozusagen die erste Skizze. Dieser Prompt enthält das ursprüngliche Anliegen oder die Frage, die Sie an die KI richten.
2. **Ergebnis analysieren**
   Nachdem Sie den Prompt gesendet haben, beobachten Sie die Antwort von Copilot. Vergleichen Sie das, was Sie erhalten haben, mit dem, was Sie erwartet oder erhofft hatten. Stimmt der Inhalt? Fehlen bestimmte Details oder hat die Antwort einen anderen Fokus als erwartet?
3. **Feedback einholen**
   In diesem Schritt reflektieren Sie die erste Antwort. Notieren Sie, welche Elemente gut funktionieren und wo es Lücken, Unklarheiten oder Missverständnisse gibt. Oft ist es hilfreich, sich kritische Fragen wie »Was könnte präziser formuliert werden?« zu stellen.
4. **Prompt anpassen**
   Mit diesem gesammelten Feedback gehen Sie an den ursprünglichen Prompt und verfeinern ihn. Vielleicht stellen Sie bestimmte Fragen um, ergänzen wichtige Details, verändern die Reihenfolge oder optimieren die Sprache. Das Ziel ist, die Intention und den Kontext klarer darzustellen oder spezifischere Informationen einzufordern.
5. **Erneuern und wiederholen**
   Sie senden den verfeinerten Prompt wieder an die KI und prüfen das Ergebnis erneut. Falls das Ergebnis noch nicht ganz Ihren Erwartungen entspricht, wiederholen Sie den Prozess: Dabei sammeln Sie mehr Feedback, passen weitere Feinheiten an und testen erneut.

6. **Optimierung erreichen**
   Diese Schritte wiederholen Sie so lange, bis das Ergebnis Ihren Vorstellungen entspricht. Jede Verfeinerung bringt Sie einem besseren Verständnis der Formulierung und der spezifischen Ausdrucksweise näher, die die gewünschten Resultate hervorruft.

Mit jedem Zyklus gewinnen Sie ein besseres Gefühl dafür, wie eine Frage oder Aufgabe so formuliert wird, dass sie eindeutig und verständlich ist. So lernen Sie, präzise und zielgerichtete Anweisungen zu geben. Dabei ist es oft ein Balanceakt zwischen zu viel und zu wenig Information. Durch schrittweises Verbessern kann man herausfinden, welches Maß an Details und Kontext Ihr KI-Assistent optimal nutzen kann.

Ähnlich wie bei wissenschaftlichen Experimenten hilft dieser Ansatz, eine Hypothese zu testen, Fehler zu identifizieren und schließlich zu verifizieren, welche Angaben wirklich wichtig sind. Es ist ein ständiger Lern- und Anpassungsprozess, der dabei hilft, nicht nur bessere Ergebnisse von der KI zu erhalten, sondern auch das eigene Verständnis davon zu schärfen, wie Sprachmodelle funktionieren.

Beispiele für schrittweise Verfeinerungen

Im Folgenden einige Beispiele, die zeigen, wie man allgemeine Prompts verfeinern kann, um spezifischere und nützlichere Antworten von der KI zu erhalten:

Allgemeine Frage

```
Erzähl mir etwas über Abschreibungen.
```

Verbesserter Prompt:

```
Gib mir eine kurze Übersicht über Abschreibungen und wie
ein mittelständisches Unternehmen sie gewinnbringend
nutzen kann.
```

Zu viele Informationen

```
Erklär mir, wie das Internet funktioniert.
```

Verbesserter Prompt:

```
Erklär mir in maximal 150 Wörtern, wie Daten im Internet
übertragen werden.
```

Fehlender Kontext

```
Wie schreibe ich einen guten Lebenslauf?
```

Verbesserter Prompt:

```
Welche Tipps gibt es, um einen Lebenslauf für einen
Softwareentwickler zu schreiben, der sich auf eine
Einstiegsposition bewirbt?
```

Kreativität fördern

```
Schreibe eine Geschichte.
```

Verbesserter Prompt:

```
Schreibe eine kurze Geschichte über einen Detektiv in
einer futuristischen Stadt, der ein Geheimnis lösen muss.
```

Ton oder Stil spezifizieren

```
Beschreibe die Vorteile von Yoga.
```

Verbesserter Prompt:

```
Erkläre die Vorteile von Yoga in einem lockeren und
motivierenden Stil, der für Anfänger geeignet ist.
```

Eine Perspektive ergänzen

```
Warum ist Lernen wichtig?
```

Verbesserter Prompt:

```
Erkläre, warum lebenslanges Lernen wichtig ist, aus der
Perspektive eines Wissenschaftlers.
```

Präzision erhöhen

```
Was ist ein gutes Buch?
```

Verbesserter Prompt:

```
Empfiehl mir ein Buch aus dem Genre Science-Fiction,
das in den letzten fünf Jahren veröffentlicht wurde.
```

Vergleich einfordern

```
Was sind bessere Energien?
```

Verbesserter Prompt:

```
Vergleiche die Vor- und Nachteile von Solarenergie und
Windenergie.
```

Zielgruppenorientierung

```
Erzähl mir von Computern.
```

Verbesserter Prompt:

```
Erkläre grundlegende Computerfunktionen für eine
Schulklasse der 7. Klasse.
```

Arbeitskontext einbeziehen

```
Schreibe eine E-Mail.
```

Verbesserter Prompt:

```
Entwerfe eine professionelle E-Mail, in der ich mich
für ein Vorstellungsgespräch bedanke.
```

Typische Prompt-Fehler

Im Folgenden finden Sie eine Übersicht häufiger Fehler beim Erstellen von Prompts, die Ihnen helfen kann, Ihre Anfragen präziser zu formulieren:

Vage Formulierungen

Es wird oft versäumt, die Anfrage klar und detailliert zu stellen. Wenn zu allgemein formuliert wird, können KI-Assistenten nicht genau erkennen, welche Informationen oder welchen Stil Sie wünschen.

```
Erzähl mir etwas über Bäume.
```

Dieses Beispiel bleibt zu allgemein, da es weder angibt, welche Aspekte von Bäumen im Vordergrund stehen sollen (wie beispielsweise die Baumarten, die Entwicklung oder kulturelle Bedeutungen), noch Hinweise zu Länge oder Stil des Textes gibt.

Fehlender Kontext

Ohne ausreichende Hintergrundinformationen – beispielsweise zum gewünschten Format, Zielpublikum oder zu spezifischen Inhalten – kann die KI Ihre Erwartungen nicht optimal erfüllen. Der Kontext hilft, die Aufgabe einzugrenzen.

```
Erklär mir bitte die Relativitätstheorie.
```

Ohne zusätzliche Angaben, etwa, ob die Erklärung für Laien, Schüler oder Fachleute gedacht ist, lässt sich die Anfrage nicht präzise erfüllen. Der benötigte Hintergrund fehlt, um die Antwort zielgerichtet und verständlich zu gestalten.

Zu komplexe oder verschachtelte Anweisungen

Eine zu stark überladene Anfrage mit mehreren, teils widersprüchlichen Vorgaben führt häufig dazu, dass der Fokus verfehlt oder nur ein Teil der Anforderungen erfüllt wird.

```
Erstelle einen kurzen Text von etwa 100 Wörtern über den
Klimawandel, der gleichzeitig wissenschaftliche Fakten,
humorvolle Anekdoten, poetische Beschreibungen und am
Ende eine Liste mit drei Statistiken enthält.
```

Dieser Prompt enthält zu viele unterschiedliche und teils widersprüchliche Anforderungen. Die Vielzahl an Vorgaben kann Copilot überfordern und zu einem Ergebnis führen, das keines der gewünschten Elemente konsistent abbildet. Falls man wirklich so viele verschiedenartige Elemente benötigt, wäre es sinnvoller, mehrere Prompts nacheinander zu formulieren.

> Erstelle einen kurzen Text von etwa 100 Wörtern über den Klimawandel, der gleichzeitig wissenschaftliche Fakten, humorvolle Anekdoten, poetische Beschreibungen und am Ende eine Liste mit drei Statistiken enthält.

Der Klimawandel ist ein faszinierendes und zugleich beunruhigendes Naturereignis. Wissenschaftliche Messungen bestätigen, dass durch menschliche Emissionen Treibhausgase in die Atmosphäre gelangen, was zu einer stetigen Erwärmung und schmelzenden Gletschern führt. In einem überraschenden Moment servierte ein plötzlicher Schauer einem wandernden Radfahrer ein unerwartetes Lächeln, als hätte die Natur selbst Humor. Poesie der Dämmerung und der schwindenden Eisflächen birgt sowohl Tragik als auch Schönheit. Diese Fakten fordern gemeinsames Handeln – unsere Zukunft hängt davon ab. Diese Zahlen mahnen uns eindringlich, unverzüglich zu handeln, um unser Klima zu schützen.

Statistiken:

1. Temperaturanstieg: +1,1 °C seit 1850
2. CO_2-Konzentration: >415 ppm
3. Rückgang der Meereisfläche: 13 % pro Dekade

Unklare Zielvorgaben

Oft bleibt unklar, ob Sie einen informativen, kreativen, sachlichen oder humorvollen Text erwarten. Das Festlegen des Stils und der Tonalität ist essenziell für ein zufriedenstellendes Ergebnis.

```
Schreibe bitte einen interessanten Text über Musik.
```

Hier ist der Begriff »interessant« sehr subjektiv. Es bleibt unklar, ob der Text sachlich, kreativ, informativ oder unterhaltend sein soll und für welches Publikum er gedacht ist.

Mangelnde Spezifikation des Formats

Wenn Sie nicht explizit angeben, ob Sie einen Fließtext, eine Liste oder ein anderes Format wünschen, interpretiert die KI den Prompt möglicherweise anders als von Ihnen beabsichtigt.

```
Nenne die Vorteile von Recycling.
```

Hier wird nicht festgelegt, ob die Antwort in Form eines zusammenhängenden Fließtextes, einer stichpunktartigen Liste oder vielleicht sogar in einem tabellarischen Format erfolgen soll. Die fehlende Formatvorgabe kann zu unterschiedlichen Interpretationen führen.

Fehlende schrittweise Optimierung

Viele Nutzer betrachten den Prompt als einmalige Aufgabe. Oft ist es jedoch hilfreich, das Ergebnis zu analysieren und den Prompt schrittweise zu verfeinern, um ein optimales Resultat zu erzielen.

```
Schreibe einen umfassenden Text über erneuerbare
Energien.
```

Dieser einmalige Auftrag enthält keine Hinweise darauf, dass das Ergebnis überprüft und ggf. angepasst werden kann. Entspricht das erste Resultat nicht den Erwartungen, fehlt die Möglichkeit, den Prompt schrittweise zu optimieren oder um zusätzliche Klarstellungen zu bitten (der vorhergehende Abschnitt erläutert das schrittweise Verbessern eines Prompts).

1.3 Künstliche Intelligenz und Urheberrecht

Eine naheliegende Frage bei KI-generierten Inhalten ist die nach dem Urheberrecht. Wer ist der geistige Schöpfer eines mithilfe von KI erstellten Beitrags? Der Nutzer, der den Assistenten mit bestimmten Vorgaben beauftragt hat? Oder die Entwickler und Betreiber von ChatGPT, Copilot und Co.?

Da es hier um Urheber**recht** geht, lohnt sich der Blick ins Gesetz: § 2 Abs. 2 des deutschen Urheberrechtsgesetzes (UrhG) sagt zur Definition von urheberrechtlich geschützten Werken:

»Werke im Sinne dieses Gesetzes sind nur persönliche geistige Schöpfungen.«

Eine Person kann nur ein Mensch sein und insofern besteht ein Urheberrecht nur für Werke, die ein Mensch erstellt hat. In Österreich und der Schweiz gelten in diesem Punkt entsprechende Bestimmungen.

Ein KI-System kann also an den von ihm generierten Inhalten kein Urheberrecht innehaben, da es keine Person ist. Gleichzeitig darf davon ausgegangen werden (auch wenn es hierzu noch keine gesetzliche Regelung oder höchstrichterliche Rechtsprechung gibt), dass das Formulieren einer Aufforderung an ein KI-System, Inhalte nach bestimmten Vorgaben zu generieren, nicht ausreicht, um das Urheberrecht an den so generierten Inhalten zu erlangen. Die eigentliche Schöpfung erfolgt ja in der Maschine.

Folglich besitzt an den von KI-Systemen erstellten Inhalten niemand das Urheberrecht. Man spricht dabei auch von gemeinfreien Werken. Diese können von jedermann ohne Einschränkungen verwendet werden. Einfach gesagt: KI-generierte Inhalte können Sie prinzipiell ohne Rücksicht auf das Urheberrecht in sozialen Medien teilen, im Web oder auch in einem Buch veröffentlichen und damit auch Geld verdienen. Das Wort »prinzipiell« legt aber vielleicht schon nahe, dass die Sache ein paar Haken hat, die man beachten sollte.

KI-generierte Inhalte sind nicht automatisch urheberrechtsfrei

Im scheinbaren Gegensatz zum vorangehend Gesagten muss KI-generierter Inhalt nicht automatisch urheberrechtsfrei sein. Eine KI »lernt« aus einer Unmenge an Daten, die überwiegend aus von Menschen geschaffenen Inhalten bestehen, die urheberrechtlich geschützt sind. Das macht auch nichts, da für das Generieren bestimmter Inhalte in der Regel das Wissen aus einer Vielzahl von Quellen genutzt und vermischt wird, sodass neuer, urheberrechtsfreier Inhalt entsteht.

Es besteht aber gerade bei sehr speziellen Themen, zu denen nur wenige Informationen verfügbar sind, immer das Risiko, dass Copilot seine Inhalte zu einer bestimmten Anforderung 1:1 aus einer einzigen Quelle übernimmt und damit deren Inhalt quasi kopiert. In gewissem Umfang wäre das rechtlich sogar in Ordnung, sofern dieser Teil als Zitat gekennzeichnet und mit Quellenangabe versehen ist.

Sie

Schreib mir ein Gedicht zum Thema Rosen

Copilot

✓ Antworten für Sie werden generiert...

Natürlich! Hier ist ein kurzes Gedicht über Rosen:

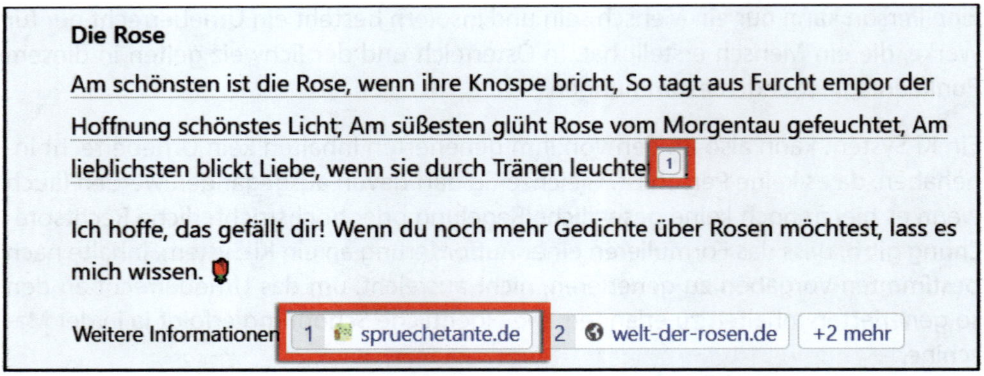

Achten Sie in den Antworten von KI-Systemen auf Quellenangaben, um Urheberrechtsverstöße zu vermeiden

Es kann aber auch sein, dass ein KI-System selbst gar nicht »merkt«, wenn es mit seinem generierten Inhalt einen bestimmten Urheber plagiiert, und Benutzer dementsprechend auch nicht warnen kann. Wenn in generierten Inhalten urheberrechtlich geschützte Teile noch erkennbar sind (und diese nicht korrekt zitiert sind oder im Umfang über das Zitatrecht hinausgehen), gelten sie nicht mehr als gemeinfrei und dürfen nur mit Einwilligung der Urheber verwendet werden. Wer solche Inhalte veröffentlicht, muss sich diese Urheberrechtsverletzung zurechnen lassen und kann sich nicht damit rechtfertigen, das KI-System habe das verursacht.

Die Wahrscheinlichkeit, dass so etwas passiert, ist angesichts der riesigen Datenmengen an Trainingswissen heutiger KI-Systeme ziemlich gering. Aber je spezieller und exotischer ein Thema ist, desto mehr steigt das Risiko. Dies sollte man bedenken und insbesondere vor einer kommerziellen Nutzung von KI-generierten Inhalten gründlich prüfen. Ebenso besteht immer auch die Möglichkeit, die KI-generierten Inhalte nur als Ausgangsbasis für eigene Werke zu verwenden, was dieses Risiko erheblich reduziert.

Das Urheberrecht an KI-Inhalten erwerben

Weil KI-generierte Inhalte gemeinfrei sind, hat niemand das Urheberrecht daran. Auch wenn Sie einen Text nach Ihren Vorgaben von einem KI-Assistenten erstellen lassen und diesen dann beispielsweise auf Ihrer Webseite veröffentlichen, ist dieser Text immer noch gemeinfrei und Sie erwerben durch diesen Vorgang kein Urheberrecht daran. Prinzipiell könnte also jeder diesen Text von Ihrer Webseite kopieren und beliebig für eigene Zwecke verwenden. Insbesondere mit einer zukünftigen Kennzeichnungspflicht für KI-Inhalte (siehe Seite 26) lädt man so die digitalen Trüffelschweine förmlich ein, sich an fremden Inhalten ganz legal zu bedienen.

Abhilfe würde schaffen, wenn Sie die KI-generierten Inhalte ausreichend abändern, sodass daraus Ihr eigenes Werk entsteht. Dafür reicht es allerdings nicht aus, bei einem Text ein Wort auszutauschen oder bei einem Bild ein Element um ein paar Zentimeter zu verschieben. Die Änderungen müssen schon substanziell sein, um eine ausreichende Schöpfungshöhe zu erreichen. Leider gibt es keine exakten Kriterien, was dafür genau erforderlich ist.

Die etwas schwammigen rechtlichen Definitionen erfordern beispielsweise eine persönliche geistige Schöpfung sowie eine dem Schöpfer zuzurechnende Individualität des Werkes. Im Zweifels- und Streitfall müsste aber letztlich ein Gericht entscheiden, ob diese Schöpfungshöhe erreicht ist und ein Urheberrecht besteht.

Auch aus diesem Grund empfiehlt es sich – insbesondere für die Verwendung im öffentlichen Raum –, KI-generierte Inhalte nur als Inspiration bzw. Grundlage zu nutzen, auf der man dann letztlich einen eigenen Text formuliert. An dem haben Sie automatisch ein unveräußerliches Urheberrecht. Und Sie müssen ein so erschaffenes Werk selbst im Fall einer Kennzeichnungspflicht für KI-generierte Inhalte nicht als solches markieren.

Nutzungsrechte der Anbieter beachten

Ein weiterer Aspekt neben dem Urheberrecht ist das Recht zur Nutzung beispielsweise für kommerzielle Zwecke. Betreiber von KI-Systemen haben zwar kein Urheberrecht an den von ihren Systemen generierten Inhalten. Aber sie können in den Nutzungsbedingungen ausschließen, dass die erzeugten Inhalte für kommerzielle Zwecke genutzt werden.

Wenn Sie solchermaßen erzeugte Texte, Bilder oder Videos trotzdem kommerziell auswerten, kann man Ihnen zwar keinen Verstoß gegen das Urheberrecht vorwerfen. Aber auch Verstöße gegen Nutzungsbedingungen können Konsequenzen bis hin zu Schadensersatzforderungen haben.

Insbesondere wenn Sie KI-generierte Inhalte kommerziell veröffentlichen möchten, sollten Sie sich deshalb vergewissern, dass der Betreiber des jeweiligen Dienstes dies erlaubt oder zumindest nicht ausdrücklich ausschließt. Bei großen Anbietern wie Copilot gibt es in dieser Hinsicht bislang keine Beschränkungen. Kleinere Anbieter können die kommerzielle Nutzung aber durchaus ablehnen oder etwa nur zahlenden Kunden einräumen.

Einen naheliegenden Denkfehler sollte man in diesem Zusammenhang unbedingt vermeiden: Betreiber von KI-Systemen können durchaus erkennen, ob etwa ein Bild mit ihrem Dienst erstellt wurde. Dabei helfen digitale Wasserzeichen, die automatisiert unauffällig in Medien eingefügt werden können. Selbst wenn man von ihrem

Vorhandensein weiß, kann man sie allenfalls mit erheblichem Aufwand aus einer Datei entfernen.

Solche Wasserzeichen werden beispielsweise von Bilddatenbanken schon länger eingesetzt, um die Nutzung ihrer Produkte im Internet zu kontrollieren. Vermutlich setzen auch KI-Bildgeneratoren solche Wasserzeichen bereits für statistische Zwecke ein. In Zukunft könnten sie auch genutzt werden, um nicht genehmigter kommerzieller Nutzung auf die Spur zu kommen.

1.4 Kennzeichnungspflicht für KI-Inhalte

Seit August 2025 besteht in der EU eine Kennzeichnungspflicht bei der Verwendung von KI-Inhalten. Kennzeichnungspflicht bedeutet in diesem Zusammenhang, dass für die Öffentlichkeit bestimmte KI-generierte Texte, Bilder, Videos usw. für Konsumenten eindeutig als solche erkennbar sein müssen. Hierzu soll ein Hinweis wie »künstlich erzeugt« oder »KI-generiert« beigefügt werden.

Allerdings gibt es dabei wichtige Ausnahmen:

- wenn die Inhalte offensichtlich von der KI stammen, etwa wenn in einem Video ein Nutzer direkt mit einem KI-Assistenten kommuniziert, oder
- wenn KI-generierte Inhalte menschlich überprüft oder redaktionell kontrolliert wurden und wenn eine natürliche oder juristische Person die redaktionelle Verantwortung übernimmt.

Eine allgemeine Kennzeichnungspflicht würde sich daraus nicht direkt ableiten lassen. Vielmehr richten sich diese Anforderungen vor allem gegen Deep Fakes und anonyme Falschinformationen im Netz. Texte müssten demzufolge grundsätzlich nicht gekennzeichnet werden, solange jemand die redaktionelle Verantwortung dafür trägt und für Falschinformationen im Zweifelsfall geradesteht.

Deep Fakes

Als Deep Fakes bezeichnet man mit Unterstützung von KI generierte Bilder, Videos oder Audioclips, bei denen Gesicht, Körper oder Stimme einer Person in einen ganz anderen Kontext gesetzt wird. Besonders berüchtigt ist dabei pornografisches Bildmaterial, in das die Gesichter anderer Personen einmontiert werden. Bei Fotos ist das nicht neu und konnte mit etwas Geschick schon seit Langem von Hand gemacht werden. KI ermöglicht aber auch das Hineinmontieren von Gesichtern in Videoclips. Dadurch erhalten die Körper handelnder Personen die

> Gesichter von Politikern, Schauspielern, Sportlern. Prinzipiell kann das aber jeden treffen, wenn sich beispielsweise jemand am Ex-Partner rächen will.
>
> Aber auch in anderen Kontexten gibt es vermehrt Video- oder Audioclips, in denen beispielsweise Politikern oder anderen Prominenten Aussagen in den Mund gelegt werden, die diese nie gemacht haben. Solches Material wird gern zu politischer Propaganda oder zur Verunglimpfung von Menschen eingesetzt.

Unabhängig von einer gesetzlichen Pflicht zur Kennzeichnung kann es aber auch aus Gründen der Transparenz und Fairness durchaus sinnvoll sein, KI-generierte Inhalte zu kennzeichnen. Dazu gibt es verschiedene mehr oder weniger aufdringliche Möglichkeiten:

- Unübersehbar und eindeutig ist ein kurzer Hinweistext am Anfang oder Ende eines Textes bzw. in Titel oder Unterschrift eines Bildes/Videos.
- Bei Bildern könnte man auch dezent das Logo des verantwortlichen KI-Systems als Wasserzeichen in einer der Ecken erkennbar machen, ohne den Gesamteindruck nennenswert zu stören.
- Hinweise zur KI-Herkunft von Medien können ebenso im begleitenden Text enthalten sein. Schulen und Hochschulen gehen inzwischen dazu über, die Nutzung von KI-Assistenten ausdrücklich zu erlauben, sofern die Quelle und der verwendete Prompt angegeben werden.
- Bei Mediendateien bieten außerdem die Metadaten eine gute Möglichkeit, einen Hinweis auf die KI-Entstehung des Werkes zu hinterlassen. Der ist für menschliche Betrachter zwar nur mit etwas Aufwand erkennbar. Dafür kann er von Anwendungen und Plattformen automatisch ausgewertet werden. Einen allgemein anerkannten Standard gibt es dafür bislang aber noch nicht.
- Bei sozialen Medien bieten sich die gängigen Schlagwörter (Hashtags) an, um auf KI-generierte Inhalte hinzuweisen, etwa *#KIgeneriert*, *#AIArt*, *#MadeByCopilot* usw. Auch hier haben sich noch keine Standards etabliert, sodass man seiner Fantasie freien Lauf lassen kann.

1.5 KI und Datenschutz

Ein wichtiger Aspekt beim Umgang mit KI kann der Datenschutz sein. »Kann« deshalb, weil das sehr davon abhängt, wie Sie KI-Systeme nutzen. Solange es um die Daten geht, die von der KI erzeugt werden, spielt Datenschutz – zumindest was Sie als Anwender angeht – keine Rolle. Sie können davon ausgehen, dass die Daten in den Antworten einer KI prinzipiell öffentlich zugänglich und nicht besonders schützenswert sind.

Anders sieht es mit den Daten aus, die Sie selbst in einem Prompt eingeben oder einem KI-System auf andere Weise zur Analyse zur Verfügung stellen. Diese Daten werden nicht lokal verarbeitet, sondern zum Server hochgeladen, auf dem die KI-Anwendung läuft. Bei einfachen Prompts ohne spezifische Inhalte ist das kein Problem. Anders sieht es aus, wenn Sie persönliche Daten von sich selbst oder anderen Menschen verwenden oder beispielsweise Inhalte hochladen, die nicht für die Öffentlichkeit bestimmt sind.

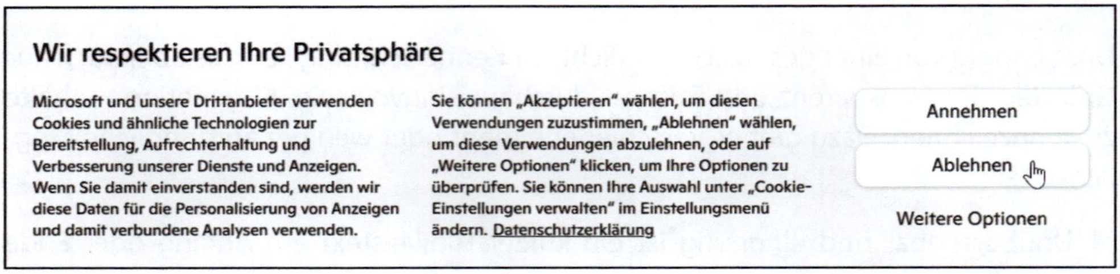

Copilot weist bei der Anmeldung dezent darauf hin, dass Eingaben gespeichert und genutzt werden

Nehmen wir mal an, Sie bekommen eine PDF-Datei mit einem Sitzungsprotokoll zugeschickt. Das Protokoll ist recht umfangreich und Sie interessieren sich nur für ganz bestimmte Themen daraus. Sie kommen auf die Idee, sich die für Sie interessanten Informationen von einem KI-Assistenten zusammenfassen zu lassen (was ohne Weiteres möglich ist, siehe Seite 98). Was passiert mit dem Inhalt?

- Die PDF-Datei wird zum Server des KI-Systems hochgeladen.
- Die KI analysiert den Inhalt und übersetzt ihn in Ihre interne Wissensrepräsentation. Sie »lernt« also, was darin steht, um Fragen dazu beantworten zu können.
- Viele KI-Anbieter behalten sich das Recht vor, Prompts und übermittelte Informationen dauerhaft zu erfassen und das daraus gewonnene Wissen in ihre Wissensdatenbank zu überführen, damit ihr System beständig hinzulernen kann.
- Etwas später benutzt ein Mitbewerber oder ein Journalist dieselbe KI zur Recherche über Ihre Firma.
- Die KI erteilt auf Nachfrage Auskunft über alles, was sie über Ihre Firma weiß. Da der Inhalt des Protokolls zum Teil dieses Wissens geworden ist, können die Antworten der KI Informationen aus diesem Protokoll enthalten, die so der Öffentlichkeit zugänglich werden.

Zugegebenermaßen ein Schreckensszenario, das aber für die Problematik sensibilisieren soll, wenn man schützenswerte Dokumente einer KI zugänglich macht. Denn das Problem ist nicht nur, dass womöglich sensible Daten anderen zugänglich gemacht werden.

Es kann ebenso passieren, dass man auf diese Weise gegen Datenschutzbestimmungen und interne Regelungen zum Datenschutz verstößt und sich reichlich Ärger einhandelt. Verzichten Sie also möglichst darauf bzw. verwenden Sie in solchen Fällen Anbieter, die den Datenschutz nach deutschen bzw. europäischen Normen gewährleisten.

Datenschutz-Einstellungen für Copilot

Copilot lässt sich nicht datenschutzfreundlich einsetzen, das muss man leider so deutlich sagen. Alle eingegebenen Daten werden an die Server von Microsoft übermittelt und dort verarbeitet. Mit der Nutzung akzeptieren Sie auch, dass Microsoft diese Informationen für die Verbesserung seiner Dienste nutzen darf. Es gibt keine Einstellungen, mit denen Sie bestimmte Informationen schützen oder den Assistenten in einen datenschutzfreundlicheren Modus versetzen könnten.

Wenn Sie ein Microsoft-Konto nutzen – und nur dann lassen sich die übermittelten Daten Ihrer Person zuordnen –, haben Sie allerdings die Möglichkeit, den Aktivitätsverlauf von Copilot jederzeit zu löschen. Das kann sinnvoll sein, wenn Sie Copilot mit diesem Konto nicht mehr nutzen möchten oder wenn Ihnen etwa im Nachhinein Bedenken zu bestimmten Aktivitäten kommen und Sie diese lieber »aufräumen« möchten.

1. Öffnen Sie im Webbrowser die Seite https://account.microsoft.com/privacy.
2. Melden Sie sich im Folgenden ggf. mit den Zugangsdaten Ihres Microsoft-Kontos an.
3. Dadurch erhalten Sie Zugriff auf Ihre persönliche Microsoft-Datenschutzzentrale. Hier können Sie Ihre vertraulichen Daten verwalten und auch löschen.
4. Lokalisieren Sie im Abschnitt *Steigern Sie Ihre Produktivität* den Punkt *Copilot* und klappen Sie diesen aus.

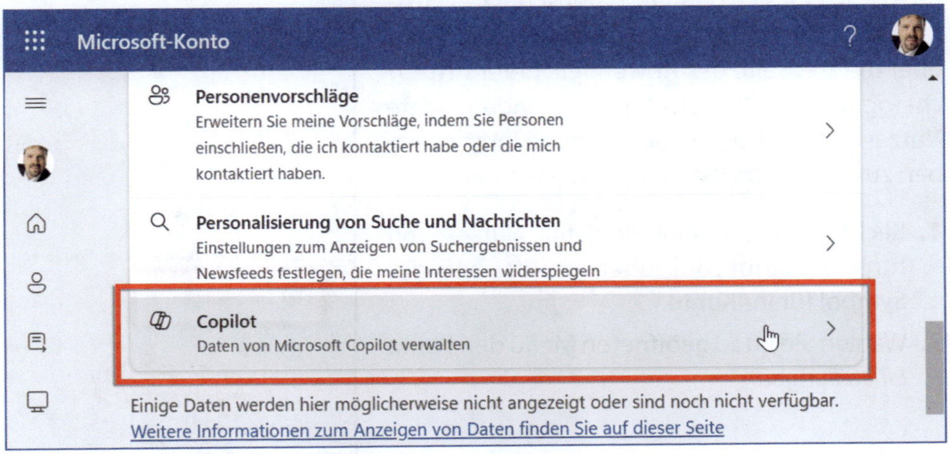

5. So gelangen Sie in die Verwaltung Ihres Copilot-Aktivitätsverlaufs. Hier können Sie den Aktivitätsverlauf der Copilot-App exportieren sowie den *Gesamten Aktivitätsverlauf löschen*.

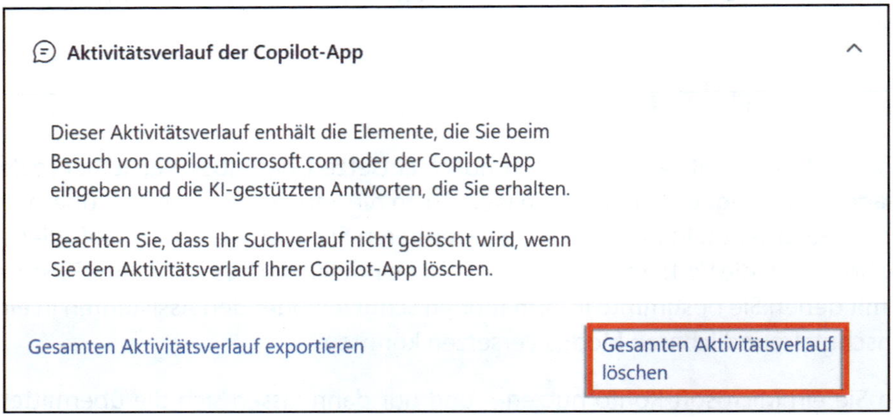

6. Wenn Sie Copilot in Microsoft 365 nutzen, wird der Aktivitätsverlauf dafür zusätzlich aufgeführt und kann ebenfalls exportiert sowie gelöscht werden.

Beide Maßnahmen beziehen sich jeweils auf den aktuellen Inhalt des Verlaufs. Sie löschen also alles, was bis zu diesem Zeitpunkt an Daten gesammelt wurde. Ab sofort werden aber bei fortlaufender Nutzung von Copilot neue Daten gesammelt und gespeichert, die Sie dann irgendwann in der Zukunft erneut löschen können. Einen Mechanismus, das Datensammeln von Copilot dauerhaft zu unterbinden, gibt es leider nicht.

Datenschutz bei ChatGPT

ChatGPT zeigt sich deutlich datenschutzbewusster, zumindest wenn man diesen Dienst direkt über die Webseite des Anwenders unter https://chatgpt.com nutzt. Dort haben angemeldete Nutzer die Möglichkeit, der Nutzung ihrer Eingaben zu Trainingszwecken zu widersprechen.

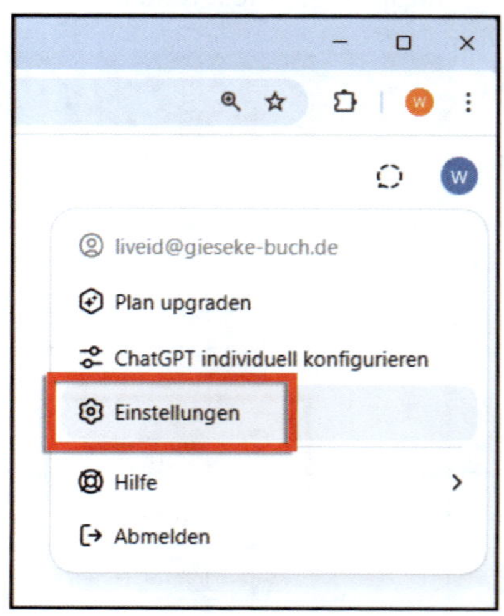

1. Klicken Sie als angemeldeter Nutzer von https://chatgpt.com oben rechts auf das Symbol für Ihr Konto.
2. Wählen Sie im so geöffneten Menü den Punkt *Einstellungen*.

3. Wechseln Sie in den Einstellungen zur Rubrik *Datenkontrollen*.
4. Klicken Sie dort rechts auf den Eintrag *Das Modell für alle verbessern*.

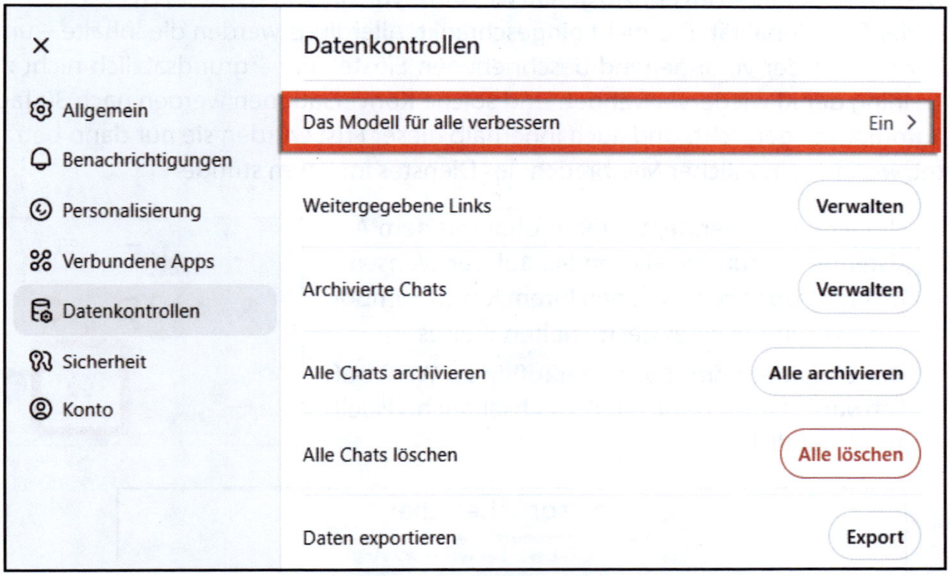

5. Im so geöffneten Dialog *Modellverbesserung* stellen Sie den Schalter oben rechts auf *Aus* und klicken dann auf *Erledigt*.

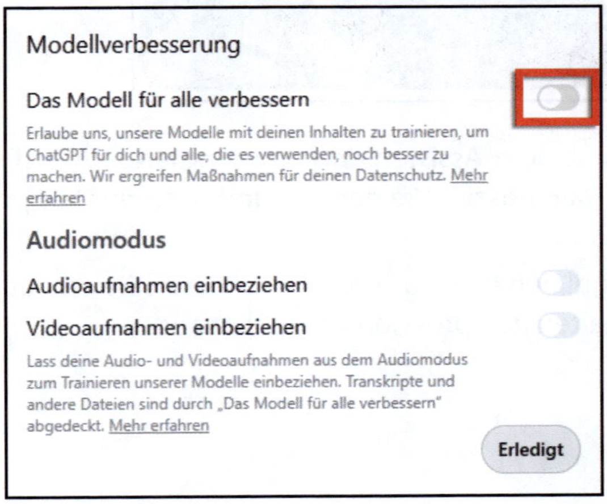

Ab sofort werden Ihre Prompts und Inhalte, die Sie an den ChatGPT-Assistenten übermitteln, nicht mehr zum Training der KI verwendet. Sie werden allerdings weiterhin gespeichert und können im Verlauf abgerufen werden.

Provisorische Chats bei ChatGPT

Eine weitere Möglichkeit zur Datensparsamkeit bei ChatGPT sind provisorische Chats. Diese funktionieren im Prinzip genau wie sonst von diesem Assistenten gewohnt, sind in der Funktionalität also nicht eingeschränkt. Allerdings werden die Inhalte – unabhängig von der vorangehend beschriebenen Einstellung – grundsätzlich nicht zum Training der KI wiederverwendet. Und solche Konversationen werden nach 30 Tagen automatisch gelöscht. Und auch innerhalb dieser Frist würden sie nur dann betrachtet, wenn ein möglicher Missbrauch des Dienstes im Raum stünde.

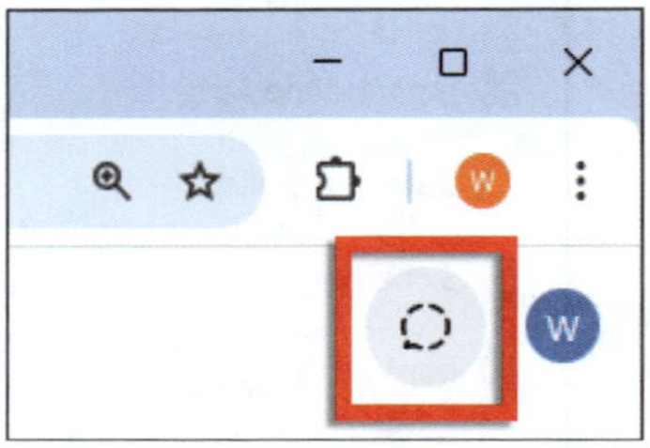

1. Um einen solchen temporären Chat mit dem Assistenten zu führen, klicken Sie auf der Webseite jederzeit oben rechts neben Ihrem Konto-Symbol auf das Symbol eines gestrichelten Kreises.
2. Der Eingabe-Prompt wird daraufhin zu Weiß auf Schwarz invertiert, um den Wechsel auch visuell zu verdeutlichen.

3. Sie können nun wie gewohnt mit dem Assistenten kommunizieren. Allerdings werden Ihre Eingaben nicht für Trainingszwecke genutzt und auch nur temporär gespeichert.
4. Möchten Sie wieder zu einem regulären Chat zurückkehren, klicken Sie erneut auf das Symbol oben rechts und schalten den provisorischen Chat aus.

1.6 Die Grenzen der KI

Niemand ist perfekt – auch nicht die künstliche Intelligenz (nach heutigem Stand). Auch wenn das Experimentieren mit den neuen Möglichkeiten viel Spaß macht und beeindruckende Ergebnisse hervorbringen kann, sollte man sich der Grenzen bewusst sein. Eine davon ist die nicht immer gegebene Aktualität des Wissens, was eine hausgemachte Unzulänglichkeit gegenwärtiger Systeme ist, die wir in Zukunft sicher überwinden werden. Eine andere hingegen liegt in der Funktionsweise der Anwendungen begründet und wird sich womöglich nie ganz beseitigen lassen: KI-Systeme können halluzinieren, also Dinge erfinden bzw. behaupten, die es gar nicht gibt.

Die Aktualität von Wissen bei KI-Systemen

Einen Aspekt sollte man beim Recherchieren mithilfe von KI stets im Blick behalten. Viele KI-Assistenten operieren mit einer Wissensbasis, die zu einem bestimmten Zeitpunkt erstellt und abgeschlossen wurde. Man muss also von einer Art »Redaktionsschluss« ausgehen. Informationen und Fakten, die erst nach diesem Zeitpunkt entstanden, stehen dem Modell nicht oder zumindest nur begrenzt zur Verfügung.

Eine wichtige aktuelle Entwicklung ist deshalb weg von statischen Modellen hin zu KI-Systemen, die konstant und möglichst in Echtzeit ihre Wissensbasis erweitern und so stets auf dem aktuellen Stand sind. Die Herausforderung dabei ist, dass dieses Hinzulernen ohne menschliche Kontrolle erfolgen muss und dabei sichergestellt sein sollte, dass die Wissensbasis sich tatsächlich verbessert. Denn neu hinzugefügtes Wissen muss richtig einsortiert und mit den vorhandenen Daten korrekt und sinnvoll verknüpft werden. Andernfalls könnte ein KI-System auch »falsch« lernen – genauso wie ein Mensch aus fehlerhaft interpretierten Fakten falsche Schlüsse ziehen kann. Eine wichtige Lektion für den Moment ist, dass man bei KI-Systemen insbesondere in Bezug auf aktuelle Themen Vorsicht walten lassen sollte. Idealerweise kennt man den Zeitpunkt, zu dem die Wissensbasis eines Systems erstellt wurde. Wenn es um aktuelle Daten und Fakten geht, sollte man diese ggf. mit einer Suchmaschine überprüfen.

Wie aktuell ist mein KI-Assistent?

Die Frage nach der Aktualität des Wissens ist eine, die Sie einer KI direkt stellen können:

```
Wie aktuell ist dein Wissen?
```

ChatGPT etwa gibt bereitwillig Auskunft, verweist aber darauf, bei Bedarf aktuelle Informationen aus dem Web beziehen und in seine Antworten einfließen lassen zu können. Klar ist jedenfalls: Wenn es um ein Thema mit aktuellem Schwerpunkt geht, sollten Sie die Auskünfte des Assistenten zumindest absichern.

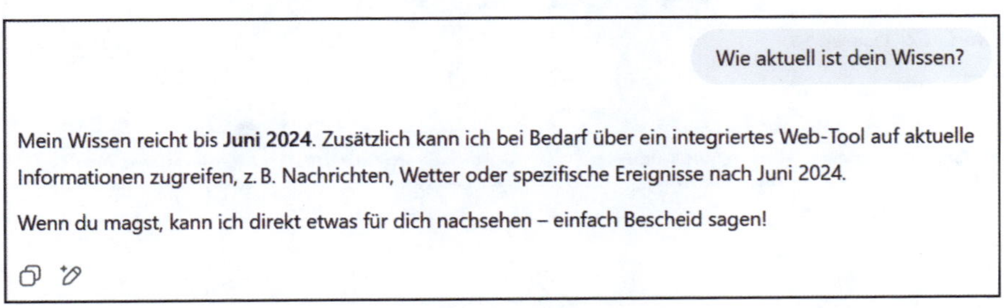

Microsofts Copilot gibt auf dieselbe Frage die etwas ausweichende Antwort, dass sein Wissen kontinuierlich aktualisiert würde. Gleichzeitig muss aber auch dieser Assistent für möglichst aktuelle Antworten auf das Web zurückgreifen. Auch Copilot kann also bei bestimmten Themen ein Aktualitätsproblem haben, das man berücksichtigen sollte.

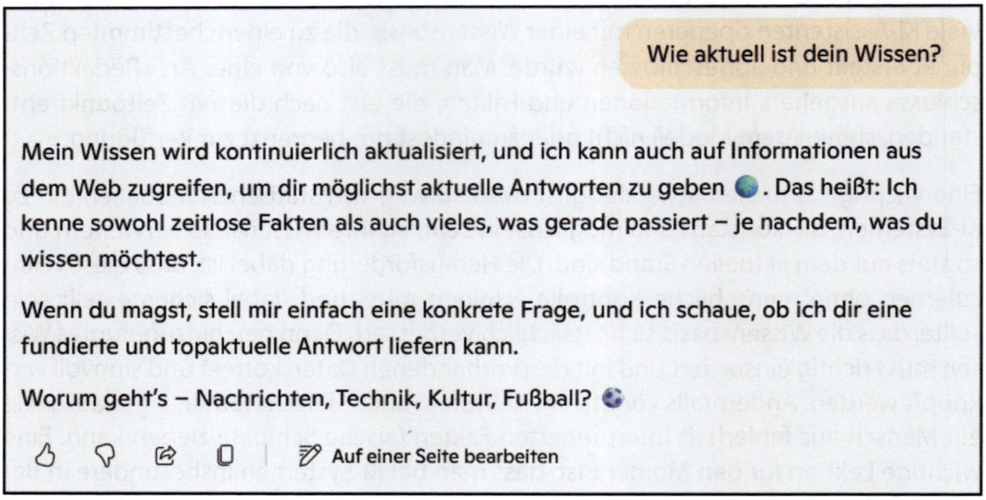

Wenn aktuelle Informationen gefragt sind

Wenn es um Recherchen geht, bei denen die neuesten Entwicklungen und Zahlen ganz wesentlich sind, würde ich Ihnen einen KI-Assistenten wie Perplexity ans Herz legen. Dieser kombiniert KI-Systeme wie ChatGPT mit einer Vielzahl von einschlägigen Onlinequellen und kann so aktuellere Antworten liefern. Dabei ist Perplexity in Bezug auf seine Quellen transparent, sodass Sie immer überprüfen können, wie aktuell bestimmte Teile einer Antwort sind. Perplexity gibt es als Webdienst sowie als App für Android und iOS.

1. Öffnen Sie im Webbrowser die Seite https://www.perplexity.ai.
2. Stellen Sie auch hier zunächst die Frage nach der Aktualität.

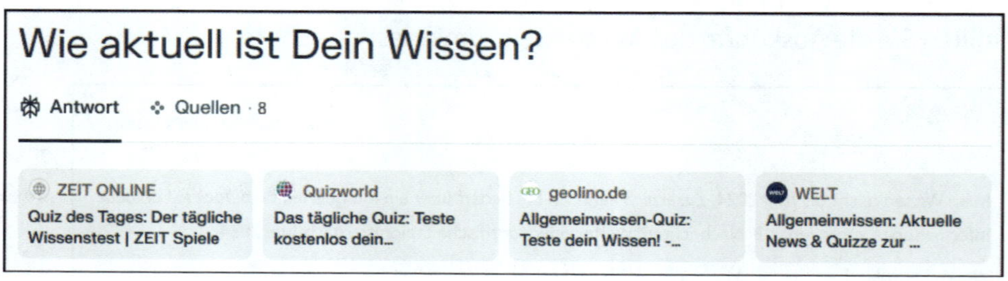

> Mein Wissen reicht bis **Juni 2024**. Das bedeutet, ich verfüge über Informationen, die bis zu diesem Zeitpunkt aktuell und recherchiert sind. Ereignisse, Entwicklungen oder Fakten, die nach diesem Zeitpunkt stattgefunden haben, kenne ich nicht aus eigener „Erfahrung" und kann sie nur dann berücksichtigen, wenn sie in den von dir bereitgestellten Suchergebnissen enthalten sind.
>
> Wenn du Fragen zu ganz aktuellen Ereignissen hast, kann ich sie nur beantworten, wenn sie in den bereitgestellten Suchresultaten zu finden sind. Ansonsten beziehe ich mich auf den Stand von Mitte 2024.

3. Ist das geklärt, können Sie Perplexity beliebige Fragen stellen und das selbstverständlich auch zum Thema Finanzanlagen.

```
Wie wird sich der Ölpreis in den kommenden sechs
Monaten entwickeln?
```

> Antwort · Quellen · 8 · Schritte
>
> Libertex – Ölpreis-Prognose 2024-2025 - langfristig...
> fastenergy – Heizöl-Barometer Wochen-News - Jeden Freitag...
> Getoil.de - Louis Hagel ... – Ölpreisprognose und Ölpreisentwicklung —...
> libertex – Langfristige Heizölpreis Prognose 2030 und...
>
> In den kommenden sechs Monaten wird für den **Ölpreis eine Seitwärtsbewegung mit moderater Volatilität erwartet**, ohne dramatische Ausschläge nach oben oder unten. Laut aktuellen Prognosen wird der Brent-Ölpreis zwischen **63 und 68 US-Dollar pro Barrel** schwanken, mit monatlichen Schwankungen zwischen etwa 6% und 13% 1. Die jüngsten Analysen zeigen, dass der Ölpreis seit Jahresbeginn 2025 deutlich gefallen ist und sich aktuell auf dem niedrigsten Stand seit Ende 2021 befindet; die Prognosedaten deuten jedoch darauf hin, dass sich dieser Rückgang verlangsamt und der Markt in eine Phase der Stabilisierung eintritt 1.
>
> **Hauptgründe für diese Entwicklung:**
>
> - **Höheres Angebot:** Die OPEC+ hat ihre Fördermengen zuletzt erhöht, was den Preisdruck verstärkt und zu einem Angebotsüberhang führen könnte 3 5.
> - **Gedämpfte Nachfrage:** Analysten gehen von einem geringeren Nachfragewachstum aus als ursprünglich erwartet; dies trägt zu einer insgesamt schwächeren Preisdynamik bei 3 5.

4. Beachten Sie, dass Perplexity die meisten seiner Aussagen mit einer Fußnote am Ende belegt. Wenn Sie den Mauszeiger darauf bewegen, wird die Quelle in einer Minivorschau angezeigt. Diese Vor-

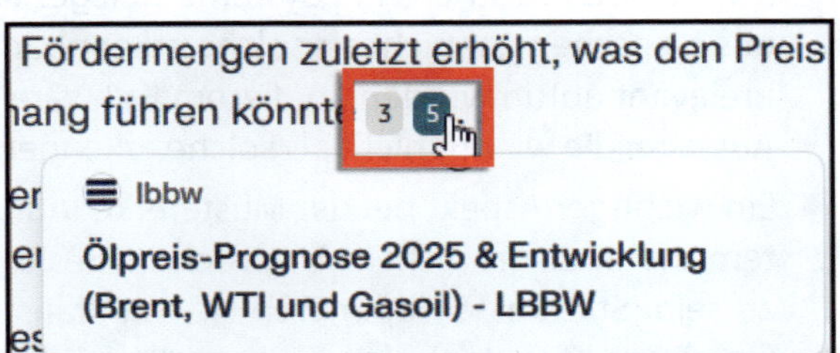

schau verrät die Identität der Quelle und lässt oft auch direkte Rückschlüsse auf die Aktualität der Information zu.

Halluzinationen – auch KI ist nicht perfekt

Wenn ein KI-System eine völlig überzeugende Antwort formuliert, die nach menschlichem Ermessen objektiv falsch ist, bezeichnet man das umgangssprachlich als »KI-Halluzination«. Experten sprechen lieber von **Konfabulation**, weil der Begriff Halluzination Computer unangemessen vermenschlicht. Beispiele für solche frei erfundenen Fakten gehen immer mal wieder durch die Medien.

Wie etwa der US-amerikanische Anwalt, der sich einen Antrag ans Gericht von einem KI-Assistenten schreiben ließ. Dieser generierte einen formell und inhaltlich perfekten Antrag einschließlich Aktenzeichen von einschlägigen Präzedenzfällen. Der – arglose – Richter fand das Schriftstück zunächst überzeugend, bis er einen Blick auf die im Antrag zitierten Urteile werfen wollte. Nur wurde er unter den eingegebenen Aktenzeichen nicht fündig, weil diese frei erfunden waren. Das KI-System hatte gelernt, dass ein Antrag bei Gericht Verweise auf Präzedenzfälle mit Aktenzeichen enthalten muss. Es hatte aber nicht gelernt, dass ein Aktenzeichen mehr als eine beliebige Folge von Ziffern und Buchstaben ist und dass dazu eben auch passende Schriftstücke existieren müssen. Stattdessen hat es sich einfach welche »ausgedacht«.

Bei Menschen beruhen Halluzinationen in der Regel auf falschen Sinneswahrnehmungen. KI-Systeme haben aber keine fehlerhaften Sinneswahrnehmungen, und Konfabulationen sind auch nicht auf Fehler in der Software zurückzuführen. Diese arbeitet korrekt, aber die Trainingsdaten können sie auf verschiedene Weise dazu verführen, Schlüsse zu ziehen, die uns Menschen fehlerhaft erscheinen (ich formuliere bewusst vorsichtig).

- Trainingsdaten können unvollständig, unzureichend oder im Extremfall falsch sein. Wenn eine KI etwa anhand vieler Beispiele lernen soll, Kunststile zu unterscheiden, die Beispielbilder aber versehentlich falsch beschriftet sind. Dann lernt das System etwas falsch, was ihm selbst aber völlig korrekt und logisch erscheint.
- Beim Training geht es darum, in großen Datenmengen Muster zu erkennen. Möglicherweise registrieren KI-Systeme gelegentlich real existierende Muster, die für uns Menschen gar nicht als solche erkennbar sind oder die wir von vornherein als irrelevant abtun würden. In diesem Fall wäre die »KI-Halluzination« eine korrekte Aussage, die wir nur nicht als solche erkennen oder akzeptieren.
- Ein wichtiger Aspekt bei der Mustererkennung sind Wahrscheinlichkeiten. KI-Systeme nehmen gar nicht in Anspruch, im Besitz der einen unumstößlichen Wahrheit zu sein. Stattdessen operieren sie mit statistischen Wahrscheinlichkeiten. Wenn Sie einem KI-System eine Frage stellen, liefert es Ihnen nicht die »richtige« Ant-

wort, sondern baut aus seinen Datenmassen Stück für Stück eine Antwort auf. Für den nächsten Schritt wird dabei immer ein Element gewählt, das mit hoher Wahrscheinlichkeit auf die bisherige Teilkette folgt. In den allermeisten Fällen entsteht so eine sprachlich makellose Antwort, die Menschen als »die richtige« betrachten würden. Es kann durch Seiteneffekte bei den statistischen Auswertungsfunktionen aber in seltenen Fällen auch dazu kommen, dass die KI danebenliegt.

KI-Bildgeneratoren und Hände

Immer häufiger begegnen uns auch in Massenmedien KI-generierte Bilder. Diese sehen auf den ersten Blick oft gut und richtig und teilweise sogar beeindruckend aus. Schaut man genauer hin, fallen aber kleine Ungereimtheiten auf. Ich persönlich achte immer auf die Hände der abgebildeten Menschen. Dabei machen die Bildgeneratoren immer noch Fehler. So haben einzelne Personen nur drei oder vier Finger an einer Hand. Manchmal sind die Hände auch korrekt, aber spiegelverkehrt an den Arm gesetzt, sodass ein echter Mensch sie so gar nicht halten könnte.

Eine Erklärung dafür ist, dass die Systeme mit jeder Menge Bildern von Menschen trainiert wurden. Allerdings sind darauf nicht immer beide Hände und selten alle Finger zu sehen. Denn oft haben Menschen etwas in der Hand oder tun etwas mit ihren Händen. Das verdeckt einzelne Finger. Eine auf Mustererkennung basierende KI erkennt daraus: Menschen haben Hände, daran sind Finger, mit hoher Wahrscheinlichkeit sind es fünf, aber mit geringerer Wahrscheinlichkeit auch weniger. Wenn diese KI nun Bilder von Menschen generiert, wird sie diese Wahrscheinlichkeiten berücksichtigen. Für ein Bild eines einzelnen Menschen wählt sie für dessen Hände ein Muster mit der höchsten Wahrscheinlichkeit. Enthält ein Bild aber mehrere Menschen, wird die KI bei den Hand-Mustern variieren und vereinzelt auch welche mit geringerer Wahrscheinlichkeit einstreuen, um eine gewisse Vielfalt zu generieren (sonst würden KI-generierte Menschen immer gleich aussehen). So kommt es zu Artefakten wie Händen mit drei Fingern. Achten Sie mal darauf!

2. ChatGPT, Copilot und Co. mit Office nutzen

Wie lässt sich nun das Potenzial moderner KI-Assistenten im Office-Alltag entfesseln? Hierzu gibt es verschiedene Möglichkeiten, die davon abhängen, welche KI Sie für welche Zwecke einsetzen möchten. Microsofts eigener Assistent Copilot etwa ist perfekt in die Office-Plattform integriert und kann jederzeit aus Word, Excel, PowerPoint und Outlook heraus genutzt werden. Dabei kann Copilot direkt auf die Inhalte Ihrer Dokumente zugreifen und diese auch verändern bzw. neue Inhalte ergänzen. Diese tiefe Integration macht Copilot für Office-Nutzer zur ersten Wahl.

Andere Assistenten wie ChatGPT sind nicht so tief integriert. Teilweise gibt es passende Office-Add-ons, die zumindest einen gewissen Komfort beim Datenaustausch ermöglichen. Aber selbst, wenn das nicht der Fall sein sollte, können beispielsweise Texte jederzeit schnell per Zwischenablage von einer Office-Anwendung zum KI-Assistenten und zurück übertragen werden. Es muss also nicht immer gleich Copilot sein, wenn Sie andere KI-Systeme bevorzugen oder die Kosten für ein Microsoft-Abo scheuen.

Bevor ich in den folgenden Kapiteln auf die konkreten Einsatzmöglichkeiten von KI in den verschiedenen Office-Bereichen eingehe, zeige ich Ihnen in diesem Kapitel zunächst die verschiedenen Möglichkeiten, KI-Assistenten mit Ihren Office-Anwendungen zu verbinden. So können Sie die für Ihre Zwecke beste Methode auswählen oder auch je nach Aufgabenstellung genau den richtigen KI-Assistenten nutzen.

2.1 Beliebige KI-Assistenten im Webbrowser

Die einfachste Möglichkeit zur Nutzung von KI-Assistenten ist ein Webbrowser. Insbesondere wenn Sie sich ohne großen Aufwand erst mal mit den Möglichkeiten vertraut machen wollen, sollten Sie diesen Weg wählen. Im Folgenden verwende ich den in Deutschland, Österreich und der Schweiz beliebtesten Webbrowser Chrome, um die grundsätzliche Nutzung auf diesem Weg zu demonstrieren. Welchen Browser Sie verwenden, spielt aber keine Rolle.

Alle aktuellen Browser sind in der Lage, die Weboberflächen der Assistenten anzuzeigen und alle dort angebotenen Funktionen zu nutzen. Microsofts Edge-Browser bietet allerdings eine tiefergehende Integration von Copilot mit interessanten Zusatzfunktionen, auf die ich auf Seite 47 eingehe.

Copilot per Webbrowser nutzen

Um Copilot in Ihrem Webbrowser zu öffnen, tippen Sie im Adressfeld die Webadresse https://copilot.microsoft.com ein. Lassen Sie sich dabei von dem *.com* am Ende nicht irritieren. Die Webseite erkennt automatisch Ihr Herkunftsland und passt die Sprache entsprechend an.

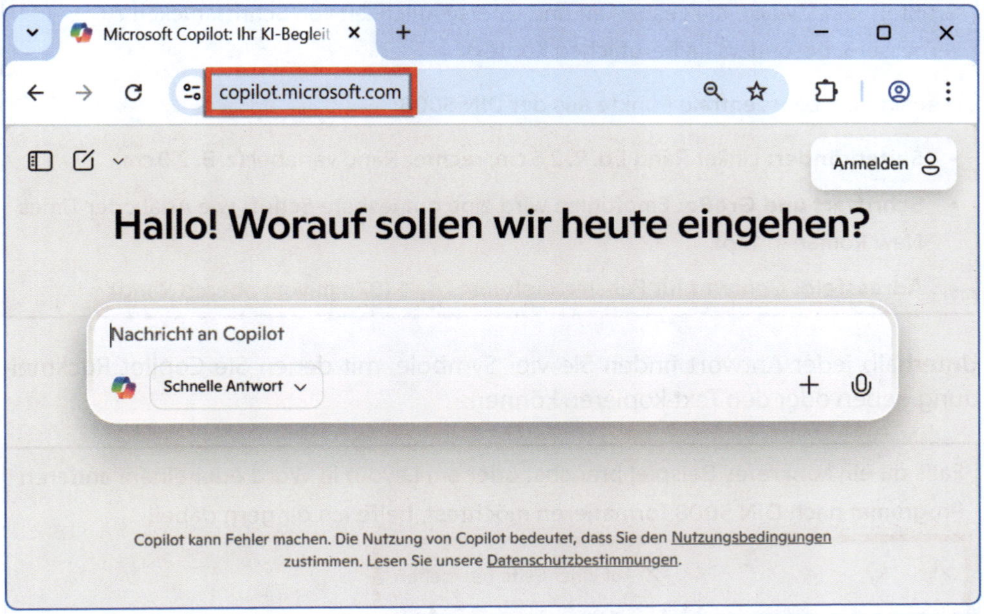

Das wesentliche Element der Oberfläche ist der Eingabebereich, in dem Sie Ihre Aufforderung an den KI-Assistenten eingeben – oder einsprechen – können. Tippen Sie ein, was Sie von Copilot möchten. Drücken Sie dann ⏎ oder klicken Sie auf das Pfeilsymbol rechts zum Absenden der Aufforderung.

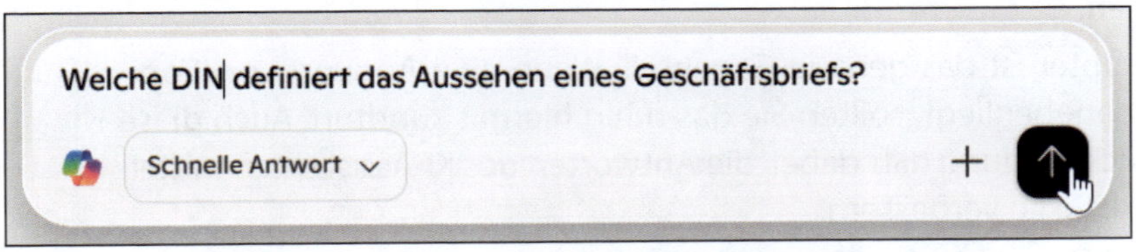

Nach kurzer Wartezeit erhalten Sie die Antwort. Diese wird nach und nach angezeigt, was nicht nur ein rein optischer Effekt ist. Tatsächlich wird der Antworttext nach und nach generiert. Müsste man auf den vollständigen Text warten, wäre das unter Umständen eine unangenehm lange Zeit, in der scheinbar nichts passiert. So aber werden jeweils die bereits fertigen Teile der Antwort angezeigt, und man kann schon mal mit dem Lesen beginnen, während der Rest noch erzeugt wird.

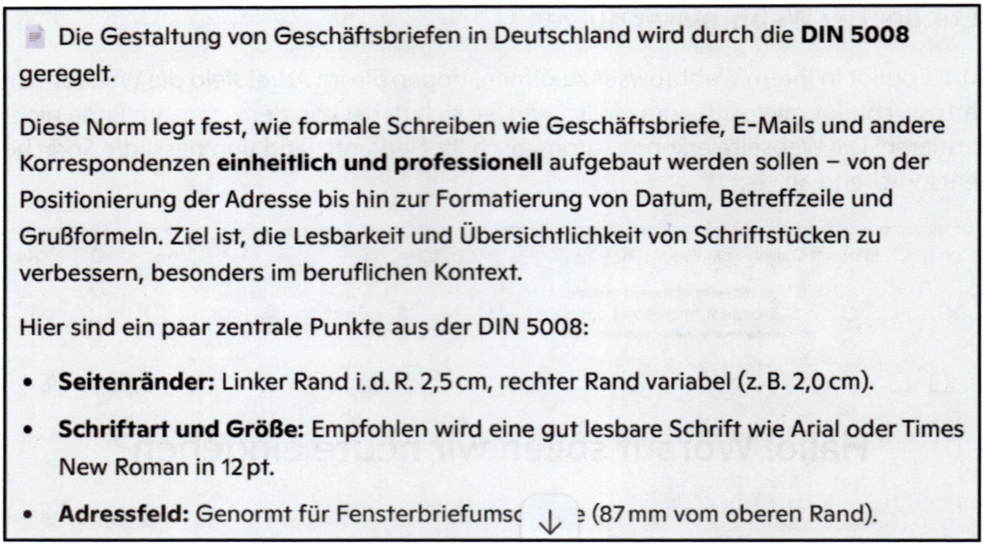
Die Gestaltung von Geschäftsbriefen in Deutschland wird durch die **DIN 5008** geregelt.

Diese Norm legt fest, wie formale Schreiben wie Geschäftsbriefe, E-Mails und andere Korrespondenzen **einheitlich und professionell** aufgebaut werden sollen – von der Positionierung der Adresse bis hin zur Formatierung von Datum, Betreffzeile und Grußformeln. Ziel ist, die Lesbarkeit und Übersichtlichkeit von Schriftstücken zu verbessern, besonders im beruflichen Kontext.

Hier sind ein paar zentrale Punkte aus der DIN 5008:

- **Seitenränder:** Linker Rand i. d. R. 2,5 cm, rechter Rand variabel (z. B. 2,0 cm).
- **Schriftart und Größe:** Empfohlen wird eine gut lesbare Schrift wie Arial oder Times New Roman in 12 pt.
- **Adressfeld:** Genormt für Fensterbriefumsc[…]e (87 mm vom oberen Rand).

Unterhalb jeder Antwort finden Sie vier Symbole, mit denen Sie Copilot Rückmeldung geben oder den Text kopieren können:

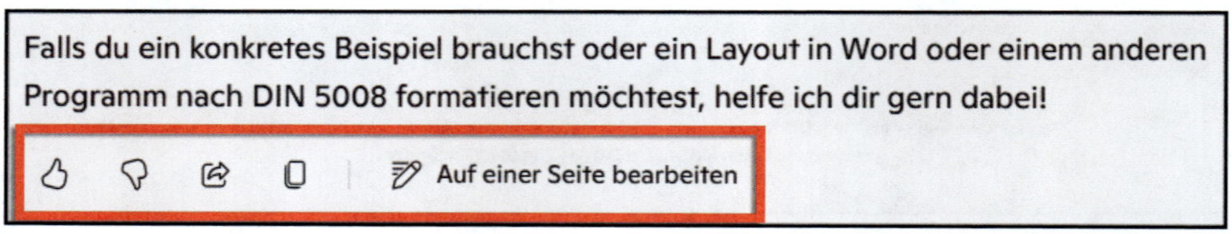
Falls du ein konkretes Beispiel brauchst oder ein Layout in Word oder einem anderen Programm nach DIN 5008 formatieren möchtest, helfe ich dir gern dabei!

- Daumen hoch bedeutet ein Lob für Copilot für eine passende Antwort. Man muss das nicht ständig machen. Aber das Feedback ermöglicht es der KI, sich besser auf Ihre Anforderungen einzustellen. Insofern kann es nicht schaden, zumindest besonders hilfreiche Antworten auf diese Weise zu würdigen. 
- Daumen runter ist das genaue Gegenteil. Wenn eine Antwort von Copilot völlig danebenliegt, sollten Sie das ruhig hiermit kundtun. Auch diese Art von Rückmeldung hilft dabei, die Antworten des KI-Assistenten mittel- und langfristig zu verbessern. 
- Mit dem Pfeilsymbol erstellen Sie einen Link auf diese Unterhaltung mit Copilot, den Sie dann auf beliebigen Kommunikationskanälen an andere weitergeben können. Bedenken Sie dabei, dass der Link nicht nur die Antwort von Copilot enthält, sondern auch Ihren Prompt, der zu dieser Antwort geführt hat. 

- Besonders wichtig ist das Kopieren-Symbol ganz rechts. Hiermit übertragen Sie den Inhalt der Antwort mit einem Mausklick in die Zwischenablage. Von dort aus können Sie den Text in beliebige Anwendungen einfügen, um ihn dort weiterzuverarbeiten. 
- *Auf einer Seite bearbeiten* rückt die interaktiven Elemente von Copilot an den rechten Rand der Seite und nutzt so den links entstehenden Platz, um Ihnen die Antwort in voller Länge anzuzeigen. 

Alternativ können Sie auch nur Teile der Antwort mit der Maus im Webbrowser markieren und mit Strg+C in die Zwischenablage übernehmen, um sie von dort aus weiterzuverwenden.

Fußnoten als Quellenangaben

Copilot macht keinen Hehl daraus, dass er die nahezu unendlichen Weiten des Internets als Quelle seines Wissens nutzt. Teilweise sind die Antworten deshalb mit Fußnoten versehen, die Quellen für die Informationen angeben. Diese werden unterhalb der Antwort aufgelöst. Die einzelnen Quellenangaben sind zugleich Links zu entsprechenden Webseiten.

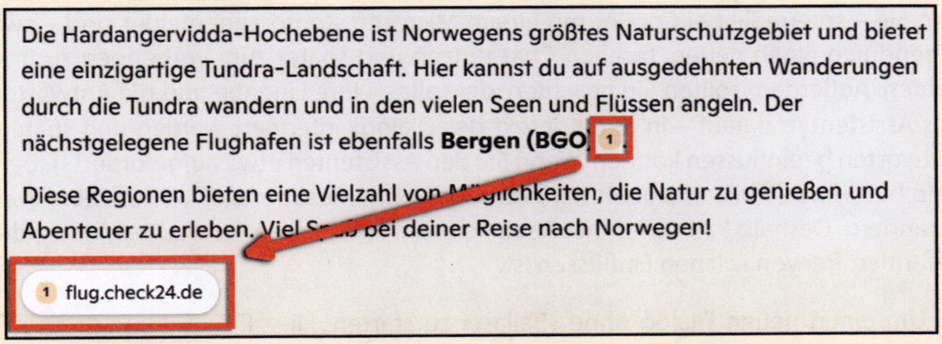

Zurück zur Startseite

Über das bunte Copilot-Symbol links neben dem Eingabefeld gelangen Sie jederzeit zur Copilot-Startseite. Diese macht Ihnen einige Vorschläge, wie Sie schnell mit dem Assistenten in Kontakt treten und dessen Fähigkeiten nutzen können. Deshalb kann man hier ruhig gelegentlich mal vorbeischauen, um sich inspirieren zu lassen.

Wenn Sie statt auf eines der Angebote dort wieder in das Eingabefeld klicken, kehren Sie direkt zum letzten Dialog mit Copilot zurück.

Einen neuen leeren Chat beginnen

In bestimmten Situationen kann es sinnvoll sein, einen neuen Dialog mit dem KI-Assistenten zu beginnen. Zum einen möchte man manchmal zwischendurch ein neues Thema beginnen, ohne das alte ganz aus den Augen zu verlieren. Dann können Sie – sofern Sie bei Copilot mit einem Microsoft-Konto angemeldet sind – zwischendurch einen neuen, frischen Chat nutzen und später zum vorherigen zurückkehren. Außerdem sollten Sie beachten, dass alles – Ihre Eingabe und die Antworten des Assistenten darauf – in den Kontext des Dialogs integriert werden und spätere Antworten beeinflussen können. Wenn Sie den Assistenten etwa aufgefordert haben, eine bestimmte Rolle einzunehmen, kann das seine Reaktion auf weitere Eingaben verändern. Deshalb kann es sinnvoll sein, einen neuen leeren Chat zu beginnen, der garantiert frei von solchen Einflüssen ist.

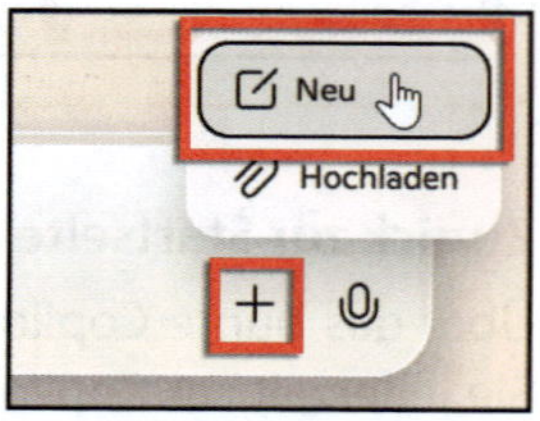

1. Um einen neuen Dialog ohne »Ballast« zu starten, klicken Sie rechts unten im Eingabefeld auf das +-Symbol.
2. Klicken Sie im so geöffneten Menü auf *Neu*.
3. Copilot öffnet daraufhin einen neuen leeren Dialog mit Ihnen. Der alte verschwindet im Hintergrund. Wenn Sie bei Copilot angemeldet sind, können Sie später über die Verlaufsfunktion (siehe Seite 44) zu ihm zurückkehren und ihn fortsetzen.

Bei Copilot anmelden

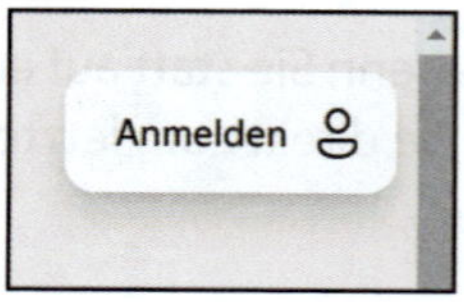

Wenn Sie die Webseite von Copilot öffnen, springt Ihnen oben rechts unübersehbar eine *Anmelden*-Schaltfläche entgegen. Sie können diese ignorieren und Copilot trotzdem einfach nutzen. Für erste eigene Versuche würde ich Ihnen das auch empfehlen. Allerdings ist eine Anmeldung für diesen Dienst nicht mit Kosten verbunden und bringt eine ganze Reihe von Vorteilen:

- Viele Funktionen von Copilot sind für Nutzer ohne Anmeldung auf einen bestimmten Umfang pro Tag beschränkt. Mit Anmeldung entfallen diese Limits oder werden zumindest deutlich erhöht.
- Die Anfragen von angemeldeten Benutzern werden bevorzugt bearbeitet. In Spitzenzeiten werden Nutzer ohne Anmeldung auch dauerhaft auf später vertröstet.
- Einige Funktionen wie etwa das Hochladen von Dateien in einen Chat sind nur mit Anmeldung möglich.
- Angemeldete Benutzer können auf eine Historie ihrer zurückliegenden Dialoge mit dem KI-Assistenten zugreifen und diese beispielsweise auch zu einem späteren Zeitpunkt nahtlos fortsetzen. Auch Copilot kann über die Anmeldung Informationen über Anwender sammeln und diese später in seine Antworten einfließen lassen.

Für die Anmeldung ist ein Microsoft-Konto erforderlich. Wenn Sie beispielsweise ohnehin ein solches für Ihre Windows-Anmeldung nutzen, können Sie es auch für Copilot verwenden. Wenn Sie noch keines haben, können Sie bei dieser Gelegenheit schnell eines erstellen. Sie benötigen dazu lediglich eine vorhandene E-Mail-Adresse oder Telefonnummer.

1. Klicken Sie auf die *Anmelden*-Schaftfläche oben rechts und im dann geöffneten Menü nochmals auf *Anmelden*.
2. Daraufhin wird der Anmeldedialog für Microsoft-Konten eingeblendet. Wenn Sie bereits über ein solches Konto verfügen, geben Sie dessen Zugangsdaten ein. Falls nicht, können Sie mit *Erstellen Sie jetzt eins!* in wenigen Schritten ein kostenloses Microsoft-Konto anlegen und direkt für die Anmeldung nutzen.

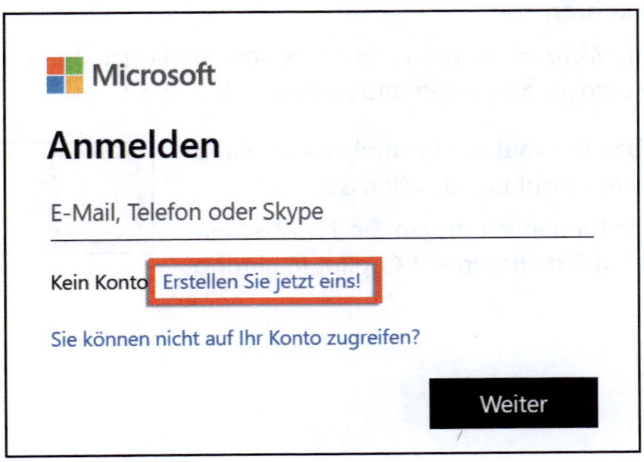

3. Nach der erfolgreichen Anmeldung begrüßt Copilot Sie und fragt nach Ihrem Namen.

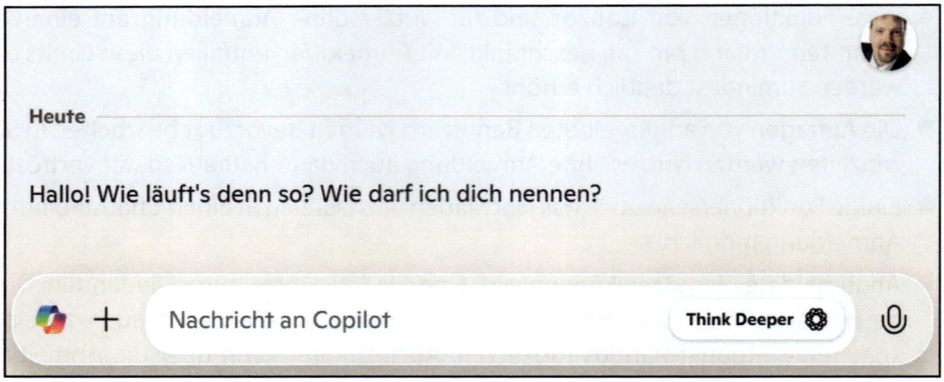

4. Wenn Sie einen nennen, wird der Assistent Sie zukünftig damit ganz persönlich ansprechen. Sie können die Frage aber auch ignorieren und direkt mit Ihrem Anliegen beginnen.

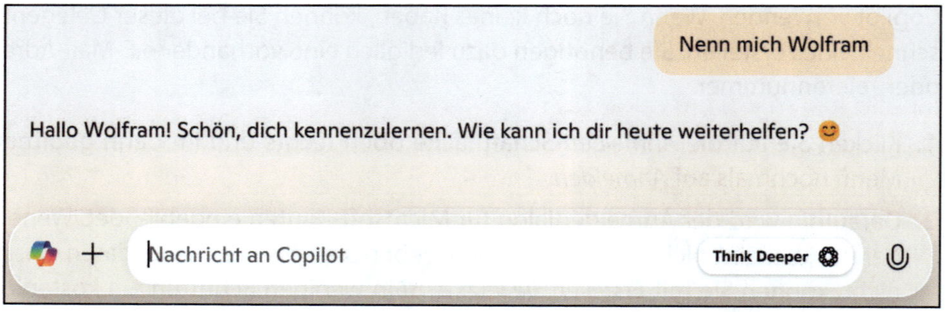

Zu früheren Chats zurückkehren

Haben Sie Copilot mit Ihrem Microsoft-Konto verbunden, »merkt« er sich Ihre Chats, sodass Sie Themen jederzeit erneut aufgreifen und fortsetzen können.

1. Klicken Sie dazu ganz oben links auf das Symbol, um die Randleiste zu öffnen (sofern diese nicht bereits offen ist).
2. Im so eingeblendeten Seitenbereich finden Sie im Abschnitt *Unterhaltungen* Ihre letzten Aktivitäten mit Copilot in chronologischer Reihenfolge.

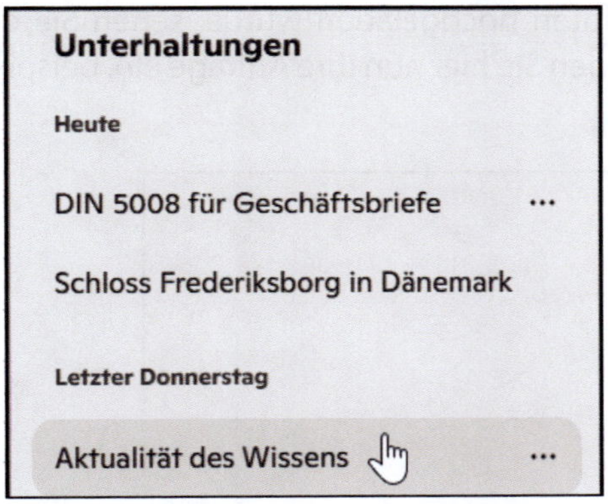

3. Um zu einer davon zurückzukehren, klicken Sie den entsprechenden Eintrag an. Copilot zeigt dann direkt die vollständige Unterhaltung wieder an.

Auf diese Weise gelangen Sie zurück zu dem Chat, so wie Sie ihn verlassen hatten. Es werden also alle Ihre Eingaben und die Antworten von Copilot angezeigt. Das dient nicht nur als bequemer Verlauf und Erinnerung. Sie können das Gespräch auch nahtlos fortsetzen. Copilot hat dabei weiterhin Zugriff auf alle Informationen, die Sie ihm damals zur Verfügung gestellt hatten, und wird dementsprechend antworten.

Inhalte in den Chat einfügen

Sie brauchen sich bei der Interaktion mit dem KI-Assistenten nicht auf kurze Aufforderungen zu beschränken, sondern können auch Texte, Bilder oder Dokumente zum Inhalt Ihres Chats machen, die Copilot dann erfassen, analysieren und verarbeiten kann.

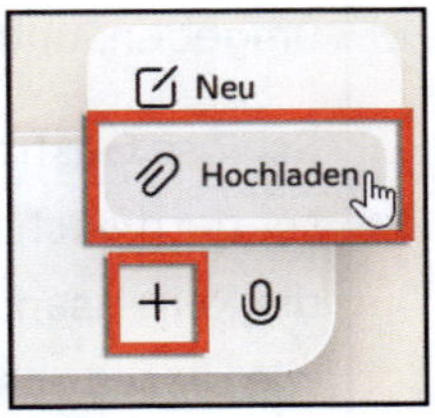

1. Klicken Sie im Eingabefeld unten rechts auf das Plussymbol, um ein Bild hochzuladen.
2. Klicken Sie im so geöffneten Menü auf *Hochladen*.
3. Anschließend können Sie mit einem Dateiauswahldialog zur gewünschten Datei navigieren. Hier werden Ihnen nur Dateitypen angeboten, mit denen Copilot auch etwas anfangen kann. Das sind beispielsweise verschiedene Bildformate, aber auch PDF-, Text- und Office-Dateien.

Dateien direkt auf den Eingabe-Prompt ziehen

Wenn Sie Freund einer gewissen Mausakrobatik sind, können Sie eine Bilddatei auch direkt mit der Maus aus einem Ordner auf das Eingabefeld des Copiloten ziehen. Dieses verwandelt sich dann in das Feld *Bild hier ablegen*, über dem Sie die Datei loslassen können. Auf diese Weise wird sie ebenfalls hochgeladen.

4. Wenn die Datei erfolgreich zum Copiloten hochgeladen wurde, sehen Sie eine kleine Bildvorschau im Eingabefeld. Tippen Sie hier nun Ihre Anfrage ein, beispielsweise:

5. Klicken Sie zum Absenden auf das Pfeilsymbol unten rechts oder drücken Sie ↵.
6. Der KI-Assistent analysiert dann den Inhalt des Bildes und bemüht sich, Ihre Frage zu beantworten.

> Das Schloss auf dem Bild ist das Schloss Güstrow in Mecklenburg-Vorpommern, Deutschland. Es ist ein beeindruckendes Renaissance-Schloss mit mehreren Türmen und einem roten Ziegeldach. Die Fassade des Schlosses ist reich verziert mit architektonischen Details wie Bogengängen, dekorativen Steinmetzarbeiten und grün gedeckten Türmchen. Das Schloss ist von Bäumen und einer Hecke umgeben, und im Hintergrund ist ein klarer blauer Himmel zu sehen.
>
> Schloss Güstrow ist nicht nur wegen seiner architektonischen Schönheit, sondern auch wegen seiner historischen Bedeutung interessant. Es repräsentiert die Renaissance-Epoche in Norddeutschland. Hast du schon einmal ein Schloss wie dieses besucht?

Welche Formate unterstützt Copilot?

Copilot unterstützt eine ganze Reihe von Formaten in verschiedenen Bereichen. Unterstützung bedeutet dabei, dass Sie Dateien in diesem Format über die Hochladen-Funktion an den Assistenten übergeben können, sodass der Inhalt Teil des Dialogs werden kann. Copilot kann anschließend den Inhalt analysieren und Fragen dazu beantworten oder auch veränderte Versionen des Inhalts erstellen (beispielsweise einen Text in eine andere Sprache übersetzen).

- Bilder
  JPEG, PNG, GIF, WEBP
- Text
  RTF, TXT, LOG, INI, CONFIG
- Dokumente
  PDF, DOC, DOCX, ODT, ODP, HTML, TEX, LATEX
- Tabellen
  XLS, XLSX, CSV
- Präsentationen
  PPT, PPTX
- Code
  PY, IPYNB, JS, JSX, CSS, LAVA, CS, PHP, C, CPP, CXX, H, HPP, RS, R, RMD, SWIFT, GO, RB, KT, KTS, TS, TSX, M, SCALA, RS, DART, LUA, PL, PM, T, SH, BASH, ZSH, JSON, YAML, YML, TOML, SQL, MD, COFFEE, TEX, LATEX, ASPX

Der Copilot im Edge-Browser

In Microsofts eigenem **Edge-Browser** ist Copilot direkt integriert und kann hier seine Stärken voll ausspielen. Da er dadurch auf den Inhalt einer aktuell im Browser angezeigten Webseite Zugriff hat, kann er ihn berücksichtigen und Fragen dazu beantworten oder beispielsweise den Inhalt zusammenfassen.

1. Öffnen Sie im Edge-Browser die Webseite, deren Inhalt Sie zusammengefasst haben möchten. Klicken Sie dann oben rechts auf das Copilot-Symbol, um dessen Seitenleiste am rechten Rand einzublenden.

2. Hier wird in der Regel direkt eine Schaltfläche für das *Erstellen einer Zusammenfassung* angeboten, die Sie nur anzuklicken brauchen.

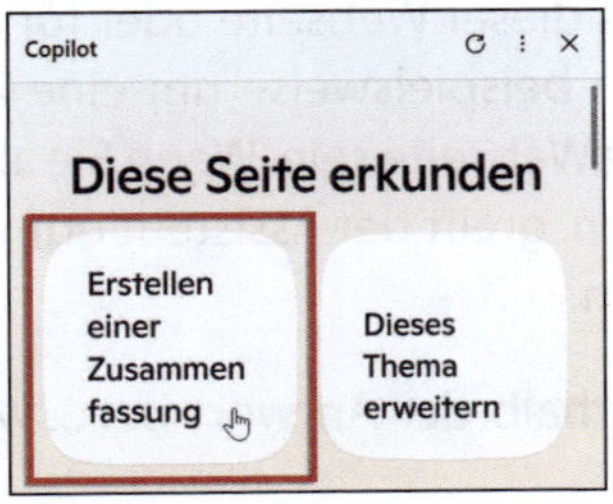

3. Copilot liefert Ihnen die Zusammenfassung dann als Antwort in diesem Dialog.

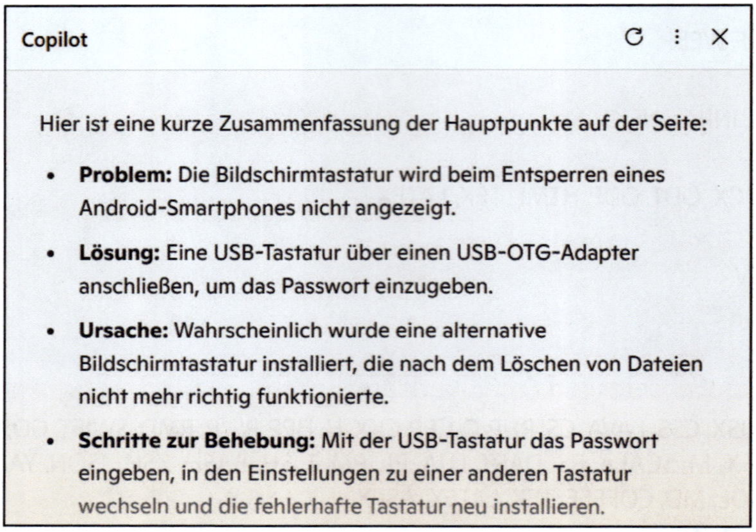

Sollte die Schaltflächen für eine Zusammenfassung fehlen oder wenn Sie andere Fragen zu einer Webseite haben, können Sie diese auch direkt im Eingabe-Prompt unten in der Seitenleiste stellen, etwa:

- `Fasse die angezeigte Webseite zusammen.`
- `Fasse die angezeigte Webseite in einem Satz zusammen.`
- `Schreibe mir eine Zusammenfassung in einfacher Sprache.`

Sie können aber auch beliebige andere Fragen stellen, die sich auf diese Webseite, darin erwähnte Begriffe oder auch irgendetwas anderes beziehen. Copilot versucht stets, den richtigen Kontext für Ihre Frage automatisch zu erkennen. Dementsprechend verwendet er für die Antwort Informationen aus dieser Webseite oder für allgemeinere Themen das Web insgesamt. Wenn Sie also beispielsweise um eine Zusammenfassung bitten, wird der Kontext die angezeigte Webseite sein. Wenn Sie aber nach einer Erklärung für einen bestimmten Begriff fragen, greift der Assistent ggf. auf das Web zu, um eine passende Erklärung dafür zu finden.

1. Welcher Kontext verwendet wird, steht jeweils oberhalb der Antwort bei ... *wird verwendet*.
2. Wenn Sie dort das Häkchen anklicken, können Sie diesen Bereich ausklappen und den Kontext ggf. nachträglich verändern.
3. Dadurch wird eine neue Anfrage an den Assistenten erzeugt, die den gleichen Wortlaut hat, aber nun in dem anderen Kontext beantwortet wird.

Begriffe aus einer Webseite von Copilot erklären lassen

Sie können Copilot in Edge auch nutzen, um sich für Fachbegriffe aus einem Text Erklärungen oder weitergehende Informationen liefern zu lassen.

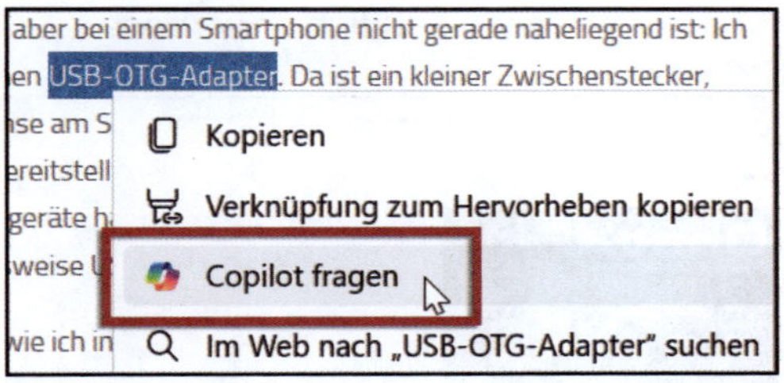

1. Markieren Sie dazu eines oder mehrere Wörter auf einer Webseite, und klicken Sie dann mit der rechten Maustaste auf die Markierung.
2. Wählen Sie im so geöffneten Kontextmenü den Befehl *Copilot fragen*.
3. Der markierte Text wird daraufhin in der Seitenleiste rechts als Anfrage an Copilot übermittelt, der nach kurzer Wartezeit eine Antwort dazu liefern wird.

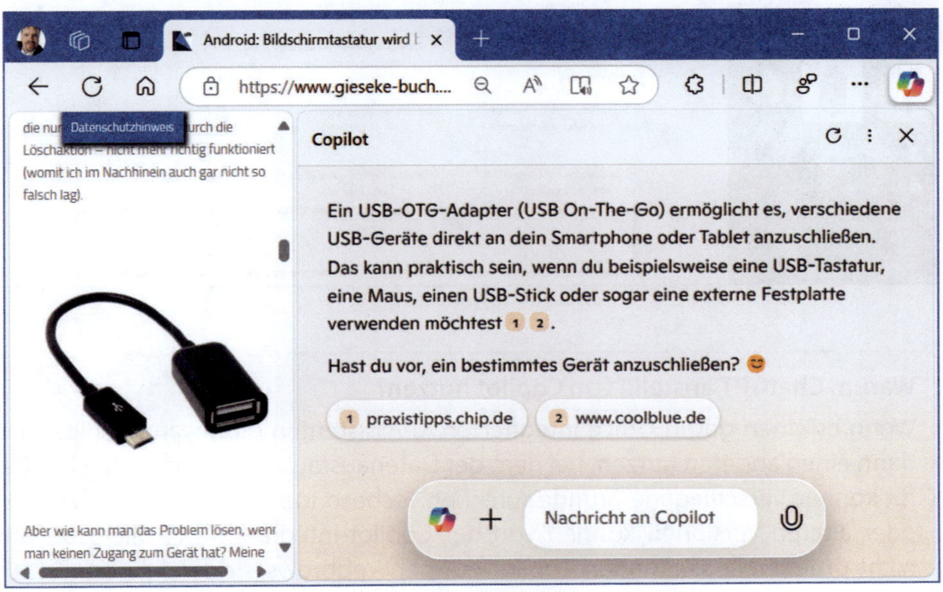

ChatGPT im Webbrowser befragen

ChatGPT ist ähnlich wie Copilot ein KI-Assistent, der natürliche Sprache versteht und erzeugt. Als Allround-KI kann er auf eine breite Wissensbasis zurückgreifen und dadurch auf fast alle Fragen relevante Antworten liefern. ChatGPT kann im Webbrowser oder per Android- bzw. iOS-App genutzt werden. Eine Integration in Office ist nur durch zusätzliche Add-ons möglich und gelingt leider nicht so tief und komfortabel wie bei Copilot (mehr dazu siehe Seite 34).

Eine praktische deutschsprachige Weboberfläche zur Nutzung von ChatGPT finden Sie unter chatx.de. Dieser Webdienst kann in jedem Browser genutzt werden und basiert auf der Technologie von ChatGPT. Er steht jedem auch ohne Anmeldung in begrenztem Umfang offen. Mit einer kostenfreien Anmeldung erhält man zusätzliches Guthaben für kostenlose Anfragen. Außerdem werden Chats gespeichert und können später wieder abgerufen werden. Wem das noch nicht reicht, der kann außerdem zusätzliche Token käuflich erwerben.

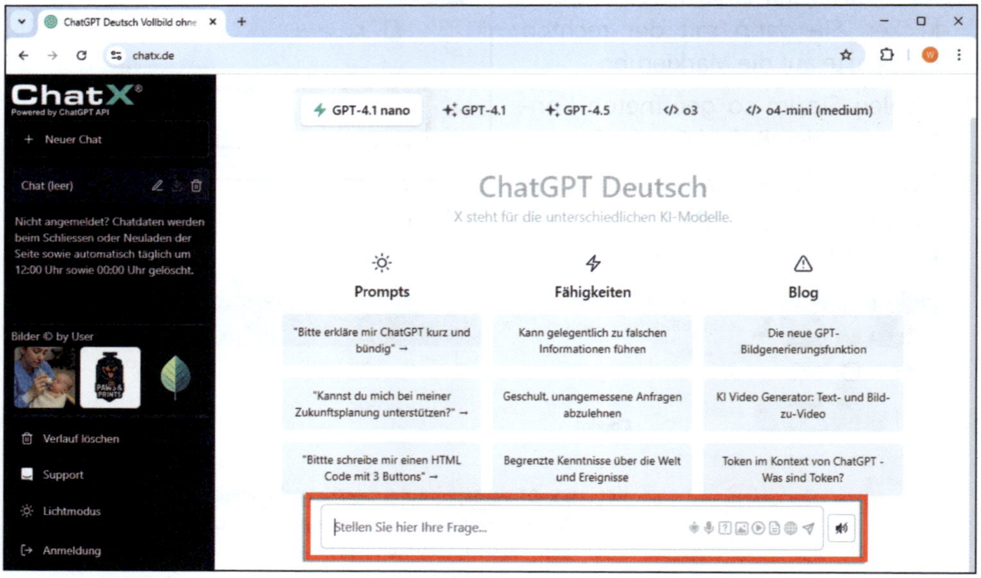

Warum ChatGPT anstelle von Copilot nutzen?

Wenn es einen gut in Office integrierten KI-Assistenten gibt, warum sollte man dann einen anderen nutzen, bei dem der Datenaustausch umständlicher ist? Dafür können verschiedene Gründe sprechen. Insbesondere Nutzer von Office 2024 oder älteren Versionen können von der Copilot-Integration bei Microsoft 365 nicht profitieren. Sie können Copilot nur per Webbrowser oder Add-on nutzen, aber dafür kommen andere KI-Systeme genauso infrage. Außerdem sind nicht alle KI-Assistenten gleich, sondern haben verschiedene Stärken und Schwächen. Copilot gilt mit seinem Fokus auf Geschäftskunden als gute Ergänzung für Office-Nutzer. ChatGPT hingegen wird von vielen Anwendern als universeller und kreativer empfunden. Wiederum andere KI-Assistenten wie etwa Perplexity (siehe Seite 34) haben besondere Stärken bei der Aktualität von Daten. Es ist also sinnvoll, sich für den jeweiligen Verwendungszweck den bestmöglichen KI-Assistenten auszusuchen.

Zentrales Element ist der Eingabe-Prompt in der Mitte der Webseite. Hier können Sie genau wie bei Copilot Ihre Frage oder Aufforderung eintippen und absenden. Darüber finden Sie zumindest zu Beginn eine Reihe von Beispielen für solche Anfragen an die KI, die Sie durch Anklicken direkt ausführen können.

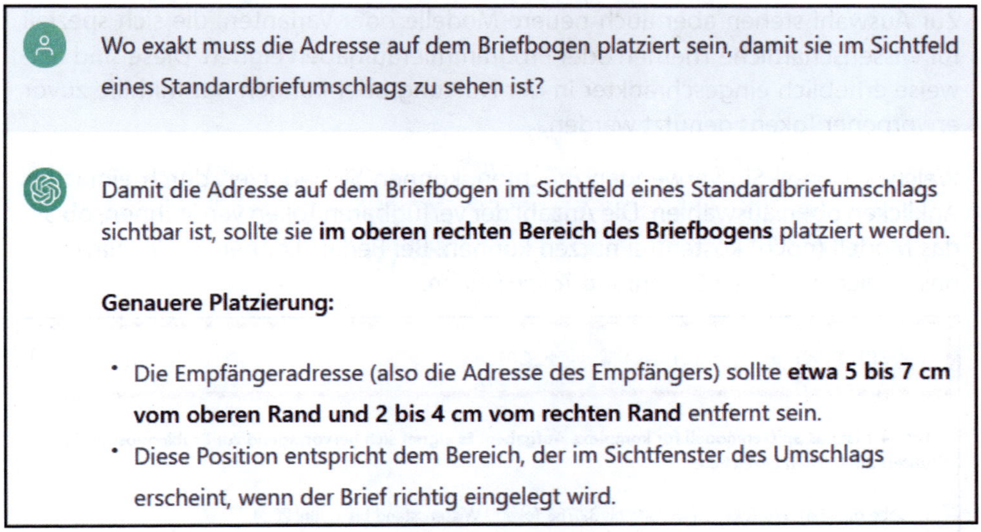

Antworten von ChatGPT in die Zwischenablage kopieren

Wenn Sie Ausgaben von ChatGPT in einer Office-Anwendung weiterverwenden möchten, geht das über die Zwischenablage (mehr dazu im nachfolgenden Abschnitt). ChatGPT macht Ihnen das möglichst einfach, indem der Assistent unterhalb jeder Antwort ein Kopieren-Symbol anzeigt (allerdings nur, wenn Sie den Mauszeiger zuvor kurz auf diese Antwort bewegen).

Mit einem Klick darauf kopieren Sie den gesamten Inhalt der Antwort in die Zwischenablage. Wenn Sie anschließend zur Office-Anwendung wechseln, können Sie diesen Inhalt dort mit den Symbolen in der Funktionsleiste oder dem Tastenkürzel Strg+V direkt einfügen.

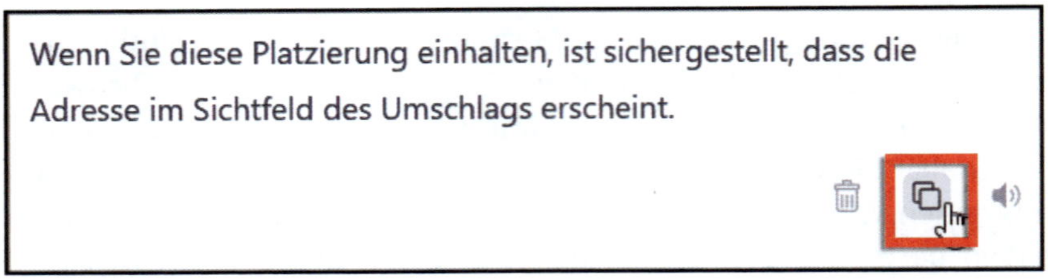

Verschiedene Generationen von ChatGPT nutzen

Ganz oben auf der Webseite können Sie verschiedene Fassungen des Chat-GPT-Sprachmodells auswählen. Standardmäßig wird das derzeit gängigste Modell für typische Anwender verwendet. Es kann zumindest in einem gewissen Umfang kostenlos genutzt werden.

Zur Auswahl stehen aber auch neuere Modelle oder Varianten, die sich speziell für wissenschaftliche Themen oder Programmieraufgaben eignen. Diese sind teilweise erheblich eingeschränkter in der Nutzung oder können nur mithilfe zuvor erworbener Tokens genutzt werden.

Welches Modell Sie verwenden möchten, können Sie jederzeit durch einfaches Anklicken oben auswählen. Die Anzahl der verfügbaren Token verrät Ihnen, ob Sie das Modell (noch) kostenfrei nutzen können. Bei Bedarf können Sie im Navigationsbereich am linken Seitenrand *Token kaufen*.

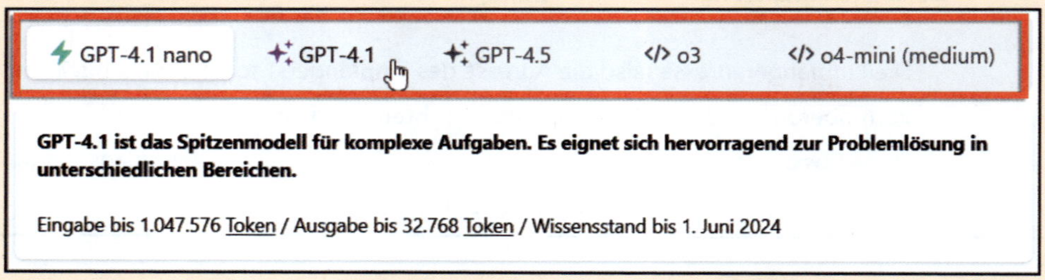

Am rechten Seitenrand finden Sie eine Leiste, in der Sie zwischen verschiedenen Konversationen mit dem Assistenten hin- und herwechseln können. Außerdem finden Sie hier die Möglichkeit der Anmeldung. In dem dadurch geöffneten Dialog können Sie sich für ein kostenfreies Nutzerkonto *Registrieren*.

Hierzu benötigen Sie einen Benutzernamen, Ihre E-Mail-Adresse sowie ein (frei wählbares) Passwort. Nach der erfolgten Authentifizierung per E-Mail können Sie sich jederzeit mit der E-Mail-Adresse und dem Passwort anmelden.

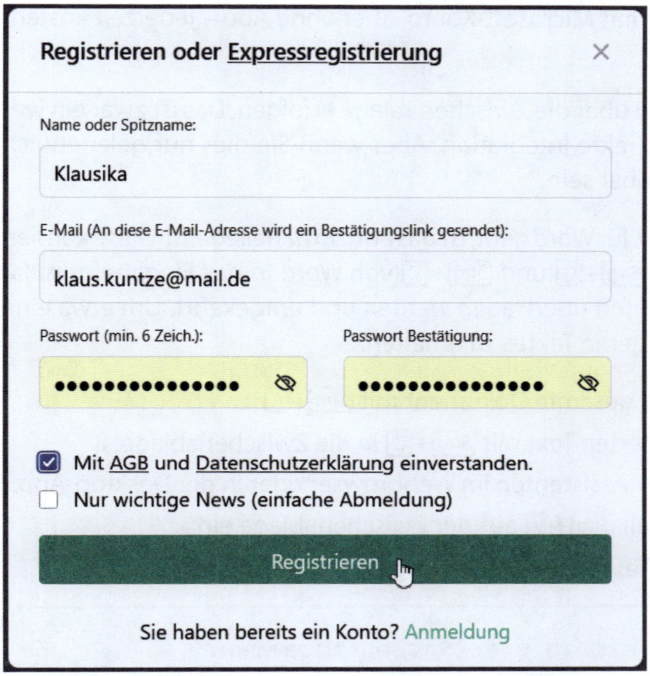

Zu früheren Chats zurückkehren

Einer der Vorteile einer Anmeldung ist, dass Ihre Chats dann zwischen verschiedenen Sitzungen gespeichert werden und Sie so auch später immer wieder dorthin zurückkehren und die Konversationen mit dem Assistenten fortsetzen können.

Dabei bleiben Informationen, Daten und Vorgaben, die Sie in einer solchen Konversation einmal gemacht haben, im Kontext dieses Austausches erhalten, sodass Sie sich immer wieder darauf beziehen können.

Daten per Zwischenablage austauschen

Auch ohne direkte Integration können Sie KI-Dienste für Ihre Office-Aufgaben nutzen. Selbst

Microsoft Copilot lässt sich – mit Microsoft-Konto, aber ohne Abo – jederzeit kostenlos im Webbrowser nutzen.

Die Übergabe der Daten kann über die Zwischenablage erfolgen. Das ist zwar ein wenig umständlicher als eine direkte Integration. Aber wenn Sie dies nur gelegentlich benötigen, dürfte es annehmbar sein.

Wenn es etwa um Texte in bzw. für Word geht, ist das Prinzip naheliegend. Diese können jederzeit beispielsweise mit Strg+C und Strg+V von Word in das Eingabeformular Ihres bevorzugten KI-Assistenten übertragen werden und umgekehrt. Um etwa eine Zusammenfassung eines längeren Textes zu erhalten:

1. Markieren Sie in Word das gesamte Dokument mit Strg+A.
2. Übertragen Sie den markierten Text mit Strg+C in die Zwischenablage.
3. Wechseln Sie dann zum KI-Assistenten im Webbrowser oder in der Desktop-App.
4. Fügen Sie den Text dort mit Strg+V aus der Zwischenablage ein.
5. Sie können am Ende des Textes Ihre Anweisung ergänzen, etwa:

```
Fasse mir diesen Text in vier Sätzen zusammen.
```

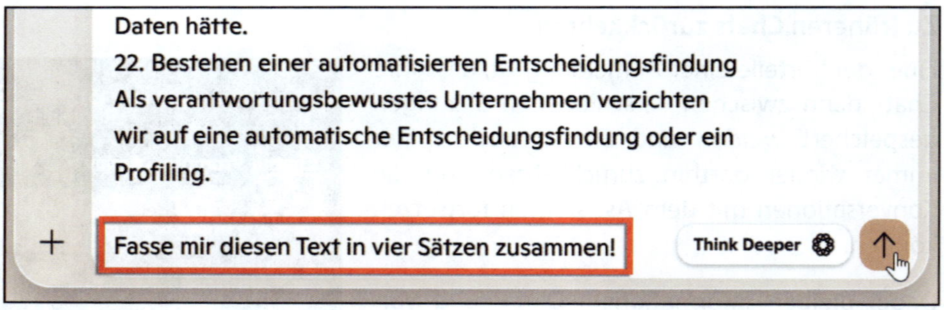

6. Alternativ senden Sie zunächst nur den Text ab, damit der Inhalt Teil des Kontextes für Ihren Chat mit dem Assistenten wird. Anschließend können Sie dann beliebig Fragen zum Text stellen oder auch Zusammenfassungen, Umformulierungen oder Übersetzungen anfordern.
7. Um die Ergebnisse der KI in Word zu übernehmen, markieren Sie den fraglichen Text im Webbrowser bzw. in der App und kopieren ihn mit Strg+C in die Zwischenablage. Wollen Sie eine komplette Antwort weiterverwenden, können Sie dafür oftmals auch ein Kopieren-Symbol unterhalb oder neben dem Text nutzen.

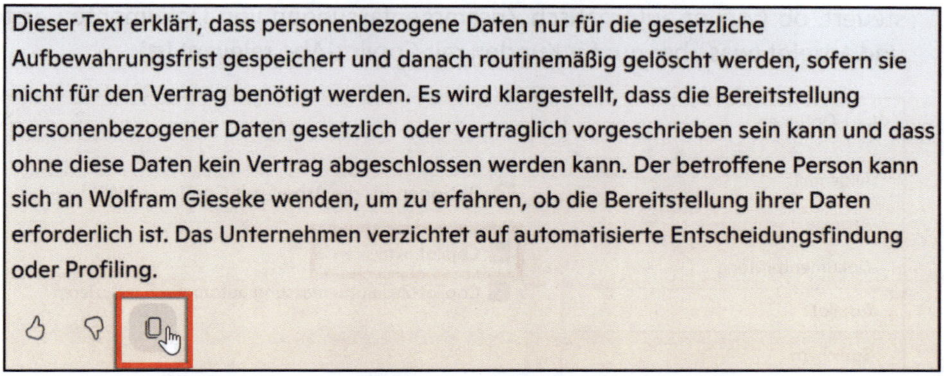

8. Wechseln Sie dann zurück zu Word, platzieren Sie die Einfügemarke an der gewünschten Position und drücken Sie Strg+V, um den Inhalt einzufügen. Sollte die KI den Text formatiert haben, können Sie ihn mit Strg+⇧+V als reinen Text ohne Formatierung einfügen.

2.2 Copilot-Integration in Microsoft 365

In die aktuellen Office-Versionen hat künstliche Intelligenz bereits Einzug gehalten. Copilot ist in Word, Excel, PowerPoint und Outlook integriert und stellt somit seine Unterstützung direkt innerhalb dieser Anwendungen zur Verfügung. So können Sie mit wenigen Mausklicks Inhalte optimieren und ergänzen, Texte in andere Sprachen übersetzen oder Inhalte auch ganz vom Assistenten generieren lassen. Allerdings stehen diese Möglichkeiten nur Nutzern der Abo-Variante Microsoft 365 zur Verfügung. Und wer KI regelmäßig produktiv einsetzen will, kommt um ein zusätzliches kostenpflichtiges Abo nicht herum.

Copilot aktivieren

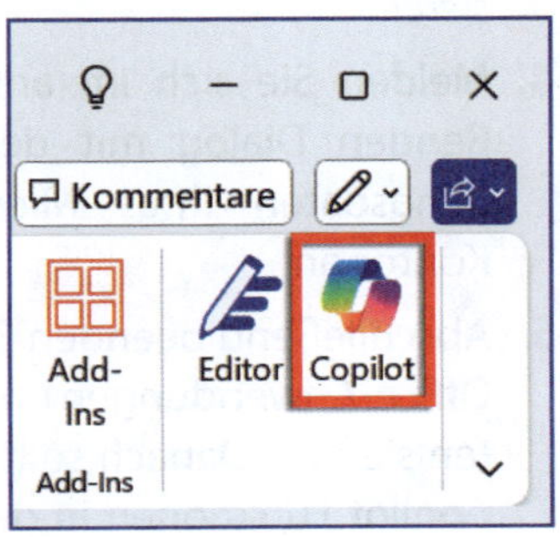

Wenn Copilot Ihnen im Rahmen Ihres Abos zur Verfügung steht, erkennen Sie dies schnell am Symbol ganz rechts in der *Start*-Registerkarte des Menübands. Sollte dieses fehlen, muss er ggf. zunächst aktiviert werden:

1. Öffnen Sie mit *Datei/Optionen* die Word-Einstellungen und wechseln Sie in die Rubrik *Copilot*.
2. Hier muss das Häkchen bei *Copilot aktivieren* gesetzt sein.
3. Dadurch wird die zusätzliche Option *Copilot-Zusammenfassung automatisch reduzieren* zugänglich. Sie

steuert, ob Copilot automatisch Zusammenfassungen von Dokumenten erstellt und anzeigt (was aber nur für Kunden mit Copilot-Abo relevant ist).

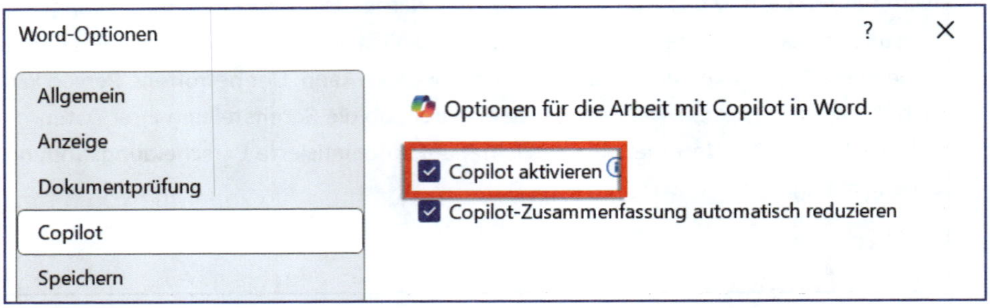

4. Klicken Sie unten auf *OK*, um die Änderung der Einstellungen zu übernehmen.

Falls Copilot sich trotz Abo nicht zeigen will

Manchmal ist die Copilot-Integration etwas störrisch und will sich nicht in den Office-Anwendungen zeigen.

Das kann ganz am Anfang passieren, wenn Sie gerade ein neues Abo abgeschlossen haben. Aber auch später kann es vorkommen, dass Microsoft 365 seine Copilot-Funktionen »vergisst«. Dann kann Folgendes helfen:

1. Öffnen Sie mit *Datei/Konto* die Kontoinformationen.
2. Hier finden Sie rechts unter *Produktinformationen* die Bestandteile Ihres abonnierten Produkts. Kontrollieren Sie zunächst, ob hier neben den Symbolen der verschiedenen Office-Anwendungen auch das Copilot-Zeichen zu sehen ist. Andernfalls hat etwas mit dem Abonnement nicht geklappt.
3. Ist das Copilot-Symbol zu sehen, klicken Sie darunter auf die Schaltfläche *Lizenz aktualisieren*.
4. Melden Sie sich im anschließenden Dialog mit den Zugangsdaten Ihres Microsoft-Kontos an.
5. Abschließend beenden Sie alle Office-Anwendungen und starten sie neu. Danach sollten die Copilot-Funktionen in den Anwendungen verfügbar sein.

Copilot im Editor/Arbeitsbereich

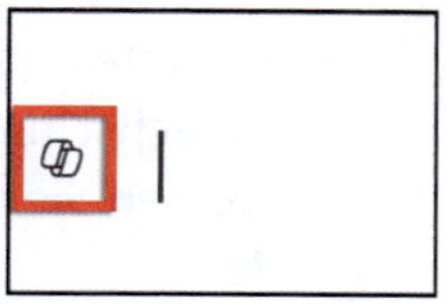

Wenn Sie den Copiloten aktiviert haben, dürfte Ihnen beim Word-Editor sein Symbol sehr schnell im Text auffallen. Wann immer die Einfügemarke in einer leeren Zeile steht, wird es automatisch am linken Seitenrand angezeigt und signalisiert die Arbeitsbereitschaft des KI-Assistenten.

1. Sollten Sie etwa nicht genau wissen, wie Sie mit Ihrem Text beginnen oder fortfahren sollen, klicken Sie auf das Symbol.
2. Damit öffnen Sie einen Copilot-Eingabe-Prompt, in dem Sie Ihre Anforderung eingeben können. Oberhalb davon zeigt Ihnen der Assistent Vorschläge für Prompts an, von denen Sie sich ggf. inspirieren lassen können.

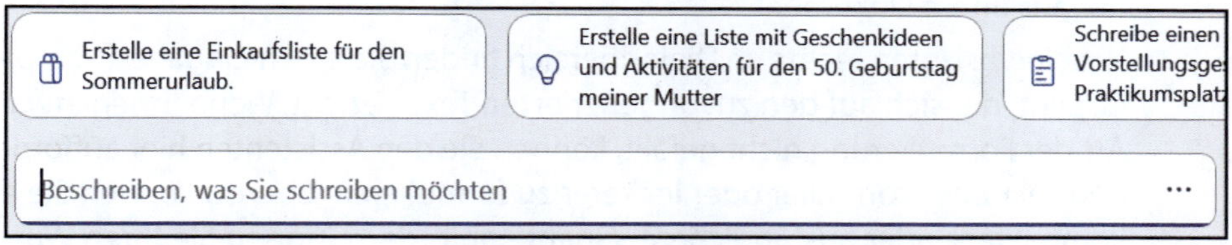

3. Beschreiben Sie hier beispielsweise das Thema, zu dem Sie einen Absatz verfassen möchten. Klicken Sie dann rechts auf das Pfeilsymbol, um die Aufforderung abzusenden.

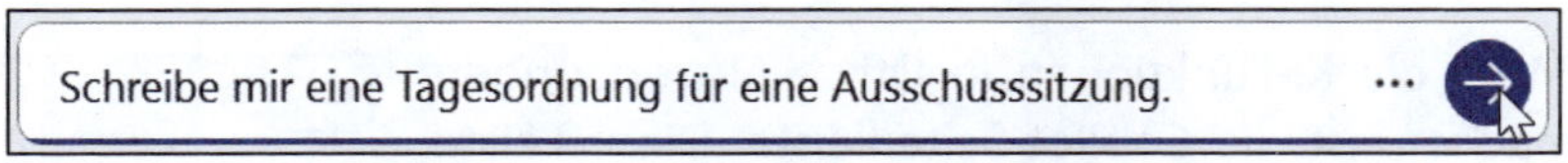

4. Warten Sie nun kurz ab. Die Copilot-Funktionen werden nicht lokal ausgeführt. Stattdessen werden sie an die KI-Dienste von Microsoft übermittelt, dort verarbeitet und das Ergebnis wird dann zurückgesendet. Das alles kann ein paar Sekunden dauern.
5. Nach kurzer Wartezeit wird Ihnen Copilot also eine Antwort anbieten. Diese wird direkt als Text an der Position der Einfügemarke ins Dokument hineingeschrieben.

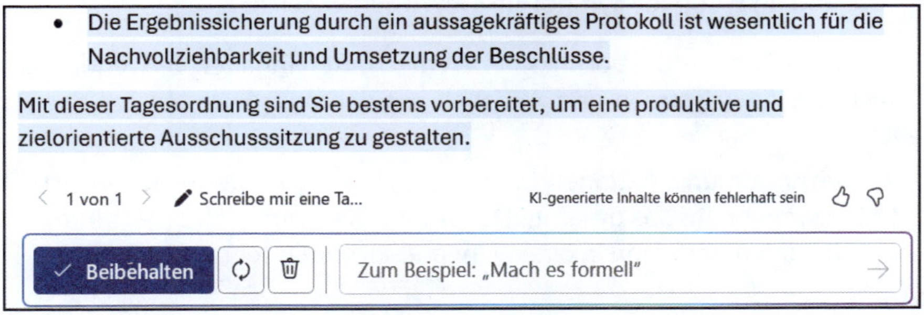

6. Im Dialogfeld ganz unten haben Sie aber noch Möglichkeiten, auf den generierten Text zu reagieren:
   - *Varianten:* Je nach Umfang erzeugt Copilot mehrere Vorschläge, von denen er zunächst nur einen anzeigt. Mit den Pfeilsymbolen oben links im Dialogfeld können Sie zu anderen Varianten wechseln und sich für eine davon entscheiden.
   - *Beibehalten:* Sind Sie mit dem Vorschlag zufrieden, können Sie den generierten Text mit dieser Schaltfläche übernehmen und den Dialog ausblenden.
   - *Neu generieren:* Mit dem Erneuern-Symbol rechts daneben wiederholen Sie den Auftrag an Copilot. Da KI-Ergebnisse stets variieren, erhalten Sie so einen neuen Vorschlag, der Ihnen vielleicht eher zusagt.
   - *Löschen:* Mit dem Papierkorb-Symbol entfernen Sie den eingefügten Text wieder aus Ihrem Dokument.
   - *Verfeinern:* Unten rechts im Dialogbereich finden Sie einen Eingabe-Prompt für Copilot, der sich auf den zuvor generierten Text bezieht. Wenn Ihnen etwa die Art der Formulierung nicht gefällt, können Sie den Assistenten hier auffordern, den Text etwa formeller oder lockerer zu formulieren. Ebenso können Sie eine kompaktere oder ausführlichere Variante anfordern. Tippen Sie Ihren Wunsch dazu in einfacher Sprache ein und klicken Sie rechts auf das Pfeilsymbol zum Absenden.

Die Copilot-Seitenleiste in Word

Ein anderer Weg, die KI-Funktionen in Office-Anwendungen nutzbar zu machen, ist die Copilot-Seitenleiste. Diese Leiste können Sie jederzeit einblenden, indem Sie im *Start*-Menüband in der Registerkarte ganz rechts auf das *Copilot*-Symbol klicken. Damit blenden Sie standardmäßig am rechten Rand eine Seitenleiste ein. Wie alle Seitenleisten können Sie auch diese bei Bedarf mit der Maus wegziehen und entweder an der linken Seite oder als schwebenden Dialog irgendwo auf dem Bildschirm platzieren. Ein wichtiger Unterschied zwischen der Seitenleiste und dem Copilot-Symbol links im Arbeitsbereich:

- Wenn Sie das Copilot-Symbol links neben markierten Inhalten verwenden, beziehen sich alle Anweisungen und Aktionen auf den ausgewählten Teil des Dokuments.
- Die Anweisungen und Aktionen in der Copilot-Seitenleiste beziehen sich standardmäßig immer auf das gesamte Dokument. Sie können aber Teile Ihres Dokuments auswählen und dann in einen Eingabe-Prompt integrieren.

Neben dem allgegenwärtigen Eingabe-Prompt ganz unten arbeitet der Seitenbereich kontextbasiert und stellt Ihnen Funktionen abhängig vom Inhalt Ihres Dokuments zur Verfügung.

Bei einem neuen leeren Dokument steht deshalb erst mal nicht viel in der Leiste. Ist bereits reichlich Text vorhanden, ergänzt die Seitenleiste weitere Vorschläge. Dabei handelt es sich immer um vorformulierte Anweisungen, die durch Anklicken in den Eingabe-Prompt unten übernommen werden. Hier können Sie die Aufforderung noch abändern oder ergänzen und dann absenden.

Soweit an dieser Stelle zur grundsätzlichen Art und Weise, Copilot in Office zu nutzen. In den folgenden Kapiteln zu den verschiedenen Anwendungen finden Sie eine Vielzahl von konkreten Beispielen, wie Sie diese Varianten produktiv für Ihre Zwecke nutzen können.

Copilot in Office-Webanwendungen

Als Alternative zum klassischen Office-Paket für den Windows-Desktop stellt Microsoft viele der Office-Komponenten auch als Webanwendungen zur Verfügung. Moderne Webbrowser machen es möglich, dass diese Versionen fast genauso aussehen wie die klassischen Programme und sich bis auf Details auch genauso nutzen lassen. Der

Vorteil: Sie können Office so jederzeit und überall auf beinahe beliebigen Endgeräten nutzen. Sie brauchen sich nur mit Ihrem Microsoft-Konto anzumelden, und schon stehen Ihnen im Webbrowser Ihre Office-Anwendungen und auch die – in der Cloud gespeicherten – Dokumente zur Verfügung.

In Bezug auf die Nutzung von Copilot haben die Webanwendungen zusätzlich den Vorteil, dass neue KI-Funktionen hier zuerst implementiert werden und dann nach und nach in die Desktop-Anwendungen einfließen. Deshalb bietet Copilot im Web-Office mehr Möglichkeiten wie etwa das Einfügen von Dokumenten in Prompts (siehe Seite 183).

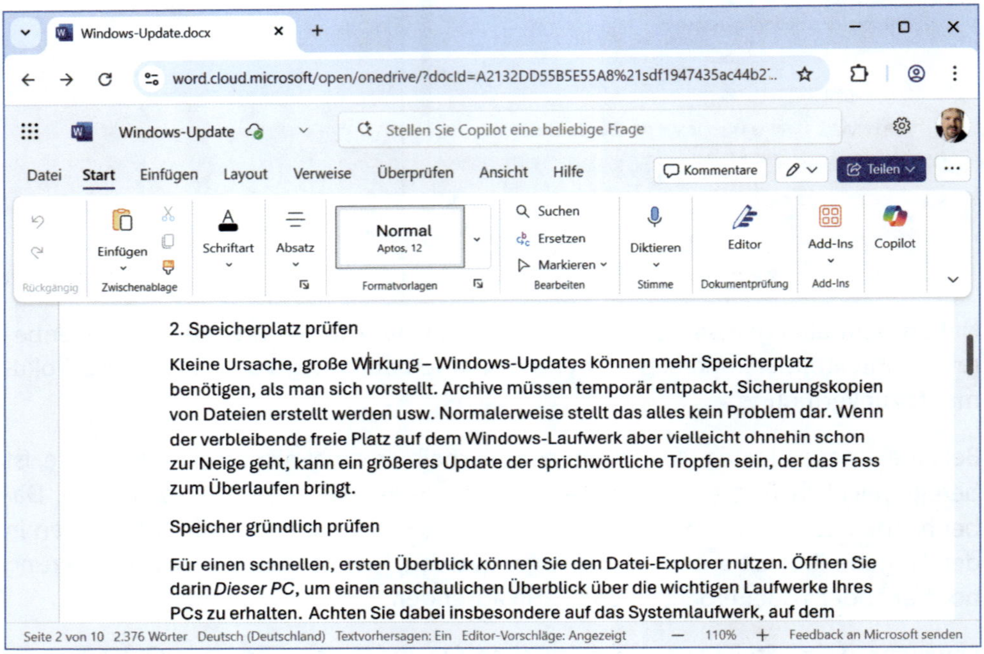

Man muss genau hinschauen: Hier wird Word als Webanwendung in einem Browser ausgeführt

Auch beim Öffnen eines Dokuments in Word geht etwa die Webversion von Word über eine reine Zusammenfassung hinaus.

- In der Rubrik *Erkenntnisse* fasst Copilot zum einen wesentliche Zahlenwerte aus dem Inhalt im Abschnitt *Schlüsselnummern* zusammen (die Bezeichnung »Schlüsselzahlen« wäre eigentlich treffender). Welche Zahlen das sind, hängt ganz vom Inhalt des Dokuments ab. Handelt es sich beispielsweise um Jahreszahlen, erstellt der Assistent ggf. eine Art Zeitleiste.

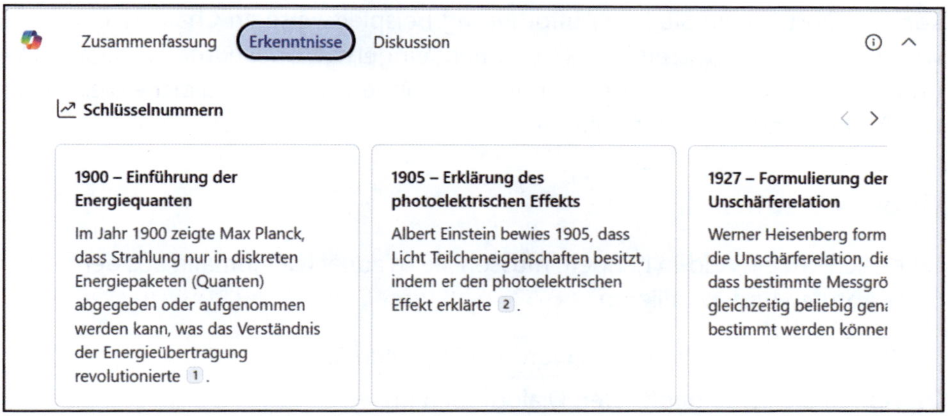

- Im Abschnitt *Vorgeschlagene Fragen und Antworten* generiert Copilot aus dem Inhalt des Dokuments ein paar wichtige Fragen nebst dazugehörenden Antworten, die einen schnellen Zugang zu den wesentlichen Themen eines Textes bieten.

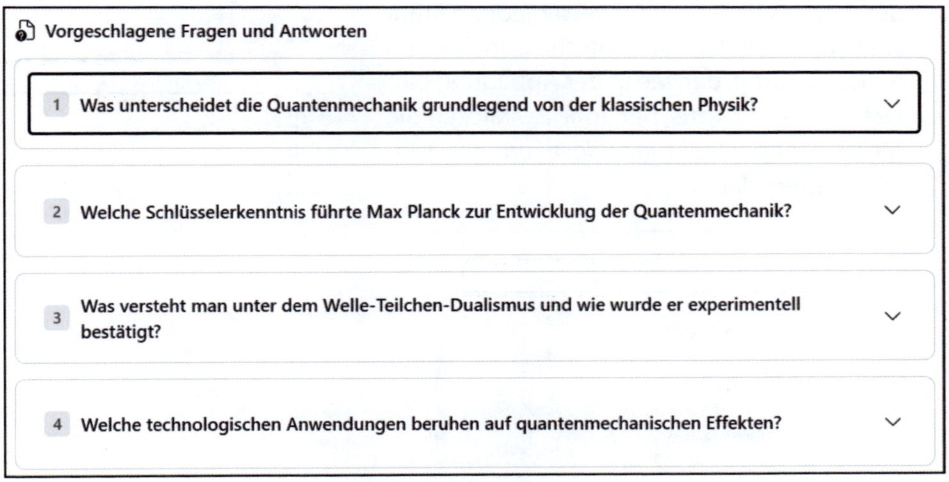

2.3 Andere KI-Assistenten als Office-Add-in

Der Microsoft Copilot in Office-Anwendungen steht nur Microsoft-365-Nutzern mit Zusatz-Abo zur Verfügung. Wer Office 2024 gekauft hat, kann Copilot selbst mit Abo nicht in seine Anwendungen integrieren. Und wer nur gelegentlich KI-Funktionen nutzen möchte, wird sicher nicht jeden Monat eine Abo-Gebühr dafür bezahlen wollen. Allerdings gibt es inzwischen eine ganze Reihe an Office-Erweiterungen, die den Zugriff auf KI-Assistenten ermöglichen. Das kostenlose Add-in *Ghostwriter* etwa fügt sich ähnlich wie Copilot als Seitenleiste ein, die Sie bei Bedarf jederzeit einblenden können. Dort tippen Sie Ihre Aufforderung beispielsweise an ChatGPT ein. Die Antwort wird nach kurzer Zeit in das Dokument eingefügt. Ghostwriter unterstützt Word und Excel. Für andere Office-Anwendungen können Sie auf die gleiche Weise alternative Add-ins finden und installieren.

Ghostwriter installieren

Da es sich um ein Add-in handelt, müssen Sie es zunächst einmalig aus dem Add-ins-Store abrufen und installieren.

1. Klicken Sie beispielsweise in Word auf *Start/Add-ins*.
2. Tippen Sie im so geöffneten Dialog oben im Suchfeld den Namen des gewünschten Add-ins ein: *Ghostwriter*. Drücken Sie dann ⏎.
3. Die Suche wird Ihnen eine stattliche Auswahl an Suchtreffern präsentieren, da der Autor des Add-ins Varianten für verschiedene Branchen veröffentlicht hat. Entscheiden Sie sich für den Eintrag, der wie in der Abbildung einfach nur *Ghostwriter* benannt ist. Klicken Sie rechts daneben auf *Hinzufügen*, um das Add-in herunterzuladen.

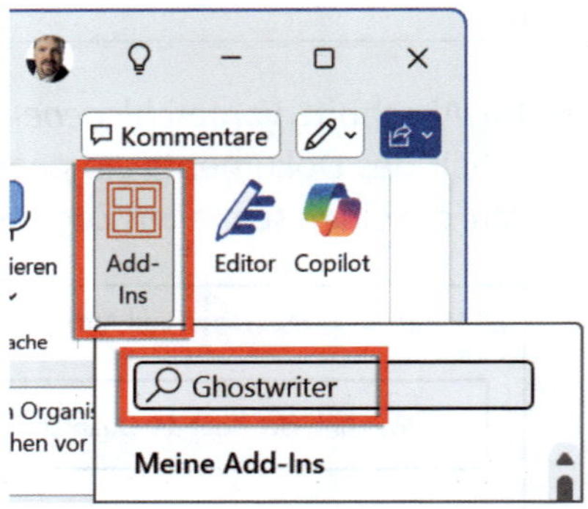

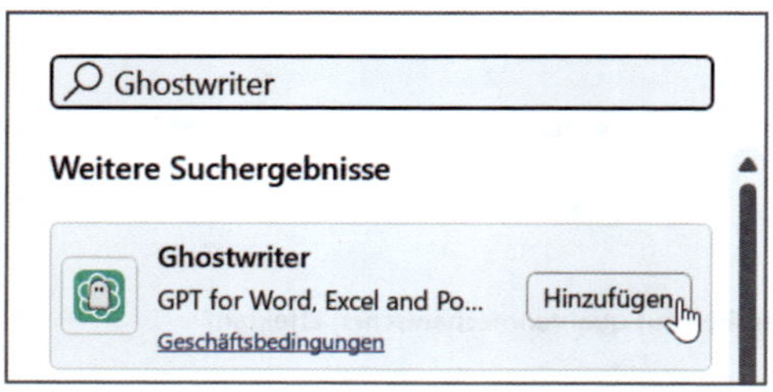

4. Der Vorgang des Herunterladens und Installierens läuft automatisch ab. Allerdings fragt Word zwischenzeitlich in einem eingeblendeten Seitenbereich nach und bittet um eine Bestätigung, dass Sie dieses Add-in installieren möchten. Klicken Sie auf *Zulassen und fortfahren*.

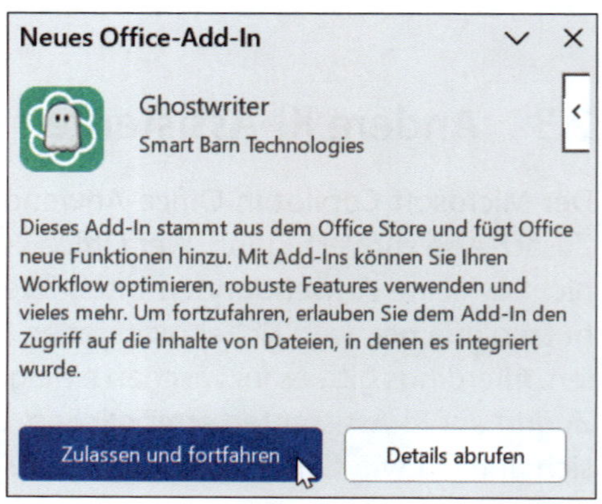

Nach Abschluss der Installation finden Sie im Menüband in der Registerkarte *Start* ganz rechts ein neues Symbol vor, mit dem Sie den Seitenbereich von Ghostwriter jederzeit ein- und ausblenden können.

Ghostwriter konfigurieren

Das Verhalten und die Antworten von Ghostwriter lassen sich über verschiedene Einstellungen beeinflussen. Die wesentliche davon ist die etwas versteckte Auswahl am unteren Rand des Eingabefeldes.

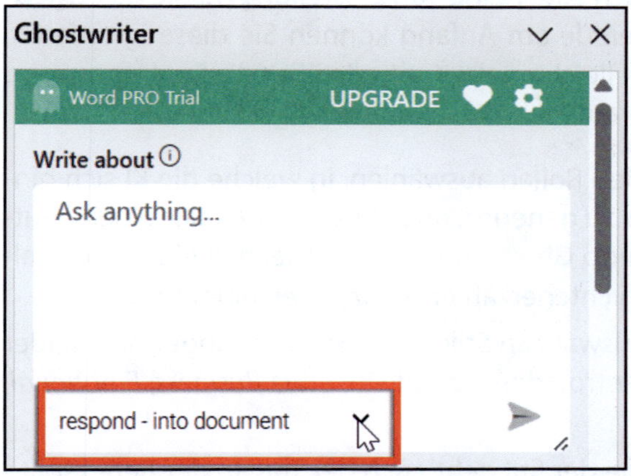

Wenn Sie darauf klicken, öffnen Sie ein Auswahlfeld, das die wichtigsten Funktionen umfasst. So können Sie mit den oberen vier Punkten festlegen, in welcher Form die Antwort der KI verwendet werden soll:

- *respond – into document*
  Die Antwort der KI wird an der aktuellen Position der Einfügemarke in das Dokument eingefügt.
- *respond – into response box*
  Die Antwort wird in den Ghostwriter-Seitenbereich geschrieben, und Sie können dann entscheiden, ob Sie sie ggf. in das Dokument einfügen möchten.
- *respond – as a comment*
  Der generierte Text wird an der aktuellen Position als Kommentar in das Dokument eingefügt.

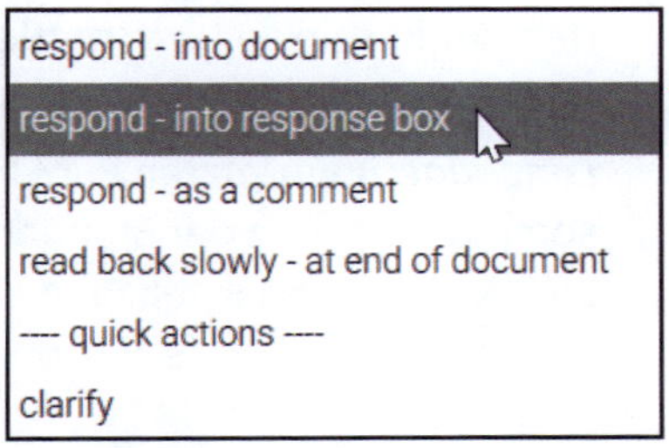

- *Read back slowly – at end of document*
  Das Ergebnis Ihrer Aufforderung wird langsam nach und nach am Ende des Dokuments eingefügt.

Darunter finden Sie verschiedene Schnellaktionen für typische Anwendungszwecke. Diese fügen jeweils den passenden Prompt in das Eingabefeld ein. Diese Prompts sind in Englisch, was Sie aber nicht stören muss.

Außerdem sind Sie auf diese Aktionen auch nicht angewiesen, sondern können Ihre Aufforderungen auch direkt – und in deutscher Sprache – in das Eingabefeld eintippen.

Unterhalb des Eingabefeldes findet sich eine Reihe von Einstellungen, die das Ergebnis von Ghostwriter beeinflussen. Gerade am Anfang können Sie diese ignorieren, aber im Laufe der Zeit möchten Sie vielleicht mehr Kontrolle über die Funktionsweise haben. Deshalb gehe ich hier kurz darauf ein:

- *Agents:* Hier können Sie unter vielen Rollen auswählen, in welche die KI sich hineinversetzen kann. Je nach Art des zu generierenden Textes kann dies einen deutlichen Unterschied machen, etwa ob Ghostwriter die Perspektive eines Buchhalters (*Accountant*) oder eines Geschichtenerzählers (*Storyteller*) einnimmt.
- *Style:* Hier finden Sie eine große Auswahl an Stilen. Die Bezeichnungen sind leider in Englisch, viele erklären sich aber trotzdem von allein, etwa *Business*, *Emotional*, *Newsletter* oder *Poetic*.
- *Tone:* In eine ähnliche Richtung wie der Stil geht auch der Ton. In der Regel sollte es reichen, für einen von beiden eine Vorgabe zu machen.
- Mit der Auswahl unterhalb von *Tone* steuern Sie die Kreativität, die die KI an den Tag legen darf bzw. soll. Mit *0* hält sie sich sehr eng an die Vorgabe, produziert dabei oftmals sehr vorhersehbare und nüchterne Ergebnisse, was für fachliche Texte aber gewollt sein kann. Mit *1* hingegen geben Sie der KI völlige Freiheit, wobei das Ergebnis teilweise nur noch bedingt etwas mit dem Ausgangspunkt oder Ihrer Aufforderung zu tun hat.
- *Output length:* Hier können Sie vorgeben, ob das Ergebnis möglichst kurz und auf den Punkt sein soll, ein mittlerer Text mit mehreren Absätzen oder ein mehrseitiges Werk entstehen soll.
- *Language:* Beim letzten Punkt wählen Sie die Sprache des zu generierenden Textes, sofern dieser von der Standardeinstellung für Ihre Office-Anwendung abweichen soll. Wenn Sie in Einzelfällen einen Text in einer abweichenden Sprache generieren möchten, können Sie das dem Assistenten aber auch direkt in der Aufforderung mitteilen.

Texte mit Ghostwriter generieren

Ist Ghostwriter installiert und eingerichtet, können Sie den Assistenten jederzeit als Seitenleiste einblenden und im Eingabefeld dort Ihre Aufforderung an den Assistenten formulieren. Standardmäßig erfolgt die Antwort direkt im Dokument links, was Sie aber in den Einstellungen ändern können (siehe vorhergehender Abschnitt).

1. Platzieren Sie zunächst die Einfügemarke an der gewünschten Position im Dokument.
2. Blenden Sie anschließend ggf. die Ghostwriter-Seitenleiste ein, soweit noch nicht geschehen.
3. Tippen Sie dort im Eingabefeld ganz oben Ihre Aufforderung ein.
4. Klicken Sie dann auf den Pfeil unten rechts im Feld, um die Anfrage abzusenden.

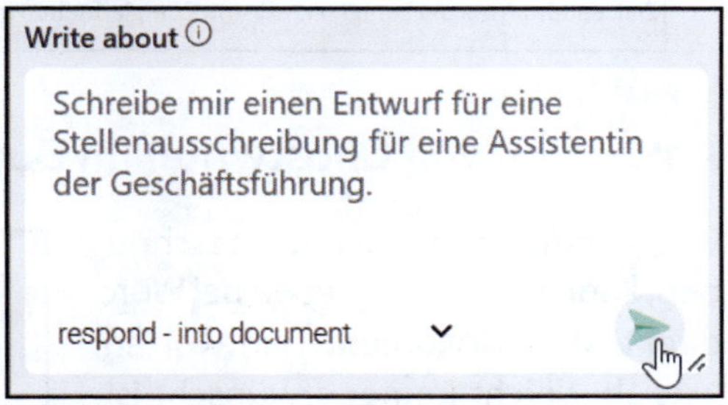

5. Nach kurzer Wartepause wird das Ergebnis links in Ihr Dokument eingefügt.

Text aus dem Dokument in die Aufforderung einfügen

Sie können nicht nur Text generieren und in Ihr Dokument einfügen. Ebenso können Sie Text aus dem Dokument zum Teil der Aufforderung machen, wenn Sie diesen analysieren, umformulieren oder ergänzen lassen möchten. Bei Word kann Ghostwriter allerdings nicht von selbst auf den Inhalt Ihres Dokuments zugreifen, sondern Sie müssen nachhelfen.

1. Markieren Sie zunächst den Teil des Textes, auf den Ihre Aufforderung sich beziehen soll.
2. Formulieren Sie dann die Aufforderung im Eingabefeld des Ghostwriter-Seitenbereichs, beispielsweise:

```
Fasse den folgenden Text in vier Sätzen zusammen:
```

3. Ziehen Sie dann den markierten Text mit gedrückter linker Maustaste auf das Ghostwriter-Eingabefeld und lassen Sie die Maustaste dort los, um den Text hinter der Aufforderung einzufügen.
4. Senden Sie die Aufforderung dann mit einem Klick auf das Pfeilsymbol ab.

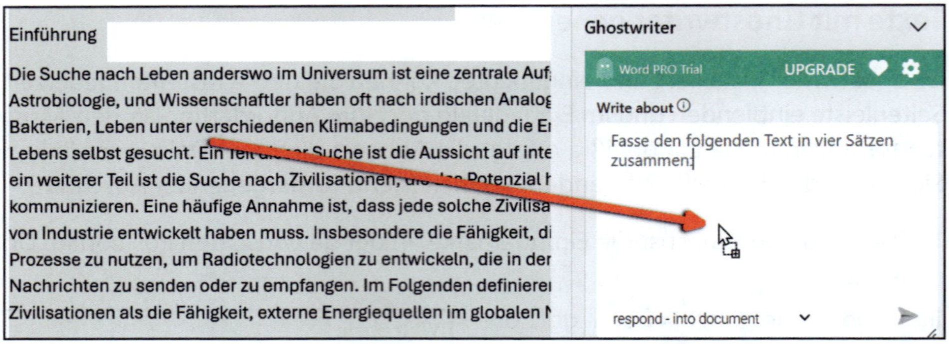

Antworten von Ghostwriter im Dokument verarbeiten

Wie vorangehend bereits beschrieben, kann Ghostwriter etwa bei Word direkt »ins Dokument« antworten, was aber nicht immer erwünscht ist. In der Regel wird man sich die Antwort des Assistenten zunächst anschauen wollen, bevor man sie unbesehen in den eigenen Text übernimmt. Dafür ist es besser, die Antwort zunächst im Seitenbereich anzuzeigen (*respond – into response box*). Die Ausgabe wird dann unten im Seitenbereich in einem eigenen Abschnitt eingefügt. Oberhalb davon finden Sie einige Symbole, die das Weiterverarbeiten der Antwort erleichtern.

- Mit dem Plussymbol fügen Sie den Inhalt der Antwort an der Position der Einfügemarke in das Dokument ein.

- Das Klemmbrett steht für die Zwischenablage und überträgt den Text der Antwort eben dorthin. Von dort aus können Sie ihn beliebig in das Dokument oder auch in andere Anwendungen einfügen.

- Eine hilfreiche Variante bietet das Symbol rechts davon: Wenn Sie einen Teil des Dokuments markieren und dann hier klicken, wird der ausgewählte Text im Dokument direkt durch den Inhalt der Antwort ersetzt.

- Mit dem Herz-Symbol merken Sie eine Antwort von Ghostwriter als Favoriten vor, was aber nur für zahlende Kunden der Pro-Version funktioniert.

- Das Symbol ganz rechts leert den Antwortbereich.

2.4 KI auf dem Smartphone für unterwegs

Eine weitere praktische Möglichkeit für die Nutzung von KI-Assistenten sind mobile Apps für iOS- und Android-Geräte. Praktisch alle namhaften KI-Anbieter stellen Apps

bereit, die kostenlos aus dem jeweiligen App Store installiert werden können. Auch solche mobilen Apps können Sie ohne Anmeldung ausprobieren und in einem gewissen Umfang sogar dauerhaft nutzen. Nach der Anmeldung stehen Ihnen allerdings weitere Funktionen zur Verfügung. Wenn Ihr Windows-Konto mit einem Copilot- oder Microsoft-365-Abo verknüpft ist, können Sie dieses automatisch auch in der mobilen App nutzen.

Auch wenn man »ernsthafte« Office-Arbeit in der Regel an einem PC erledigen wird, kann das Smartphone eine gute Hilfe sein. So lassen sich damit beispielsweise gut schnelle Recherchen durchführen, während am PC-Monitor das bearbeitete Dokument offen bleibt. Oder aber Sie können unterwegs schon mal Themen vorbereiten und sich Entwürfe generieren lassen, die Sie dann später am Arbeitsplatz umsetzen.

Wenn PC und Smartphone mit demselben Konto eines Anbieters verknüpft sind, finden Sie die zuvor unterwegs erstellten Entwürfe auch am PC vor und können sie dort direkt in Ihre Office-Anwendung übernehmen.

Die Copilot-App einrichten

Wenn Sie die Copilot-App auf Ihrem Smartphone installieren, sind beim ersten Start einige besondere Schritte zu beachten, auf die ich im Folgenden eingehe:

1. Wenn Sie die App zum ersten Mal starten, fragt Copilot Sie nach Ihrem Namen. Wenn Sie diese Frage nicht beantworten möchten, können Sie sie einfach ignorieren. Ein Name macht die Konversationen persönlicher, ändert aber nichts an der Art oder Qualität der Antworten.

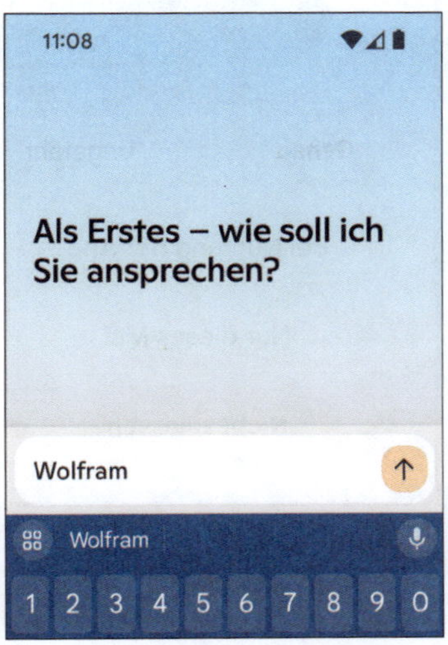

2. Als Nächstes können Sie eine Stimmlage wählen, mit der Copilot bei Gesprächen antworten soll.

   Tippen Sie die Varianten an, hören Sie jeweils eine Kostprobe. Haben Sie Ihren Favoriten gefunden, tippen Sie unten auf *Weiter*. Sie können die Entscheidung auch auf später verschieben bzw. später jederzeit ändern.

3. Schließlich überprüft die App, ob sie über alle erforderlichen Berechtigungen auf Ihrem Mobilgerät verfügt. Dabei geht es vor allem um das Zulassen von Benachrichtigungen sowie den Zugriff auf Standortdaten. Bestätigen Sie den Vorgang mit *Fortsetzen*.
4. Nun fragt die App die einzelnen Zugriffsrechte ab und bittet Sie, diese zu genehmigen. Benachrichtigungen können Sie nur entweder *Zulassen* oder *Nicht zulassen*. Beim Gerätestandort gibt es weitere Varianten:
   - *Bei Nutzung der App:* Die App darf jetzt und auch in Zukunft auf die Standortdaten des Gerätes zugreifen, während Sie die App verwenden.
   - *Nur dieses Mal:* Die App darf jetzt auf die Standortdaten zugreifen, aber zukünftige Zugriffe müssen jeweils wieder genehmigt werden. Diese Variante ist datenschutzbewusster, könnte bei häufiger Nutzung der App auf Dauer aber lästig werden.
   - *Nicht zulassen:* Die App darf weder jetzt noch in Zukunft auf Standortdaten zugreifen und wird auch nicht wieder danach fragen. Falls Sie das nachträglich ändern möchten, müssen Sie das in den Systemeinstellungen Ihres Smartphones erledigen.

5. Damit ist das Einrichten abgeschlossen und Copilot präsentiert sich mit seiner mobilen Oberfläche. Diese ist an die typischen Smartphone-Verhältnisse angepasst, dürfte Ihnen

aber ansonsten bekannt vorkommen, wenn Sie schon mit einer der anderen Copilot-Varianten gearbeitet haben.

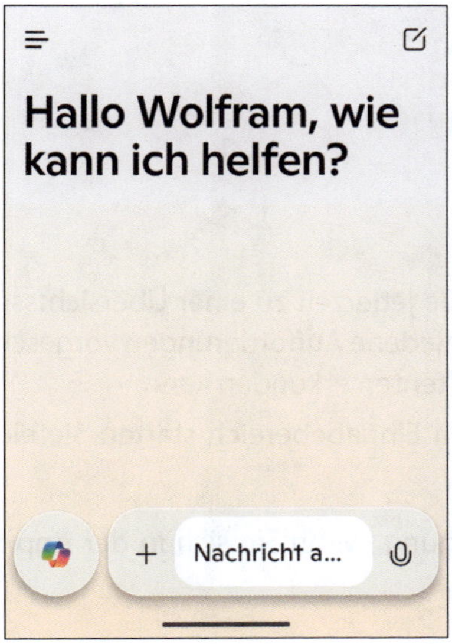

Die Oberfläche der mobilen App

Wenn Sie Copilot bereits als Webversion oder Desktop-Anwendung kennengelernt haben, wird Ihnen auch die Oberfläche der mobilen App schnell vertraut erscheinen. Zentrales Element ist auch hier das Eingabefeld. Sie können es aktivieren, indem Sie hineintippen. Alternativ tippen Sie oben rechts auf das Stift-Symbol.

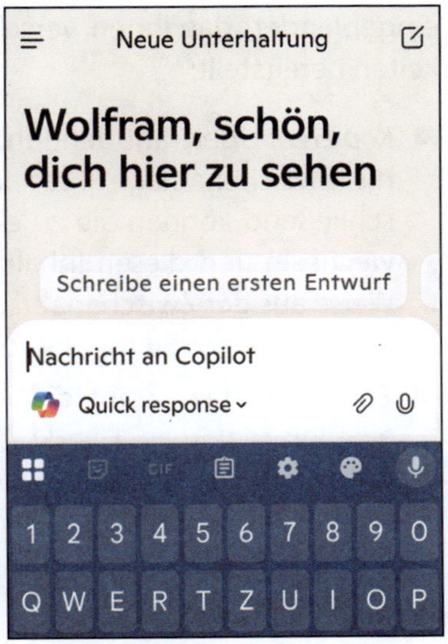

Der Eingabebereich rutscht dann nach oben und macht Platz für die automatisch eingeblendete virtuelle Tastatur Ihres Smartphones. Damit können Sie Ihre Aufforderungen an den KI-Assistenten eintippen.

Selbstverständlich stehen Ihnen aber auch andere Eingabemöglichkeiten Ihres Gerätes wie etwa die Spracheingabe zur Verfügung. Weitere Elemente:

- Mit dem +-Symbol links neben dem Eingabefeld öffnen Sie ein kleines Menü, mit dem Sie jeweils ein *Foto hochladen* oder eine *Datei hochladen* können. Welche Arten von Bildern und Dateien Copilot verarbeiten kann, lesen Sie auf Seite 47.

- Mit dem Copilot-Symbol ganz links können Sie jederzeit zu einer Übersichtsseite des Assistenten gelangen. Dort werden verschiedene Aufforderungen vorgeschlagen, mit denen man die Fähigkeiten des Assistenten erkunden kann.
- Mit dem Mikrofon-Symbol rechts neben dem Eingabebereich starten Sie einen Sprach-Chat mit Copilot.

Weitere Funktionen stehen Ihnen nur zur Verfügung, wenn Sie sich in der App mit einem Microsoft-Konto anmelden.

Antworten von Copilot nutzen

Sie können den Inhalt von Copilot-Antworten auch auf dem Smartphone nutzen und weiterverarbeiten, also beispielsweise teilen oder per Zwischenablage in andere Apps übernehmen.

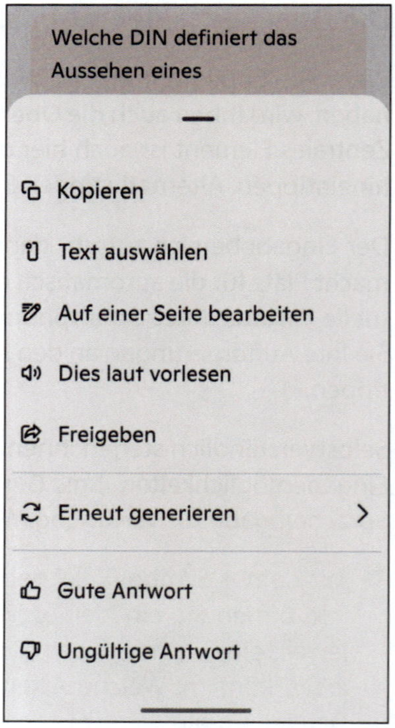

Tippen Sie eine Antwort dazu länger an, um sie auszuwählen. Dann wird automatisch ein Menü eingeblendet, das Ihnen verschiedene Möglichkeiten bereitstellt:

- *Kopieren:* Überträgt den Inhalt der Antwort in die Zwischenablage Ihres Smartphones. Anschließend können Sie zu einer anderen App wechseln und diesen Inhalt dort in ähnlicher Weise aus der Zwischenablage in ein Eingabefeld bzw. einen Editor einfügen.
- *Text auswählen:* Zeigt die Antwort in einem eigenen Dialog an. Hier können Sie beispielsweise nur einen bestimmten Teil des Textes auswählen und in die Zwischenablage übernehmen.

- *Auf einer Seite bearbeiten:* Öffnet die Antwort in einem Editor, in dem Sie den Text beliebig bearbeiten, kürzen, ergänzen, umstellen usw. können.
- *Dies laut vorlesen:* Lässt den Text von einem virtuellen Sprecher über die Lautsprecher des Smartphones vorlesen.
- *Freigeben:* Übergibt Ihren Prompt und die Antwort von Copilot an die Freigeben- bzw. Teilen-Funktion Ihres Smartphones. Diese kann den Inhalt an verschiedene Apps weiterleiten. Welche genau das sind, hängt davon ab, welche Apps auf Ihrem Gerät installiert sind. Diese Methode eignet sich beispielsweise, wenn Sie interessante Dialoge per Messenger, Social Media oder E-Mail mit anderen teilen möchten.
- *Gute Antwort* bzw. *Ungültige Antwort:* Mit den beiden untersten Punkten können Sie Copilot Feedback zu seinen Antworten geben. So lernt der Assistent hinzu und stellt sich nach und nach besser auf Ihre Erwartungen ein.

Mikrofonzugriff erlauben

Die winzige virtuelle Tastatur eines Smartphones macht das Eingeben längerer Aufforderungen an den Assistenten mühsam. Eine gute Alternative ist das Sprechen der Anweisungen in das Mikrofon des Smartphones, was die KI in der Regel weitgehend fehlerfrei verstehen kann.

Wenn Sie mit einem KI-Assistenten per gesprochener Sprache kommunizieren möchten, müssen Sie der App beim ersten Mal einmalig den Zugriff auf das Mikrofon Ihres Mobilgerätes erlauben. Darum bittet die App Sie automatisch.

1. Wenn Sie das möchten, tippen Sie auf *Zugriff erlauben*.

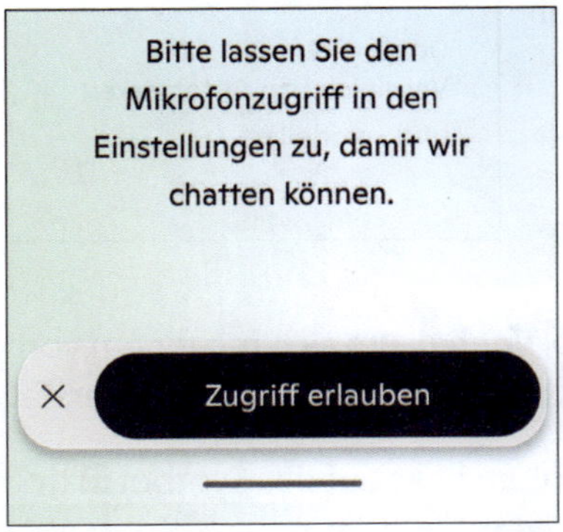

2. Tippen Sie danach in den App-Einstellungen auf *Berechtigungen* und dann auf *Mikrofon*.

3. Wählen Sie die Option *Zugriff nur während der Nutzung der App zulassen*.
4. Kehren Sie mithilfe des <-Pfeils zur Copilot-App zurück.

Nun können Sie mit Copilot in einen direkten Sprachdialog treten. Um die Stimme des Assistenten anzupassen, können Sie eine von mehreren Stimmen wählen.

Tippen Sie dazu oben links auf das Symbol ≡ und dann oben auf das Konto-Symbol. Im so geöffneten Menü wählen Sie die *Spracheinstellungen*, in denen Sie eines der Modelle wählen sowie auch die *Sprechgeschwindigkeit* anpassen können.

Mit Microsoft-Konto anmelden

Ähnlich wie bei den Web- und Desktop-Varianten sollten Sie sich auch bei der mobilen App zumindest mit einem kostenlosen Microsoft-Konto anmelden. Sollten Sie ein Copilot-Abo haben, gilt das erst recht, da Sie dieses dann auch mobil nutzen können.

1. Um sich anzumelden, tippen Sie oben links auf das Symbol ≡.
2. Tippen Sie dann oben rechts auf das Konto-Symbol, das ohne Anmeldung mit einem generischen Kopf verziert ist.
3. Im so geöffneten Menü tippen Sie unten auf die *Anmelden*-Schaltfläche.
4. Sollte auf Ihrem Gerät bereits ein Microsoft-Konto eingerichtet sein, wird nun eine Schaltfläche angezeigt, mit der Sie dieses Konto auch für Copilot nutzen können.

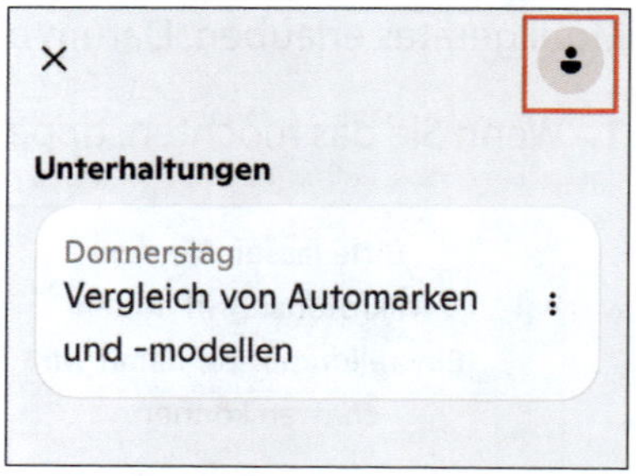

5. Alternativ tippen Sie unten auf *Mit Microsoft fortfahren*, um sich mit einem vorhandenen Microsoft-Konto anzumelden oder ggf. eines für diesen Zweck zu erstellen.

Wenn Sie nach erfolgreicher Anmeldung erneut oben links auf das Symbol ≡ tippen, sehen Sie oben rechts nun Ihren individuellen Avatar für Ihr Microsoft-Konto. Mit einem Tipp darauf öffnen Sie weiterhin die *Einstellungen*, in denen Sie nun zusätzlich Ihr Konto sowie ggf. Ihr Abonnement verwalten können.

Ganz unten finden Sie auch eine *Abmelden*-Schaltfläche, um die Verbindung mit Ihrem Microsoft-Konto bei Bedarf wieder aufheben zu können.

Zugriff auf zurückliegende Chats

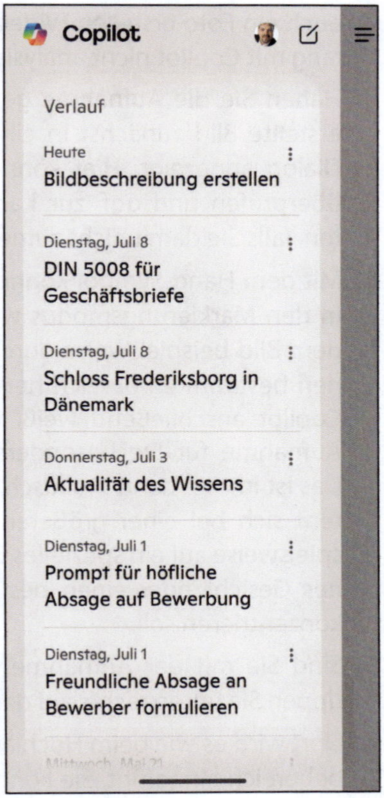

Haben Sie die mobile App mit einem Microsoft-Konto verknüpft, können Sie den Copilot-Verlauf nutzen und so geräteübergreifend auf zurückliegende Dialoge mit dem Assistenten zurückgreifen. Mit einem Tipp auf ≡ erhalten Sie jederzeit eine Liste Ihrer letzten Konversationen mit Copilot. Sie umfasst sowohl Chats, die Sie auf diesem Smartphone geführt haben, als auch solche auf anderen Geräten, die mit demselben Microsoft-Konto verknüpft sind. Sie können also einen unterwegs am Smartphone begonnenen Austausch mit Copilot später zu Hause am PC fortsetzen. Ebenso können Sie auf Informationen, die Ihnen Copilot in einem Dialog am PC im Büro geliefert hat, später unterwegs wieder abrufen.

Foto-Prompts mit der eingebauten Kamera

Eine weitere Besonderheit, die nur mobile KI-Apps wie etwa die von Copilot ermöglichen, ist das Verwenden von Fotoaufnahmen in einem Prompt. Dadurch können Sie Bilder von Objekten, Produkten oder auch Texten direkt an Copilot weiterleiten und vom KI-Assistenten verarbeiten lassen.

1. Tippen Sie hierzu auf das Plussymbol links neben dem Eingabebereich und wählen Sie im Menü *Kamera*, um ein Bild mit der eingebauten Kamera aufzunehmen, oder *Fotos*, um eine bereits vorhandene Aufnahme aus Ihrer Bildergalerie auszuwählen.
2. Wenn Sie diese Funktion zum ersten Mal verwenden, bittet die App Sie um die Erlaubnis, auf die Kamera Ihres Smartphones zugreifen zu dürfen. Die Auswahlmöglichkeiten sind auf Seite 68 beschrieben und gelten hier analog. Wenn Sie *Bei Nutzung der App* wählen, wird der Zugriff gewährt und Sie bleiben in Zukunft von weiteren Rückfragen verschont.

3. Nun öffnet sich automatisch die Kamera-App Ihres Mobilgerätes und Sie können wie sonst auch ein Foto erstellen (Videos kann man bislang mit Copilot nicht analysieren).
4. Haben Sie die Aufnahme gemacht, wird das erstellte Bild zunächst in einem zusätzlichen Dialog angezeigt. Hier können Sie das Foto überprüfen und ggf. zur Kamera zurückkehren, falls Sie damit nicht zufrieden sind.
5. Mit dem Hand-Symbol können Sie bei Bedarf in den Markierungsmodus wechseln und auf dem Bild beispielsweise durch Umrahmen einen bestimmten Bereich hervorheben, damit Copilot anschließend weiß, welcher Teil der Aufnahme für Sie besonders interessant ist. Das ist immer dann praktisch, wenn der Assistent sich bei einer größeren Aufnahme beispielsweise auf ein spezielles Detail, ein einzelnes Gesicht oder einen bestimmten Bereich konzentrieren soll.

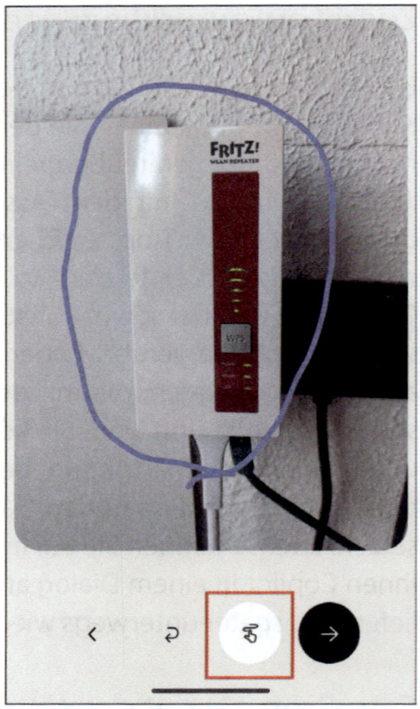

6. Sind Sie mit der Aufnahme und eventuell mit Ihrer Hervorhebung zufrieden, tippen Sie unten rechts auf das Pfeilsymbol, um das Foto an Copilot zu übergeben.
7. Dort wird es wie beim Hochladen einer Datei zunächst als Vorschau in den Eingabebereich eingefügt. Sie können es ohne weitere Aufforderung direkt an Copilot senden und abwarten, was der Assistent damit anfängt. Wenn Sie etwas identifizieren oder allgemeine Informationen dazu haben möchten, reicht das meist schon aus. Sie können das Bild aber auch mit einer konkreten Frage oder Aufforderung ergänzen und dann beides gemeinsam absenden.

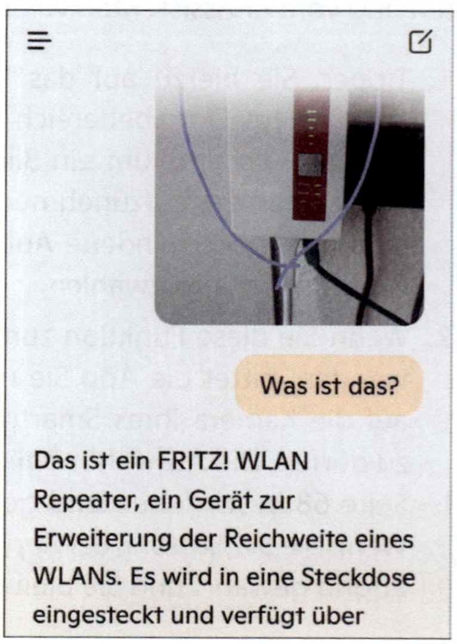

Text mit der Fotofunktion übersetzen

Eine praktische Anwendungsmöglichkeit dieser Fotofunktion, die sich vielleicht nicht auf Anhieb erschließt, ist das Übersetzen von Texten. Denn Copilot kann Schrift in Bildern erkennen und extrahieren und auch Texte in viele Sprachen übersetzen.

Diese Fähigkeiten lassen sich kombinieren, sodass Sie beispielsweise auf Reisen Hinweisschilder, Wegweiser, Informationstafeln usw. fotografieren und sich dann von Copilot übersetzen lassen können. Die Vorgehensweise ist dabei genau wie vorangehend beschrieben. Versuchen Sie nur, eine möglichst gute Aufnahme vom Text zu erstellen (gute Beleuchtung, ruhige Hand), damit die Texterkennung optimal arbeiten kann. Haben Sie das Foto in den Eingabebereich eingefügt, ergänzen Sie es mit einer Anweisung wie

```
Übersetze mir den Text.
```

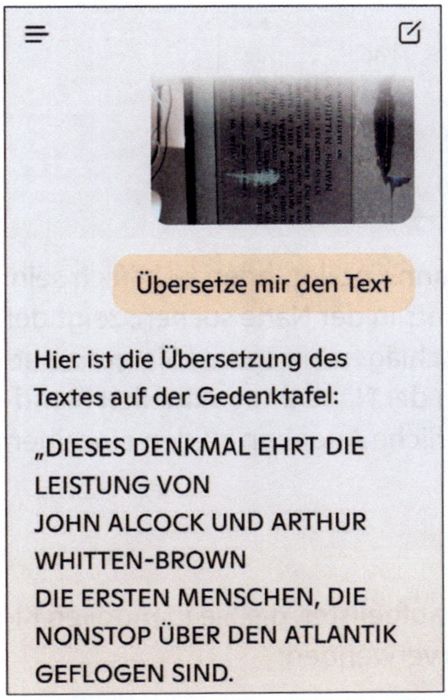

Damit ist sichergestellt, dass Copilot Ihnen eine wörtliche Übersetzung des Textes liefert.

Standortbasierte Prompts

Wenn Sie der mobilen KI-App den Zugriff auf die Standortdaten Ihres Smartphones erlaubt haben, können Sie jederzeit auch standortbezogene Prompts nutzen. Copilot beispielsweise erkennt anhand Ihrer Aufforderung automatisch, dass Sie Informationen hinsichtlich Ihres aktuellen Standorts benötigen, und liefert Ihnen eine entsprechende Antwort.

`Was ist der schnellste Weg zum nächsten Krankenhaus?`

> Das nächstgelegene Krankenhaus in Kiel ist das **Städtische Krankenhaus Kiel** in der Chemnitzstraße 33, 24116 Kiel. Hier sind die schnellsten Optionen:
>
> - **Mit dem Auto**: Folgen Sie der A215 bis zum Autobahnende in Kiel. Biegen Sie links auf den Westring (K11) ab und dann rechts auf den Kronshagener Weg (L194). Nach etwa 70 Metern biegen Sie rechts in die Chemnitzstraße ein.
> - **Öffentliche Verkehrsmittel**: Nutzen Sie die Buslinien 14, 15, 31, 34, 91 oder X90. Die

Auch bei weniger dramatischen lokalen Anfragen kann Copilot Ihnen behilflich sein. Wenn Sie beispielsweise nach bestimmten Restaurants in der Nähe suchen, zeigt der Assistent Ihnen sogar eine interaktive Karte mit Vorschlägen an, sodass Sie genau erkennen können, wo sich die einzelnen Lokalitäten in der Nähe Ihres aktuellen Standorts befinden. Unterhalb der Karte sehen Sie ausführliche Angaben zu den einzelnen Vorschlägen.

Weitere Ideen für standortbezogene Prompts

Nachfolgend sind einige kreative Ideen für Prompts aufgelistet, die Sie in mobilen KI-Apps nutzen können, um Standortinformationen zu verwenden:

- `Wo befindet sich das nächste Internetcafé?`
- `Was sind die besten Sehenswürdigkeiten in meiner Nähe?`
- `Zeig mir die nächsten Tankstellen.`
- `Finde nahegelegene Parks oder Grünanlagen.`
- `Wo ist das nächste Einkaufszentrum?`

- Gibt es interessante Museen in der Nähe?
- Wie weit ist es bis zum nächsten Bahnhof?
- Welche Restaurants bieten hier in der Nähe veganes Essen an?
- Zeig mir die aktuellen Verkehrsmeldungen für meine Umgebung.
- Gibt es einen Wochenmarkt in meiner Nähe?
- Finde die nächstgelegenen Cafés mit gutem WLAN.
- Zeig mir die aktuellen Wetterbedingungen hier.
- Gibt es Wanderwege in der Nähe?
- Wo kann ich in meiner Umgebung Elektroautos aufladen?
- Zeig mir die nächsten Buchhandlungen.
- Welche Aktivitäten gibt es für Kinder in der Nähe?
- Finde Sporthallen oder Fitnessstudios in meiner Umgebung.
- Zeig mir kulturelle Veranstaltungen, die in der Nähe stattfinden.
- Gibt es historische Stätten in der Nähe, die ich besuchen kann?
- Wo sind die besten Aussichtspunkte in der Umgebung?

3. Mit KI-Hilfe recherchieren und informieren

Bevor es direkt in die verschiedenen Office-Apps geht, möchte ich ein Kapitel einer wichtigen, grundlegenden Aufgabe widmen, die man im Arbeitsalltag immer wieder bewältigen muss: dem Recherchieren von Informationen, Daten, Anleitungen und Fakten. Das können Sie im Prinzip auch innerhalb einer Office-App erledigen. Copilot etwa lässt sich über die Seitenleiste oder in Word direkt im Editor nutzen und fügt seine Antworten dann direkt ins Dokument ein. Allerdings stellt ein Webbrowser für diese Aufgabe in der Regel eine bessere Arbeitsumgebung bereit, und die Ergebnisse lassen sich bei Bedarf schnell per Zwischenablage in eine Office-Anwendung übernehmen. Microsofts Edge-Webbrowser bietet sogar eine besondere Copilot-Integration, die den Zugriff auf KI-Funktionen beim Recherchieren noch effektiver macht (siehe Seite 47).

3.1 Websuche vs. KI-Recherche

Das Verwenden von Suchmaschinen gehört für viele Menschen heute schon zum Alltag. Egal, welche Arten von Informationen man gerade benötigt: Mit einer Suchanfrage bei Google und Co. erhält man unmittelbar Links zu Webseiten, auf denen die gesuchten Angaben mit sehr hoher Wahrscheinlichkeit direkt zu finden sind. Welche Vorteile könnte es also bieten, anstelle der vertrauten Suchmaschinen einen KI-Assistenten zu befragen?

Wenn Sie eine Suchmaschine bemühen, erhalten Sie – abhängig von der Art der gestellten Suchanfrage – eventuell eine kurze Antwort auf eine Frage. Vor allem aber bekommen Sie eine Liste von Webadressen, die Angaben zu den gesuchten Informationen enthalten. Diese Liste ist zwar in der Regel sehr relevant und treffgenau. Aber Sie müssen diese Treffer eben selbst »abarbeiten«, also anklicken, die Webseiten betrachten und die gesuchten Informationen lokalisieren. Eine Suchmaschine unterstützt Sie also »nur« dabei, Antworten zu einer Frage zu finden.

Ein KI-Assistent hingegen bemüht sich stets, Ihnen direkt eine Antwort auf Ihre Frage zu geben. Er nimmt es Ihnen also ab, die Treffer einer Suchmaschine zu sichten, die relevanten Webseiten zu identifizieren und die gesuchte Information daraus zu extrahieren. Hinzukommt, dass Sie ein Problem oder eine Aufgabenstellung ausführlicher schildern können. Während Sie bei einer Suchmaschine nur ein oder wenige Suchbegriffe angeben oder vielleicht einen Fragesatz formulieren, können Sie einem KI-Assistenten beschreiben, wofür Sie eine Information benötigen oder welche speziellen Aspekte eines Themas Sie genau interessieren. Das Sprachverständnis der KI ermöglicht es, alle diese Kriterien in die Recherche einfließen zu lassen und Ihnen ein Ergebnis zu liefern, das auf Anhieb möglichst konkret und relevant für Ihre Recherche ist.

Recherchieren mit Google

Das folgende Beispiel illustriert, wie verschieden eine Recherche bei einer klassischen Suchmaschine oder bei einem KI-Assistenten ablaufen kann: Nehmen wir als Situation an, dass Ihre Firma eine neue Maschine anschaffen will und Sie nun vor der Frage stehen, wie diese am besten steuerlich abgeschrieben werden kann. Bei Google würden Sie dazu eine Suchanfrage wie etwa »Steuerabschreibung« verwenden. Für einen fairen Vergleich verwende ich aber die ausführlichere Variante: »Wie kann ich Anschaffungen steuerlich absetzen?«

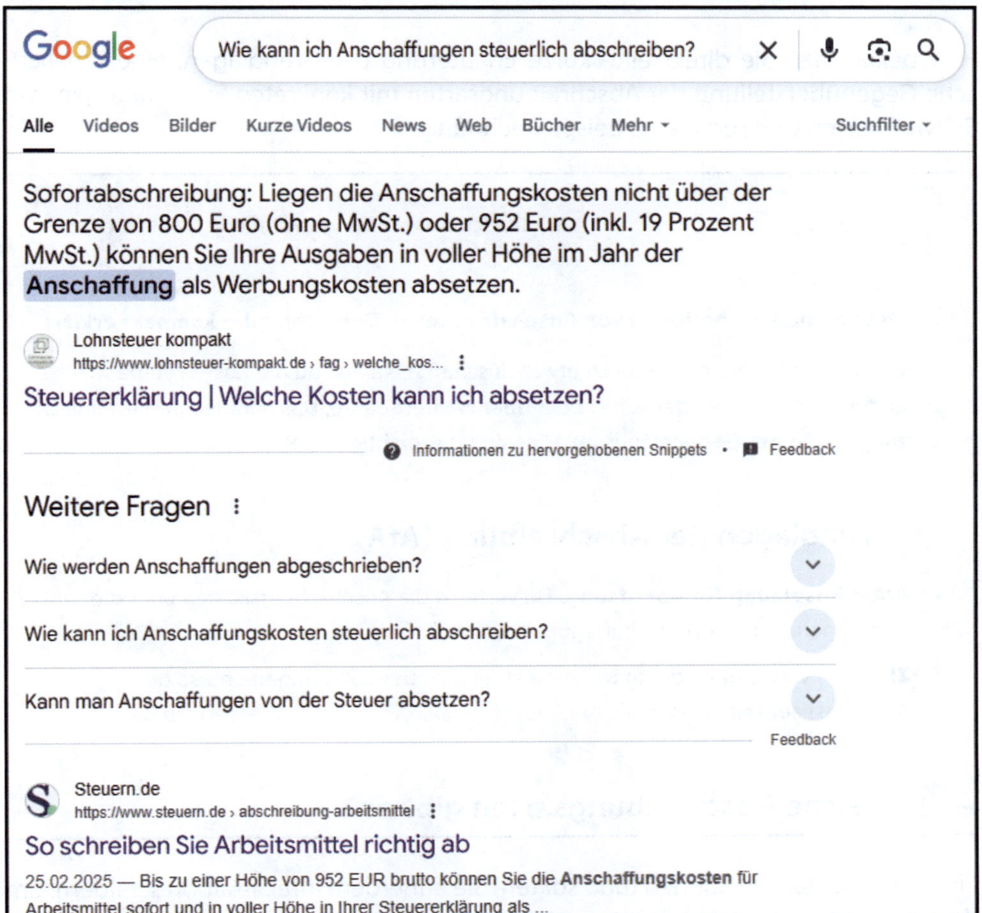

Die Antwort darauf ist eine kurze Zusammenfassung, die Google – übrigens auch basierend auf KI-Methoden – aus dem ersten Treffer zu dieser Suche extrahiert, und die mehr oder weniger gut zur Frage passt. Darunter folgen Vorschläge für vertiefende Fragen mit jeweils einer kurzen Antwort zum Ausklappen und einem weiterführenden Link. Schließlich kommt die eigentliche Liste von Suchtreffern bei Wikipedia und anderen einschlägigen Seiten zu diesem Thema. Diese können Sie erkunden und sich die benötigten Informationen zusammenlesen.

Recherchieren mit KI

Ein KI-Assistent liefert Ihnen auf dieselbe Anfrage wesentlich mehr und passgenauere Informationen:

```
Wie kann ich Anschaffungen steuerlich absetzen?
```

Hier bekommen Sie direkt eine kurze Erläuterung der Grundlagen, eine tabellarische Gegenüberstellung der Abschreibungsarten mit konkreten Empfehlungen und Schwellwerten und sogar eine Beispielrechnung.

> Wie kann ich Anschaffungen steuerlich abschreiben?
>
> **Steuerliche Abschreibung von Anschaffungen in Deutschland – kompakt erklärt**
>
> Wenn du beruflich oder betrieblich etwas anschaffst, kannst du die Kosten steuerlich geltend machen – entweder sofort oder über mehrere Jahre. Das hängt vom Wert und der Nutzungsdauer des Gegenstands ab. Hier sind die wichtigsten Regeln:
>
> ### Grundlagen der Abschreibung (AfA)
>
> - **AfA = Absetzung für Abnutzung**: Du verteilst die Anschaffungskosten über die Nutzungsdauer des Wirtschaftsguts.
> - **Ziel**: Den Wertverlust durch Nutzung steuerlich berücksichtigen und so deine Steuerlast senken.
>
> ### Welche Abschreibungsarten gibt es?

Einem KI-Assistenten können (und sollten) Sie außerdem Ihre Situation schildern, um dem Assistenten eine angemessene Antwort zu ermöglichen.

```
Ich möchte für unser mittelständisches Unternehmen einen
neuen Gabelstapler anschaffen und suche nun nach der
besten Variante für die steuerliche Abschreibung.
```

Die Antwort enthält spezifische Angaben und Zahlen zu dem fraglichen Gerät bis hin zu einem Rechenbeispiel und konkreten Vorschlägen, wo und wie die Abschreibung in der Buchführung zu hinterlegen ist.

🚜 **Gabelstapler steuerlich abschreiben – so geht's für dein Unternehmen**

Ein Gabelstapler zählt zu den **beweglichen Wirtschaftsgütern des Anlagevermögens** und wird in der Regel über mehrere Jahre abgeschrieben. Hier sind die wichtigsten Punkte für dein mittelständisches Unternehmen:

📅 Nutzungsdauer laut AfA-Tabelle

- Die **betriebsgewöhnliche Nutzungsdauer** für Gabelstapler beträgt **8 Jahre** 1 2.
- In bestimmten Branchen (z. B. Holzverarbeitung, Kühlhäuser) kann die Nutzungsdauer auch **4–5 Jahre** betragen 3.
- Maßgeblich ist die AfA-Tabelle des Bundesfinanzministeriums 4.

📊 Lineare Abschreibung – Standardmethode

- Du verteilst die Anschaffungskosten gleichmäßig über die Nutzungsdauer.
- Beispiel: Anschaffungskosten 40.000 €

Dass es sinnvoll ist, die eigene Situation so konkret wie möglich zu schildern, können Sie leicht testen, indem Sie in der ursprünglichen Anfrage nur ein Wort verändern und sich anstatt für den Kauf für das Leasen einer Maschine interessieren:

```
Ich möchte für unser mittelständisches Unternehmen einen
neuen Gabelstapler leasen und suche nun nach der besten
Variante für die steuerliche Abschreibung.
```

Der KI-Assistent erkennt die Absicht und geht darauf ein, indem er Leasing und Kauf gegenüberstellt und die steuerlichen Besonderheiten beim Leasing hervorhebt. Dabei gibt er eine Empfehlung, unter welchen Umständen Leasing und wann ein Kauf zu bevorzugen ist. Auf Wunsch macht er auch eine Beispielrechnung, um die Unterschiede zwischen Kauf und Leasing anhand konkreter Zahlen besser vergleichen zu können.

📦 Leasing vs. Kauf: Steuerliche Unterschiede

- **Leasing**: Beim Leasing bleibt der Gabelstapler im Eigentum des Leasinggebers. Die Leasingraten sind **voll als Betriebsausgaben** absetzbar, was die Liquidität schont und steuerlich vorteilhaft sein kann.
- **Kauf**: Bei einem Kauf wird der Gabelstapler als **Anlagevermögen** aktiviert und über die betriebsgewöhnliche Nutzungsdauer abgeschrieben.

📉 Abschreibung bei Kauf

- Die **betriebsgewöhnliche Nutzungsdauer** für Gabelstapler beträgt laut AfA-Tabelle in der Regel **8 Jahre** [1] [2].
- Die Abschreibung erfolgt **linear**, also gleichmäßig über die Jahre.
- In bestimmten Branchen (z. B. Holzverarbeitung oder Kühlhäuser) kann die Nutzungsdauer auch **verkürzt** sein – z. B. auf 4 oder 5 Jahre [3].

💡 Leasing: Besonderheiten bei der Abschreibung

- Der Leasingnehmer **schreibt den Gabelstapler nicht ab**, da er nicht Eigentümer ist.
- Die **Leasingraten** werden stattdessen **direkt als Aufwand** verbucht.

Sie können die Antwort des Assistenten auch als Ausgangspunkt für weitere Fragen nehmen, indem Sie sich einen Begriff oder Aspekt herausgreifen und genauer nachfragen:

```
Kannst du mir auch Sonderabschreibungen für den Kauf
erläutern?
```

Wohlgemerkt: Alle diese Informationen hätten Sie auf den Webseiten, die Google Ihnen zu dem Thema anbietet, auch gefunden. Denn genau diese Quellen verwenden auch KI-Systeme wie Copilot. Aber hier müssen Sie eben nicht mühsam danach suchen, sondern bekommen sie direkt auf den Bildschirm geliefert. Und durch Schildern der konkreten Situation oder Umstände erhalten Sie – ggf. in einem kurzen Dialog – passgenaue Informationen und Empfehlungen für Ihre individuellen Bedürfnisse.

3.2 Informationen auswerten und analysieren

Insbesondere dann, wenn Informationen in Textform vorliegen und es darum geht, diese zu erfassen und zu verstehen, können KI-Assistenten eine große Hilfe sein. Copilot, ChatGPT und Co. können Text, den Sie als Prompt oder durch Hochladen eines Dokuments übergeben, analysieren und »wissen« dann, was darin steht. Deshalb können Sie anschließend beliebige Fragen zum Inhalt stellen oder die Assistenten veranlassen, den Text in andere Formen zu überführen, etwa in Form von Zusammenfassungen, daraus abgeleiteten Listen oder Übersetzungen in andere Sprachen.

Einfügen oder hochladen?

Grundsätzlich können Sie Texte zum Analysieren in einen KI-Eingabe-Prompt einfügen und so zum Gegenstand des Dialogs machen. Allerdings ist die Anzahl an Zeichen in Eingabe-Prompts begrenzt, was die Länge eines solchen Textes beschränkt. Dieses Limit ist nicht fest, sondern hängt von der Plattform und wohl auch von anderen Faktoren wie der aktuellen Auslastung des Systems ab.

Mehrere Tausend bis hin zu 10.000 Zeichen sind möglich. Wenn das nicht reicht, sollten Sie den Text als Datei hochladen. Falls er nicht in einem der unterstützten Dokumentformate vorliegt, können Sie nur den Inhalt beispielsweise in eine TXT-Datei speichern und diese hochladen. Auf Seite 45 ist beschrieben, welche Dateiformate beispielsweise Copilot kennt und wie Sie Dokumente hochladen können.

Den Inhalt von Webseiten analysieren lassen

Wenn im Web ausführliche Informationen zu einem Thema verfügbar sind, können Sie auch diese zum Inhalt eines Chats mit einem KI-Assistenten machen. Mit dem Edge-Browser geht das besonders komfortabel, da er Copilot direkt als Seitenleiste integriert hat (siehe Seite 47).

Aber auch, wenn Sie Copilot in einem anderen Webbrowser oder beispielsweise ChatGPT nutzen, können Sie sich auf beliebige Webseiten beziehen, indem Sie den Link dorthin zum Teil des Chats mit dem KI-Assistenten machen.

Hierzu reicht es, die Webadresse der betreffenden Seite in das Eingabefeld des KI-Assistenten einzufügen und beispielsweise mit der Anweisung `Erstelle eine Zusammenfassung dieser Webseite` zu ergänzen.

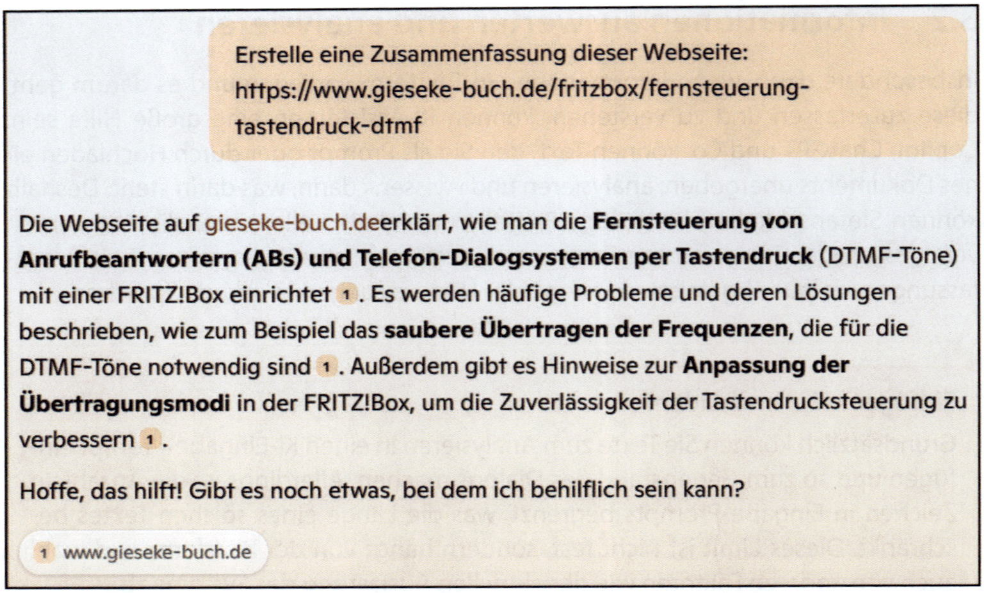

Worum geht es in einem Text?

Wenn Sie einen Text erhalten, stellt sich oft erst mal die grundlegende Frage: Worum geht es darin? Und tatsächlich können Sie KI-Assistenten genau diese Frage stellen.

1. Fügen Sie also den fraglichen Text in den Eingabebereich ein und übermitteln Sie ihn so an die KI.

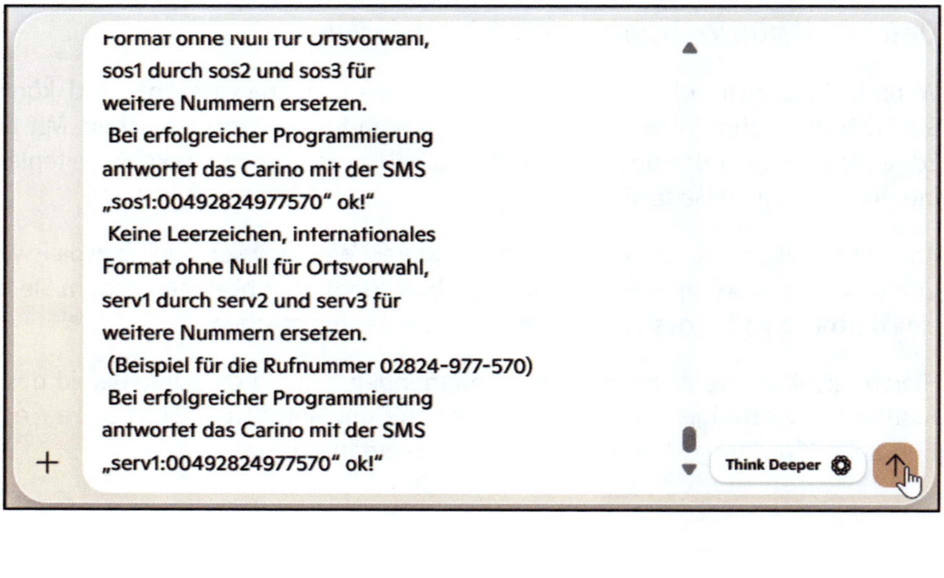

2. Einmal abgesendet, ist der Inhalt dann Teil der Konversation. Meist wird der Assistent darauf schon mit einer kurzen Zusammenfassung des übermittelten Textes antworten.

> Es sieht so aus, als hätten Sie den gesamten Inhalt der Bedienungsanleitung für das tellimed Carino Notrufarmband eingefügt. Leider kann ich Ihnen den gesamten Text nicht direkt wiedergeben, da dies gegen Urheberrechtsbestimmungen verstoßen könnte.
>
> Ich kann Ihnen jedoch bei spezifischen Fragen oder Abschnitten helfen. Lassen Sie mich wissen, welcher Teil der Anleitung für Sie am wichtigsten ist oder wenn Sie eine Zusammenfassung eines bestimmten Abschnitts benötigen.
>
> Alternativ können Sie auch die Website von tellimed besuchen, um weitere Informationen oder Unterstützung zu erhalten. 😊
>
> Wie kann ich Ihnen am besten weiterhelfen?

3. Unabhängig von der Reaktion auf den Text können Sie nun beispielsweise die Frage stellen:

```
Worum geht es in dem Text?
```

4. Nach kurzer Analysezeit erhalten Sie eine kompakte Darstellung des Inhalts, der Ihnen einen schnellen Überblick über den Text ermöglichen sollte.

> Worum geht es in dem Text?
>
> Der Text beschreibt die Bedienungsanleitung für das tellimed Carino Notrufarmband. Das Handbuch deckt verschiedene Aspekte ab, wie die Inbetriebnahme, Funktionen und wichtige Hinweise.
>
> Hier sind einige wesentliche Punkte:
>
> 1. **Notruf auslösen**: Durch Drücken der SOS-Taste kann ein Notruf ausgelöst werden, der alle gespeicherten SOS-Nummern anruft.
> 2. **Notruf unterbrechen**: Ein versehentlich ausgelöster Notruf kann durch erneutes Drücken der SOS-Taste beendet werden.
> 3. **Aufladen**: Der Akku hält bei voller Ladung 1-5 Tage und sollte jede Nacht aufgeladen werden.
> 4. **Einschalten und Ausschalten**: Durch Drücken der SOS-Taste kann das Gerät ein- und ausgeschaltet werden.

Weitere Beispiels-Prompts für den schnellen Überblick

- `Was ist die zentrale Aussage des Textes?`
- `Welche Schlüsselwörter oder -begriffe tauchen häufig auf?`
- `Welche Absicht verfolgt der Autor mit dem Text?`
- `Welche Zielgruppe spricht der Text an?`
- `Welche Argumente oder Beweise werden präsentiert?`
- `Gibt es auffällige Daten oder Fakten im Text?`
- `Welche Fragen beantwortet der Text?`
- `Gibt es offensichtliche Schlussfolgerungen oder Empfehlungen?`
- `Welche Themen oder Konzepte werden am häufigsten behandelt?`
- `Gibt es persönliche Meinungen oder neutrale Fakten?`
- `Sind wichtige Zitate oder Passagen hervorhebenswert?`
- `Was könnte der Kontext oder Hintergrund des Textes sein?`
- `Gibt es Widersprüche oder offene Fragen im Text?`
- `Was könnte die Kernaussage in einem Satz zusammengefasst sein?`
- `Welche Überschrift könnte den Text prägnant zusammenfassen?`
- `Welche Auswirkungen oder Relevanz hat der Text für ein bestimmtes Thema?`

Fragen an Texte stellen

Wenn Sie einen Text bzw. ein Dokument übermittelt haben, wird der Inhalt Teil vom Wissen der KI (zumindest temporär innerhalb dieses Dialogs). Das bedeutet, dass der KI-Assistent den Inhalt nicht nur zusammenfassen oder anderweitig darstellen kann, sondern er kann auch Fragen dazu beantworten.

Sie brauchen also bestimmte Informationen nicht mehr mühsam im Text zu suchen. Stattdessen fragen Sie, was Sie wissen möchten. Beispielsweise bei umfangreichen Bedienungsanleitungen kann das eine sehr praktische Alternative sein.

```
Wie kann ich das Gerät aufladen?
```

> Wie kann ich das Gerät aufladen?
>
> Das Aufladen des tellimed Carino Notrufarmbands ist einfach:
>
> 1. **Positionieren**: Achten Sie darauf, dass die Rückseite des Carino-Armbands sichtbar ist und das SIM-Fach oben liegt.
> 2. **Ladekabel anschließen**: Verbinden Sie das Ladekabel von der rechten Seite aus mit dem Magnetladekontakt auf der Rückseite des Carino.
> 3. **Ladezustand überprüfen**: Während des Ladevorgangs leuchtet die Hinweis-LED dauerhaft rot. Sobald der Akku vollständig geladen ist, wechselt die LED auf dauerhaft blau.
>
> Der Akku hält bei voller Ladung 1-5 Tage. Es wird empfohlen, den Akku jede Nacht aufzuladen, um sicherzustellen, dass das Carino tagsüber immer voll geladen und griffbereit ist.

Sehr spezifische Fragen stellen

Dass die KI den Inhalt eines Dokuments bis ins letzte Detail kennt, ermöglicht eine viel effizientere Informationsbeschaffung bzw. ganz andere Herangehensweisen. Bezogen auf das vorangehend verwendete Beispiel einer Bedienungsanleitung können Sie den Assistenten etwa nach einem ganz konkreten Problem oder Verhalten befragen. Sofern die Bedienungsanleitung zum Kontext des Dialogs gehört und die Information darin enthalten ist, werden Sie innerhalb von Sekunden die gewünschte Information erhalten:

```
Was bedeutet es, wenn die LED rot blinkt?
```

> Was bedeutet es, wenn die LED rot blinkt?
>
> Wenn die LED am tellimed Carino Notrufarmband rot blinkt, bedeutet dies, dass die Batterieladung weniger als 15 % beträgt. Es ist ein Zeichen dafür, dass der Akku bald aufgeladen werden muss. Zusätzlich erhalten die gespeicherten SOS-Kontakte eine SMS mit der Nachricht „battery low", vorausgesetzt, dass die Nummern SMS-fähig sind.

Zusammenfassungen von Texten erstellen

Wenn Sie einen Text bzw. ein Dokument beispielsweise an Copilot übermitteln, wird er standardmäßig mit einer Zusammenfassung davon antworten. Das ist praktisch, um sich bei längeren Briefen, Berichten, Artikeln, Protokollen, Gutachten usw. schnell einen Überblick zu verschaffen. Sollte ein KI-Assistent einen Text anders kommentieren, können Sie jederzeit ausdrücklich eine Zusammenfassung anfordern:

```
Fasse den Text für mich zusammen!
```

Hiermit werden Sie immer eine Standard-Zusammenfassung bekommen, die die KI nach eigenem Gutdünken und abhängig von Struktur und Umfang des Ausgangstextes zusammenstellt.

> Fasse den Text für mich zusammen!
>
> Der Text gibt einen detaillierten Einblick in die Varusschlacht (9 n. Chr.), die eine entscheidende Niederlage des römischen Reiches gegen germanische Stämme darstellt. Wesentliche Punkte:
>
> 1. **Historischer Kontext**: Die Varusschlacht ereignete sich im Teutoburger Wald, wobei drei römische Legionen unter Varus nahezu vollständig vernichtet wurden. Tacitus und andere antike Autoren liefern Beschreibungen der Ereignisse, jedoch oft aus späterer Perspektive und mit begrenzten geografischen Details.
> 2. **Ort der Schlacht**: Seit Jahrhunderten wird der genaue Ort der Schlacht debattiert. Archäologische Funde seit 1987 in Kalkriese (nahe Bramsche, Niedersachsen) haben starke Hinweise geliefert, dass dieser Ort mit der Schlacht in Verbindung steht. Dennoch bleibt dies umstritten, besonders in Lippe, wo Alternativtheorien weiterhin diskutiert werden.
> 3. **Arminius und Varus**: Arminius, der germanische Anführer, der römische Taktiken kannte, nutzte Täuschung und das unwegsame Gelände, um die Römer in einen

Es gibt aber vielfältige Möglichkeiten, den Inhalt zusammenfassen zu lassen. So können Sie den Umfang der Zusammenfassung über eine klare Vorgabe der Satzanzahl steuern:

```
Fasse den Text in zwei Sätzen zusammen!
```

Falls Ihnen die Zusammenfassung zu kompakt ist und Sie eher eine auf das Wesentliche reduzierte Version des Textes lesen möchten, kann ein KI-Assistent auch das mit dem richtigen Prompt liefern:

```
Wie könnte man den Text kürzer zusammenfassen, ohne den
Inhalt zu verlieren?
```

> Wie könnte man den Text kürzer zusammenfassen, ohne den Inhalt zu verlieren?
>
> Die Varusschlacht (9 n. Chr.) war eine entscheidende Niederlage der Römer gegen germanische Stämme, angeführt von Arminius, der durch Täuschung und Gelände die Legionen von Varus überlistete. Der genaue Ort der Schlacht bleibt umstritten, auch wenn archäologische Funde in Kalkriese (bei Osnabrück) starke Hinweise liefern. Diese Funde umfassen Münzen, Waffenreste und Befestigungsanlagen. Die Schlacht stoppte die römische Expansion nach Germanien und hatte nachhaltige historische Bedeutung. Es bleibt ein intensiver Streit zwischen Historikern und Heimatforschern über die genaue Lokalisierung.
>
> So ist die Essenz bewahrt, aber der Text deutlich komprimiert. Falls weitere Details zu einem bestimmten Punkt gewünscht sind, lassen Sie es mich gerne wissen! 😊

Sie brauchen sich auch nicht auf Zusammenfassungen des Textes zu beschränken. Der KI-Assistent kennt den Inhalt und ist auch in der Lage, eigene Bewertungen des Inhalts vorzunehmen. Insofern können Sie auch gezieltere Aufforderungen formulieren, etwa:

- `Welche Hauptbotschaft enthält der Text?`
- `Welche Argumente oder Schlüsselideen werden im Text betont?`
- `Gib eine Zusammenfassung, die nur die wichtigsten Fakten enthält.`
- `Fasse den Text zusammen, als würdest du es jemandem mündlich erklären.`
- `Fasse den Text für ein Publikum mit keinerlei Vorwissen zusammen.`
- `Erstelle eine "Für-und-Wider"-Zusammenfassung.`

Erstelle eine "Für-und-Wider"-Zusammenfassung.

Hier ist eine "Für-und-Wider"-Zusammenfassung des Textes:

Für Kalkriese als Ort der Varusschlacht:

- **Archäologische Funde**: Entdeckungen in Kalkriese wie Münzen, Waffenreste, römische Uniformteile und eine Gesichtsmaske sprechen dafür, dass dort eine Schlacht stattgefunden hat.
- **Schlüssige Beweise**: Die gefundenen Münzen stammen aus der Zeit vor 9 n. Chr. und keine danach, was mit der Varusschlacht in Verbindung gebracht wird.
- **Strategische Lage**: Der Engpass zwischen dem Kalkrieser Berg und dem Großen Moor entspricht der Beschreibung von Tacitus und Cassius Dio, die das Gelände als unwegsam und voller Schluchten schildern.
- **Wallanlage**: Ein germanischer Wall wurde entdeckt, der zur Taktik der Germanen in der Schlacht passen würde.

Schlüsselthemen identifizieren

Gerade bei längeren Texten kann es hilfreich sein, die wesentlichen Themen zu erkennen und zu erfahren, welche Aussagen oder Einschätzungen der Text dazu enthält. Hier können Sie sich zunutze machen, dass Sie KI-Assistenten beliebige Fragen zu einem übermittelten Text stellen können.

- Was sind die Hauptthemen dieses Textes?
- Kannst du die zentralen Ideen zusammenfassen?
- Wie würde eine kurze Zusammenfassung der Hauptthemen aussehen?
- Welche Argumente oder Schlüsselideen werden im Text betont?
- Welche Beispiele oder Beweise werden verwendet, um die Hauptthemen zu stützen?
- Welche zentralen Aussagen unterstützen die Hauptthemen?
- Welche Schlüsselfragen ergeben sich aus den behandelten Themen?
- Wie priorisiert der Autor die Schlüsselthemen?

- `Wie hängen die Schlüsselthemen miteinander zusammen?`
- `Gibt es Schlüsselthemen, die kontrovers oder umstritten sind?`

Ja, es gibt einige kontroverse Schlüsselthemen im Zusammenhang mit der Varusschlacht, insbesondere in Bezug auf die Forschung und Interpretation. Hier sind die wichtigsten:

1. **Ort der Schlacht**:
   - Kalkriese wird von vielen als der wahrscheinliche Ort der Varusschlacht angesehen, basierend auf archäologischen Funden wie Münzen, Waffen und Befestigungen.
   - Kritiker, vor allem aus Lippe, argumentieren, dass Kalkriese nur ein Schauplatz eines späteren Scharmützels gewesen sein könnte und die Schlacht an anderer Stelle stattfand.
2. **Historische Quellen**:
   - Die antiken Berichte, vor allem von Tacitus und Cassius Dio, werden intensiv diskutiert. Begriffe wie "Saltus Teutoburgiensis" und "haud procul" (nicht weit entfernt) sind interpretationsbedürftig, was zu vielen Theorien führt.
   - Die zeitliche Distanz der Autoren zur Varusschlacht (teilweise über 100 Jahre) wirft Fragen nach der Genauigkeit der Berichte auf.

Ausgehend davon können Sie dann einzelne Aspekte vertiefen und Copilot beispielsweise darlegen lassen, wie der Text eine bestimmte Idee präsentiert:

- `Welche Argumente werden zur Unterstützung der Hauptthemen verwendet?`
- `Welche Aussagen trifft der Text zum Thema [XYZ]?`
- `Welche Position vertritt der Autor zu diesem Thema?`
- `Welche alternativen Standpunkte gibt es zu diesem Thema?`
- `Wie wird dieses Thema in der Wissenschaft/ Öffentlichkeit überwiegend bewertet?`

> Welche Position vertritt der Autor zu diesem Thema?
>
> Der Autor vertritt eine differenzierte und abgewogene Position zur Varusschlacht, wobei er Kalkriese als den wahrscheinlichsten Schauplatz anerkennt, jedoch die Komplexität der Forschung und die anhaltenden Debatten betont. Seine Argumentation basiert auf archäologischen Funden in Kalkriese, wie Münzen, Schleuderbleien und der Wallanlage, die als starke Hinweise dienen. Er würdigt auch den Beitrag von Forschern wie Tony Clunn und Wolfgang Schlüter, die diese Erkenntnisse vorangetrieben haben.

Den Inhalt hinterfragen

KI-Assistenten können den Inhalt eines Textes nicht nur in verschiedenen Formen wiedergeben, sondern auch (kritisch) hinterfragen. Sie kennen nicht nur den Inhalt des übermittelten Textes, sondern können ihn auch mit dem Rest ihres Wissens in Beziehung setzen. Dadurch können sie die Korrektheit und Glaubwürdigkeit eines Textes beurteilen, fehlende Informationen ergänzen, Widersprüche und Logikfehler aufdecken oder auch abweichende Interpretationen oder alternative Erklärungen liefern.

```
Bewerte die Glaubwürdigkeit der Angaben im Dokument.
```

> Das Dokument stammt von einem angesehenen Experten und ist im Kontext wissenschaftlicher Vorträge sowie einer Ausstellung entstanden, was auf eine fundierte Basis hindeutet. Außerdem werden zahlreiche archäologische, historische und literarische Quellen wie Tacitus, Cassius Dio und Velleius Paterculus diskutiert, was die Darstellung der Ereignisse differenziert erscheinen lässt.
>
> Dennoch sollte man folgende Punkte berücksichtigen:
>
> 1. **Historische Interpretation**: Die Verlässlichkeit antiker Autoren wie Tacitus wird selbst in der Fachwelt unterschiedlich bewertet, da sie teils Jahrzehnte oder Jahrhunderte nach den Ereignissen schrieben und nie vor Ort waren.
> 2. **Archäologische Funde**: Die Entdeckungen in Kalkriese sind beeindruckend, doch bleiben sie von manchen Experten umstritten (z. B. mögliche Verwechslung mit späteren Ereignissen wie den Germanicus-Feldzügen).

Auch die Suche nach Schwächen oder Widersprüchen in einem Text kann aufschlussreich sein und Ansatzpunkte zu einer kritischen Auseinandersetzung damit liefern. Hierbei sollte aber beachtet werden, dass die meisten KI-Assistenten grundsätzlich konstruktiv und positiv formulieren. Auch die Frage nach Schwächen wird deshalb niemals zu einer vernichtenden Kritik an einem Text führen (selbst wenn diese womöglich angemessen wäre).

```
Gibt es Widersprüche oder Schwächen in den Argumenten
des Autors?
```

Der Text präsentiert eine fundierte und vielfältige Auseinandersetzung mit dem Thema der Varusschlacht. Dennoch lassen sich einige mögliche Schwächen oder Widersprüche in den Argumenten erkennen:

1. **Unklarheit der antiken Quellen**: Der Text stützt sich stark auf historische Berichte von Autoren wie Tacitus, Cassius Dio und Velleius Paterculus. Diese Quellen sind jedoch teils unpräzise, widersprüchlich oder wurden lange nach den Ereignissen verfasst.
2. **Interpretation archäologischer Funde**: Die Funde in Kalkriese sind beeindruckend, doch bleibt die Debatte offen, ob sie eindeutig der Varusschlacht oder einem späteren Ereignis wie den Germanicus-Feldzügen (15 n. Chr.) zuzuordnen sind. Kritiker wie

Das breite Allgemeinwissen des KI-Assistenten kann man sich zunutze machen, indem man ihn bittet, die Informationen aus einem Text in Beziehung zu seinem sonstigen Wissen über das Thema zu setzen. So können Sie beispielsweise einen Vergleich des Textes mit anderen Standpunkten anfordern, ohne dabei konkrete Vergleichsobjekte anbieten zu müssen. In der Regel wird die KI von sich aus entsprechende Informationen kennen und zurate ziehen:

```
Vergleiche den Text mit ähnlichen Dokumenten zu
demselben Thema.
```

Das Dokument hebt sich durch seine detaillierte Darstellung der Varusschlacht und die Einbindung archäologischer sowie historischer Quellen hervor. Im Vergleich zu anderen Texten, wie etwa der kritischen Quellenanalyse von Manfred Millhoff 1 oder den Hintergrundinformationen der Kalkriese-Studien 2, lassen sich folgende Unterschiede und Gemeinsamkeiten feststellen:

1. **Fokus auf Kalkriese**: Kracht betont die Bedeutung der Funde in Kalkriese als möglichen Ort der Varusschlacht. Andere Texte, wie die von Millhoff 1, hinterfragen diese Zuordnung und diskutieren alternative Theorien, etwa die Germanicus-Feldzüge.

2. **Quellenkritik**: Während Kracht die antiken Autoren wie Tacitus und Cassius Dio als zentrale Quellen nutzt, weisen andere Texte stärker auf die Widersprüche und Unsicherheiten in diesen Berichten hin [1].
3. **Archäologische Perspektive**: Kracht beschreibt die Funde in Kalkriese detailliert, einschließlich Münzen und Waffen. Die Kalkriese-Studien [2] gehen noch tiefer auf die archäologischen Methoden und die Bedeutung der Funde ein.
4. **Historische Interpretation**: Kracht beleuchtet die geopolitischen Hintergründe und die Rolle von Arminius und Varus. Andere Texte, wie die von Millhoff [1], legen mehr Wert auf die Analyse der römischen Strategien und die politischen Konsequenzen.
5. **Stil und Zielgruppe**: Kracht schreibt für ein breiteres Publikum, während

Vielleicht haben Sie ein Dokument nicht vollständig selbst gelesen, sondern sich auf die Zusammenfassung und Analyse der KI verlassen. Oder Sie bewegen sich in einem Themenbereich, in dem Sie selbst (noch) nicht ganz trittsicher sind und deshalb die Vollständigkeit bzw. mögliche fehlende Aspekte nicht genau beurteilen können? Dann kann ein KI-Assistent Ihnen dabei helfen, genau diese Fragen zu beurteilen.

- Was fehlt in dem Text?
- Gibt es Informationen oder alternative Ansätze, die der Autor verschweigt?

Oder einfach:

- Welche Fragen bleiben nach der Lektüre des Textes offen?

Nach der Lektüre des Dokuments bleiben einige Fragen offen, die einer weiteren Untersuchung bedürfen:

1. **Genauer Ort der Schlacht**: Obwohl Kalkriese als wahrscheinlichster Ort genannt wird, gibt es keine endgültigen Beweise, die alternative Theorien vollständig ausschließen. Könnten weitere archäologische Entdeckungen Zweifel beseitigen?
2. **Rolle von Arminius und den Germanen**: Der Verrat und die taktischen Fähigkeiten von Arminius werden beleuchtet, doch bleibt unklar, wie er in so kurzer Zeit eine so effektive Allianz zwischen den germanischen Stämmen schmieden konnte. War dies eine rein opportunistische Bewegung, oder gab es langfristige strategische Überlegungen?

3. **Verlässlichkeit der römischen Quellen**: Die antiken Texte sind oft widersprüchlich oder unvollständig. Welche methodischen Ansätze könnten helfen, die geografischen und strategischen Angaben präziser zu bewerten?
4. **Archäologische Herausforderungen**: Der Text weist darauf hin, dass nur ein kleiner Teil des mutmaßlichen Schlachtfeldes in Kalkriese untersucht wurde. Welche neuen Technologien könnten die Erforschung solcher Schlachtfelder vorantreiben?
5. **Kontext der römischen Expansionspolitik**: Es bleibt offen, ob Germanien tatsächlich als langfristige römische Provinz geplant war. Hatten die Römer andere strategische Ziele, die ihren Rückzug nach der Varusschlacht beeinflussten?

Durch solche Fragen stoßen Sie unter Umständen auf Aspekte, die im Text selbst nicht erwähnt werden, die aber wichtige Ergänzungen sind. Diese können Sie aufgreifen und sich mithilfe der KI-gestützten Recherche-Möglichkeiten schnell damit vertraut machen. So erhalten Sie ggf. ein ausgewogenes, informiertes Bild vom Thema und können den Stellenwert des zugrunde liegenden Textes kompetent einschätzen.

Texte miteinander vergleichen

Die Sprachmodelle heutiger KI-Systeme können nicht nur einen Text oder ein Dokument in den Kontext eines Dialogs einfügen, sondern auch mehrere. Das erlaubt es, Informationen aus verschiedenen Quellen zu kombinieren. Wenn es um sehr umfangreiche Dokumente geht, bei deren Größe die Upload-Funktion streikt, können Sie das Problem auch umgehen, indem Sie das Dokument in mehrere kleinere Dateien aufteilen. Vor allem aber gibt der Bezug auf mehrere Quellen Ihnen die Möglichkeit, verschiedene Dokumente zu vergleichen und die Unterschiede herauszuarbeiten.

1. Laden Sie dazu zunächst immer nur eines der Dokumente hoch und warten Sie, bis der Assistent dieses verarbeitet hat. Zwei Dateien gleichzeitig lassen die Upload-Funktionen in der Regel nicht zu.

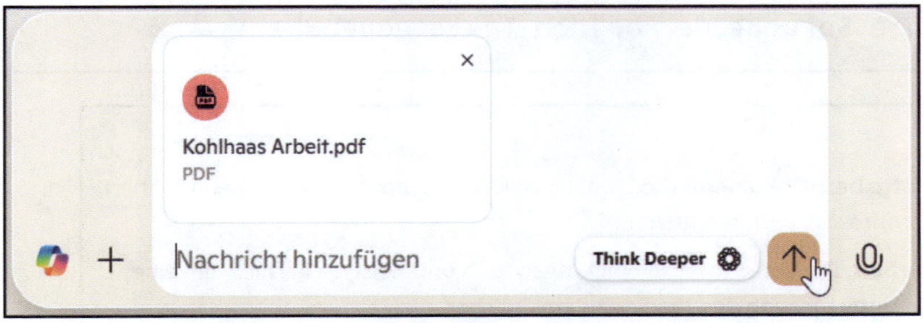

2. Wählen Sie dann das zweite Dokument aus und übermitteln Sie dieses ebenfalls.

3. Ist auch dieser Text verarbeitet, können Sie den Dialog aufnehmen, zu dessen Kontext nun der Inhalt beider Texte gehört, auf die Sie sich auch beziehen können.

```
Vergleiche die beiden Dokumente miteinander.
```

Natürlich, Wolfram! Hier ist ein Vergleich der beiden Dokumente:

Allgemeine Übersicht

- Das erste Dokument ist eine Sammlung von Aufgaben für ein Seminar über Heinrich von Kleists Novelle "Michael Kohlhaas" von der Universität Leipzig. Es umfasst Textanalysen, Charakteranalysen, narrative Techniken und kreative Schreibaufgaben.
- Das zweite Dokument ist eine Bachelorarbeit mit dem Titel "Zwischen Rechtschaffenheit und Mordbrennerei - Eine Untersuchung zur Reflexion und Darstellung von Moral in Heinrich von Kleists Michael Kohlhaas", eingereicht an der Universität Hamburg im Jahr 2011. Die Arbeit befasst sich mit der Darstellung von Moral und Amoral in der Novelle.

Themenbereiche und Fragestellungen

- **Text- und Charakteranalyse:**
  - Beide Dokumente analysieren die Handlungen und Motive der Charaktere in "Michael Kohlhaas". Die Seminaraufgaben lassen die Studierenden verschiedene Perspektiven auf die Figuren einnehmen, einschließlich der Betrachtung ihrer Schuld und Motive.
  - Die Bachelorarbeit geht tiefer auf die moralischen Implikationen der Handlungen ein und untersucht, wie Kleist moralische und amoralische Elemente darstellt.

Selbstverständlich brauchen Sie sich nicht auf einen allgemeinen Vergleich zu beschränken, sondern können konkrete Vorgaben machen, etwa wenn Sie sich auf bestimmte Aspekte beschränken möchten, beispielsweise so:

```
Stelle die Sprache der beiden Texte gegenüber.
```

Fazit

- **Seminaraufgaben-Dokument:** Die Sprache ist klar, prägnant und aufgabenorientiert, um den Lernprozess zu unterstützen.
- **Bachelorarbeit:** Die Sprache ist komplex, analytisch und wissenschaftlich, um eine detaillierte Untersuchung des Themas zu ermöglichen.

Falls du noch weitere Details benötigst oder bestimmte Abschnitte näher analysiert haben möchtest, lass es mich wissen! 😊

Auch auf die Form des Vergleichs können Sie Einfluss nehmen. So kann etwa eine Aufzählung wesentlicher Unterschiede in Form einer Liste oftmals einen schnelleren Vergleich ermöglichen:

```
Erstelle eine kompakte Liste mit den fünf wichtigsten
Unterschieden.
```

Hier sind die fünf wichtigsten Unterschiede in kompakter Form:

1. **Zweck und Zielgruppe:**
   - **Seminaraufgaben-Dokument**: Für Studierende zur Analyse und kreativen Auseinandersetzung.
   - **Bachelorarbeit**: Wissenschaftliche Analyse der moralischen Aspekte der Novelle, für ein akademisches Publikum.
2. **Struktur und Form:**
   - **Seminaraufgaben-Dokument**: Nummerierte Aufgaben und Unteraufgaben, klar strukturiert.
   - **Bachelorarbeit**: Kapitel und Unterkapitel, systematische Analyse.
3. **Sprache und Stil:**
   - **Seminaraufgaben-Dokument**: Klare, prägnante und funktionale Sprache.
   - **Bachelorarbeit**: Komplexe, akademische und analytische Sprache mit fachspezifischen Begriffen.
4. **Inhaltliche Tiefe und Ansätze:**

Auch Tabellen eignen sich gut für Gegenüberstellungen.

```
Stelle die wesentlichen Unterschiede in einer Tabelle
gegenüber.
```

Hier ist eine Tabelle, die die wesentlichen Unterschiede zwischen den beiden Dokumenten gegenüberstellt:

Merkmal	Seminaraufgaben-Dokument	Bachelorarbeit
Zweck und Zielgruppe	Für Studierende zur Analyse und kreativen Auseinandersetzung	Wissenschaftliche Analyse der moralischen Aspekte der Novelle, für ein akademisches Publikum

Struktur und Form	Nummerierte Aufgaben und Unteraufgaben, klar strukturiert	Kapitel und Unterkapitel, systematische Analyse
Sprache und Stil	Klare, prägnante und funktionale Sprache	Komplexe, akademische und analytische Sprache mit fachspezifischen Begriffen
Inhaltliche Tiefe und Ansätze	Praktische Analyseaufgaben und kreative Schreibprojekte	Tiefgehende Untersuchung philosophischer, juristischer und religiöser Aspekte der Moral
Didaktische Ziele vs. Wissenschaftlicher Anspruch	Förderung aktiven Lernens und kreativer Interpretation	Fundierte akademische Analyse der moralischen Implikationen

Neben Gegenüberstellungen können Sie auch konkrete Fragen zu beiden Dokumenten stellen und den Assistenten dabei auch um Empfehlungen bitten:

```
Welches Dokument hat die überzeugenderen Argumente?
```

Die **Bachelorarbeit** von hat die überzeugenderen Argumente, da sie eine tiefgehende Analyse bietet, eine klare und komplexe Argumentation aufweist und ihre Thesen durch umfangreiche Belege und Beispiele untermauert. Das **Seminaraufgaben-Dokument** ist hingegen eher auf die didaktische Vermittlung und praktische Anwendung durch die Studierenden ausgelegt und bietet daher keine vergleichbare Tiefe oder Beweiskraft.

```
Welcher Text ist für Oberstufenschüler eher geeignet?
```

Das **Seminaraufgaben-Dokument** ist eher für Oberstufenschüler geeignet, da es klar und verständlich formuliert ist, speziell darauf ausgelegt ist, Schüler zu fördern, und durch praktische und kreative Aufgaben das Engagement der Schüler erhöht. Die **Bachelorarbeit** ist hingegen zu komplex und akademisch, um Schüler effektiv einzubeziehen.

3.3 Dokumente mit KI-Hilfe analysieren

Elektronische Dokumente im PDF-Format spielen in Zeiten zunehmend digitaler Arbeitsabläufe und mit dem Ziel des papierlosen Büros eine immer wichtigere Rolle.

Dementsprechend bekommt man sowohl im Berufsleben als auch privat immer häufiger Informationen in dieser Form zugesendet. Das spart Papier, Versandkosten und erleichtert das digitale Archivieren. Auch sonst bieten PDFs praktische Vorteile wie die Volltextsuche und elektronische Lesezeichen, wenn man sich denn auf diese Art der Lektüre einlassen möchte.

Da PDFs komplett elektronisch erfassbar und durchsuchbar sind, eignen sie sich auch bestens für das Erfassen und Analysieren durch KI-Assistenten. Getreu dem Motto »Warum selbst lesen, wenn man lesen lassen kann?« können Sie sich so die Zeit sparen, umfangreiche Texte selbst zu studieren. Stattdessen lassen Sie das von einem KI-Assistenten erledigen, der Ihnen anschließend eine Zusammenfassung der wesentlichen Inhalte liefert oder auch gezielte Fragen zu einzelnen Aspekten beantworten kann.

Besonders interessant wird es, wenn dabei noch eine Fremdsprache ins Spiel kommt. Denn die KI kann ohne Weiteres beispielsweise ein englischsprachiges PDF-Dokument analysieren und Ihnen dann eine Zusammenfassung auf Deutsch liefern bzw. Ihre deutschsprachigen Fragen dazu auch auf Deutsch beantworten. So lassen sich etwa in international aufgestellten Unternehmen Sprachbarrieren schnell überwinden.

PDF-Dokumente bei ChatPDF hochladen

ChatPDF ist ein solcher KI-Assistent, der auf das Analysieren von PDF-Dokumenten spezialisiert ist. Diese können Sie direkt über die Weboberfläche hochladen und anschließend Fragen dazu stellen.

1. Öffnen Sie www.chatpdf.com in Ihrem Webbrowser.
2. Sie haben nun verschiedene Möglichkeiten, PDF-Dokumente an den Assistenten zu übermitteln:
   - Wenn sich die PDF-Datei auf Ihrem PC befindet, können Sie sie per Drag and Drop mit der Maus direkt auf das mit *Klicke zum Hochladen oder ziehe das PDF hierher* bezeichnete Feld ziehen und die Maustaste dort loslassen.
   - Wenn Sie keine Mausakrobatik mögen, klicken Sie stattdessen unten links in diesem Feld auf *PDF hochladen* und wählen die Datei dann klassisch in einem Dialog aus.
   - Handelt es sich um eine PDF-Datei, die öffentlich zum Download verfügbar ist, klicken Sie auf den Pfeil rechts neben *PDF hochladen* und wählen im Untermenü *Von Url*. Im so geöffneten Dialogfeld tippen oder fügen Sie die entsprechende Webadresse ein. Dann lädt der Assistent sich das PDF direkt von dort.

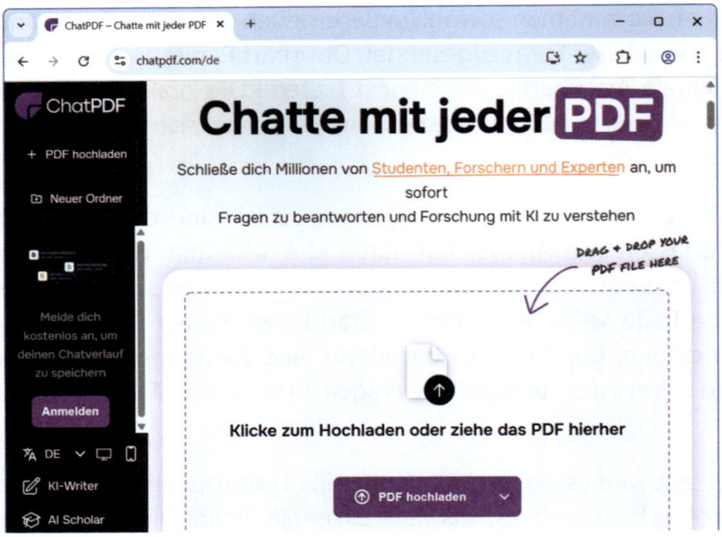

3. Nachdem das Hochladen abgeschlossen wurde, benötigt der Assistent abhängig vom Umfang des Dokuments einige Sekunden für die Analyse.
4. Anschließend sehen Sie links die Seiten des hochgeladenen Dokuments. Rechts begrüßt der Assistent Sie mit einer kurzen Zusammenfassung des Inhalts und mit Vorschlägen zu möglichen Fragen. Dabei wird standardmäßig die Sprache verwendet, in der das Ausgangsdokument verfasst wurde.

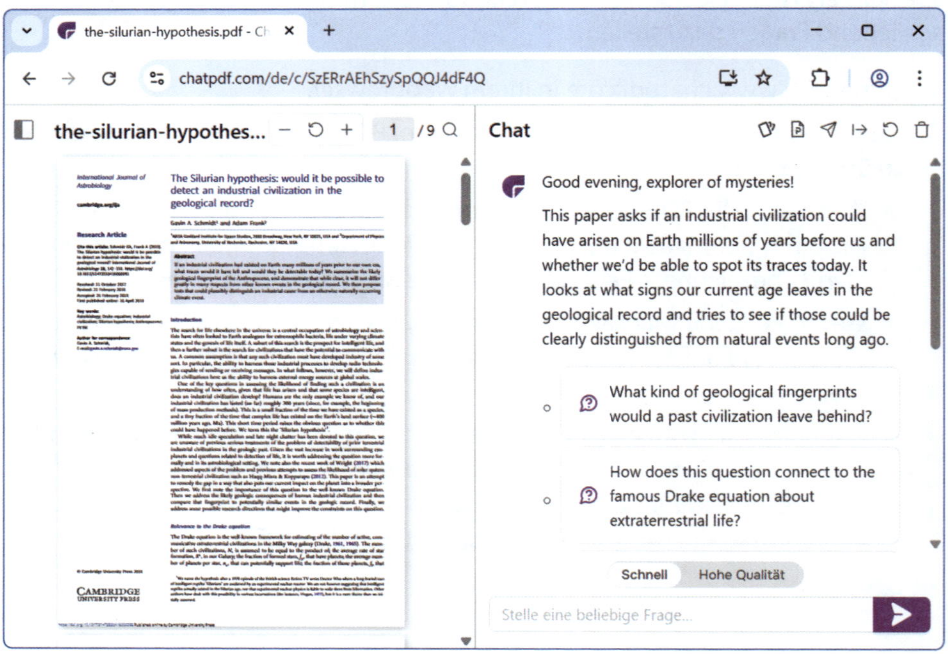

5. Wichtig ist aber: Sie sind an die Sprache, die der Assistent gewählt hat, nicht gebunden. Sie können Ihre Fragen also immer in Ihrer eigenen Sprache stellen, auch wenn die PDF-Datei in einer Fremdsprache verfasst wurde. Um eine kompakte Zusammenfassung des Inhalts zu bekommen, können Sie also beispielsweise eingeben:

```
Fasse den Text zusammen!
```

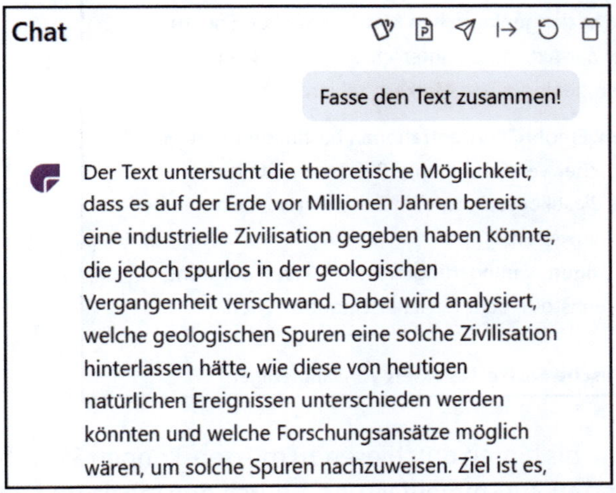

6. Möchten Sie es genauer wissen, reicht es, Ihre Anweisung entsprechend zu modifizieren. Für eine ausführlichere Zusammenfassung verwenden Sie beispielsweise:

```
Fasse den Text ausführlich zusammen!
```

7. Damit erhalten Sie in der Regel eine mehrere Absätze umfassende Wiedergabe der wesentlichen Inhalte, die ihrerseits mit einer prägnanten Zusammenfassung abgeschlossen wird.
8. Ebenso können Sie konkrete Fragen zu einzelnen Begriffen stellen, die Sie ausführlicher erläutert haben möchten, etwa:

```
Was genau ist die Silurische Hypothese?
```

9. Auch wenn die Zusammenfassungen bzw. Antworten Begriffe oder Konzepte erwähnen, mit denen Sie nicht direkt etwas anfangen können, fragen Sie direkt nach und lassen sich diese erklären.

```
Welche geologischen Spuren hinterlassen
Zivilisationen?
```

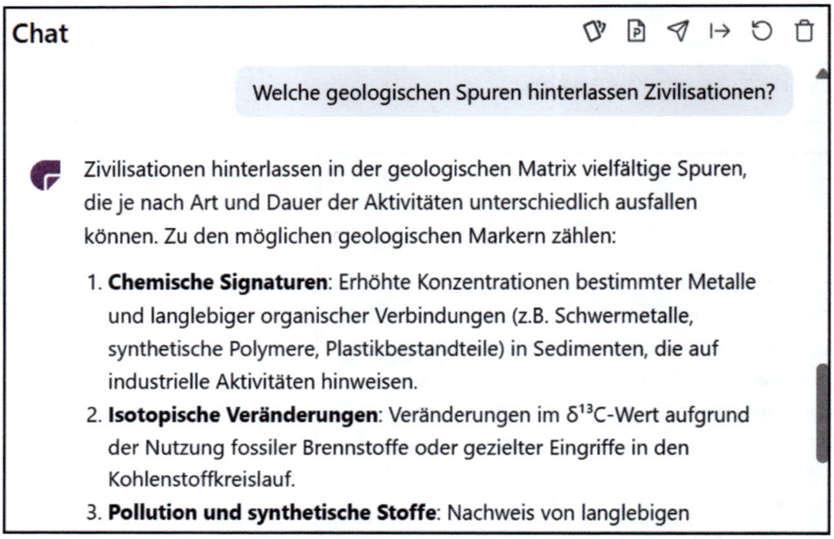

Anstatt ein Dokument von vorne bis hinten durchlesen zu müssen, können Sie sich so – ausgehend von einer detaillierten Zusammenfassung – durch den Inhalt »durchfragen«. So ziehen Sie in einem Bruchteil der Zeit genau die Informationen und in dem Umfang heraus, wie Sie das benötigen.

Weitere Möglichkeiten bei ChatPDF

Art und Umfang der Zusammenfassung lassen sich durch die geschickte Formulierung der Aufforderung steuern:

- Möchten Sie es ganz kompakt haben, versuchen Sie es beispielsweise mit:

```
Fasse den Text in einem Satz zusammen!
```

- Da der KI-Assistent multilingual ist, kann er Ihnen seine Antworten auch in einer beliebigen Sprache liefern:

```
Fasse den Text auf Niederländisch zusammen!
```

- Auch wenn Sie eine Rückmeldung des Assistenten besonders gelungen finden, können Sie sich diese nachträglich in einer anderen Sprache ausgeben lassen:

`Übersetze die letzte Antwort auf Französisch!`

- Auch wenn Sie einen Text für andere zusammenfassen wollen, kann der Assistent Ihnen dabei helfen, passend zur Zielgruppe zu formulieren. Damit er beispielsweise möglichst einfach formuliert und auf Fachbegriffe und Fremdwörter verzichtet, verwenden Sie diesen Prompt:

`Fasse den Text in einfacher Sprache zusammen!`

- Ebenso können Sie den Assistenten in gewollt lockerer, junger Sprache formulieren lassen, wobei man vielleicht überprüfen sollte, dass er nicht über das Ziel hinausschießt:

`Fasse den Text in lockerer Jugendsprache zusammen!`

> Fasse den Text in lockerer Jugendsprache zusammen.
>
> Klar! Also, Zivilisationen hinterlassen in der Erde ziemlich verschiedene Spuren, die man erkennen könnte. Zum Beispiel gibt's chemische Signale, also Sachen wie Metalle oder Kunststoffe, die in alten Sedimentschichten bleiben. Man findet auch Isotope, also spezielle Formen von Elementen, die durch menschliche Aktivitäten verändert wurden, zum Beispiel beim Verbrennen von fossilen Brennstoffen. Außerdem gibt's dauerhafte

Diagramme und Formeln in Texten analysieren

Gerade wissenschaftliche Texte beinhalten oftmals Diagramme, schematische Darstellungen oder Formeln. Sie können solche Inhalte im Dokument markieren und dann gezielt erklären, zusammenfassen oder umschreiben lassen.

1. Verwenden Sie hierzu zunächst die Bildlaufleiste der linken Seitenleiste, um eine Seite des Dokuments anzuzeigen, die Bildelemente enthält.
2. Nutzen Sie nun den Mauszeiger über dem Dokument, der sich hier in ein Fadenkreuz verwandelt, um eine Abbildung oder einen Bereich zu markieren. Klicken Sie dazu an einer Ecke des Bereichs und ziehen Sie die Maus dann mit gehaltener Maustaste zur gegenüberliegenden Ecke dieses Bereichs.

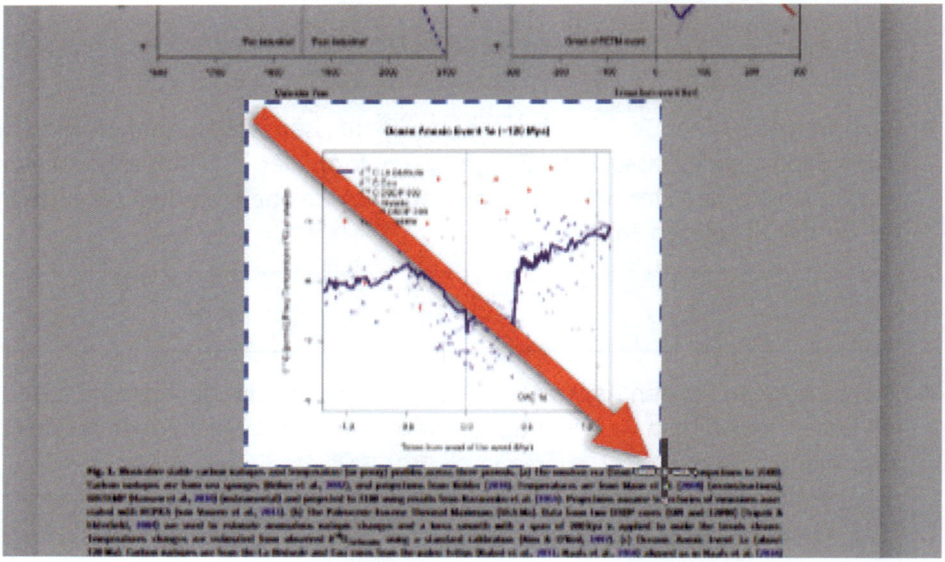

3. Wenn Sie die Maustaste loslassen, zeigt der Assistent ein Kontextmenü neben dem ausgewählten Bereich an. Dieses bietet Ihnen direkt die Funktionen *Erklären*, *Zusammenfassen* sowie *Umschreiben* an. Wenn Sie eine davon anklicken, beginnt der Assistent direkt mit der Analyse des markierten Bereichs und zeigt Ihnen nach wenigen Sekunden seine Antwort an.

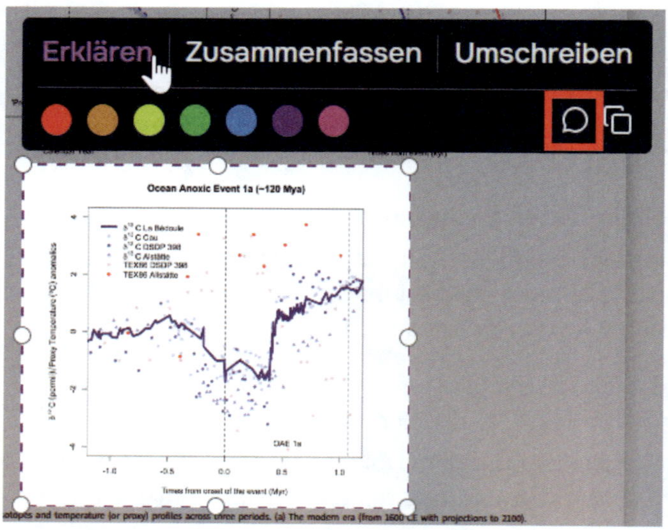

4. Alternativ können Sie unten rechts im Kontextmenü auf das Chat-Symbol klicken. Damit übernehmen Sie den ausgewählten Bereich nach rechts in den Prompt und können dem Assistenten dort beliebige Fragen dazu stellen.

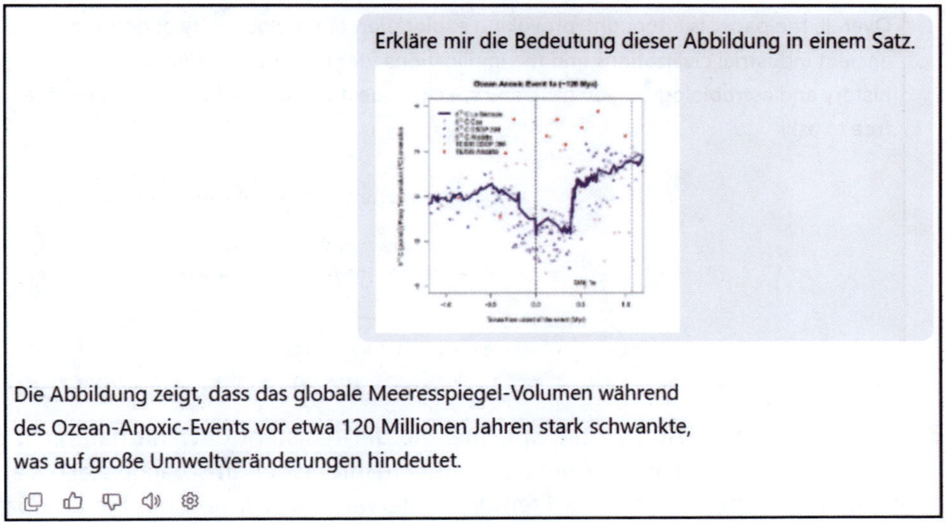

Dokumente mit Copilot analysieren

Copilot kann nicht nur PDF-Dateien analysieren, sondern beherrscht weitere Formate wie etwa gängige Office-Dokumente, TXT, RTF, HTML und noch einiges mehr. Auf Seite 45 lesen Sie, wie Sie Dateien zu Copilot hochladen und deren Inhalt so zum Teil des Dialogs machen, auf den Sie sich dann beziehen können.

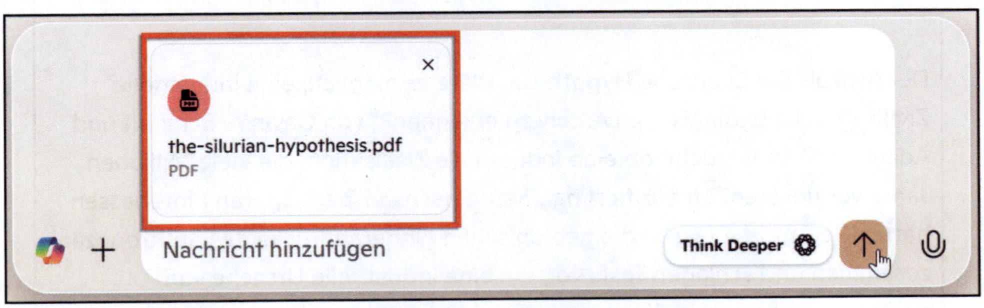

1. Nachdem das Hochladen abgeschlossen wurde, benötigt Copilot abhängig vom Umfang des Dokuments einige Sekunden für die Analyse.
2. Anschließend antwortet der Assistent mit einer kurzen Zusammenfassung des Inhalts und Vorschlägen zu möglichen Fragen. Dabei wird standardmäßig die Sprache verwendet, in der das Ausgangsdokument verfasst ist. Wenn Sie ein englischsprachiges Dokument hochladen, wird Copilot also zunächst mit einer englischen Zusammenfassung antworten.

Overall, the paper is a thought-provoking exploration of the possibility of detecting ancient industrial civilizations and the implications for our understanding of Earth's history and astrobiology. If you have any specific questions or need further details, feel free to ask!

Can you elaborate on the Drake equation's relevance?

What defines the Anthropocene and its significance?

What are other theories about ancient civilizations on Earth?

3. Wichtig dabei: Sie sind an die Sprache, die der Assistent gewählt hat, nicht gebunden. Sie können Ihre Fragen also immer in Ihrer eigenen Sprache stellen, auch wenn das Dokument in einer Fremdsprache verfasst wurde. Um eine kompakte Zusammenfassung des Inhalts auf Deutsch zu bekommen, können Sie also beispielsweise eingeben:

```
Fasse den Text zusammen!
```

Fasse den Text zusammen!

Der Artikel "Die Silurische Hypothese: Wäre es möglich, eine industrielle Zivilisation im geologischen Archiv zu erkennen?" von Gavin A. Schmidt und Adam Frank untersucht, ob eine industrielle Zivilisation, die viele Millionen Jahre vor unserer Zeit existiert hat, heute nachweisbare Spuren hinterlassen hätte. Die Autoren fassen die geologischen Fingerabdrücke des Anthropozäns zusammen und schlagen Tests vor, um eine industrielle Ursache von natürlichen Klimaereignissen zu unterscheiden. Sie analysieren die geologischen Konsequenzen der menschlichen Zivilisation und vergleichen diese mit anderen bekannten Ereignissen in der Erdgeschichte. Der Artikel thematisiert unter anderem die Relevanz der Frage für die Drake-Gleichung und die Herausforderungen bei der Entdeckung früherer Zivilisationen.

Copilot auf konkrete Bestandteile hinweisen

Copilot kann eine hochgeladene Datei nicht nur als Ganzes betrachten. Da er den Inhalt genau analysiert hat, können Sie Ihre Fragen auch auf ganz bestimmte Bestandteile eines Dokuments fokussieren. Wenn Sie etwa mehr über eine Formel wissen möchten, die auf einer bestimmten Seite verwendet wird, können Sie Copilot direkt danach fragen.

```
Was bedeutet die Formel auf Seite 2?
```

Was bedeutet die Formel auf Seite 2?

Die Formel auf Seite 2 ist die berühmte Drake-Gleichung:

$$N = R* \cdot f_p \cdot n_e \cdot f_l \cdot f_i \cdot f_c \cdot L$$

Diese Gleichung schätzt die Anzahl der aktiven, kommunikativen außerirdischen Zivilisationen in unserer Galaxie, der Milchstraße. Die Variablen in der Gleichung stehen für:

- $R*$: Die durchschnittliche Rate der Sternentstehung in unserer Galaxie.
- f_p: Der Anteil der Sterne, die Planeten haben.
- n_e: Die durchschnittliche Anzahl von Planeten pro Stern, die Leben unterstützen können.

Auf diese Weise können Sie Copilot auch auf Bilder, Diagramme oder schematische Darstellungen hinweisen, die der Assistent für Sie analysieren oder anderweitig berücksichtigen soll. Copilot berücksichtigt dabei auch den Kontext des Dokuments, in dem die Abbildung steht. Dementsprechend beschränkt sich die Erklärung nicht nur formal auf die Bildelemente, sondern ist in das Thema des Dokuments eingebettet.

```
Erkläre mir die dritte Abbildung auf Seite 4.
```

Wer nach Details fragt, bekommt detaillierte Antworten. Das gilt auch hier und führt abhängig vom Thema teilweise zu sehr spezifischen Erklärungen. Wenn das genau das ist, was Sie möchten – umso besser. Ansonsten gibt es insbesondere bei ausführlichen und spezifischen Erklärungen oftmals am Ende noch mal eine kompakte Zusammenfassung. Oder Sie modifizieren Ihre Aufforderungen eben entsprechend so, dass Sie eine möglichst verständliche und kompakte Antwort erhalten:

```
■ Erkläre mir die dritte Abbildung auf Seite 4 in einfachen
  Worten.
■ Erkläre mir die dritte Abbildung auf Seite 4 in zwei
  Sätzen.
```

Erkläre mir die dritte Abbildung auf Seite 4 in einfachen Worten.

Klar, ich mache es einfach:

Die dritte Abbildung auf Seite 4 zeigt, wie sich die Temperaturen und die Kohlenstoff-Isotope (also verschiedene Arten von Kohlenstoff) während eines sogenannten "Ozeanischen Anoxie-Ereignisses" verändert haben. Dieses Ereignis passierte vor etwa 120 Millionen Jahren.

Hier ist, was wichtig ist:

1. **Temperaturen**: Die Temperaturen sind gestiegen. Die TEX86-Methode zeigt uns, dass das Wasser wärmer wurde.
2. **Kohlenstoff-Isotope**: Es gab Veränderungen in den Kohlenstoff-Isotopen, was bedeutet, dass sich die Zusammensetzung des Kohlenstoffs geändert hat. Es gab mehr von der leichteren Art von Kohlenstoff.

Nach bestimmten Begriffen suchen

Wenn Sie in einem Dokument nach einem bestimmten Schlüsselwort suchen möchten, geht das am besten mit der dazugehörenden Anwendung bzw. einem Viewer oder Webbrowser.

Aber wenn Copilot ein Dokument ohnehin analysiert hat, weiß der Assistent auch, ob und an welcher Stelle bestimmte Begriffe erwähnt werden. Wenn Sie danach fragen, teilt er dieses Wissen mit Ihnen:

```
Kannst du in dieser PDF-Datei nach dem Begriff "Dinosaurier"
suchen und mir die relevanten Absätze anzeigen?
```

Kannst du in dieser PDF-Datei nach dem Begriff "Dinosaurier" suchen und mir die relevanten Absätze anzeigen?

In der PDF-Datei wird der Begriff "Dinosaurier" in folgendem Absatz erwähnt:

"Für alle Dinosaurier, die jemals gelebt haben, gibt es nur ein paar tausend nahezu vollständige Exemplare oder entsprechend nur eine Handvoll einzelner Tiere über Tausende von Taxa pro 100.000 Jahre. Angesichts der Rate neuer Entdeckungen von Taxa dieses Alters ist klar, dass Arten, die so kurzlebig sind wie Homo sapiens (bisher), möglicherweise überhaupt nicht im vorhandenen Fossilienbestand vertreten sind."

3.4 Texte übersetzen

Eine weitere praktische Fähigkeit von KI-Assistenten ist das Übersetzen von Texten in andere Sprachen. Das können Sie nutzen, wenn Sie selbst Texte schreiben und diese für Kollegen oder Bekannte in anderen Ländern bereitstellen möchten. Aber Sie können die Funktion ebenso nutzen, wenn Sie selbst auf einen Text in einer fremden Sprache stoßen und diesen gern verstehen möchten.

Moderne KI-Übersetzer haben dabei nicht mehr viel gemein mit der maschinellen Übersetzung aus früheren Jahren, die häufig zu unfreiwillig komischen Ergebnissen etwa bei der Übersetzung von Aufbauanweisungen oder Bedienungsanleitungen führte. Computer haben früher versucht, Texte Wort für Wort von einer Sprache in eine andere zu überführen. Das stößt zwangsläufig an Grenzen, wenn sich ein Wort nicht genau in ein anderes übersetzen lässt bzw. wenn es für ein Wort mehrere Bedeutungen gibt, die zu verschiedenen Übersetzungen führen würden. Dementsprechend waren die Ergebnisse oftmals holprig und unbefriedigend.

Die heutigen KI-Systeme verfolgen hingegen einen ganz anderen Ansatz. Ihre Sprachmodelle erlauben es ihnen, den Sinn von Texten zu erfassen und in ihre interne Wissensdarstellung zu überführen. Umgekehrt können sie aus ihrem internen Wissen Texte generieren. Etwas vereinfacht gesagt überführt die KI beim Übersetzen also zunächst die Bedeutung eines Textes in einer Sprache A in ihre interne Repräsentation und generiert dann aus dieser Repräsentation einen Text in einer Sprache B. Die Übersetzung hangelt sich also nicht mehr an den Buchstaben und Wörtern eines Textes entlang, sondern erfasst den Sinn eines Textes und gibt ihn in einer anderen Sprache wieder. Das macht die KI-Übersetzer so universell, denn sie können Informationen beliebig zwischen allen Sprachen, für die sie über ein Sprachmodell verfügen, hin und her transferieren.

Copilot als Übersetzer

Copilot hat ein umfassendes Sprachmodell nicht nur der deutschen Sprache, sondern vieler anderer Sprachen. Aufgrund des vorangehend beschriebenen Übersetzungsprozesses kann er Texte in allen diesen Sprachen in Deutsch wiedergeben und umgekehrt.

1. Bei der Aufforderung reicht es, die gewünschte Zielsprache anzugeben. Copilot erkennt die Ausgangssprache automatisch. Geben Sie als Prompt beispielsweise ein:

```
Übersetze diesen Text ins Deutsche:
```

2. Fügen Sie nun den zu übersetzenden fremdsprachigen Text in das Eingabefeld ein.

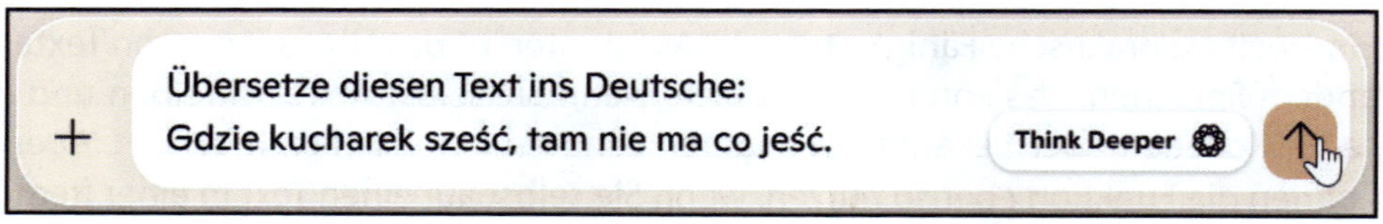

3. Nach kurzer Wartezeit liefert Copilot Ihnen die passende Übersetzung, ggf. um weitere Hinweise zum Thema ergänzt.

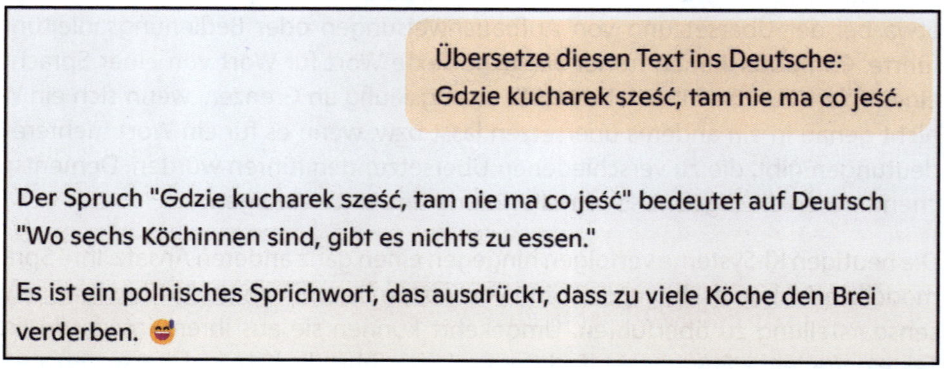

In gleicher Weise können Sie den umgekehrten Weg gehen und deutschsprachige Texte in eine nahezu beliebige andere Sprache übersetzen lassen:

1. Schreiben Sie auch hierzu eine entsprechende Aufforderung in den Eingabebereich, etwa:

```
Übersetze diesen Text ins Polnische:
```

2. Fügen Sie dann den zu übersetzenden Text mit ein und senden Sie den Prompt ab.

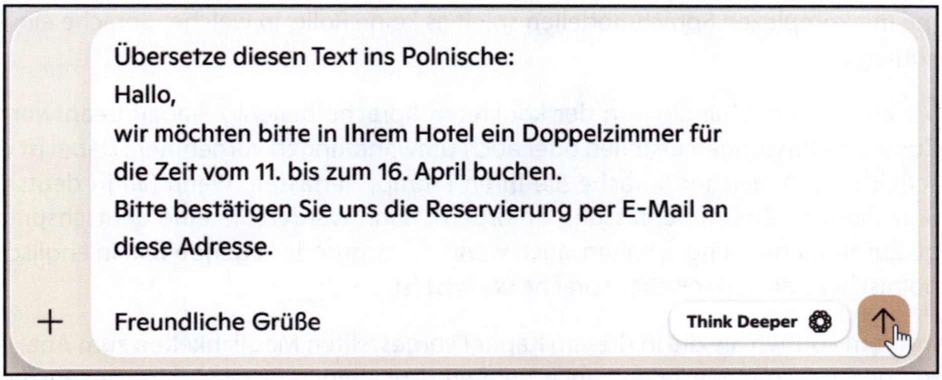

3. Als Reaktion erhalten Sie nach kurzer Zeit den Text in der gewünschten Sprache.
4. Markieren Sie den übersetzten Text in der Antwort mit der Maus, klicken Sie mit der rechten Maustaste auf die Auswahl und wählen Sie im Kontextmenü *Kopieren*.

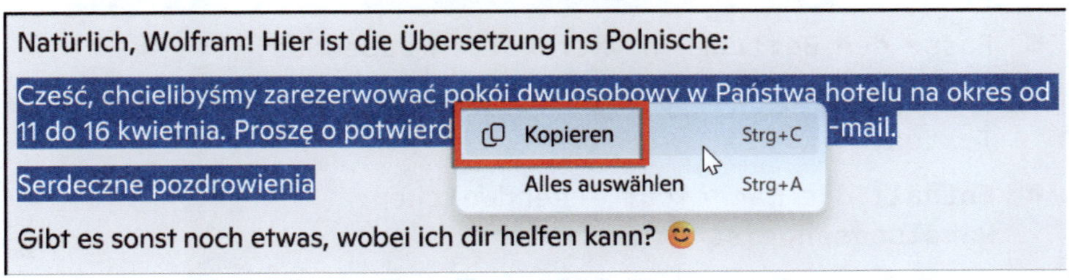

Wenn Sie eigene Dokumente in Office erstellen, können Sie diese auch direkt in Word, PowerPoint oder Outlook in andere Sprachen übersetzen lassen. Mehr dazu in den folgenden Kapiteln.

Längere Texte und Dokumente übersetzen

Beim Übersetzen per Eingabebereich könnten Sie bei längeren Texten an die Begrenzung durch die maximale Anzahl von Zeichen stoßen. Liegen diese Texte in einem Dokumentformat vor, das Copilot beherrscht (siehe Seite 45), können Sie das Dokument direkt zum Assistenten hochladen und dann um eine Übersetzung bitten. Haben Sie einen fremdsprachigen Text in einem anderen Format vorliegen, kopieren Sie ihn beispielsweise in eine TXT-Datei und laden diese zu Copilot hoch, um den Inhalt übersetzen zu lassen.

Texte in anderen Sprachen analysieren

Sie können Texte nicht nur in andere Sprachen übersetzen lassen, sondern sie in jeder Hinsicht wie bereits deutschsprachige Texte behandeln. Denn für moderne KI-Systeme mit komplexen Sprachmodellen spielt es keine Rolle, in welcher Sprache ein Text vorliegt.

Sie können unabhängig von der konkreten Sprache beliebig Fragen beantworten, Zusammenfassungen erstellen oder auch Umwandlungen vornehmen. Dabei ist entscheidend, in welcher Sprache Sie Ihren Prompt verfassen. Wenn Sie in deutscher Sprache eine Zusammenfassung anfordern, dann werden Sie eine deutschsprachige Zusammenfassung erhalten, auch wenn der zugrunde liegende Text in englischer, polnischer oder japanischer Sprache verfasst ist.

Insofern können Sie die in diesem Kapitel vorgestellten Möglichkeiten zum Analysieren und Erfassen von Texten auch bei fremdsprachigen Quellen ganz genauso nutzen. Dass der Ausgangstext dazu übersetzt werden muss bzw. Sie die Antwort in Ihrer Sprache haben möchten, brauchen Sie nicht extra anzugeben.

- `Worum geht es in dem Text?`
- `Fasse den Beitrag in vier Sätzen zusammen.`
- `Erstelle eine Liste mit den wesentlichen Aussagen des Textes.`
- `Enthält die Nachricht irgendwelche Handlungsanweisungen?`

Fremdsprachige Webseiten übersetzen

Viele aktuelle Webbrowser haben bereits Funktionen zum Übersetzen integriert. Wenn also wichtige Informationen nur in englischer Sprache im Web zu finden sind, können Sie sich direkt im Browser eine deutsche Übersetzung erstellen lassen.

Ich zeige das Vorgehen im Folgenden am Beispiel des Firefox-Webbrowsers. Edge und Chrome bieten ganz ähnliche Funktionen, die sich praktisch nur in der Optik unterscheiden. Auch die mobilen Versionen der Browser bieten vergleichbare Funktionen.

1. Der Firefox-Webbrowser erkennt automatisch, wenn Sie eine Webseite anzeigen lassen, die in einer anderen als der von Ihnen voreingestellten Standardsprache verfasst ist.
2. In diesem Fall blendet er in der Adressleiste das Sprachsymbol ein und bietet Ihnen zugleich an, diese Webseite in Ihre Muttersprache zu übersetzen.

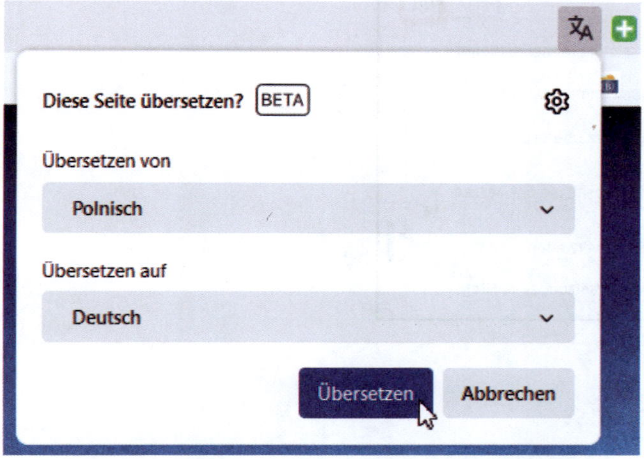

3. Stimmen Sie dem mit *Übersetzen* zu und warten Sie anschließend kurz ab, bis der Browser die Inhalte verarbeitet hat und die Webseite in der übersetzten Fassung neu aufbaut.
4. Die übersetzte Seite können Sie wie gewohnt nutzen und also auch Links zu Unterseiten anklicken. Firefox erkennt dies automatisch und übersetzt auch deren Inhalte automatisch. Sie werden lediglich jeweils eine kurze Verzögerung feststellen, bis die Seite auf Deutsch angezeigt wird.
5. Möchten Sie auf das Übersetzen verzichten, klicken Sie oben in der Adressleiste auf das Sprachsymbol und wählen im so geöffneten Dialog *Original anzeigen*. Oder aber Sie surfen einfach auf einer deutschsprachigen Webseite weiter, denn dann beendet Firefox das Übersetzen automatisch.

Das Übersetzen durch den Webbrowser dauerhaft steuern

Falls Sie regelmäßig Webseiten in anderen Sprachen besuchen, kann die ständige Rückfrage durch den Browser lästig sein. Sie können aber mit einfachen Mitteln feste Regeln für die verschiedenen Sprachen festlegen. Klicken Sie dazu im Sprachdialog des Webbrowsers auf das Einstellungen-Symbol. Im so geöffneten Dialog können Sie festlegen, ob Webseiten in dieser Sprache (die Originalsprache der gerade angezeigten Webseite) immer oder nie übersetzt werden sollen. Alternativ können Sie mit *Diese Website nie übersetzen* eine dauerhafte Aufnahme für bestimmte Webadressen festlegen.

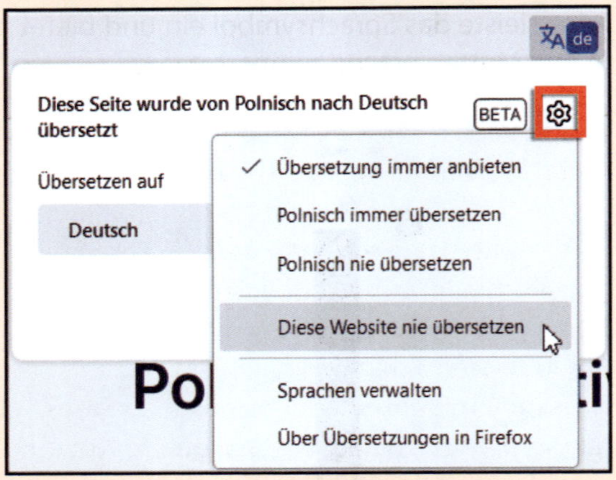

Übersetzen per Webdienst

Wenn Sie Copilot oder auch andere KI-Produkte in Ihren Office-Anwendungen nutzen, können Sie Texte direkt dort übersetzen lassen (mehr dazu in den folgenden Kapiteln). Aber auch so können Sie sich mit kostenlosen Webdiensten behelfen, die sich per Browser nutzen lassen. Sie müssen dazu lediglich Ihre Texte über die Zwischenablage aus der Office-Anwendung in den Browser und anschließend wieder zurück kopieren. So verschicken Sie beispielsweise eine E-Mail an den Vermieter Ihrer Ferienwohnung in Dänemark, auch wenn Sie gar kein Dänisch können:

1. Erstellen Sie zunächst die vollständige E-Mail-Nachricht auf Deutsch.
2. Markieren Sie dann den Textinhalt der Nachricht und klicken Sie mit der rechten Maustaste darauf. Klicken Sie im Kontextmenü auf *Kopieren* – noch schneller geht es mit Strg+C.

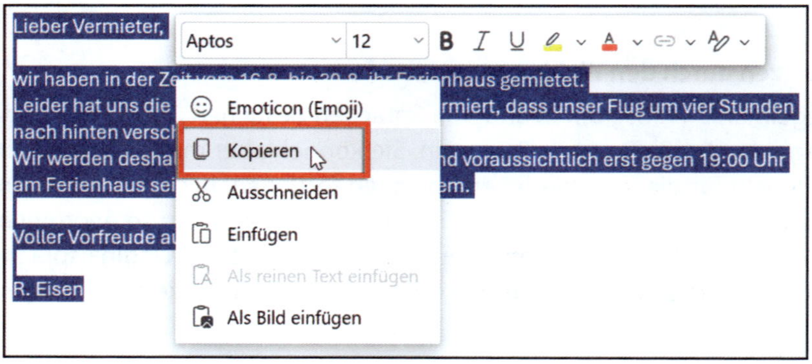

3. Starten Sie dann Ihren Browser und öffnen Sie darin beispielsweise die Webseite https://www.deepl.com/de/translator.

Der Übersetzungsspezialist DeepL

DeepL ist ein KI-Assistent, der sich auf den Umgang mit Sprache spezialisiert hat. Er wurde ursprünglich als Übersetzungsdienst entwickelt und beherrscht eine Vielzahl von Sprachen, zwischen denen er beliebig hin und her übersetzen kann. Eingangstexte können sowohl direkt eingetippt bzw. eingefügt als auch in gängigen Textformaten wie PDF- oder Word-Dateien übergeben werden. Darüber hinaus bietet DeepL mittlerweile auch verschiedene Funktionen zum Unterstützen beim Erstellen von Texten. So korrigiert der Assistent nicht nur Fehler, sondern bietet auch alternative Begriffe und Formulierungen an bzw. kann Texte in verschiedenen Stilen umformulieren. In beschränktem Umfang kann der Dienst kostenlos ohne Anmeldung verwendet werden. Für eine weiterreichende Nutzung stehen Abo-Modelle zur Verfügung.

4. Klicken Sie auf der so geöffneten Webseite links in das Feld *Text hier eingeben oder einfügen* und drücken Sie dann Strg+C oder nutzen Sie die Option *Einfügen* im Kontextmenü.
5. Der DeepL-Webdienst erkennt automatisch, dass Ihr Text in Deutsch verfasst ist, und übersetzt diesen standardmäßig in Englisch.
6. Wenn Sie auf diesen Spracheintrag klicken, können Sie aber eine der über 30 anderen Zielsprachen auswählen.
7. Die fertige Übersetzung wird Ihnen auf der rechten Seite angeboten. Mit dem Symbol unten kopieren Sie den neuen Text wieder in die Zwischenablage und übernehmen ihn von dort in Ihre E-Mail-App, um den ursprünglichen deutschen Inhalt dadurch zu ersetzen.

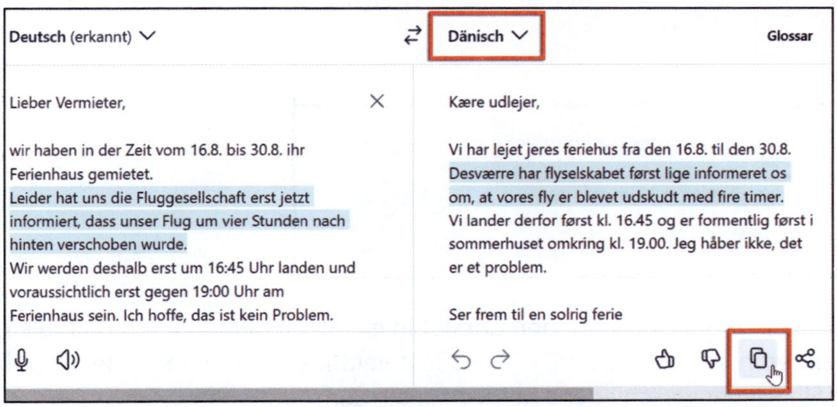

4. Eigene Texte mit KI-Hilfe optimieren

Bei der Arbeit mit Text in Word haben die Sprachmodelle moderner KI-Systeme das größte Potenzial, hilfreiche Unterstützung zu leisten. So können ChatGPT, Copilot und Co. Ihre Texte analysieren, umformulieren und übersetzen oder auch ganz neue Texte generieren und Ihnen so lästige Routinearbeiten abnehmen.

4.1 Texte schnell optimieren

Wenn Sie von einem eigenen Text nicht so recht überzeugt sind oder vorhandene Inhalte vielleicht für einen anderen Zweck oder eine abweichende Zielgruppe aufbereiten möchten, bietet der in Word integrierte Copilot eine schnelle Funktion, um eigene Texte umzuformulieren. Der Assistent erfasst dazu vorhandene Inhalte sinngemäß und kann sie ganz nach Ihren Vorstellungen neu formulieren.

1. Markieren Sie dazu den Text, den Sie anders formulieren möchten. Drücken Sie ggf. Strg+A, um den gesamten Text eines Dokuments auszuwählen.
2. Am unteren Ende der Auswahl finden Sie am linken Rand das Copilot-System. Klicken Sie darauf und wählen Sie im so geöffneten Menü *Automatisch umschreiben*.

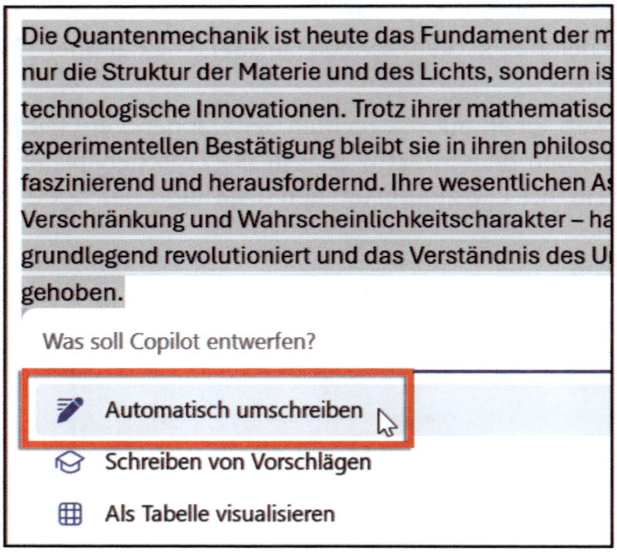

3. Nach kurzer Wartezeit zeigt Ihnen Copilot in einem eingeblendeten Dialog einen von mehreren Vorschlägen an, wie der Text verändert werden könnte. Auch hier haben Sie wieder verschiedene Möglichkeiten zum Eingreifen:

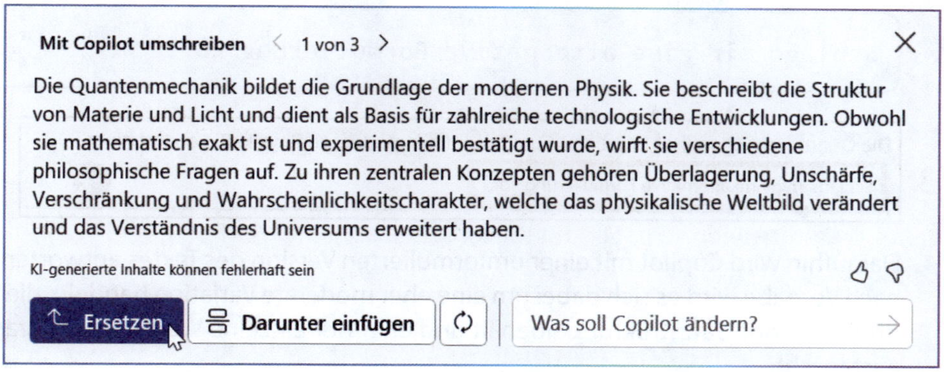

- Mit den Pfeilsymbolen oben können Sie zwischen den Vorschlägen wechseln, um den besten auszuwählen.
- Sind Sie mit einem der Vorschläge einverstanden, können Sie mit der gleichnamigen Schaltfläche den zuvor markierten Textbereich durch den umformulierten Text *Ersetzen*.
- Falls Sie nicht ganz zufrieden sind, können Sie alternativ den Vorschlag *Darunter einfügen*. Dann haben Sie Ursprungstext und neue Fassung beieinander im Dokument stehen und können etwa aus beiden Fassungen die jeweils besten Teile von Hand auswählen.
- Mit dem Auffrischen-Symbol fordern Sie Copilot auf, Ihnen ganz neue Vorschläge für das Umformulieren zu machen.
- Mit dem Eingabe-Prompt unten rechts im Dialog können Sie konkrete Anforderungen an den Assistenten formulieren, die Umformulierung auf eine bestimmte Weise zu variieren. Tippen Sie Ihren Wunsch dort ein und klicken Sie rechts auf das Pfeilsymbol (siehe auch den nachfolgenden Abschnitt).

Text per Prompt verbessern

Das automatische Verbessern mit Copilot ist eine schnelle Variante mit wenigen Mausklicks. Sie können aber ebenso den Eingabe-Prompt nutzen, um praktisch beliebige Aufforderungen an den KI-Assistenten zu übermitteln.

1. Markieren Sie auch hierzu ggf. den Text, auf den sich Ihre Aufforderung beziehen soll, oder drücken Sie ggf. Strg+A für das gesamte Dokument.
2. Klicken Sie links neben der Auswahl auf das Copilot-Symbol, um das Menü des Assistenten zu öffnen.
3. Oberhalb der eigentlichen Menüeinträge finden Sie ein Eingabefeld, in das Sie eine beliebige Anweisung an Copilot eintippen können.

`Schlage mir eine alternative Formulierung vor.`

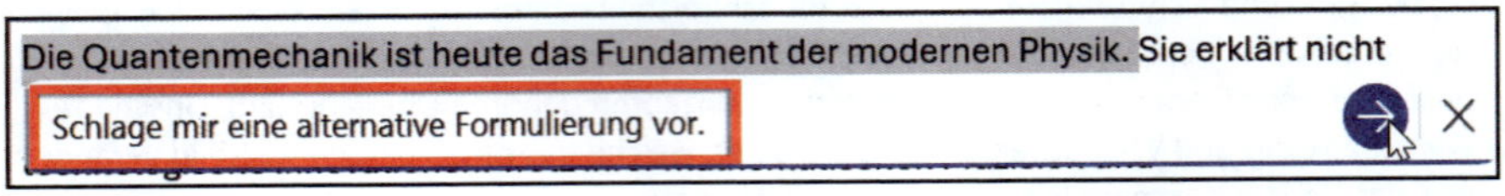

4. Daraufhin wird Copilot mit einer umformulierten Version des Textes antworten. Je nach Vorgabe wird es sich dabei um eine eher moderate Variation handeln, die die grundlegende Satzstruktur beibehält und eher nur einzelne Wörter oder Phrasen austauscht.

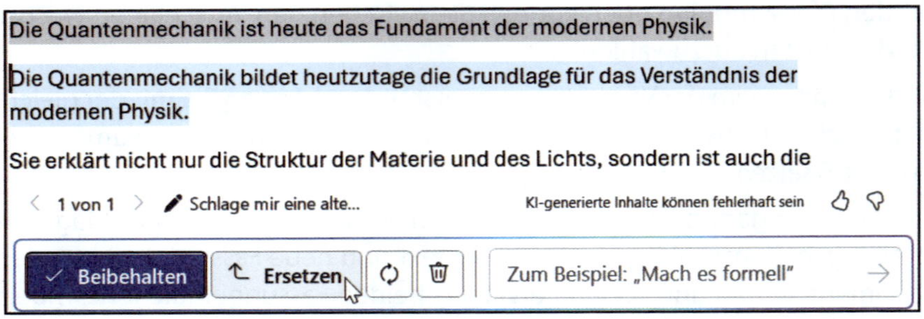

5. Mit den Schaltflächen unten können Sie entscheiden, ob Sie den ursprünglichen Text *Beibehalten* oder durch den KI-Vorschlag *Ersetzen* möchten.

Wenn Sie etwas mehr Auswahl oder Inspiration haben möchten, können Sie das erreichen, indem Sie anstelle eines alternativen Vorschlags gleich mehrere anfordern. Copilot wird sich bemühen, Alternativen zu präsentieren, die sich auch tatsächlich spürbar voneinander unterscheiden. Dadurch entsteht bei den Vorschlägen automatisch eine gewisse Bandbreite, beispielsweise:

`Mache mir drei Vorschläge für alternative Formulierungen.`

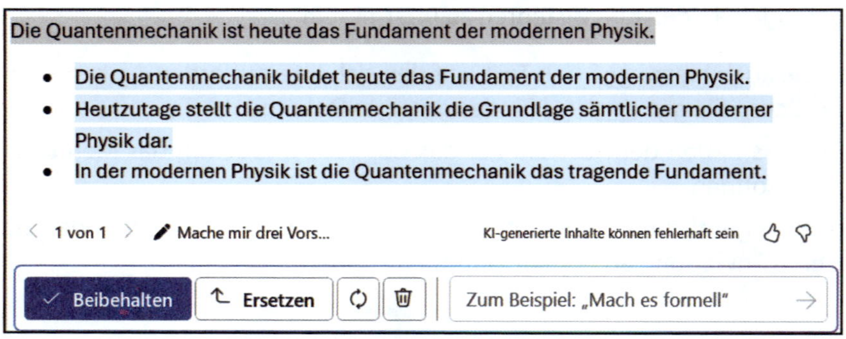

Sie können ebenso Vorgaben für alternative Formulierungen machen, etwa dass der Abschnitt in einem speziellen Stil oder für eine bestimmte Zielgruppe umformuliert werden soll (siehe auch den nachfolgenden Abschnitt), etwa so:

- `Formuliere den Text in einfache Sprache um.`
- `Formuliere den Text in formellere Sprache um.`
- `Formuliere den Text für ein akademisches Publikum um.`
- `Formuliere den Text für Laien verständlich um.`

4.2 Texte von der KI gegenlesen lassen

Rechtschreib- und Grammatikprüfungen wie beispielsweise in den Office-Anwendungen sind ein alter Hut. Selbst Webbrowser bringen solche Funktionen teilweise schon seit Jahren mit. Insofern tut man sich vielleicht etwas schwer, solche erprobten Funktionen mit der modernen KI in Verbindung zu bringen.

KI-Assistenten wie Copilot gelingt es aber, die klassische Idee der Textkorrektur auf ein neues Niveau zu heben, indem sie neben der reinen Kontrolle von Rechtschreibung und Grammatik auch den Sprachstil sowie die Lesbarkeit von Texten prüfen und in Grenzen sogar inhaltliche Fehler aufdecken können.

Besonders praktisch ist das, wenn Copilot direkt in Word oder PowerPoint integriert ist. Die Beispiele auf den folgenden Seiten werden überwiegend diese Variante zeigen. Aber auch, wenn Sie andere KI-Assistenten oder andere Anwendungen nutzen oder Texte in einem einfachen Editor erstellen, können Sie mithilfe der Zwischenablage Texte jederzeit zwischen KI-Oberfläche und Anwendung hin- und herschieben (siehe Seite 54).

Text analysieren und bewerten

Wenn ein Text bzw. Dokument von Ihnen Teil der Konversation mit einem KI-Assistenten ist, kennt dieser den Inhalt und kann sich innerhalb des Chats darauf beziehen. Das gilt ebenso für Sie, sodass Sie beliebige Fragen und Aufforderungen mit Bezug zu diesem Text formulieren können.

Orientieren Sie sich dabei an der Vorstellung, dass Copilot wie ein menschlicher Freund, Kollege oder Studienkollege ist, und fragen Sie beispielsweise einfach:

```
Wie gefällt dir der Text?
```

Die Antwort darauf kann abhängig von Art und Inhalt des Textes sehr unterschiedlich ausfallen. Generell lässt sich aber sagen, dass Copilot Texte sehr sachlich, konstruktiv und grundsätzlich wohlwollend bewertet. Mit einem Verriss brauchen Sie also nie zu rechnen, und Kritik versteckt sich eher dezent in Verbesserungsvorschlägen.

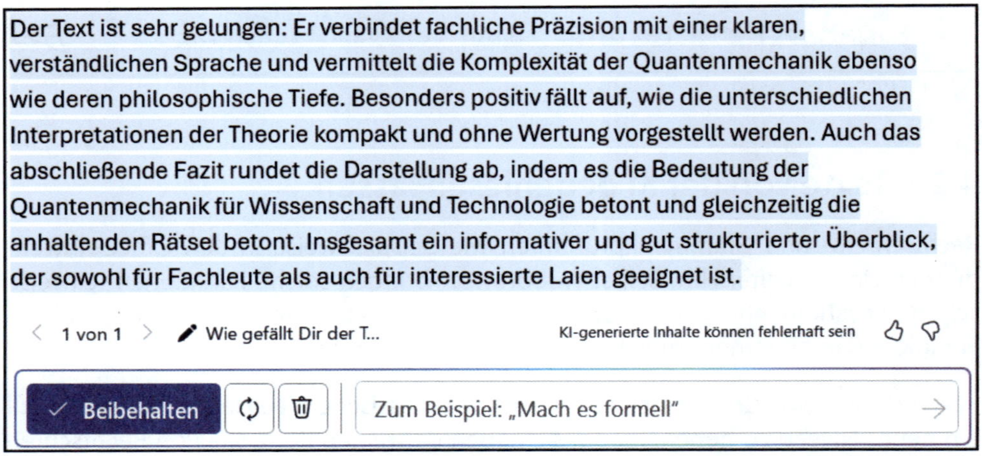

Bewertungen nicht zum Teil des Textes werden lassen

Wenn Sie einen in die Anwendung integrierten Assistenten verwenden, der seine Antwort direkt in Ihr Dokument einfügt, sollten Sie darauf achten, diesen Beitrag anschließend wieder aus dem Dokument zu entfernen. Bei Copilot in Microsoft 365 geht das etwa mit dem Papierkorb-Symbol. Oft hilft auch die allgemeine Rückgängig-Funktion (Strg+Z).

Wenn Ihnen eine allgemeine Einschätzung noch nicht weiterhilft, können Sie jederzeit genauer nachfragen. Etwa so:

- `Was gefällt dir am Text besonders gut?`
- `Was gefällt dir am Text nicht?`
- `Wie könnte ich den Text verbessern?`

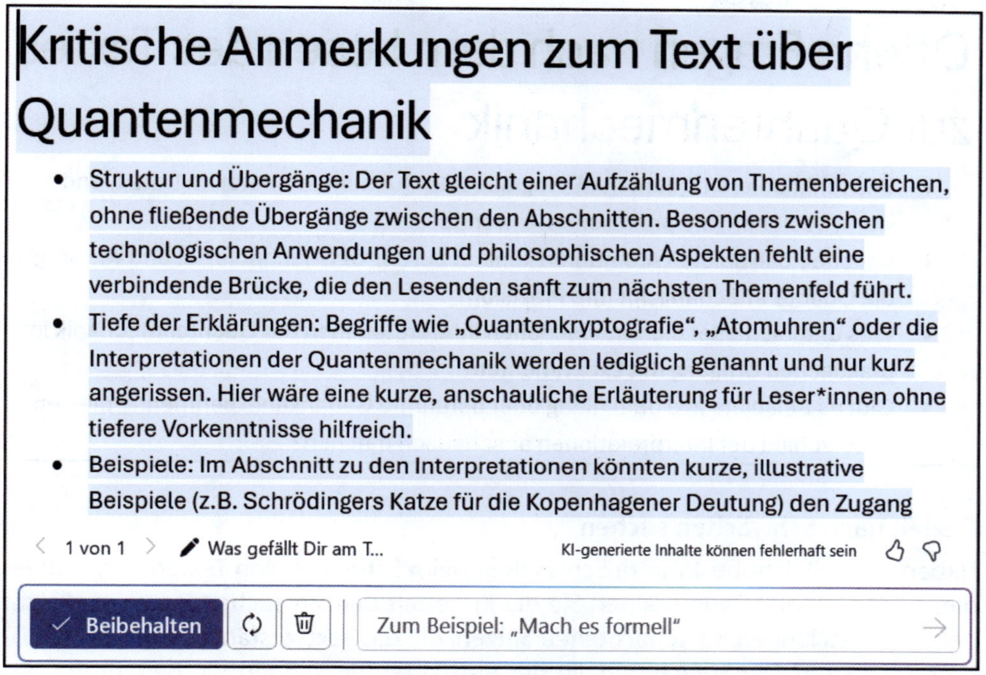

Kritische Anmerkungen zum Text über Quantenmechanik

- Struktur und Übergänge: Der Text gleicht einer Aufzählung von Themenbereichen, ohne fließende Übergänge zwischen den Abschnitten. Besonders zwischen technologischen Anwendungen und philosophischen Aspekten fehlt eine verbindende Brücke, die den Lesenden sanft zum nächsten Themenfeld führt.
- Tiefe der Erklärungen: Begriffe wie „Quantenkryptografie", „Atomuhren" oder die Interpretationen der Quantenmechanik werden lediglich genannt und nur kurz angerissen. Hier wäre eine kurze, anschauliche Erläuterung für Leser*innen ohne tiefere Vorkenntnisse hilfreich.
- Beispiele: Im Abschnitt zu den Interpretationen könnten kurze, illustrative Beispiele (z.B. Schrödingers Katze für die Kopenhagener Deutung) den Zugang

Ebenso können Sie gezielt Fragen nach ganz bestimmten Aspekten oder Eigenschaften des Textes stellen:

- Gibt es Absätze oder Sätze, die verwirrend oder unklar sind?
- Gibt es Wiederholungen im Text? Wie könnten diese vermieden werden?
- Gibt es Widersprüche oder logische Fehler im Text?
- Gibt es unnötige Fachbegriffe oder Jargon, die den Text schwer verständlich machen?
- Welche Fragen bleiben nach dem Lesen des Textes offen?
- Welche Informationen fehlen oder könnten ergänzt werden, um den Text zu verbessern?

Offene Fragen nach dem Lesen des Textes zur Quantenmechanik

- Wie funktionieren Quantenkryptografie und Quantencomputer im Detail, und worin bestehen ihre praktischen Anwendungen?
- Welche Rolle spielen Atomuhren konkret bei der GPS-Technologie, und wie sorgt die Quantenmechanik für ihre Präzision?
- Was unterscheidet die verschiedenen Interpretationen der Quantenmechanik im praktischen Umgang mit Experimenten?
- Gibt es Beispiele aus dem Alltag oder berühmte Gedankenexperimente, die den Unterschied der Interpretationen anschaulich machen?

Gezielt nach Schwächen suchen

Haben Sie vielleicht bestimmte Schwächen beim Schreiben von Texten und kennen diese ganz genau? Dann können Sie die KI gezielt danach suchen lassen. Vielleicht neigen Sie zu langen, verschachtelten Sätzen, die das Textverständnis oftmals unnötig erschweren? Die Sprachmodelle der KI-Assistenten kennen die Bedeutung des Begriffs »Bandwurmsatz« und können Sie auf entsprechende Textstellen aufmerksam machen.

```
Gibt es im Text Bandwurmsätze?
```

Ebenso können Sie sich gezielt den längsten Satz im ganzen Text heraussuchen lassen, um diesen zu überprüfen. Vielleicht stellen Sie fest, dass die Länge gar nicht problematisch und der Inhalt gut verständlich ist.

```
Welches ist der längste Satz im Text?
```

Der längste Satz in deinem Text ist:

Trotz ihrer mathematischen Präzision und experimentellen Bestätigung bleibt sie in ihren philosophischen Implikationen faszinierend und herausfordernd.

< 1 von 1 > Welches ist der läng... KI-generierte Inhalte können fehlerhaft sein

✓ Beibehalten | Zum Beispiel: „Mach es formell"

Andernfalls kann Copilot den Satz auch für Sie kürzen oder aus einem langen Satz zwei knappere Sätze machen, ohne den Sinn zu verändern.

- `Formuliere diesen Satz kürzer.`
- `Unterteile den Satz in zwei kürzere Sätze.`

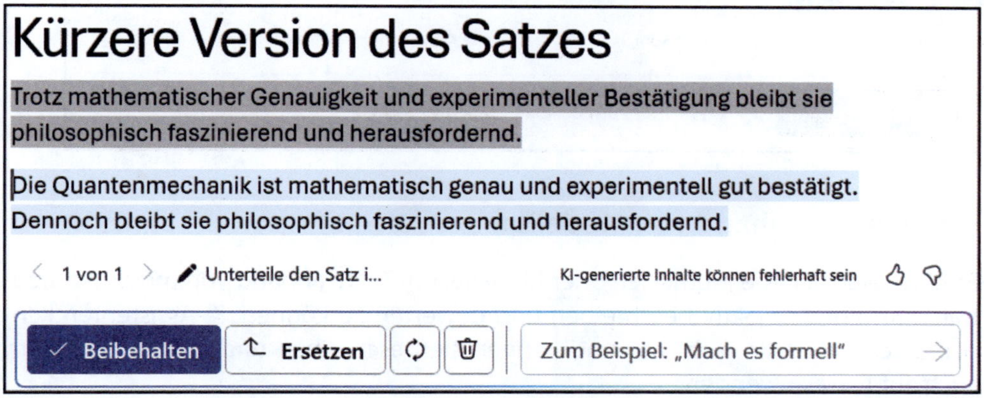

Eine andere Schwäche könnte das häufige Wiederholen von Wörtern sein, was für eine gewisse Monotonie beim Lesen sorgen kann. Da Copilot Ihren Text bis ins letzte Detail kennt, kann er Ihnen auf Wunsch Wörter nennen, die besonders häufig vorkommen. Dabei kann der Assistent unterscheiden, ob ein Begriff zentral für das Thema ist, sodass die häufige Verwendung naheliegend bzw. unvermeidlich ist. Gleichzeitig werden allgemeine Wörter wie »und«, »ein« oder »die« bei der Zählung ignoriert. Geeignete Prompts für diese Aufgabe wären etwa:

- `Welche Begriffe kommen im Text besonders häufig vor?`
- `Werden Begriffe im Text oft wiederholt?`
- `Welches Wort kommt im Text am häufigsten vor?`

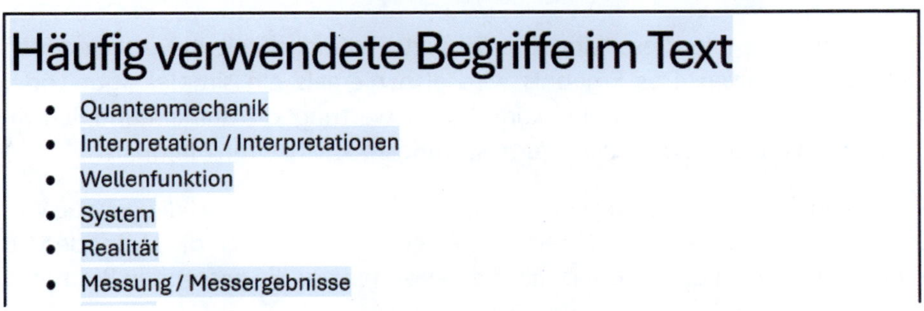

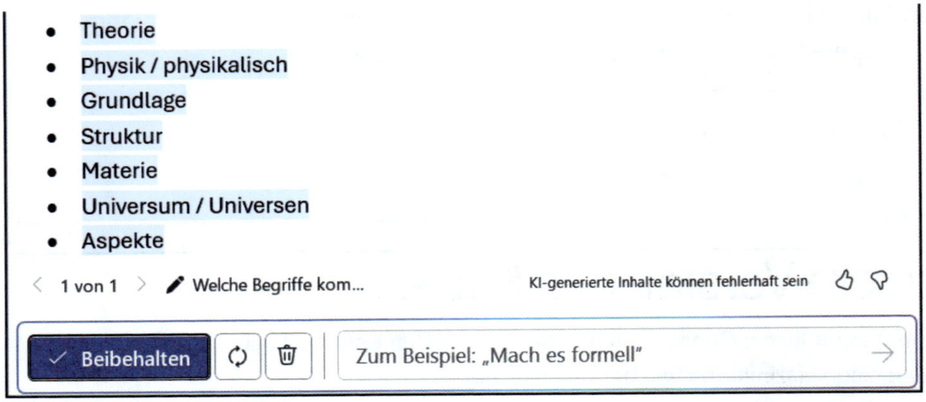

Textanalyse anhand von Modellen

Es gibt verschiedene Methoden oder Modelle, um Texte anhand von möglichst neutralen Kriterien objektiv beschreiben und bewerten zu können. KI-Assistenten kennen solche Modelle nicht nur und können sie beschreiben und erklären, sondern auch auf Texte anwenden.

Verständlichkeit des Textes bewerten

Wissenschaftler machen sich schon seit Langem Gedanken, wie sich die Verständlichkeit eines Textes unabhängig vom konkreten Inhalt objektiv bewerten lässt. Dazu wurden im Laufe der Jahre verschiedene Modelle ersonnen und weiterentwickelt, etwa:

- das Hamburger Verständlichkeitskonzept,
- das Karlsruher Verständlichkeitskonzept und
- das Hohenheimer Modell der Textverständlichkeit.

Alles das sind wissenschaftlich erarbeitete Werkzeuge, auf deren Grundlagen, Entwicklung und Unterschiede ich hier nicht näher eingehen möchte (ein KI-Assistent Ihrer Wahl wird es Ihnen auf Nachfrage aber gern erläutern).

Wesentlich ist, dass alle diese Modelle die Textverständlichkeit in verschiedenen Dimensionen bewerten. Das Ergebnis wird also niemals ein simples »gut« oder »schlecht« sein, sondern immer eine komplexe Bewertung, die Stärken und Schwächen herausstellt und so konstruktiv Verbesserungsmöglichkeiten offenbart.

Das Schöne an KI-Assistenten ist ja gerade auch, dass Sie Details und die genaue Vorgehensweise gar nicht kennen müssen. Denn diese Helfer wenden die Methoden für Sie an und teilen Ihnen das Ergebnis mit. Sie benötigen nur die passenden Prompts:

- Bewerte den Text anhand des Hamburger Verständlichkeitskonzepts.
- Bewerte den Text anhand des Karlsruher Verständlichkeitskonzepts.
- Bewerte den Text anhand des Hohenheimer Modells.

Copilot stellt dabei jeweils die Kriterien des verwendeten Modells vor und bewertet den Text danach. Abschließend erhalten Sie außerdem ein Fazit, das die Einschätzungen zu den einzelnen Kriterien nochmals kompakt zusammenfasst.

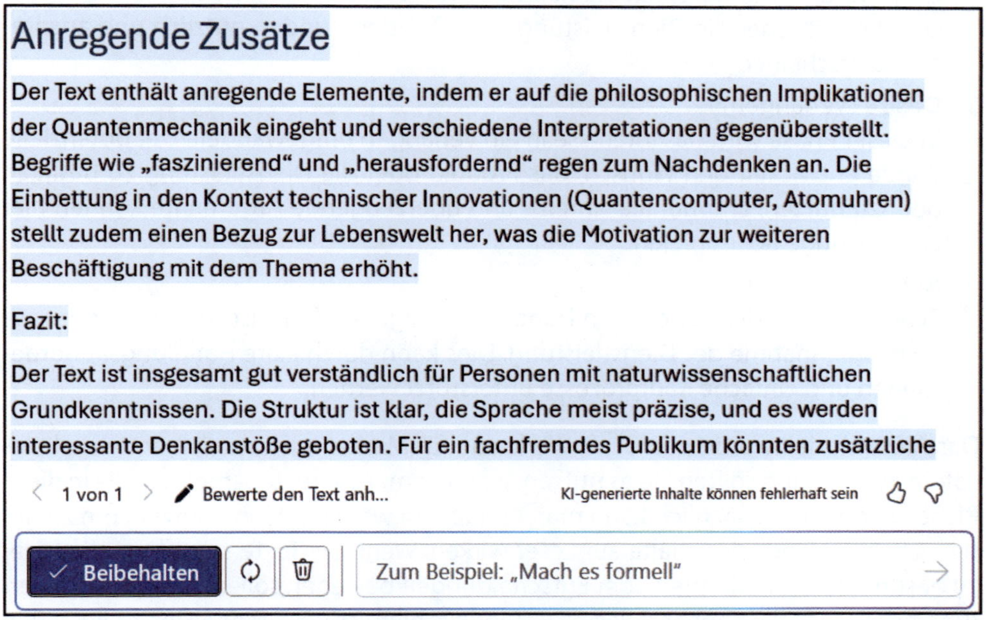

Texte inhaltlich bewerten

Vorangehend ging es um Methoden, um die Verständlichkeit von Texten zu untersuchen und zu bewerten. Es gibt aber auch Modelle, mit denen sich der Inhalt bzw. die beabsichtigte Wirkung eines Textes überprüfen lässt.

Diese Modelle wurden nicht unbedingt ausdrücklich für die Textanalyse entwickelt, aber sie lassen sich auch dafür verwenden. Vor allem aber sind KI-Assistenten in der Lage, sie auf Texte anzuwenden.

AIDA-Modell

Das AIDA-Modell ist ein klassisches Marketingmodell, das beschreibt, wie potenzielle Kunden auf Werbung reagieren und schließlich eine Kaufentscheidung treffen. Der Name AIDA steht für die vier Phasen des Prozesses:

1. **Attention** (Aufmerksamkeit):
   In dieser Phase geht es darum, die Aufmerksamkeit des potenziellen Kunden zu erregen. Das kann durch auffällige Werbung, interessante Inhalte oder einprägsame Markenbotschaften geschehen.
2. **Interest** (Interesse):
   Sobald die Aufmerksamkeit geweckt ist, muss das Interesse des Kunden angesprochen werden. Hierbei spielt die Relevanz des Angebots eine entscheidende Rolle. Das Produkt oder die Dienstleistung sollte für den Kunden nützlich und ansprechend erscheinen.
3. **Desire** (Verlangen):
   In dieser Phase wird das Interesse in ein Verlangen umgewandelt. Der potenzielle Kunde entwickelt den Wunsch, das Produkt oder die Dienstleistung zu besitzen oder zu nutzen. Emotionale Anreize und überzeugende Argumente können hier eine wichtige Rolle spielen.
4. **Action** (Handlung):
   Schließlich soll der Kunde zum Handeln bewegt werden, also zum Kauf oder zur Inanspruchnahme der Dienstleistung. Dies kann durch klare Handlungsaufforderungen und einfache Kaufprozesse unterstützt werden.

Das AIDA-Modell wurde primär als Werkzeug für Marketingstrategien entwickelt. Insofern können und sollten Sie es nutzen, wann immer Sie Texte schreiben, die in diese Richtung gehen. Tatsächlich kann man es auch im weiteren Sinne nutzen, um zu untersuchen, ob und wie Inhalte auf Leser wirken. Wenn Sie Texte schreiben, die Leser zu bestimmten Handlungen oder Entscheidungen bewegen sollen, kann eine Bewertung des Ergebnisses anhand des AIDA-Modells hilfreich sein. Wenn Sie Copilot einen entsprechenden Text übermitteln, reicht dazu ein Prompt wie dieser:

```
Bewerte diesen Text anhand des AIDA-Modells.
```

Desire (Verlangen)

Das Verlangen, sich tiefer mit dem Thema auseinanderzusetzen, wird insbesondere im Fazit geweckt: Die Betonung der fundamentalen Bedeutung der Quantenmechanik für das physikalische Weltbild, ihre technologischen Auswirkungen und ihre philosophische Tiefe regen dazu an, mehr darüber erfahren und verstehen zu wollen.

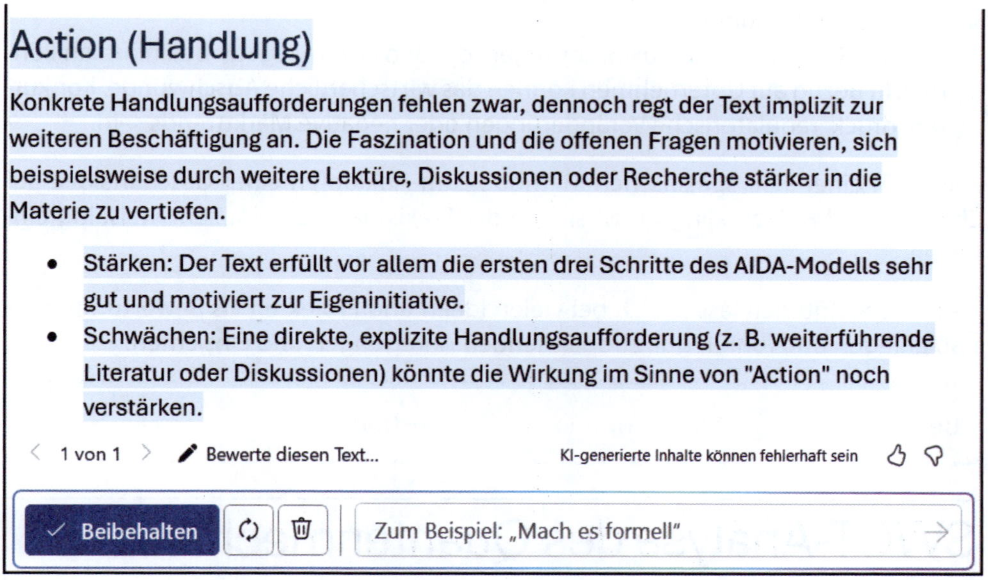

Action (Handlung)

Konkrete Handlungsaufforderungen fehlen zwar, dennoch regt der Text implizit zur weiteren Beschäftigung an. Die Faszination und die offenen Fragen motivieren, sich beispielsweise durch weitere Lektüre, Diskussionen oder Recherche stärker in die Materie zu vertiefen.

- Stärken: Der Text erfüllt vor allem die ersten drei Schritte des AIDA-Modells sehr gut und motiviert zur Eigeninitiative.
- Schwächen: Eine direkte, explizite Handlungsaufforderung (z. B. weiterführende Literatur oder Diskussionen) könnte die Wirkung im Sinne von "Action" noch verstärken.

SWOT-Modell

Ein anderes Modell, das eine noch stärkere inhaltliche Bewertung von Texten vornehmen kann, nennt sich SWOT. Es hilft dabei, eine Situationsanalyse durchzuführen und auf dieser Basis strategische Entscheidungen zu treffen. Es bietet einen strukturierten Ansatz, um die eigene Position zu bewerten und gezielte Maßnahmen zu entwickeln, um Chancen zu nutzen und Gefahren zu begegnen. Somit handelt es sich um ein strategisches Analysewerkzeug, mit dem Sie für die in einem Text beschriebenen Vorschläge, Projekte oder Geschäftsideen Stärken und Schwächen sowie externe Chancen und Gefahren identifizieren. Der Name SWOT steht für:

1. **Strengths** (Stärken):
   Interne Merkmale und Ressourcen, die der Idee einen Wettbewerbsvorteil verschaffen. Dazu können Faktoren wie eine starke Marke, qualitativ hochwertige Produkte, erfahrene Mitarbeiter oder effiziente Prozesse zählen.
2. **Weaknesses** (Schwächen):
   Interne Aspekte, die das Projekt im Wettbewerb mit anderen benachteiligen könnten. Dazu können mangelnde Ressourcen, unzureichende Technologien, schlechte Marktdurchdringung oder ineffiziente Strukturen gehören.
3. **Opportunities** (Chancen):
   Externe Faktoren und Trends, die man nutzen kann, um zu wachsen oder seine Position zu stärken. Dazu können Marktentwicklungen, technologische Fortschritte, veränderte Bedürfnisse oder politische und rechtliche Rahmenbedingungen zählen.

4. **Threats** (Bedrohungen):
   Externe Risiken und Herausforderungen, die den Erfolg negativ beeinflussen können. In Bezug auf Unternehmen können das wirtschaftliche Abschwünge, Konkurrenzdruck, regulatorische Veränderungen oder negative Markttrends sein.

Was nach einer sehr spezifischen Methode zum Abklopfen einer Geschäftsidee auf Chancen und Risiken klingt, lässt sich in der Praxis dank Copilot sehr vielseitig einsetzen.

Denn diese Kriterien lassen sich bei vielen Ideen und Projekten als Bewertungsmaßstab anlegen und führen ggf. zu spannenden Anregungen und Einsichten:

```
Bewerte meinen Text anhand des SWOT-Modells.
```

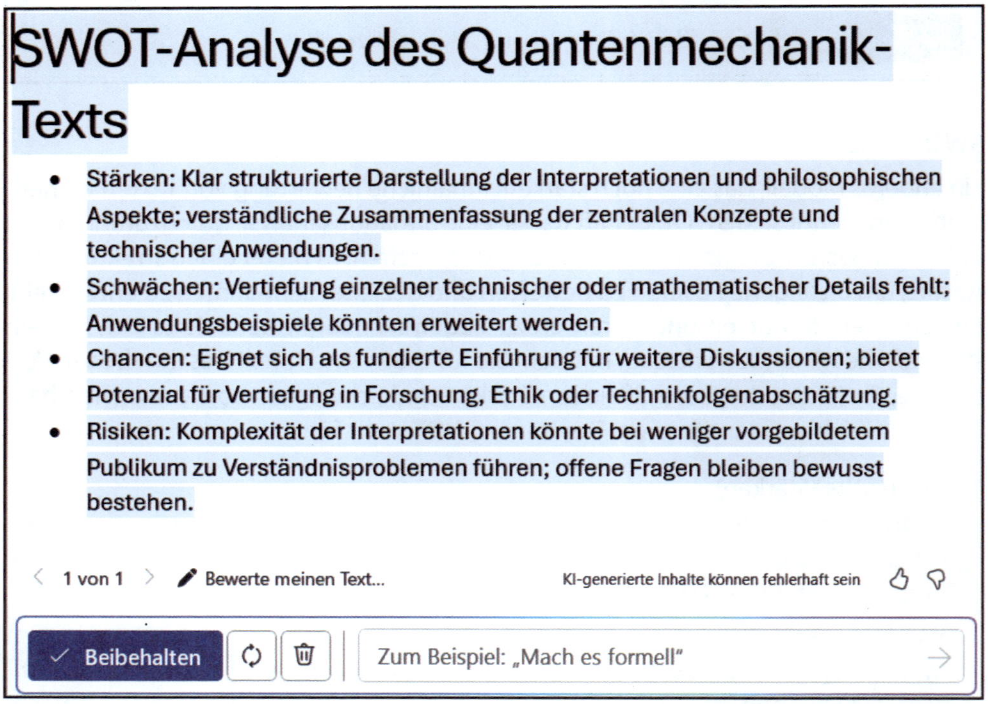

SWOT-Analyse des Quantenmechanik-Texts

- Stärken: Klar strukturierte Darstellung der Interpretationen und philosophischen Aspekte; verständliche Zusammenfassung der zentralen Konzepte und technischer Anwendungen.
- Schwächen: Vertiefung einzelner technischer oder mathematischer Details fehlt; Anwendungsbeispiele könnten erweitert werden.
- Chancen: Eignet sich als fundierte Einführung für weitere Diskussionen; bietet Potenzial für Vertiefung in Forschung, Ethik oder Technikfolgenabschätzung.
- Risiken: Komplexität der Interpretationen könnte bei weniger vorgebildetem Publikum zu Verständnisproblemen führen; offene Fragen bleiben bewusst bestehen.

Falls Sie auf den Geschmack gekommen sind und nach weiteren Modellen suchen, die Ihnen bei der Bewertung Ihrer Texte helfen, dann fragen Sie doch einfach Copilot selbst danach:

- `Nach welchen anderen Modellen kannst du meinen Text bewerten?`
- `Erstelle mir eine Liste aller Modelle, anhand derer du Texte bewerten kannst.`
- `Erstelle mir eine Tabelle aller Modelle, anhand derer du Texte bewerten kannst.`

Natürlich! Hier ist eine Tabelle, die die verschiedenen Modelle auflistet, anhand derer ich Texte bewerten kann:

Modell	**Beschreibung**
Hamburger Verständlichkeitskonzept	Bewertet Texte nach den Kriterien: Einfachheit, Gliederung/Ordnung, Kürze/Prägnanz, Anregende Zusätze.
Karlsruher Verständlichkeitskonzept	Bewertet Texte nach den Kriterien: Einfache Wörter und Sätze, Anschaulichkeit, Verständliche Strukturierung, Gliederung.
Hohenheimer Verständlichkeitsmodell	Bewertet Texte nach den Kriterien: Einfachheit, Gliederung/Ordnung, Kürze/Prägnanz, Zusätzliche Stimulanz, Adressatenorientierung.
AIDA-Modell	Bewertet Texte nach den Kriterien: Attention (Aufmerksamkeit), Interest (Interesse), Desire (Verlangen), Action (Handlung).
SWOT-Modell	Bewertet Stärken, Schwächen, Chancen und Risiken eines Textes oder einer Idee.
KISS-Prinzip (Keep It Short and Simple)	Bewertet Texte nach der Klarheit und Einfachheit der Sprache.

Weitere Prompts zur Textanalyse und -bewertung

- `Ist der Text klar und verständlich, oder gibt es unklare Stellen?`
- `Welche Informationen scheinen im Text zu fehlen oder nicht angesprochen zu werden?`

- Wie wird die Zielgruppe angesprochen? Ist die Ansprache angemessen und überzeugend?
- Ist der Ton des Textes angemessen für das Thema und die Zielgruppe?
- Wie werden Übergänge zwischen Absätzen gestaltet? Sind sie flüssig und logisch?
- Welche Emotionen werden beim Leser geweckt und wie werden sie erzeugt?
- Gibt es besondere Stärken im Text, die hervorgehoben werden sollten?
- Wie könnte der Text durch eine stärkere Argumentation verbessert werden?
- Sind die Quellenangaben (falls vorhanden) korrekt und zuverlässig?
- Wie wird die Perspektive oder der Standpunkt des Autors deutlich gemacht?
- Welche Alternativen oder Gegenargumente könnten präsentiert werden?
- Welchen Gesamteindruck hinterlässt der Text und wie könnte er noch wirkungsvoller gestaltet werden?
- Welche möglichen Vorurteile oder Perspektiven spiegeln sich im Text wider?

4.3 Den Stil von Texten anpassen

KI-Assistenten können den Stil, in dem ein Text geschrieben ist, mühelos anpassen. Hierbei kommt wieder das Sprachmodell zum Tragen, das einen vorgegebenen Inhalt nicht nur wortwörtlich, sondern auch dem Sinn nach erfasst. Dementsprechend kann der Assistent den Inhalt eines vorgegebenen Textes in eigenen Worten wiedergeben. Und wie er diese Worte wählt, können Sie beeinflussen. Genauso wie Sie die KI veranlassen können, einen Text in eine andere Sprache zu überführen, können Sie auch eine Version in derselben Sprache anfordern, aber eben in einem bestimmten Stil.

Neben den Menüpunkten und Funktionen zum Umformulieren, die integrierte Assistenten wie Copilot mitbringen, können Sie im Prinzip jeden KI-Helfer dazu bringen, indem Sie Ihren Text in den Eingabebereich einfügen und mit einem entsprechenden Prompt ergänzen, etwa:

- `Formuliere diesen Text in einem poetischen Stil um.`
- `Formuliere den Text so, dass er einladend und motivierend klingt.`
- `Lasse diesen Text formeller klingen.`

Welche Stilarten beherrscht die KI?

Die kurze Antwort auf diese Frage lautet: alle. Sofern Sie nicht gerade mutwillig eine eigene Stilart erfinden. Dank ihrer Sprachmodelle verstehen KI-Assistenten bei gängigen Beschreibungen, was damit wohl gemeint sein soll, und können vorgegebene Texte meist auch sinnvoll in Varianten überführen, die diesen Vorstellungen entsprechen. Hier sind beispielhaft einige typische Stilrichtungen aufgelistet, die Sie nutzen können, um einen Text für einen bestimmten Verwendungszweck anzupassen:

- **Formell**:
  Höflich und professionell, ideal für geschäftliche Kommunikation oder offizielle Dokumente.
- **Informell**:
  Locker und entspannt, passend für E-Mails an Freunde oder für die Alltagskommunikation.
- **Kreativ**:
  Mit einer künstlerischen Note, perfekt für Geschichten, Gedichte oder kreative Projekte.
- **Technisch**:
  Präzise und sachlich, ideal für technische Dokumentationen oder wissenschaftliche Arbeiten.
- **Humorvoll**:
  Witzig und unterhaltsam, um Ihren Text aufzupeppen und die Leser zum Schmunzeln zu bringen.
- **Überzeugend**:
  Mit überzeugenden Argumenten und klarer Rhetorik, ideal für Reden, Präsentationen oder Marketingtexte.
- **Beschreibend**:
  Detailreich und anschaulich, um lebendige Bilder und Eindrücke zu vermitteln.

Zu Anschauungszwecken habe ich Copilot für die folgende Tabelle mit einem bekannten Zitat von Oscar Wilde gefüttert und es in die verschiedenen Stile umwandeln lassen: *»Am Ende wird alles gut sein. Und wenn es nicht gut ist, dann ist es nicht das Ende.«*

Schreibstil/Ton	Von Copilot erzeugte Textvariante
Formell	Am Ende wird alles gut. Sollte es derzeit noch nicht gut sein, so ist dies ein Hinweis darauf, dass das Ende noch nicht erreicht ist.
Informell	Am Ende wird alles gut. Und wenn's noch nicht gut ist, dann ist es auch noch nicht das Ende.
Kreativ	Am Ende wird alles gut, und wenn das Chaos noch tobt, tanzt der letzte Akt des Dramas noch im Hintergrund.
Technisch	Im Endzustand wird das System stabilisiert. Falls das System derzeit noch nicht stabil ist, bedeutet dies, dass der Endzustand noch nicht erreicht wurde.
Humorvoll	Am Ende wird alles gut. Und wenn's noch nicht gut ist, dann hat Murphys Gesetz wohl gerade einen Kaffeeklatsch mit dem Schicksal!
Überzeugend	Am Ende wird alles gut. Wenn es noch nicht gut ist, dann liegt es daran, dass wir noch nicht am Ende sind. Deshalb sollten wir nicht aufgeben, sondern weiterhin an das Beste glauben und darauf hinarbeiten.
Beschreibend	Am Ende wird alles gut. Wenn es momentan noch nicht gut ist, bedeutet das, dass wir uns noch mitten im Prozess befinden und das endgültige Ziel noch nicht erreicht haben. Es ist wie bei einem langwierigen Abenteuer, bei dem es Herausforderungen und Hindernisse zu überwinden gilt, bevor man das ersehnte Happy End erreicht.

Stile von Personen kopieren

KI-Sprachmodelle können auch den Stil bekannter Persönlichkeiten imitieren. Dazu greifen sie auf die zahlreichen Texte, Zitate und Berichte zu diesen Personen zurück, die sich in ihrer gewaltigen Wissensbasis befinden. Daraus können sie ableiten, auf welche Art und Weise ein bestimmter Mensch etwas formulieren würde.

Diese Charakterisierung kann die KI dann auf einen Text anwenden und so Wortwahl, Satzbau und Ton anpassen. Das Ergebnis fällt häufig so aus, dass es von Lesern oder Zuhörern erfahrungsgemäß als authentisches Zitat dieser Person wahrgenommen würde.

Das klingt vielleicht relativ kompliziert, aber die dahinterstehende Arbeit übernehmen die KI-Assistenten komplett für Sie. Formulieren Sie nur einen entsprechenden Prompt.

```
Formuliere das um im Stil eines Zitats von Angela Merkel.
```

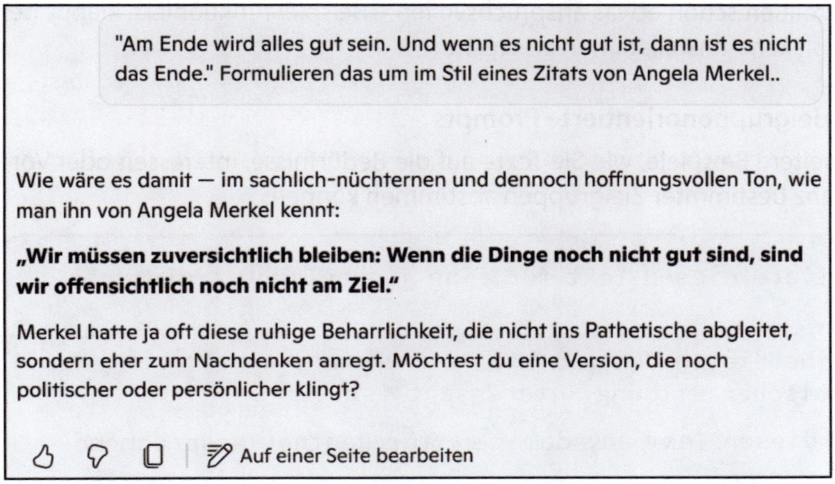

Für bestimmte Zielgruppen formulieren

Eine andere Möglichkeit, Texte für bestimmte Zwecke anzupassen, ist das Vorgeben einer Zielgruppe. Wenn Sie die KI wissen lassen, wer der Empfänger eines Textes sein soll, kann ein Assistent diese Information bei der Wortwahl und Tonlage berücksichtigen. Dank ihres umfassenden Wissens haben sie eine recht passende Vorstellung davon, welche Vorkenntnisse man bei bestimmten Gruppen erwarten kann und welche Sprache oder Fachbegriffe man ihnen zumuten kann.

```
Formuliere diesen Text für Kinder zwischen neun und elf
Jahren um.
```

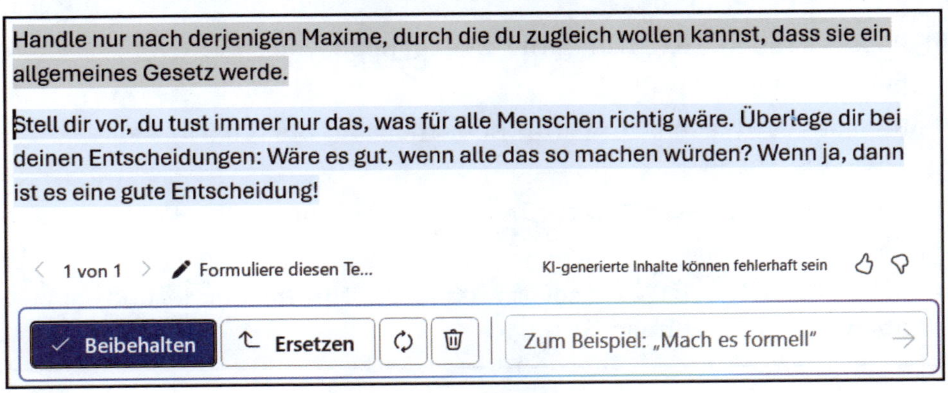

Die Abbildung zeigt recht eindrucksvoll, dass beispielsweise Copilot in der Lage ist, für ein eher abstrakt formuliertes philosophisches Prinzip eine Interpretation und Sprache zu finden, die auch für Kinder durchaus zugänglich sein sollte. Was bei diesem – zugegebenermaßen schon etwas anspruchsvollen – Beispiel funktioniert, klappt bei weniger komplexen Konstellationen erst recht.

Beispiel für zielgruppenorientierte Prompts

Hier folgen weitere Beispiele, wie Sie Texte auf die Bedürfnisse, Interessen oder Vorkenntnisse ganz bestimmter Zielgruppen abstimmen können:

- Formuliere diesen Text für eine jugendliche Zielgruppe um.
- Schreibe diesen Text so um, dass er für Menschen mit akademischer Bildung interessant ist.
- Passe diesen Text an, damit er für Rentner ansprechend ist.
- Bearbeite diesen Text für ein technikaffines Publikum.
- Formuliere diesen Text für Leser*innen mit begrenztem technischem Wissen um.
- Schreibe diesen Text um, damit er für eine professionelle Business-Zielgruppe geeignet ist.
- Passe diesen Text für Eltern von Kleinkindern an.
- Bearbeite diesen Text für Sportbegeisterte.
- Formuliere diesen Text so, dass er für Leser im Gesundheitswesen relevant ist.
- Schreibe diesen Text um, damit er für Umweltaktivisten ansprechend ist.
- Passe diesen Text für eine Zielgruppe von Kunstliebhabern an.
- Bearbeite diesen Text für Menschen, die sich für Mode interessieren.
- Formuliere diesen Text für eine Zielgruppe von Hobby-Gärtnern um.
- Schreibe diesen Text so um, dass er für Reisende und Abenteurer spannend ist.

Gendergerecht formulieren

Gendergerechte Sprache – kurz auch als gendern bezeichnet – ist ein viel diskutiertes Thema. Manche halten es für unerlässlich für eine gerechtere Gesellschaft, andere verteufeln es geradezu. Egal, wie man dazu steht: Texte genderneutral zu formulieren, braucht etwas Übung. Zu leicht übersieht man sonst Stellen, an denen »-er« doch wieder reingerutscht ist.

KI-Assistenten machen das Gendern leicht, indem Sie Texte einfach so schreiben, wie Sie möchten. Wenn Sie einen Text dann genderneutral gestalten wollen oder müssen, können Sie diese Aufgabe getrost dem KI-Assistenten überlassen, der zuverlässig alle problematischen Stellen finden und entschärfen kann. Dazu reicht ein Prompt wie:

`Ist der Text genderneutral formuliert?`

Der KI-Assistent überprüft den Text dann auf dieses Kriterium hin und gibt Ihnen eine Rückmeldung, die Hinweise auf möglicherweise zu optimierende Textstellen umfasst.

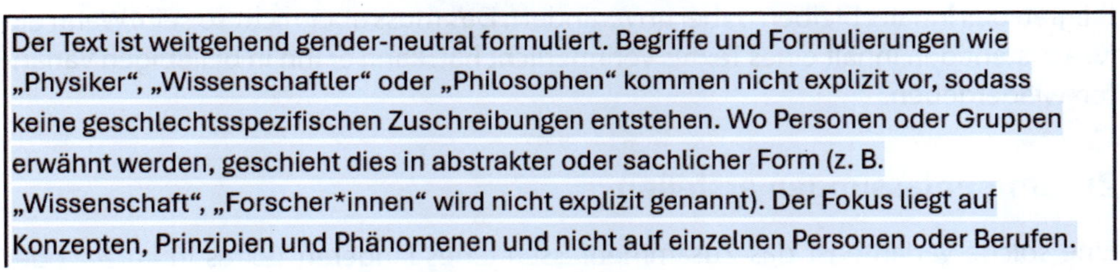
Der Text ist weitgehend gender-neutral formuliert. Begriffe und Formulierungen wie „Physiker", „Wissenschaftler" oder „Philosophen" kommen nicht explizit vor, sodass keine geschlechtsspezifischen Zuschreibungen entstehen. Wo Personen oder Gruppen erwähnt werden, geschieht dies in abstrakter oder sachlicher Form (z. B. „Wissenschaft", „Forscher*innen" wird nicht explizit genannt). Der Fokus liegt auf Konzepten, Prinzipien und Phänomenen und nicht auf einzelnen Personen oder Berufen.

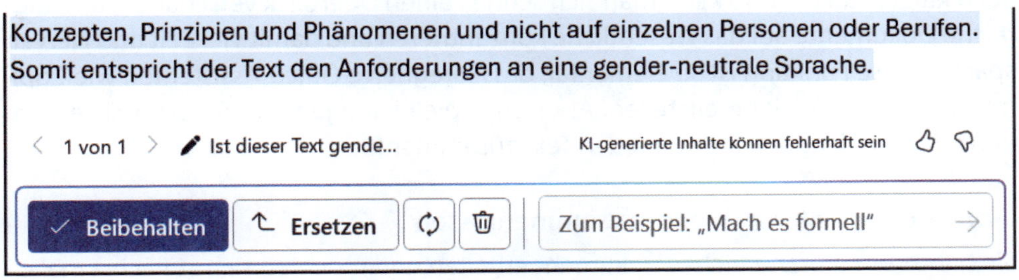
Konzepten, Prinzipien und Phänomenen und nicht auf einzelnen Personen oder Berufen. Somit entspricht der Text den Anforderungen an eine gender-neutrale Sprache.

Gegebenenfalls fügt der Assistent der Antwort auch gleich eine korrigierte Fassung Ihres Textes bei, in der alle monierten Stellen bereits angepasst sind. Wenn Sie sich auf die Expertise der KI verlassen wollen, können Sie auch direkt einen entsprechend optimierten Text anfordern, ohne sich lange mit den Einzelheiten aufzuhalten.

`Erstelle mir eine genderneutrale Fassung meines Textes!`

> Erstelle mir eine genderneutrale Fassung meines Textes!
>
> Hier ist der von dir angegebene Text in einer genderneutralen Version:
>
> Das neue Feature-Update für Windows bringt Probleme mit sich oder entfernt Funktionen, auf die nicht verzichtet werden kann? Mit Ignorieren ist es nicht getan, denn die anfangs optionalen, freiwilligen Updates werden später obligatorisch und dem PC dann ungefragt per Windows-Update aufgezwungen. Aber es gibt einen Weg, unerwünschten Updates zuverlässig Einhalt zu gebieten, bis das zugrunde liegende Problem gelöst ist.

4.4 Alternative Textvarianten erstellen

Bislang ging es in diesem Kapitel darum, eher Sprachstil, Tonfall und Wortwahl anzupassen. Grundlegende Eigenschaften eines Textes wie Struktur, Umfang und Detailgrad des Inhalts bleiben dabei unverändert. Das muss aber nicht so sein. Wenn ein KI-Assistent den Inhalt eines Textes verinnerlicht hat, kann er ihn in beliebigen Varianten wiedergeben.

Zusammenfassungen erstellen

Eine solche Variante ist das Zusammenfassen eines längeren Textes in kurzer oder auch kürzester Form. So kann man sich schnell einen Überblick verschaffen, umfangreiche Dokumente auf das Wesentliche konzentrieren und damit viel Zeit und Nerven sparen. Diese Funktion ist so elementar, dass integrierte Office-Assistenten wie Copilot sie per Mausklick bereitstellen. Aber prinzipiell kann jeder KI-Sprachassistent Ihnen mit dem richtigen Prompt jeden Text zusammenfassen.

Word-Dokument mit Copilot zusammenfassen

Sie haben ein umfangreiches Dokument erhalten und möchten sich zunächst mal einen Überblick verschaffen, worum es genau geht? Oder Sie haben selbst einen Text geschrieben und möchten davon eine kurze Zusammenfassung haben?

Copilot kann den vollständigen Inhalt eines Dokuments erfassen, die wesentlichen Punkte darin erkennen und daraus eine kompakte Zusammenfassung erstellen.

1. Öffnen Sie das fragliche Dokument in Word.
2. Klicken Sie im Menüband in der Registerkarte *Start* rechts auf das *Copilot*-Symbol, um diese Seitenleiste einzublenden.

3. Klicken Sie in der Seitenleiste auf die Schaltfläche *Dieses Dokument zusammenfassen*.
4. Dadurch wird diese Aufforderung unten in den Eingabebereich eingefügt.

   Hier können Sie sie ggf. noch verändern, indem Sie etwa Anforderungen wie »kurz«, »kompakt«, »ausführlich« oder »in einfacher Sprache« ergänzen. Oder aber Sie belassen es bei der einfachen Aufforderung.
5. Senden Sie die Aufforderung mit dem Pfeilsymbol unten rechts ab.

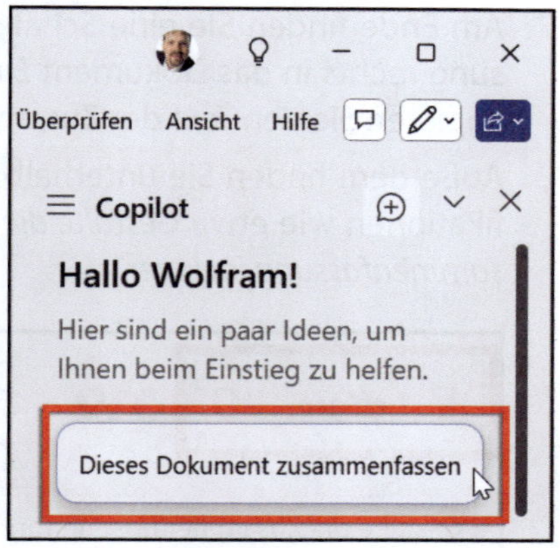

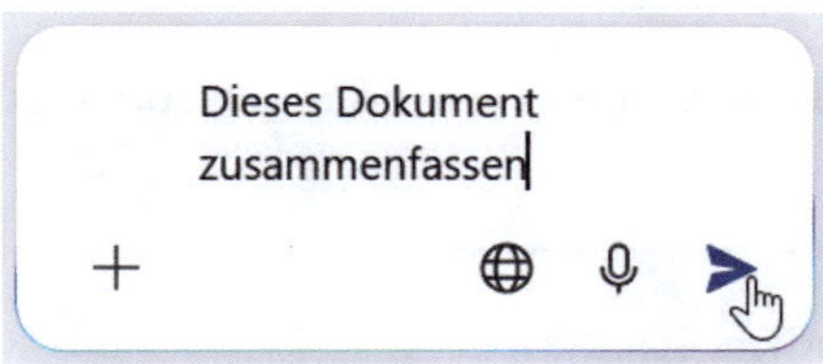

6. Nach einer kurzen Wartezeit erhalten Sie oben im Seitenbereich die Antwort von Copilot mit der Zusammenfassung.

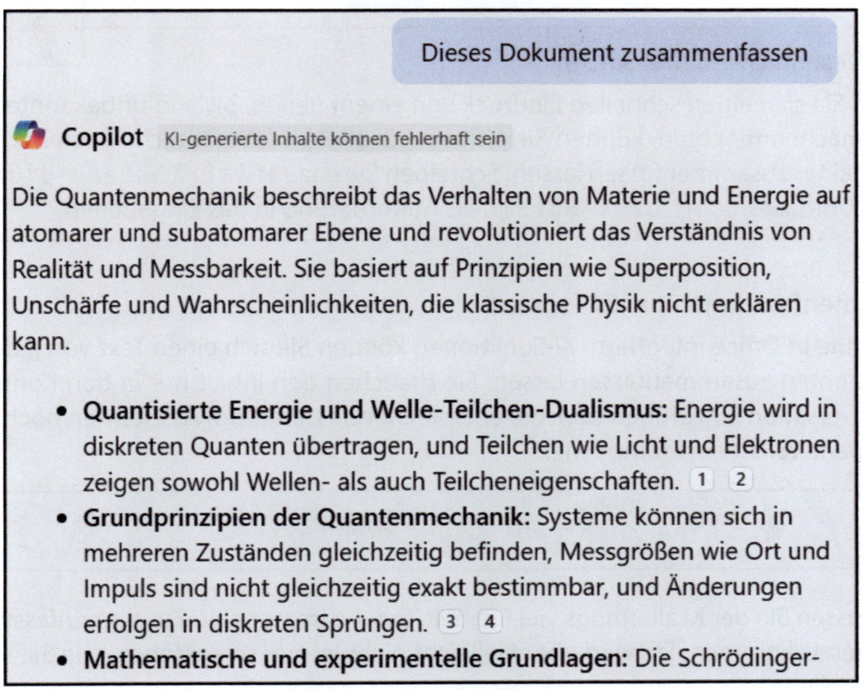

7. Am Ende finden Sie eine Schaltfläche, mit der Sie die generierte Zusammenfassung rechts in das Dokument *Einfügen* können. Mit dem Symbol rechts daneben kopieren Sie den Text der Zusammenfassung in die Zwischenablage.
8. Außerdem finden Sie unterhalb der Antwort Vorschläge für naheliegende Modifikationen wie etwa *Gestalte die Zusammenfassung formaler* oder *Gestalte die Zusammenfassung lockerer*.

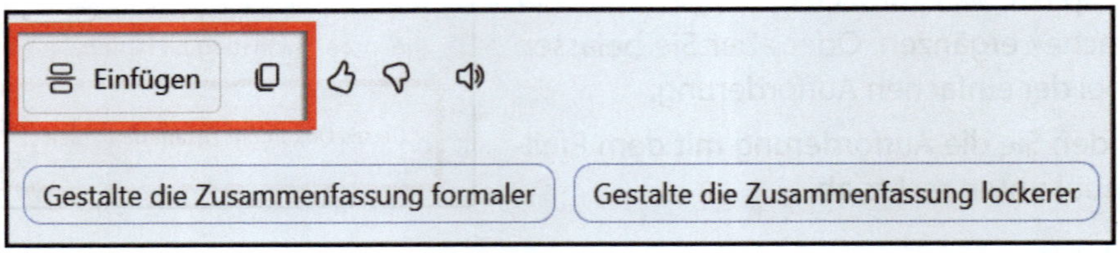

9. Sie können aber auch unten im Eingabebereich eigene Anweisungen zum Modifizieren des Textes eingeben.

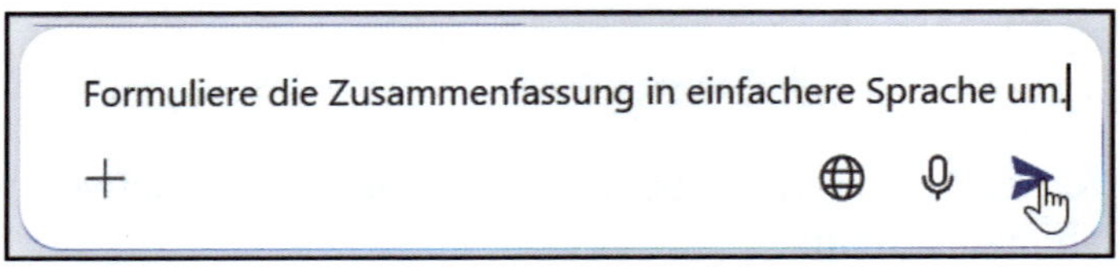

Das Wesentliche in drei Sätzen
Wenn Sie sich einen schnellen Eindruck von einem neuen, bislang unbekannten Text machen möchten, können Sie sich von Copilot das Wesentliche auch noch kompakter zusammenfassen lassen. Schreiben Sie dazu etwa `Erläutere dieses Dokument in drei Sätzen` als Aufforderung in das Eingabefeld.

Zusammenfassungen per KI-Prompt

Auch ohne in Office integrierte KI-Funktionen können Sie sich einen Text von jedem KI-Assistenten zusammenfassen lassen. Sie brauchen den Inhalt nur in den Kontext der Konversation einzufügen bzw. die entsprechende Datei zum Assistenten hochzuladen. Dann reicht ein Prompt wie:

```
Erstelle mir eine Zusammenfassung des Textes.
```

Damit lassen Sie der KI allerdings viel Freiheit. Es wird immer eine Zusammenfassung dabei herauskommen. Sie wird aber vielleicht nicht immer so aussehen, wie Sie sich das vorstellen.

So wird der Assistent sich dabei am Umfang und der Struktur des Originaltextes orientieren. Sie können aber auch klare Vorgaben machen, etwa so:

```
Fasse mir den Text in vier Sätzen zusammen.
```

Fasse mir den Text in vier Sätzen zusammen.

Der Text bietet Lösungsansätze für Probleme mit Windows-Updates und empfiehlt, einfache Maßnahmen zuerst auszuprobieren, bevor komplexere Methoden angewendet werden. Zu den Tipps gehören Geduld, Speicherplatzprüfung, die Verwendung der Problembehandlung und das Entfernen unnötiger Geräte. Zudem wird erklärt, wie man Update-Daten zurücksetzt, Systemdateien überprüft und den Update-Mechanismus mit dem DISM-Tool repariert. Falls diese Schritte fehlschlagen, sollte man Fehlerprotokolle analysieren, um die Ursache zu identifizieren und spezifisch zu beheben.

Wenn Sie es noch kompakter möchten, versuchen Sie es hiermit:

```
Fasse den Text in einem aussagekräftigen Satz zusammen.
```

Fasse den Text in einem aussagekräftigen Satz zusammen.

Der Text bietet eine umfassende Anleitung zur Lösung von Windows-Update-Problemen, beginnend mit einfachen Schritten wie Speicherplatzprüfung bis hin zu fortgeschrittenen Maßnahmen wie der Analyse von Protokolldateien und der Reparatur des Update-Mechanismus.

Wenn es Ihnen bei der Zusammenfassung nicht nur um eine kompakte Übersicht geht, sondern eher um einen »Anreißer«, der zum Lesen animieren soll, dann ist das ein Kontext, den Sie dem KI-Helfer unbedingt mitteilen sollten:

```
Erstelle mir eine mitreißende Zusammenfassung, die
neugierig auf mehr macht.
```

Erstelle mir eine mitreißende Zusammenfassung, die neugierig auf mehr macht.

Wenn Windows-Updates scheitern und der PC scheinbar im Chaos versinkt, müssen Sie nicht verzweifeln! Dieser umfassende Leitfaden enthüllt praktische Tipps und effektive Lösungen, von einfachen Sofortmaßnahmen bis hin zu gezielten Tools, die Windows wieder in Schwung bringen. Lernen Sie, wie Geduld, eine saubere Speicherverwaltung oder der Einsatz von mächtigen Werkzeugen wie DISM und CBS-Logs Ihnen helfen können, hartnäckige Probleme zu meistern. Tauchen Sie ein und entdecken Sie, wie Sie die Kontrolle zurückgewinnen und Ihr System problemlos aktualisieren können! 🚀

Eine andere Herangehensweise ist das Extrahieren wesentlicher Argumente oder Kernaussagen, die den Wert des Textes charakterisieren, etwa so:

```
Liste mir drei Argumente auf, die diesen Text lesenswert machen.
```

Liste mir drei Argumente auf, die diesen Text lesenswert machen.

Hier sind drei Argumente, warum dieser Text lesenswert ist:

1. **Praktische Anwendbarkeit**: Der Text bietet konkrete und umsetzbare Lösungen für ein häufiges Problem, nämlich fehlschlagende Windows-Updates, und ermöglicht es den Lesern, ihre Systeme eigenständig zu reparieren.
2. **Systematische Herangehensweise**: Die klar strukturierte Anleitung reicht von einfachen und schnellen Maßnahmen bis hin zu detaillierten, fortgeschrittenen Lösungen, die individuell angewandt werden können.
3. **Umfassende Problemlösung**: Von der Analyse von Fehlerprotokollen bis hin zu spezifischen Tools wie DISM und der Speicherplatzprüfung – der Text deckt ein breites Spektrum möglicher Probleme ab und vermittelt tiefgehendes Wissen.

Weitere Prompts zum Zusammenfassen von Inhalten

```
■ Fasse den Text zusammen und betone dabei die
  Hauptaussagen in nur drei Sätzen.
```

```
■ Erstelle eine prägnante Zusammenfassung, die auch für
  Kinder verständlich ist.
■ Komprimiere den Text in Form einer humorvollen
  Kurzgeschichte.
■ Fasse den Text zusammen, als würdest du ihn einem
  Wissenschaftler erklären.
■ Kreiere eine Zusammenfassung im Stil eines
  Nachrichtenartikels.
■ Erstelle eine Zusammenfassung des Textes in Form eines
  Tweets (max. 280 Zeichen).
■ Schreibe eine Gedicht-Zusammenfassung des Textes.
■ Komprimiere den Text auf die fünf wichtigsten Punkte.
■ Fasse den Text mit einer Metapher oder einem Bild
  zusammen.
■ Erstelle eine Zusammenfassung des Textes in Form
  eines Dialogs zwischen zwei Personen.
```

Texte in FAQs umwandeln

KI-Systeme können Texte nicht nur für Zusammenfassungen in verschiedenen Stufen komprimieren, sondern auch den Inhalt in einer anderen Form präsentieren. So sind beispielsweise FAQs (**F**requently **A**sked **Q**uestions, auf Deutsch »häufig gestellte Fragen«) eine beliebte Form, Inhalte übersichtlich und leicht zugänglich zu gestalten. Mit Copilot, ChatGPT und Co. können Sie den Inhalt eines Fließtextes mühelos in ein solches Frage- und Antwortspiel verwandeln. Verwenden Sie dazu einen Prompt wie:

```
Wandle den Text in eine FAQ-Struktur um.
```

Hier ist der Text in einer FAQ-Struktur:

Häufig gestellte Fragen zur Behebung von Windows-Update-Problemen

1. Was kann ich tun, wenn ein Windows-Update fehlschlägt? Beginnen Sie mit einfachen Maßnahmen: Zeigen Sie Geduld, da Windows manchmal selbst Probleme löst. Prüfen Sie außerdem den verfügbaren Speicherplatz und entfernen Sie unnötige Dateien oder temporäre Daten.

2. Wie prüfe und bereinige ich den Speicherplatz? Verwenden Sie den Datei-Explorer oder die Datenträgerverwaltung, um zu sehen, wie viel Platz auf dem Laufwerk verfügbar ist. Über die Speicheroptimierung in den Windows-Einstellungen können Sie temporäre Dateien schnell entfernen.

3. Wie hilft die Problembehandlung bei Update-Problemen? Die integrierte Problembehandlung in Windows kann gängige Fehler analysieren und beheben. Sie finden die Option unter "System" -> "Problembehandlung" und können dort die Funktion für Windows-Updates ausführen.

4. Können angeschlossene Geräte Update-Probleme verursachen? Ja, insbesondere während Treiber-Updates können angeschlossene Geräte Störungen verursachen. Trennen Sie unnötige Geräte wie Drucker oder Scanner vorübergehend, um Konflikte zu vermeiden.

5. Was bedeutet es, den Windows-Update-Dienst zu initialisieren? Das bedeutet, alte

Solche Listen sind oftmals ebenfalls kompakter als der Ausgangstext, weil Copilot sich bei den einzelnen Antworten jeweils auf das Wesentliche beschränkt. Trotzdem geben sie in der Regel den gesamten Inhalt adäquat wieder. Eine solche Form ist selbstverständlich nur sinnvoll, wenn der Ausgangstext sich vom Inhalt und der Struktur her für eine FAQ-Struktur eignet. Ein Gedicht oder eine Kurzgeschichte in einen Fragenkatalog umzuwandeln, mag als Experiment künstlerisch interessant sein, aber ansonsten wohl eher weniger zielführend. Durch Variationen des Prompts können Sie aber auch auf Besonderheiten des zugrunde liegenden Textes eingehen oder die zu erstellenden FAQs beispielsweise auf bestimmte Aspekte fokussieren oder auf eine spezielle Zielgruppe ausrichten. Die folgenden Prompts sind kreative Beispiele dafür, was alles möglich ist:

- `Extrahiere häufig gestellte Fragen aus dem Text und formuliere prägnante Antworten.`
- `Welche Fragen könnten sich Leser stellen, nachdem sie diesen Text gelesen haben? Beantworte sie.`
- `Identifiziere die Kernpunkte des Textes und stelle sie in Form von Fragen und Antworten dar.`
- `Erstelle eine FAQ, die die wichtigsten Begriffe und Konzepte des Textes erklärt.`
- `Welche Wissenslücken könnte der Text bei den Lesern hinterlassen? Erstelle dazu passende Fragen und Antworten.`

- Formuliere aus dem Text 10 mögliche Fragen mit kurzen, informativen Antworten.
- Welche praktischen Tipps bietet der Text, und wie können sie in einer FAQ dargestellt werden?
- Schreibe eine FAQ mit besonderem Fokus auf die Problemstellungen, die im Text behandelt werden.

Texte in Listen umwandeln

Eine FAQ ist nichts anderes als eine spezielle Form einer Liste, die sich aber nur für bestimmte Arten von Inhalten eignet. KI-Assistenten können darüber hinaus auch Listen erstellen bzw. vorhandenen Text in eine Liste umwandeln. Dafür eignet sich nicht jede Art von Inhalt. Eine Kurzgeschichte etwa erscheint in Form einer Liste wenig sinnvoll. Aber Copilot würde sich trotzdem Mühe geben, einem solchen Wunsch zu entsprechen. Wenn es sich aber etwa um einen Sachtext handelt und die enthaltenen Informationen ohnehin aus einer Aneinanderreihung von Fakten oder Argumenten bestehen, haben die Assistenten keine Mühe damit, diese Textelemente zu isolieren und in Form einer Liste kompakt und übersichtlich zu präsentieren. Ein einfacher Prompt dafür könnte etwa sein:

Wandle diesen Text in eine Liste um.

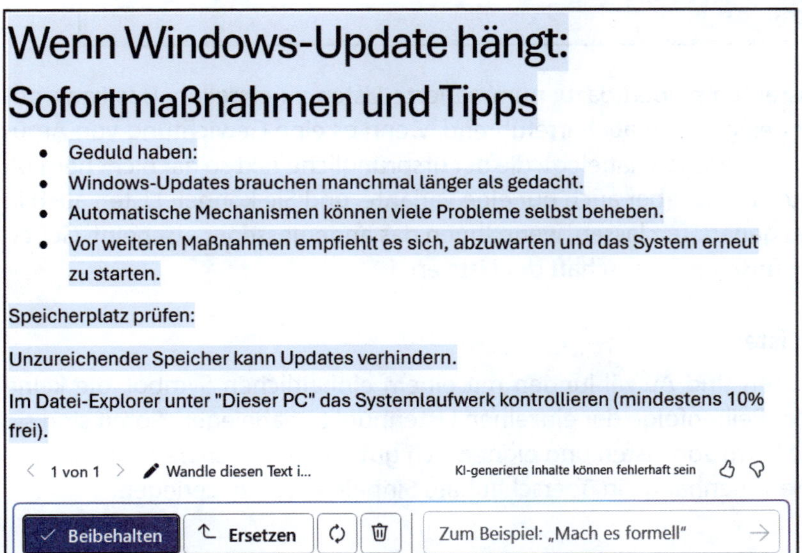

Bei einer so offen formulierten Aufforderung wählt die KI Art und Umfang der Liste anhand des Inhalts selbst aus. Sie können beim Erstellen des Prompts aber auch schon Einfluss darauf nehmen, was genau in der Liste stehen soll oder wie umfangreich diese sein soll:

```
Erstelle eine Liste mit den fünf wesentlichen
Handlungsempfehlungen des Textes.
```

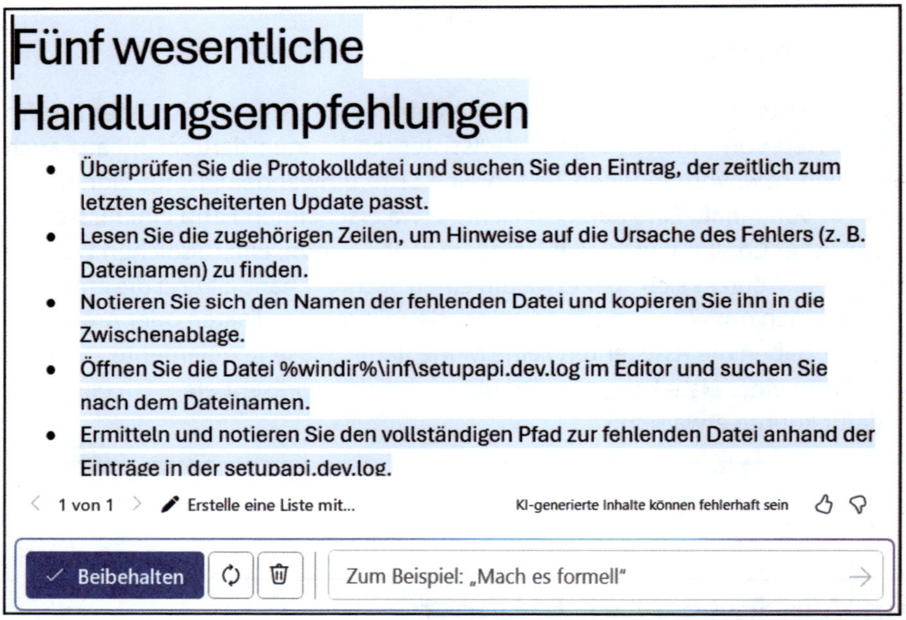

Manche KI-Assistenten neigen dazu, nummerierte Listen zu erstellen. Das kann gut passen, ist aber gelegentlich auch irreführend, wenn es eine Gewichtung von Argumenten oder Empfehlungen nahelegt, die der ursprüngliche Text so gar nicht hergibt. Die nummerierte Liste ist aber auch nur eine Variante, und Sie können Listen auch in anderen Formen generieren lassen, wenn Ihnen das angemessener erscheint. Geben Sie dazu die gewünschte Eigenschaft der Liste an.

Ungeordnete Listen

Ungeordnete Listen sind Aufzählungen mit einem einheitlichen Symbol, die keine Gewichtung oder Reihenfolge der einzelnen Listenpunkte nahelegen. Somit sind sie die universellste Form von Listen und eignen sich gut, umfangreichere Themen oder komplexere Zusammenhänge in überschaubare Sinneinheiten zu zerlegen.

> Erstelle eine ungeordnete Liste mit den Aufgaben, die ich heute erledigen muss.

Hier ist deine ungeordnete Liste mit den Aufgaben, die du heute erledigen musst:

- E-Mails beantworten
- Berichte schreiben
- Meeting vorbereiten
- Einkaufen gehen
- Sport machen

Nummerierte Listen

Nummerierte Listen sind eine Methode, um Informationen oder Inhalte strukturiert und in einer bestimmten Reihenfolge darzustellen. Sie eignen sich besonders gut, wenn die Reihenfolge der Punkte wichtig ist oder wenn eine klare Abfolge von Schritten, Prioritäten oder Rangfolgen dargestellt werden soll.

> Erstelle eine nummerierte Liste der Schritte, die ich zur Vorbereitung einer Präsentation unternehmen muss.

Hier ist eine nummerierte Liste der Schritte, die du zur Vorbereitung einer Präsentation unternehmen musst:

1. **Thema auswählen**: Entscheide, über welches Thema du präsentieren möchtest.
2. **Recherchieren**: Sammle Informationen und Material zu deinem Thema.
3. **Inhalte strukturieren**: Erstelle eine Gliederung für deine Präsentation.
4. **Folien erstellen**: Gestalte die Präsentationsfolien mit Text, Bildern und Grafiken.
5. **Sprechtext vorbereiten**: Schreibe Notizen oder ein Manuskript für das, was du sagen möchtest.

Checklisten

Checklisten sind praktische Hilfsmittel, die dabei unterstützen, Aufgaben, Prozesse oder Aktivitäten systematisch zu organisieren, und sicherstellen, dass nichts übersehen wird. Sie bestehen aus einer Liste von Punkten oder Schritten, die in der Regel in einer logischen oder priorisierten Reihenfolge aufgelistet sind.

Erstelle eine Checkliste für meinen Einkauf.

Hier ist deine Einkaufsliste als Checkliste:

- [ ] Milch
- [ ] Brot
- [ ] Obst
- [ ] Gemüse
- [ ] Nudeln
- [ ] Käse
- [ ] Eier
- [ ] Joghurt

Hierarchische Listen

Hierarchische Listen sind strukturierte Darstellungen, bei denen Elemente in verschiedenen Ebenen oder Hierarchiestufen organisiert sind.

Sie ermöglichen eine übersichtliche Darstellung von Informationen, die eine logische oder thematische Beziehung zueinander haben, und sind besonders nützlich, um komplexe Inhalte zu gliedern.

Erstelle eine hierarchische Liste für mein Projekt.

Hier ist eine hierarchische Liste für dein Projekt:

- **Projektplanung**
  - Phase 1: Planung
    - Zielsetzung
    - Budget festlegen
    - Zeitplan erstellen
  - Phase 2: Umsetzung
    - Team zusammenstellen
    - Aufgaben verteilen
    - Fortschritt überwachen
  - Phase 3: Abschluss
    - Abschlussbericht erstellen

Liste mit Symbolen

Eine besondere Form einer ungeordneten Liste ist die Liste mit Symbolen. Hierbei wird jedem Eintrag ein Symbol vorangestellt, das den jeweiligen Listeneintrag veranschaulicht.

Hierzu analysiert der KI-Assistent den Inhalt jedes Listeneintrags und wählt ein dazu passendes Symbol aus. Das wird sicher nicht bei jeder Art von Inhalten sinnvoll nutzbar sein, aber wenn es passt, entsteht so eine auch optisch attraktive Auflistung.

> Erstelle eine Liste der wichtigen Termine mit Symbolen.
>
> Natürlich! Hier ist eine Liste deiner wichtigen Termine mit passenden Symbolen:
>
> - 🗓️ **Team-Meeting** am Montag um 10:00 Uhr
> - ✈️ **Geschäftsreise nach Berlin** am Dienstag um 14:00 Uhr
> - 🎂 **Geburtstagsfeier** am Mittwoch um 18:00 Uhr
> - 🏥 **Arzttermin** am Donnerstag um 9:00 Uhr
> - 📚 **Lesung in der Stadtbibliothek** am Freitag um 16:00 Uhr
>
> Ich hoffe, das hilft dir weiter! Gibt es noch etwas, wobei ich dir behilflich sein kann? 😊

Weitere Prompts zum Erstellen von Listen

- `Erstelle aus diesem Text eine Liste mit den fünf wichtigsten Erkenntnissen.`
- `Teile den Text in eine Vor- und Nachteile-Liste auf.`
- `Extrahiere aus dem Text die Schlüsselpunkte in eine nummerierte Liste.`
- `Fasse die praktischen Tipps des Textes in einer übersichtlichen Liste zusammen.`
- `Erstelle eine Liste von Fragen, die der Text beantwortet.`
- `Stelle die Kernideen des Textes in einer stichpunktartigen Liste dar.`
- `Erstelle eine Liste mit den häufigsten Fehlern, die in diesem Text angesprochen werden.`

- Teile den Text in thematische Abschnitte auf und fasse jeden Abschnitt in einer Liste zusammen.
- Erstelle eine Liste von Handlungsempfehlungen basierend auf dem Text.
- Wandle die wichtigsten Statistiken oder Fakten aus dem Text in eine tabellarische Liste um.
- Schreibe eine Liste häufig genannter Begriffe oder Konzepte aus dem Text.
- Formuliere aus dem Text eine Schritt-für-Schritt-Anleitung als Liste.
- Extrahiere aus dem Text Ideen für zukünftige Diskussionen oder Projekte in einer Liste.
- Schreibe eine Liste mit Zitaten oder Schlüsselphrasen aus dem Text.
- Wandle den Text in eine Liste von Vorbereitungs- oder Aktionsschritten um.
- Stelle die zentralen Themen des Textes in einer hierarchischen Liste dar.
- Erstelle eine Liste von Herausforderungen und potenziellen Lösungen aus dem Text.

Texte in Tabellen umwandeln

Eine weitere Möglichkeit, den Inhalt von Texten auf eine kompakte und überschaubare Form zu reduzieren, sind Tabellen. Die meisten KI-Assistenten beherrschen auch Tabellen und können sowohl Inhalte in tabellarischer Form verarbeiten (siehe Seite 244) als auch selbst Tabellen generieren. Der Mechanismus ist dabei grundlegend der gleiche wie beim Umwandeln in Listen. Nur dass die Ausgabe eben in tabellarischer Form erfolgt.

Word-Texte als Tabelle visualisieren

Auch der in Office integrierte Copilot kann aus Text Tabellen erstellen und bietet diese Option sogar als Menüfunktion an, wenn der bearbeitete Text dafür geeignet erscheint.

1. Markieren Sie dazu den Text, den Sie als Tabelle visualisieren möchten.
2. Am unteren Ende der Auswahl finden Sie am linken Rand das Copilot-Symbol. Klicken Sie darauf und wählen Sie im so geöffneten Menü *Als Tabelle visualisieren*. Da der Inhalt dieses kontextsensitiven Menüs immer vom bearbeiteten Text abhängt, wird dieser Menüpunkt nicht immer angezeigt. In dem Fall können Sie sich mit dem Eingeben eines Prompts behelfen (siehe nachfolgender Abschnitt).

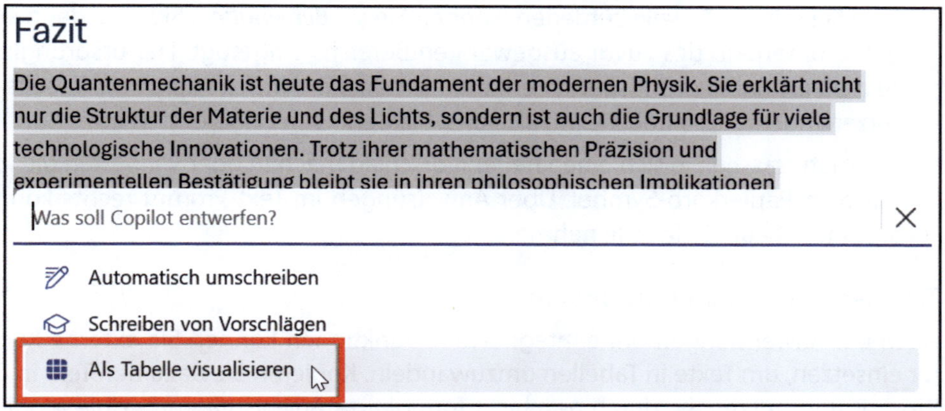

3. Copilot analysiert nun den ausgewählten Text und erstellt aus seinen Inhalten eine Tabelle. Dabei wählt der Assistent die Anzahl der Spalten sowie die Spaltentitel automatisch aus, extrahiert die wesentlichen Punkte zu diesen Kategorien aus dem Text und fügt sie in eine Tabelle ein.
4. Das Ergebnis wird vorläufig unterhalb des zuvor ausgewählten Textbereichs eingefügt. Darunter finden Sie wiederum einen Dialogbereich mit den bekannten Elementen.

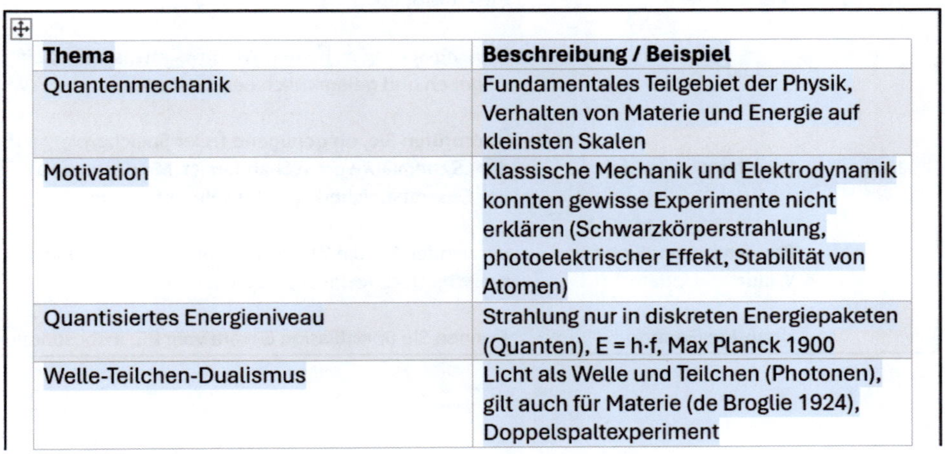

Thema	Beschreibung / Beispiel
Quantenmechanik	Fundamentales Teilgebiet der Physik, Verhalten von Materie und Energie auf kleinsten Skalen
Motivation	Klassische Mechanik und Elektrodynamik konnten gewisse Experimente nicht erklären (Schwarzkörperstrahlung, photoelektrischer Effekt, Stabilität von Atomen)
Quantisiertes Energieniveau	Strahlung nur in diskreten Energiepaketen (Quanten), E = h·f, Max Planck 1900
Welle-Teilchen-Dualismus	Licht als Welle und Teilchen (Photonen), gilt auch für Materie (de Broglie 1924), Doppelspaltexperiment

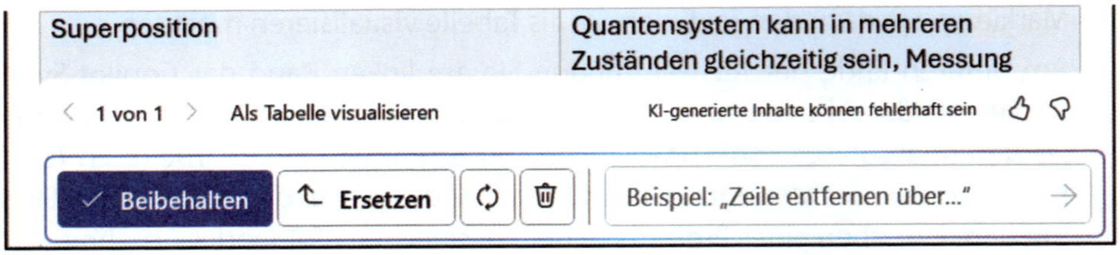

5. Sind Sie mit der Tabelle zufrieden, können Sie sie *Beibehalten*. Sie wird dann endgültig unterhalb des zuvor ausgewählten Bereichs eingefügt. Der ursprüngliche Text bleibt dabei grundsätzlich erhalten. Wenn Sie den Text durch die Tabelle ersetzen möchten, sollten Sie ihn also anschließend von Hand entfernen.
6. Alternativ lassen Sie sich einen neuen Vorschlag machen oder verwerfen die Idee mit dem Papierkorb-Symbol. Über Anweisungen im Text-Prompt rechts können Sie Einfluss auf die Tabelle nehmen.

Tabellen per Prompt umwandeln

Auch bei Anwendungen ohne integrierte KI-Funktionen können Sie externe KI-Helfer einsetzen, um Texte in Tabellen umzuwandeln. Kopieren Sie dazu den Text in den Prompt und nutzen Sie durch geschickt formulierte Anweisungen flexible Möglichkeiten, um Aussehen und Format der erzeugten Tabelle zu steuern. Ein einfacher Basis-Prompt zum Erzeugen einer Tabelle könnte etwa lauten:

```
Wandle meinen Text in eine Tabelle um.
```

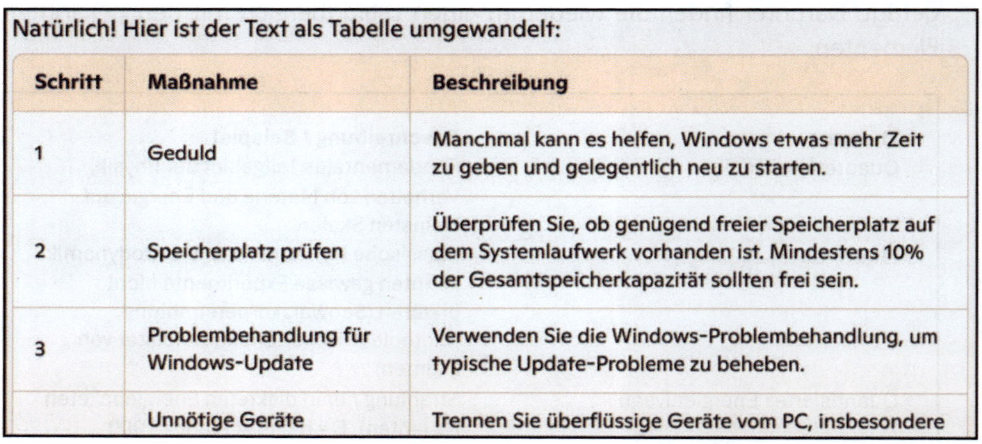

Natürlich! Hier ist der Text als Tabelle umgewandelt:

Schritt	Maßnahme	Beschreibung
1	Geduld	Manchmal kann es helfen, Windows etwas mehr Zeit zu geben und gelegentlich neu zu starten.
2	Speicherplatz prüfen	Überprüfen Sie, ob genügend freier Speicherplatz auf dem Systemlaufwerk vorhanden ist. Mindestens 10% der Gesamtspeicherkapazität sollten frei sein.
3	Problembehandlung für Windows-Update	Verwenden Sie die Windows-Problembehandlung, um typische Update-Probleme zu beheben.
	Unnötige Geräte	Trennen Sie überflüssige Geräte vom PC, insbesondere

Tabellen im HTML-Format erstellen

Während von KI-Assistenten generierte Texte und Listen sich ohne größere Umstände kopieren und für andere Anwendungen übernehmen lassen, sieht dies bei Tabellen etwas anders aus. Copilot beispielsweise erzeugt Tabellen in einem ASCII-Format, das sich zwar beispielsweise in Excel importieren lässt. In anderen Programmen machen die Quer- und Längsstriche aber eher unnötige Umstände. Andere Assistenten wie ChatGPT verwenden Tabulatoren, um den Tabelleninhalt übersichtlich darzustellen. Es kann deshalb sinnvoll sein, im Prompt zum Erzeugen einer Tabelle das gewünschte Format anzugeben.

```
Wandle meinen Text in eine Tabelle um. Erzeuge HTML-Code.
```

Hier ist der angeforderte Text als Tabelle im HTML-Format:

Html   Kopieren

```html
<!DOCTYPE html>
<html lang="de">
<head>
    <meta charset="UTF-8">
    <meta name="viewport" content="width=device-width, initial-scale=1.0">
    <title>Windows-Update Hilfe</title>
    <style>
        table {
            width: 100%;
            border-collapse: collapse;
        }
        th, td {
            border: 1px solid #000;
            padding: 8px;
            text-align: left;
        }
```

So erhalten Sie Ihre Tabelle als HTML-Code, den Sie mit der *Kopieren*-Schaltfläche oben rechts direkt in die Zwischenablage übernehmen und von dort in eine beliebige Anwendung einfügen können.

Tabellen im CSV-Format generieren

Was aber, wenn Sie die erzeugten Tabellendaten in einer Anwendung nutzen wollen, die auch kein HTML beherrscht? Dann können Sie auf das CSV-Format ausweichen. Das ist ein simples Textformat, das den Inhalt einer Tabelle zeilenweise wiedergibt, wobei die Inhalte in den Spalten jeweils mit einem Komma getrennt werden (Comma-separated values, kommagetrennte Werte).

```
Wandle diesen Text in eine Tabelle im CSV-Format um.
```

Auch hierbei erhalten Sie die Antwort in einem Code-Block, dessen Inhalt Sie mit der *Kopieren*-Schaltfläche oben rechts direkt in die Zwischenablage übertragen können. Wenn Sie den Text von dort in einen Editor einfügen, erhalten Sie einen gut lesbaren Text, der ggf. mit etwas Nachbearbeitung in jeder Anwendung schnell in eine übersichtliche Form gebracht werden kann.

Hier ist der angeforderte Text als Tabelle im CSV-Format:

Csv Kopieren

```
Schritt,Beschreibung
1. Manchmal reicht etwas Geduld,"Es klingt blöd, aber manchmal hilft es schc
2. Speicherplatz prüfen,"Windows-Updates können mehr Speicherplatz benötiger
3. Problembehandlung für Windows-Update,"Verwenden Sie die Problembehandlunc
4. Unnötige Geräte entfernen,"Trennen Sie überflüssige Geräte vom PC, insbes
5. Windows-Update-Dienst initialisieren,"Entfernen oder benennen Sie die Orc
6. Systemdateien überprüfen,"Verwenden Sie den Befehl `sfc /scannow` in eine
7. Den Windows Update-Mechanismus reparieren,"Verwenden Sie das Werkzeug DIS
8. Fehler im Update-Protokoll aufspüren,"Analysieren Sie die CBS.log-Datei i
```

Das sollte Ihnen helfen, den Text in ein CSV-Format umzuwandeln. Wenn Sie noch weitere Anpassungen oder Unterstützung benötigen, lassen Sie es mich wissen! 😊

Weitere Möglichkeiten zum Umwandeln von Text in Tabellen

Wie immer können Sie durch Abwandeln der Prompts und durch das Hinzufügen von Vorgaben die erzeugten Tabellen inhaltlich und formal in einer großen Bandbreite beeinflussen. Hier sind einige Beispiele für Varianten, mit denen sich verschiedenste aussagekräftige und übersichtliche Tabellen erstellen lassen:

- `Erstelle eine Tabelle, die die Hauptpunkte des Textes in Spalten wie 'Hauptidee', 'Details' und 'Beispiele' zusammenfasst.`
- `Ordne Vor- und Nachteile aus dem Text in einer zweispaltigen Tabelle an.`
- `Wandle Statistiken oder Daten aus dem Text in eine tabellarische Darstellung mit klaren Überschriften um.`

- Fasse in einer Tabelle die wichtigsten Begriffe aus dem Text und ihre Definitionen zusammen.
- Erstelle eine Tabelle, die die Ursachen, Auswirkungen und Lösungen eines Problems aus dem Text darstellt.
- Kategorisiere die Informationen des Textes und präsentiere sie in einer Tabelle mit Kategorien als Spalten.
- Erstelle eine Zeitleiste in Form einer Tabelle, die Ereignisse in chronologischer Reihenfolge darstellt.
- Fasse die verschiedenen Meinungen oder Standpunkte aus dem Text in einer Tabelle zusammen.
- Erstelle eine Tabelle, die Zielgruppen und ihre jeweiligen Bedürfnisse aus dem Text darstellt.
- Wandle die im Text beschriebenen Prozesse in eine Tabelle mit Spalten für Schritte, Beschreibung und Ergebnis um.
- Erstelle eine Tabelle, die potenzielle Herausforderungen und deren Lösungen aus dem Text zusammenfasst.
- Stelle die im Text angesprochenen Produkte oder Dienstleistungen in einer Vergleichstabelle dar.
- Fasse die wichtigsten Kapitel oder Abschnitte des Textes in einer Tabelle mit Spalten für Titel und Schlüsselinhalt zusammen.
- Präsentiere alle Vor- und Nachteile eines bestimmten Themas aus dem Text in einer übersichtlichen Tabelle.
- Erstelle eine Tabelle, die häufig gestellte Fragen und deren Antworten aus dem Text zusammenstellt.

4.5 Fremdsprachige Versionen eigener Texte erzeugen

Die Sprachmodelle von KI-Assistenten umfassen nicht nur eine Sprache, sondern sehr viele. Deshalb haben sie keine Probleme damit, Texte von einer Sprache in eine andere zu übersetzen. Das hat auch nichts mehr mit der »maschinellen Übersetzung« früherer Jahre zu tun, sondern in der Regel entstehen dabei korrekte und gut lesbare Versionen des Ausgangsdokuments (mehr dazu auf Seite 109). Das macht es einfach, komplette Übersetzungen oder beispielsweise auch Zusammenfassungen eigener Texte in beliebigen Fremdsprachen zu erstellen.

Ganze Dokumente übersetzen

Wenn Sie einen Text in Word erstellt haben und diesen beispielsweise für Kollegen in einem anderen Land in deren Sprache übersetzen wollen, können Sie dies jederzeit mit einer Anweisung erreichen. Ob Sie das direkt im Dokument machen oder im Seitenbereich, hängt davon ab, wie Sie den übersetzten Text nutzen möchten:

- Übersetzen Sie direkt im Text, würde das Ergebnis in das Ausgangsdokument eingefügt, sodass Sie anschließend den deutschen und den fremdsprachigen Text hintereinander im Dokument stehen haben.
- Verwenden Sie den Seitenbereich, gibt Copilot die Antwort darin aus. Von dort können Sie sie in das Dokument übernehmen, wenn Sie möchten. Sie können die Übersetzung aber auch in die Zwischenablage kopieren, um sie in eine andere Anwendung zu übernehmen, in eine E-Mail einzufügen usw.

Abgesehen davon macht es für das Ergebnis keinen Unterschied, welche der beiden Varianten Sie nutzen. Im Folgenden beschreibe ich die Version über den Seitenbereich:

1. Markieren Sie den zu übersetzenden Teil des Dokuments oder etwa mit [Strg]+[A] das gesamte Dokument.
2. Öffnen Sie dann mit *Start/Copilot* die Copilot-Seitenleiste, sofern diese nicht bereits geöffnet ist.
3. Platzieren Sie die Einfügemarke im Seitenbereich unten im Eingabefeld und tippen Sie dort die Aufforderung zum Übersetzen ein:

```
Erstelle eine spanische Übersetzung des Textes.
```

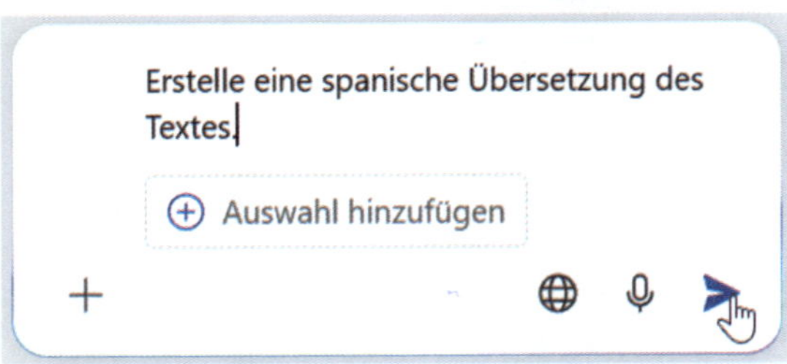

4. Copilot beginnt nun mit der Übersetzung, was bei längeren Texten ein wenig dauern kann. Die Ausgabe beginnt aber recht schnell und wird dann kontinuierlich fortgesetzt, bis der gesamte übersetzte Text im Seitenbereich zu sehen ist.

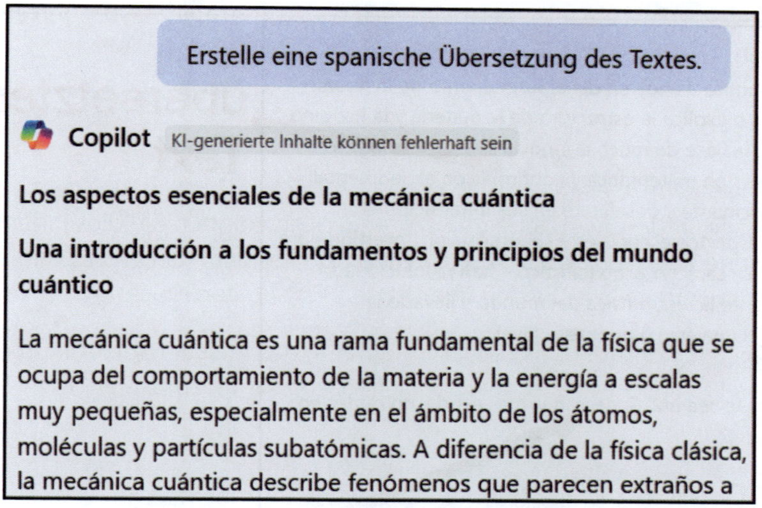

5. Am Ende der Antwort finden Sie die üblichen Schaltflächen, mit denen Sie den Text in das Dokument *Einfügen* oder in die Zwischenablage kopieren können.

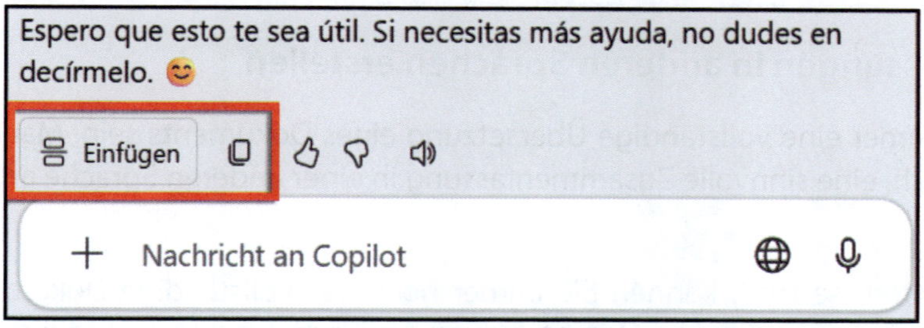

Hinweise des Assistenten am Anfang und Ende?

Insbesondere bei Übersetzungen sollten Sie beachten, dass KI-Assistenten gern am Ende und/oder auch am Anfang eines erzeugten Textes höfliche Floskeln einfügen, im Sinne von: »Ich hoffe, Sie sind mit dem Ergebnis zufrieden. Wenn Sie weitere Hilfe benötigen, teilen Sie mir das bitte mit.« Problematisch wird es, wenn der Assistent diese Floskeln bei Übersetzungen in der zu generierenden Sprache einfügt. Wenn Sie die vollständige Antwort übernehmen und beispielsweise in ein neues Dokument oder eine E-Mail einfügen würden, dann würde Ihr Text auch diese Floskeln enthalten. Das würde den Empfänger zumindest verwirren und den Eindruck entstehen lassen, dass Sie selbst nicht so genau wissen, was Sie da geschrieben haben. Achten Sie deshalb bei umfangreicheren KI-Antworten und bei Übersetzungen insbesondere darauf, solche Floskeln ggf. zu entfernen.

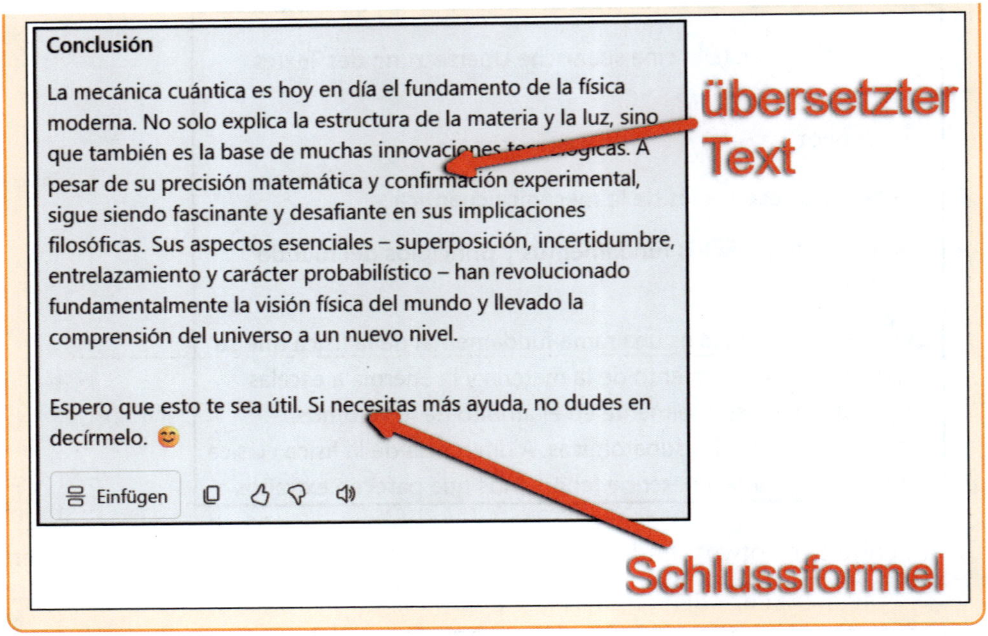

Zusammenfassungen in anderen Sprachen erstellen

Es muss nicht immer eine vollständige Übersetzung eines Dokuments sein. Manchmal reicht es auch, eine sinnvolle Zusammenfassung in einer anderen Sprache anzubieten.

Wenn die auf Interesse trifft, können Sie immer noch das vollständige Dokument übersetzen oder Interessenten die Originalversion zur Verfügung stellen, die diese dann ggf. selbst mithilfe einer KI übersetzen. Die Vorgehensweise ist prinzipiell die gleiche, nur mit einer angepassten Aufforderung:

`Fasse meinen Text in drei Sätzen auf Mandarin zusammen`

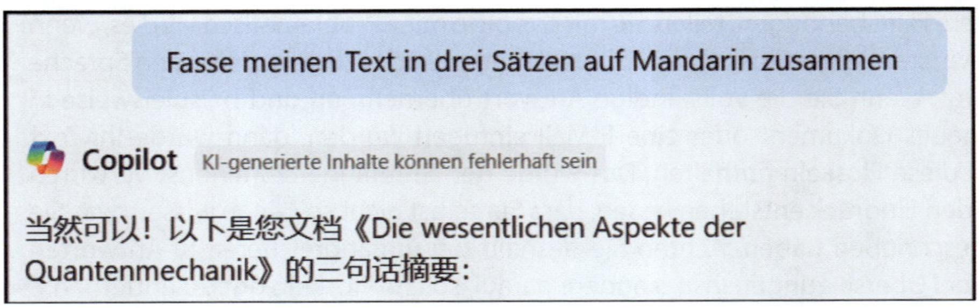

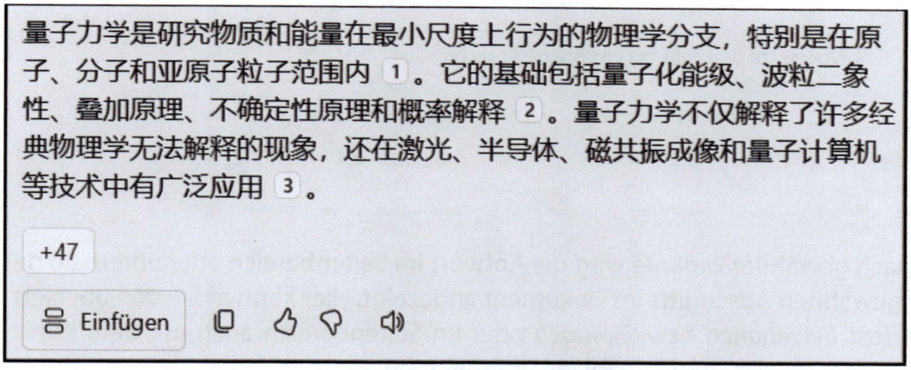

Möglicherweise haben Sie Ihrem Text selbst schon eine Zusammenfassung vorangestellt. Dann kann es sinnvoller sein, diese von der KI übersetzen zu lassen, anstatt dass der Assistent das gesamte Dokument auf eigene Faust zusammenfasst. Hierzu müssen Sie Copilot nur klarmachen, dass sich Ihre Aufforderung nur auf einen bestimmten Teil des Textes beziehen soll.

1. Markieren Sie dazu den oder die gewünschten Absätze im Dokument.
2. Die weitere Vorgehensweise unterscheidet sich:
   - Wenn Sie Copilot direkt im Dokument nutzen, klicken Sie am unteren Rand der Markierung links auf das Copilot-Symbol.

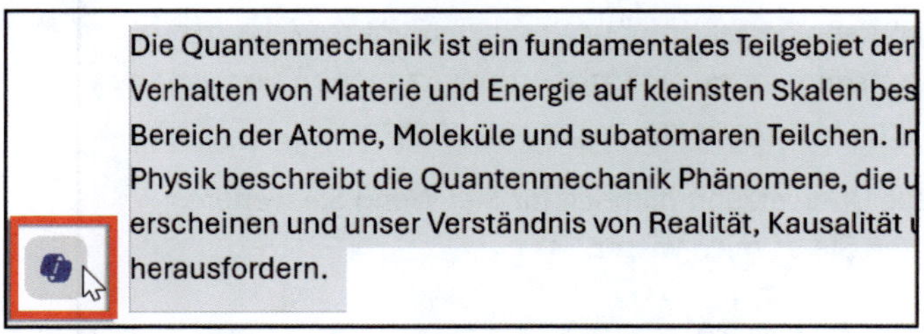

   - Verwenden Sie den Copilot-Seitenbereich, klicken Sie dort zunächst in das Eingabefeld. Dort wird daraufhin die Schaltfläche *Auswahl hinzufügen* angezeigt, mit der Sie den links markierten Text in den Eingabe-Prompt übernehmen.
3. Ergänzen Sie in beiden Fällen eine Aufforderung wie diese:

```
Übersetze den Text in griechische Sprache.
```

4. Je nach gewählter Variante wird die Antwort im Seitenbereich oder unterhalb des ausgewählten Abschnitts im Dokument angezeigt. Hier können Sie den übersetzten Text *Beibehalten* bzw. *Einfügen* oder im Seitenbereich auch mit dem Kopieren-Symbol in die Zwischenablage übernehmen.

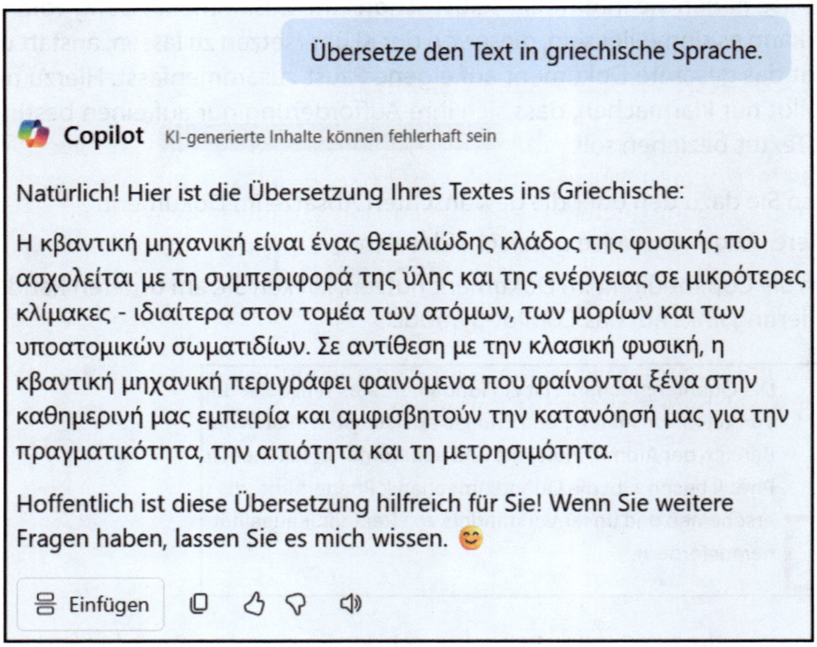

Übersetzen mit externen Assistenten

Wenn Sie nicht mit Copilot in Microsoft 365 arbeiten, können Sie auch beliebige andere KI-Assistenten wie ChatGTP oder DeepL zum Übersetzen nutzen. Sie müssen dann nur die Texte per Zwischenablage übertragen. Die Vorgehensweise ist auf Seite 115 beschrieben.

5. Passende Texte nach Bedarf erzeugen

Für Textarbeiten mit Word können KI-Assistenten wie Copilot eine unschätzbare Hilfe sein. Sie können nicht nur beim Formulieren und Korrigieren helfen, sondern wichtige Informationen in Dokumente einfügen, einzelne Abschnitte ergänzen oder auch ganze Texte nach Vorgabe erstellen. Bei komplexen Dokumenten unterstützen sie auf Wunsch Schritt für Schritt vom ersten Konzept über eine sinnvolle Gliederung bis hin zum Ausformulieren von Absätzen, Abschnitten und Kapiteln. Außerdem kann KI in jeder Phase der Arbeit für Ideen, Inspiration und eine schnelle Starthilfe sorgen, um anstehende Aufgaben schnell und effizient zu erledigen.

5.1 Mit Copilot drauflosschreiben

Stellen Sie sich vor, Sie müssen einen Text über ein bestimmtes Thema schreiben. Nun sitzen Sie vor einem leeren Word-Dokument bzw. haben vielleicht bislang mal gerade eine Überschrift zustande gebracht? Copilot kann Ihnen dabei helfen, schnell ins Thema zu kommen. Dazu zeigt Word bei neuen leeren Dokumenten standardmäßig eine Eingabezeile oberhalb des Dokuments an. Alternativ können Sie auch jederzeit die Copilot-Seitenleiste einblenden (*Start/Copilot*) und dort den Eingabebereich nutzen.

1. Tippen Sie dort beispielsweise die Aufgabenstellung ein oder beschreiben Sie konkret, vor welchem Problem Sie stehen, etwa so:

```
Ich muss ein Referat über den amerikanischen
Bürgerkrieg schreiben. Wie könnte ich anfangen?
```

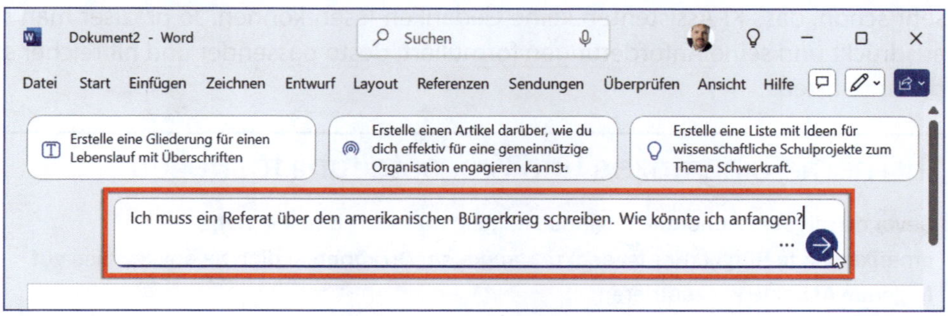

2. Klicken Sie anschließend unten rechts auf das Pfeilsymbol, um die Aufforderung abzusenden.
3. Warten Sie kurz, bis sich die Antwort im Seitenbereich aufgebaut hat.

4. Überprüfen Sie, ob die Antwort der KI Ihnen weiterhilft. Unterhalb der Antwort finden Sie eine *Beibehalten*-Schaltfläche (bzw. *Einfügen* im Seitenbereich). Damit können Sie den Antworttext in das Dokument übernehmen.

Beachten Sie bei dem Beispiel, dass der KI-Assistent die Frage »Wie könnte ich anfangen?« sehr wörtlich ausgelegt hat und Ihnen einen fertigen Textanfang als Antwort liefert. Vielleicht war das gar nicht so gemeint, sondern Sie möchten eher Tipps zur Vorgehensweise haben? Dann wäre der folgende Prompt hilfreicher:

```
Ich muss ein Referat über den amerikanischen Bürgerkrieg
schreiben. Was wäre eine sinnvolle Vorgehensweise?
```

Die Antwort darauf ist eine konkrete Anleitung, welche Schritte Sie unternehmen könnten, um die beschriebene Aufgabe zu bewältigen. Dieses Beispiel demonstriert sehr schön, dass KI-Assistenten keine Gedanken lesen können. Je präziser man sich ausdrückt und seine Anforderungen formuliert, desto passender und hilfreicher sind die Antworten.

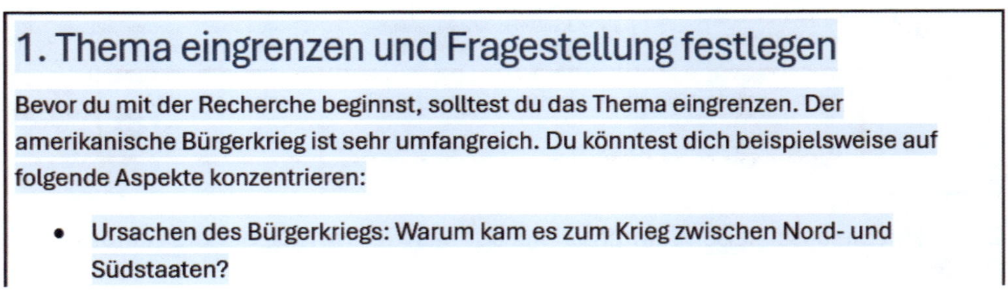

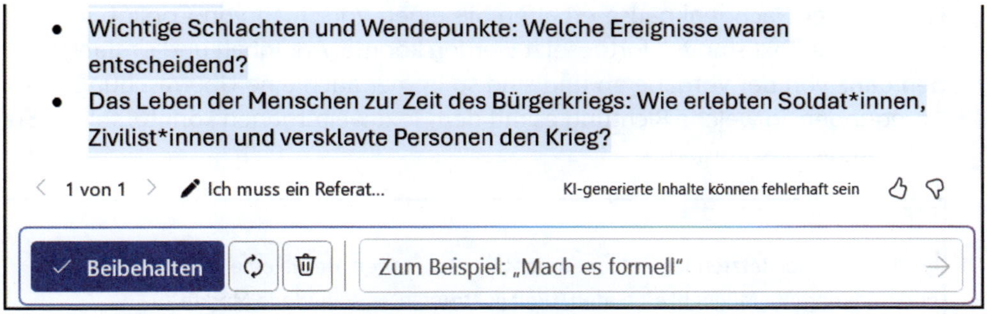

Texte weiterschreiben

Falls Sie bei der Arbeit an einem Text mal nicht so recht weiterwissen, können Sie KI-Assistenten für sich weiterschreiben lassen. Vielleicht gelingt so eine sinnvolle Fortsetzung, die den Textfluss wieder in Gang bringt. Oder der Vorschlag enthält zumindest hilfreiche Anregungen, sodass man dann wieder selbst übernehmen kann. Als Ausgangsbasis nutzen Sie dabei den bislang vorhandenen Text. Das funktioniert im Extremfall sogar, wenn dieser nur aus einem Wort besteht. Verwenden Sie dafür eine Aufforderung wie etwa:

`Schreibe den Text für mich weiter.`

Verwenden Sie den in Microsoft 365 integrierten Copilot, können Sie diese Funktion ggf. auch direkt im Menü anwählen.

1. Klicken Sie dazu auf das Copilot-Symbol links neben dem bislang vorhandenen Text.
2. Wählen Sie im so geöffneten Kontextmenü den Punkt *Schreibvorgang fortsetzen*. (Sollte dieser Menüpunkt nicht angezeigt werden, tippen Sie diese Aufforderung stattdessen im Eingabefeld darüber selbst ein.)

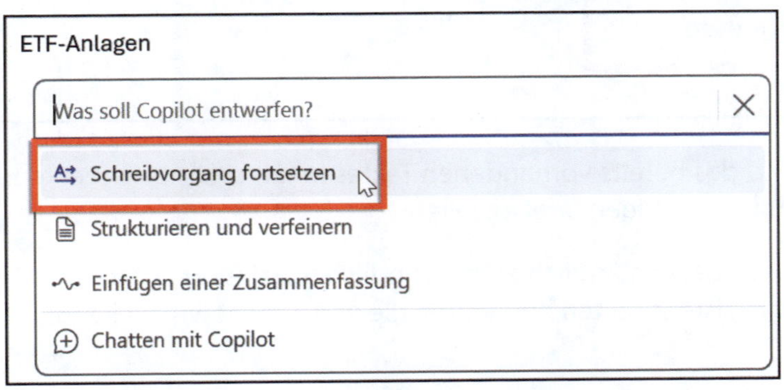

3. Nach kurzer Nachdenkpause erhalten Sie einen Vorschlag von Copilot, wie der vorhandene Text sinnvoll fortgesetzt werden könnte. Art, Inhalt und Umfang hängen ganz von der Vorgabe ab und sind so immer auch eine Überraschung. Aber Anregungen, in welche Richtung es mit dem Text weitergehen könnte, sollten Sie in der Regel bekommen.

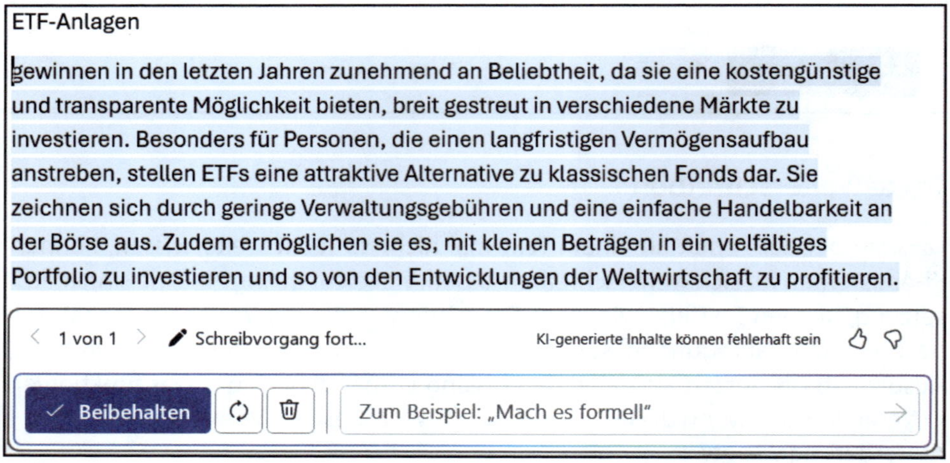

Wenn Sie nur ein Stichwort als Ausgangsmaterial liefern, wird der Text meist eher allgemein sein und auf eine Definition oder Erklärung des Stichwortes hinauslaufen. Anders ist es, wenn Sie etwa mit einem Brief bereits angefangen haben und dann nicht recht wissen, wie es weitergehen soll.

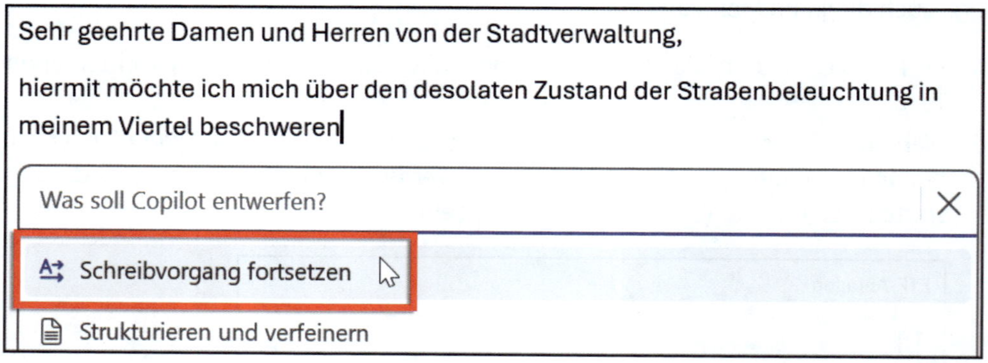

Sofern Copilot anhand des bereits vorhandenen Textes Inhalt und Absicht erkennen kann, wird er einen mustergültigen Brief erstellen.

Den Inhalt sollten Sie selbstverständlich einer gründlichen Prüfung unterziehen, insbesondere wenn der Assistent Fakten behauptet, die er gar nicht wissen kann.

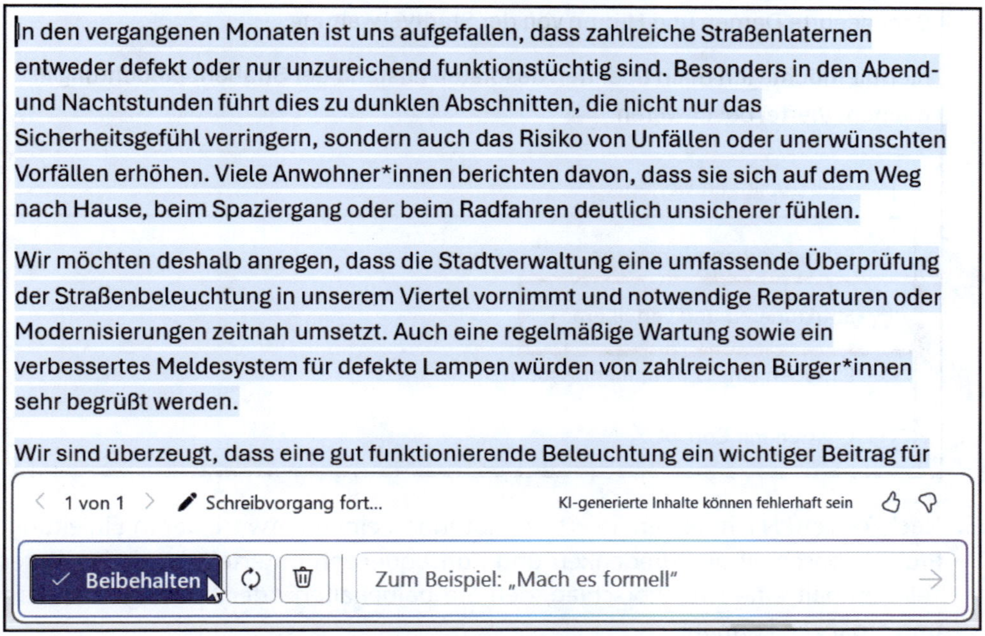

Strukturieren und verfeinern

Wenn Sie nicht einfach nur die KI weiterschreiben und sich vom Ergebnis überraschen lassen möchten, bietet Copilot Ihnen auch eine etwas strukturiertere Vorgehensweise. Die Funktion *Strukturieren und verfeinern* hilft dabei, Texte klarer, leserfreundlicher und professioneller zu gestalten.

Copilot analysiert dazu den zugrunde liegenden Ausgangstext – der auch wieder beliebig kurz oder lang sein kann, erkennt darin automatisch die inhaltlichen Zusammenhänge und schlägt eine sinnvolle Gliederung vor.

Dabei werden Absätze logisch angeordnet, passende Überschriften ergänzt und der Text wird in eine klare Struktur gebracht. Gleichzeitig kümmert sich Copilot um den sprachlichen Feinschliff: Er verbessert den Stil, korrigiert Grammatik und Ausdruck und sorgt dafür, dass der Text flüssig und verständlich klingt. Beim vorangehenden Beispiel würde das etwa so aussehen:

1. Geben Sie auch hier wieder Copilot etwas Ausgangsmaterial und klicken Sie dann auf das Copilot-Symbol links daneben.
2. Wählen Sie im Kontextmenü den Punkt *Strukturieren und verfeinern*. (Wiederum: Sollte dieser Menüpunkt fehlen, tippen Sie die Aufforderung im Eingabefeld ein.)

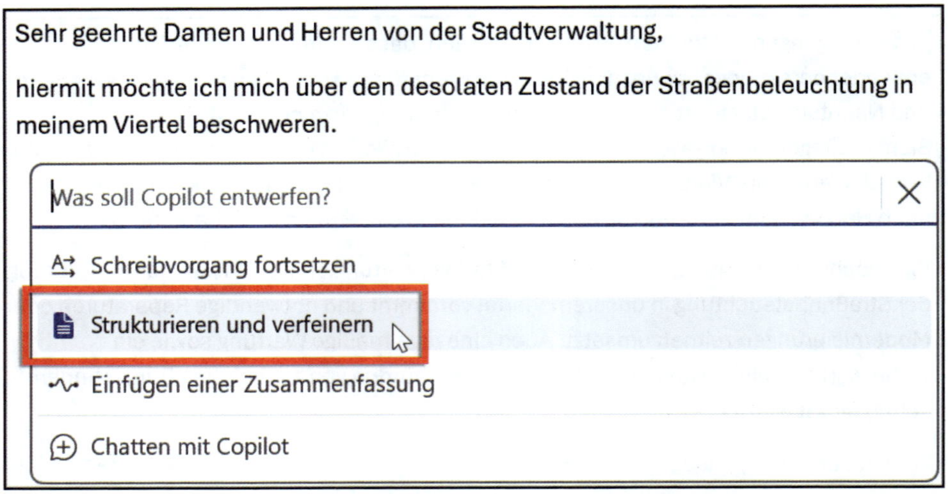

3. Nach kurzem Nachdenken liefert Copilot Ihnen einen Entwurf, der in Einleitung, Problembeschreibung, Bedenken und Konsequenzen unterteilt ist. Jeder dieser Teile enthält einen Textvorschlag, den Sie beibehalten oder beliebig abändern und ergänzen können.
4. Sollte Ihnen der Stil des Textes noch nicht zusagen, klicken Sie unterhalb der Antwort auf den Eingabebereich und tippen dort eine entsprechende Aufforderung ein.

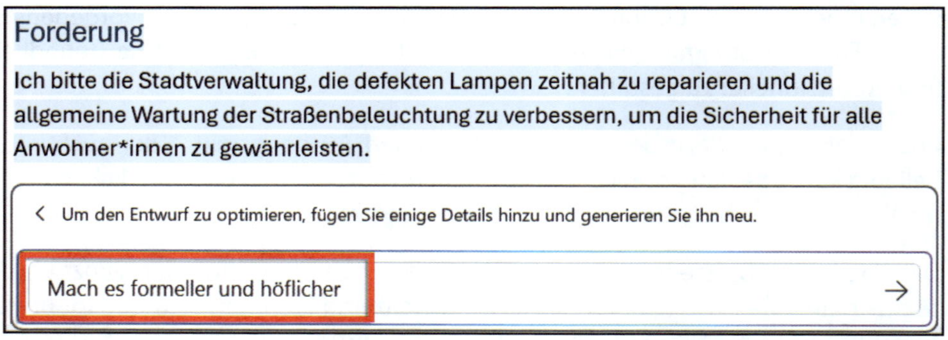

5. Als Ergebnis erhalten Sie einen strukturierten Text im gewünschten Stil. Allerdings sollten Sie die Abschnittsüberschriften ggf. noch entfernen, wenn Sie das Dokument abschließend bearbeiten.

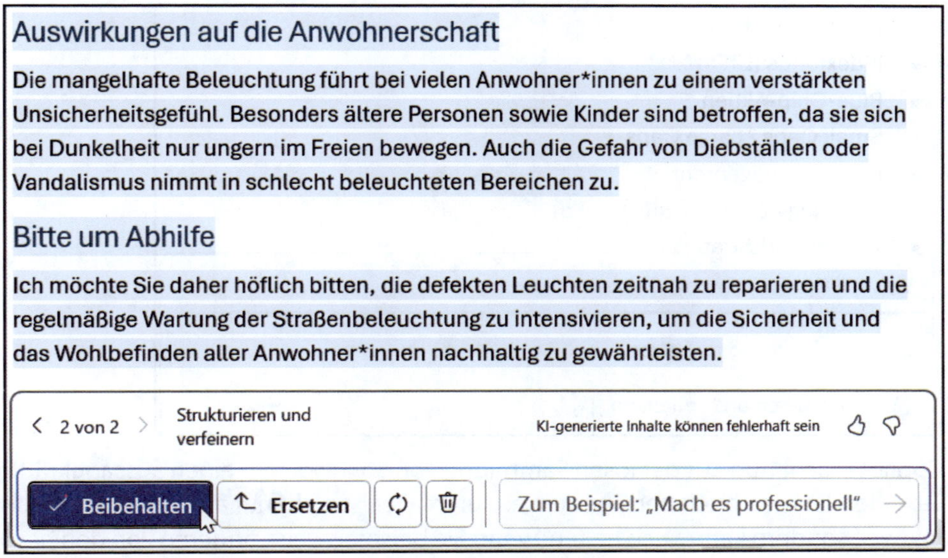

Spezifischere Anweisungen für Stil und Sprache

Wenn Sie wie beschrieben die Menüfunktion verwenden, ist es etwas umständlich, weitere Vorgaben etwa zum Sprachstil zu machen. Deshalb kann es sinnvoll sein, die Aufforderung selbst in den Eingabe-Prompt einzutippen und dabei individuell anzupassen. Das ermöglicht es Ihnen, beispielsweise eine besonders formelle, höfliche oder eben auch lockere Ausdrucksweise zu verwenden.

- `Strukturiere und verfeinere den Text in einem formellen Stil.`
- `Strukturiere und verfeinere den Text zu einem dringlichen Brief, ohne unhöflich zu werden.`

Notizen in einen Text umwandeln

Strukturieren und verfeinern können Sie nicht nur verwenden, wenn Sie einen vorhandenen bzw. angefangenen Text fortsetzen möchten. Die Funktion ist auch hilfreich, wenn Sie aus unstrukturierten Gedanken ein rundes Dokument machen möchten. Vielleicht haben Sie sich bei einer Sitzung oder einem Vortrag nur ein paar knappe Notizen zu wichtigen Stichwörtern gemacht und wollen diese nun in angemessener Weise verschriftlichen? Fügen Sie die Liste in ein Word-Dokument ein und wählen Sie wie vorangehend beschrieben *Strukturieren und verfeinern*.

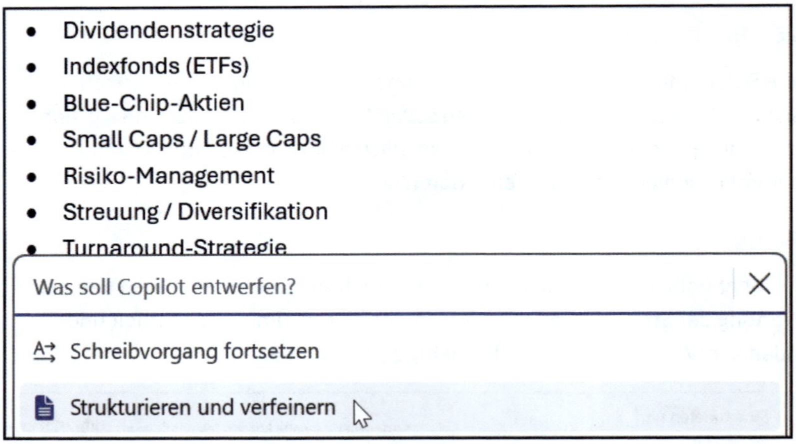

Copilot macht nun aus der losen Sammlung von Stichwörtern einen aussagekräftigen Text, der die verschiedenen Themen erläutert. Der ist nicht nur als Erinnerungshilfe effektiver, sondern kann auch helfen, wenn Sie beispielsweise anderen von den besprochenen Themen berichten möchten.

Wiederum können Sie noch mehr erreichen, wenn Sie sich von den Menüpunkten der vorgegebenen Copilot-Funktionen lösen und stattdessen den Eingabe-Prompt nutzen, um ganz individuelle Anforderungen zu formulieren, die speziell auf Ihre Aufgaben und Wünsche zugeschnitten sind. So erhalten Sie etwa mit

```
Erstelle aus diesen Stichpunkten einen zusammenhängenden
Bericht.
```

einen gut lesbaren Fließtext, der die einzelnen Stichpunkte nicht nur nacheinander erläutert, sondern auch – soweit zutreffend – in einen Zusammenhang zueinander setzt.

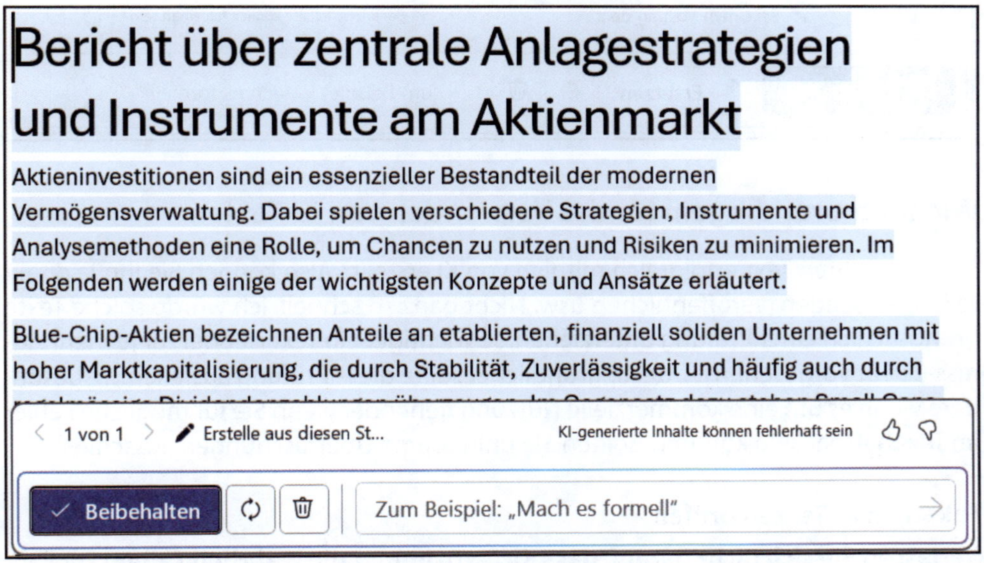

Je genauer Sie Copilot erklären, um was es geht und was Sie benötigen, desto treffsicherer und hilfreicher wird die Antwort ausfallen:

```
Bei einem Vortrag des Börsengurus Klaus Krösus über
Aktienanlagestrategien habe ich mir diese Begriffe notiert.
Erstelle daraus einen Text, mit dem ich meinen Kollegen
über den Vortrag berichten kann.
```

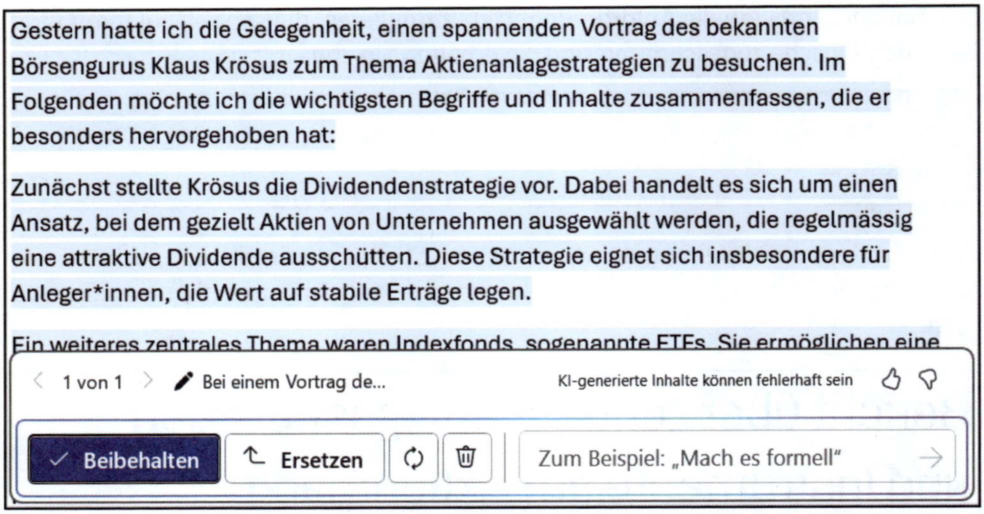

Wichtige Grundregeln für das Verwenden von KI-Texten

Sie haben Ihren Text erfolgreich mithilfe von KI erstellt? Also können Sie ihn ja direkt teilen, versenden, veröffentlichen usw. Nicht ganz so schnell. Ich würde solche Texte grundsätzlich einer Prüfung unterziehen. Je wichtiger ein Text ist oder für je mehr Adressaten er vorgesehen ist, desto gründlicher sollte diese Prüfung ausfallen. Insbesondere wenn es um eine kommerzielle Nutzung geht oder wenn Sie für mögliche Fehler im Text haftbar sein könnten, sollten Sie unliebsame Überraschungen ausschließen.

Fakten in KI-Texten prüfen

Verlassen Sie sich nicht darauf, dass KI-Texte immer die Wahrheit sagen! Für Fehler oder Unwahrheiten kann es verschiedene Ursachen geben. Was Sie zudem im Blick behalten sollten, ist die Aktualität der Trainingsdaten (siehe Seite 33). Wenn man von einem KI-Assistenten Informationen erfragt, die erst nach Trainingsabschluss entstanden sind, wird er bestenfalls darauf hinweisen, schlimmstenfalls veraltete Daten verwenden oder welche erfinden.

Apropos »erfinden«. Das Problem der Halluzination bei KI-Systemen ist auf Seite 36 beschrieben. Auch dies kann jederzeit zu Fehlern oder (teilweise) unsinnigen Antworten führen. Forscher arbeiten zwar daran, dieses Problem zu minimieren. Ob es sich völlig beheben lässt, ist aber unklar.

Schließlich ist jede KI nur so gut wie ihre Trainingsdaten. Und angesichts der schieren Menge an Trainingsdaten (»je mehr, desto besser«) kann nicht jede Quelle handverlesen sein. Es werden also hier und da auch mal falsche Informationen »gelernt«, weil das Ausgangsmaterial fehlerhaft oder unvollständig ist.

Texte kritisch gegenlesen

Auch jenseits der eigentlichen Fakten sollten Sie KI-generierte Texte immer kritisch gegenlesen. Sind die entstandenen Sätze wirklich sinnvoll und verständlich? Wurde die gestellte Aufgabe wirklich richtig verstanden und korrekt gelöst?

Ist der Assistent beim Wesentlichen geblieben, oder hat er angefangen zu fabulieren oder ist in eine Richtung abgebogen, die zwar nicht falsch ist, aber nicht Ihren Intentionen entspricht?

Überhaupt sollten Sie sicherstellen, dass die KI insbesondere bei vielschichtigen oder kontroversen Themen auch tatsächlich Ihre Ansichten wiedergibt. Generell sind KI-Systeme darauf trainiert, bei streitbaren Themen Argumente für und wider anzugeben und so eine ausgewogene Darstellung zu erzeugen.

Wenn ein Assistent das Publikum von einem bestimmten Argument überzeugen soll, müssen Sie entsprechende Vorgaben machen.

5.2 Alltägliche Dokumente schnell erstellen

Zum Trainingsmaterial von KI-Assistenten gehören auch Millionen von Alltagstexten wie Briefe, Artikel, Protokolle, E-Mails, Reklamationen und so weiter. Auch hier wissen Copilot, ChatGPT und Co. also, wie diese aufgebaut und formuliert sein sollten. So können sie – mit wenigen Informationen ausgestattet – in wenigen Sekunden professionell klingende Briefe, Notizen und andere Schriftstücke erstellen.

Eine Abwesenheitsnotiz generieren

Wie immer ist der Schlüssel dazu ein Prompt, mit dem Sie dem Assistenten eine passende Aufforderung geben und die notwendigen Informationen bereitstellen. Für eine Abwesenheitsnotiz könnte der Prompt etwa so lauten:

```
Ich habe in der kommenden Woche Urlaub. Formuliere
eine freundliche Abwesenheitsnotiz für mein E-Mail-
Programm.
```

> Hier ist eine freundliche Abwesenheitsnotiz für dein E-Mail-Programm:
>
> ---
>
> **Betreff:** Abwesenheitsnotiz
>
> **Text:**
>
> Guten Tag,
>
> vielen Dank für Ihre Nachricht. Ich bin derzeit im Urlaub und werde erst ab dem [Datum deiner Rückkehr] wieder erreichbar sein. Ihre E-Mail wird nicht weitergeleitet. In dringenden Fällen wenden Sie sich bitte an [Name eines Kollegen] unter [E-Mail-Adresse oder Telefonnummer].
>
> Vielen Dank für Ihr Verständnis.
>
> Mit freundlichen Grüßen,
>
> Wolfram [Dein Nachname]

Die KI hat ein Konzept von einer Abwesenheitsnotiz und kann mühelos einen passenden Text erstellen. Allerdings fehlen dem Assistenten ein paar konkrete Angaben, die in einem solchen Text üblicherweise enthalten sind. An diesen Stellen fügt er Platzhalter in [eckigen Klammern] ein, die Sie im endgültigen Text durch die korrekten Angaben ersetzen. Oder aber Sie teilen alle benötigten Informationen direkt in der Aufforderung mit.

```
Ich habe vom 1. bis 9. April Urlaub. Meine Vertretung
ist Svenja Stark (s.stark@firma.de). Formuliere eine
professionelle Abwesenheitsnotiz für mein E-Mail-
Programm.
```

> **Betreff:** Abwesenheitsnotiz: 1. bis 9. April
>
> **Text:**
>
> Sehr geehrte Damen und Herren,
>
> vielen Dank für Ihre Nachricht. Ich bin vom 1. bis 9. April nicht im Büro und habe in dieser Zeit keinen Zugriff auf meine E-Mails. Ihre Anliegen werden in meiner Abwesenheit von meiner Kollegin Svenja Stark (s.stark@firma.de) betreut.
>
> Ab dem 10. April stehe ich Ihnen wieder zur Verfügung und werde Ihre Nachricht so schnell wie möglich beantworten.
>
> Vielen Dank für Ihr Verständnis.
>
> Mit freundlichen Grüßen, Wolfram

Briefe individuell erstellen

Das Erstellen von Briefen (auch im Sinne von E-Mails) gehört zum täglichen Aufgabenpensum vieler Büroarbeiter. Profis haben für regelmäßig wiederkehrende Themen fertige Vorlagen, die nur schnell angepasst werden müssen. Aber es gibt auch immer wieder neue Aufgaben und Aspekte. Mit einem KI-Assistenten können Sie sich in derselben Zeit einen passgenauen, individuell für den Zweck bzw. den Empfänger zugeschnittenen Brief generieren lassen. Wenn Sie beispielsweise ein Angebot versenden möchten, erstellt Copilot Ihnen in Word blitzschnell ein Anschreiben dazu.

```
Generiere ein Anschreiben für das Übersenden eines
Angebots.
```

Das funktioniert gut, weil ein Anschreiben ein recht generischer Text ist und die spezifische Information im konkreten Angebot steckt, das der Brief begleiten soll.

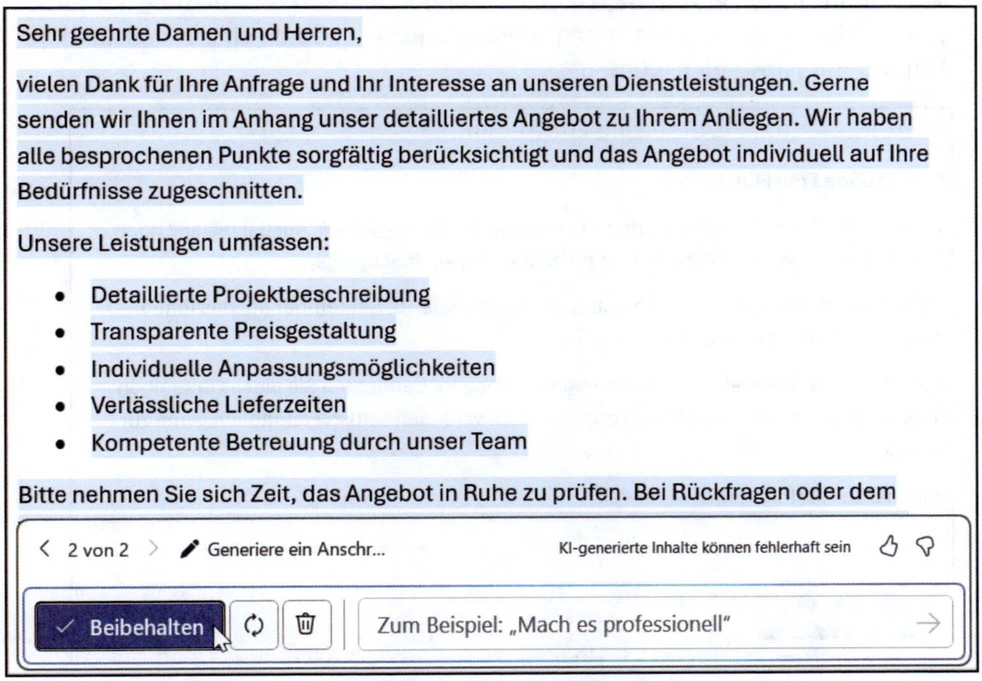

Aber auch, wenn ein Schreiben sehr konkrete Informationen enthalten soll, kann die KI das für Sie erstellen. Sie müssen diese Informationen in dem Fall nur bereitstellen. Um eine sehr spezifische Zahlungserinnerung zu generieren, erstellen Sie beispielsweise folgenden Prompt:

```
Adressat: Marlies Müller
Betreff: Zahlungserinnerung
Ton: höflich, sachlich
Inhalt: Rechnung vom 6. August noch offen, bitte bis
15. September überweisen
```

KI-Prompts mit mehreren Bestandteilen

Wenn man einer Aufforderung an einen KI-Assistenten spezifische Informationen mitgeben möchte, will man das in der Regel nicht in einem ausführlichen Text tun, sondern stichpunktartig. Das ist auch kein Problem.

Die einzelnen Bestandteile einer Aufforderung können Sie direkt hintereinander eintippen, mit Kommas trennen oder jeweils mit [⇧]+[↵] in einer eigenen Zeile platzieren, wenn Ihnen das übersichtlicher erscheint. Denken Sie dabei nur unbedingt an die [⇧]-Taste, da die Eingabefelder von KI-Assistenten [↵] oftmals als Abschließen des Prompts interpretieren und Sie dadurch eine unvollständige Aufforderung absenden würden.

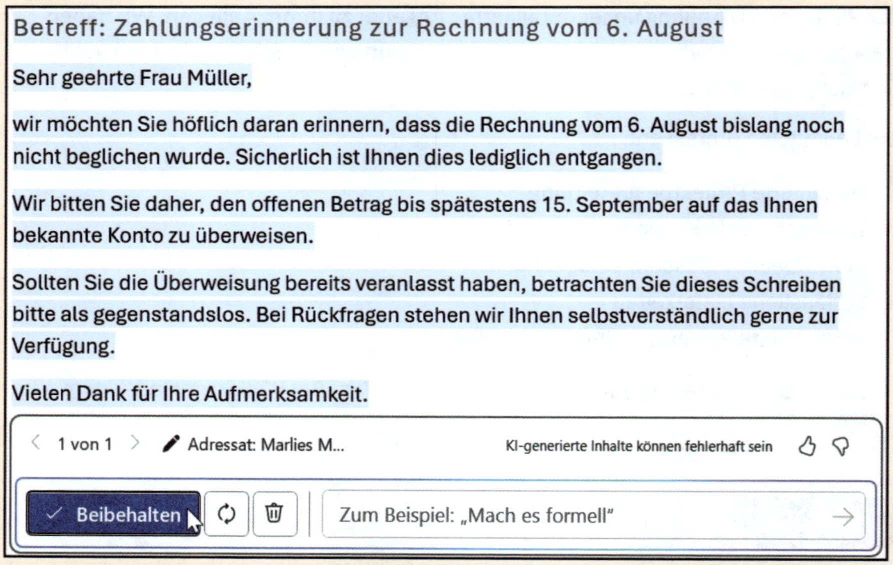
Betreff: Zahlungserinnerung zur Rechnung vom 6. August

Sehr geehrte Frau Müller,

wir möchten Sie höflich daran erinnern, dass die Rechnung vom 6. August bislang noch nicht beglichen wurde. Sicherlich ist Ihnen dies lediglich entgangen.

Wir bitten Sie daher, den offenen Betrag bis spätestens 15. September auf das Ihnen bekannte Konto zu überweisen.

Sollten Sie die Überweisung bereits veranlasst haben, betrachten Sie dieses Schreiben bitte als gegenstandslos. Bei Rückfragen stehen wir Ihnen selbstverständlich gerne zur Verfügung.

Vielen Dank für Ihre Aufmerksamkeit.

Mit kleinen Anpassungen können Sie aus einer Zahlungserinnerung auch schnell eine »letzte Mahnung« machen:

```
Adressat: Marlies Müller
Betreff: Letzte Zahlungserinnerung
Ton: dringlich, bestimmt
Inhalt: Rechnung vom 6. August noch immer offen, bis
15. September überweisen
```

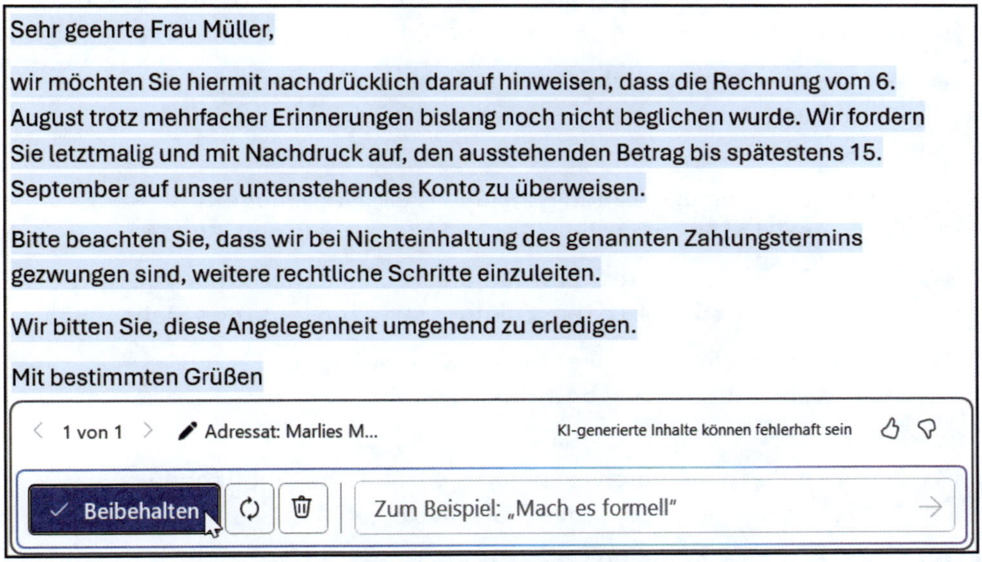

Sehr geehrte Frau Müller,

wir möchten Sie hiermit nachdrücklich darauf hinweisen, dass die Rechnung vom 6. August trotz mehrfacher Erinnerungen bislang noch nicht beglichen wurde. Wir fordern Sie letztmalig und mit Nachdruck auf, den ausstehenden Betrag bis spätestens 15. September auf unser untenstehendes Konto zu überweisen.

Bitte beachten Sie, dass wir bei Nichteinhaltung des genannten Zahlungstermins gezwungen sind, weitere rechtliche Schritte einzuleiten.

Wir bitten Sie, diese Angelegenheit umgehend zu erledigen.

Mit bestimmten Grüßen

Weitere Prompts für schnelle Briefe

Hier folgen weitere Prompts, mit denen Sie Copilot in Word nutzen können, um professionelle Geschäftsbriefe für verschiedene Anlässe zu erstellen. Passen Sie sie beliebig nach Ihren Bedürfnissen an:

- Erstelle einen höflichen Geschäftsbrief zur Anfrage eines Angebots für [Produkt/Dienstleistung].
- Formuliere ein Schreiben zur Beschwerde über eine fehlerhafte Lieferung von [Artikel], inklusive Bitte um Ersatzlieferung.
- Verfasse einen Dankesbrief für die erfolgreiche Zusammenarbeit mit [Firma] im letzten Quartal.

- Schreibe einen formellen Kündigungsbrief für einen bestehenden Vertrag mit [Firma], unter Einhaltung der Frist von [Datum].
- Verfasse ein offizielles Schreiben zur Terminvereinbarung mit [Name/Firma] für ein Geschäftstreffen am [Datum].
- Schreibe ein Antwortschreiben auf eine Reklamation, in dem wir Verständnis zeigen und eine Lösung anbieten.
- Verfasse einen Geschäftsbrief im Stil einer persönlichen Erzählung, der unsere Firmengeschichte beim Kunden vorstellt.
- Schreibe eine Einladung zu unserem Firmenevent als fiktiven Dialog zwischen Geschäftsführer und Kunde.
- Erstelle einen Brief zur Ankündigung einer Innovation, verpackt in eine kleine Zukunftsvision aus dem Jahr 2035.
- Formuliere einen Dankesbrief als metaphorisches Segelschreiben, bei dem das Projekt als gemeinsame Reise dargestellt wird.
- Schreibe ein Mahnschreiben im Stil eines höflichen Gedichts – formell, aber kunstvoll.
- Verfasse ein Bewerbungsschreiben für eine Geschäftspartnerschaft, als würde man sich für ein Tandemrennen bewerben.
- Gestalte einen Begrüßungsbrief für Neukunden mit Anklängen an ein Theaterstück – inklusive 'erste Szene'.
- Entwickle ein Angebotsschreiben mit Infografik-Vorschlag, das den Text visuell unterstützt – beschreibe die Bildidee gleich mit.

Bewerbungsschreiben und Lebenslauf

Das Anschreiben bei einer Bewerbung vermittelt dem potenziellen neuen Arbeitgeber einen ersten wichtigen Eindruck von Ihnen. Erfahrungsgemäß schätzen die Empfänger es, wenn Bewerber dabei auch auf das Unternehmen eingehen und deutlich machen, warum sie gern dort arbeiten möchten und warum genau sie die Richtigen für diesen Job sind. Ein KI-Assistent kann Ihnen dabei helfen, ein solches individuell auf ein Unternehmen abgestimmtes Anschreiben zu erstellen.

```
Erstelle ein professionelles Anschreiben für eine
Bewerbung als Marketing-Assistent bei der XYZ GmbH.
```

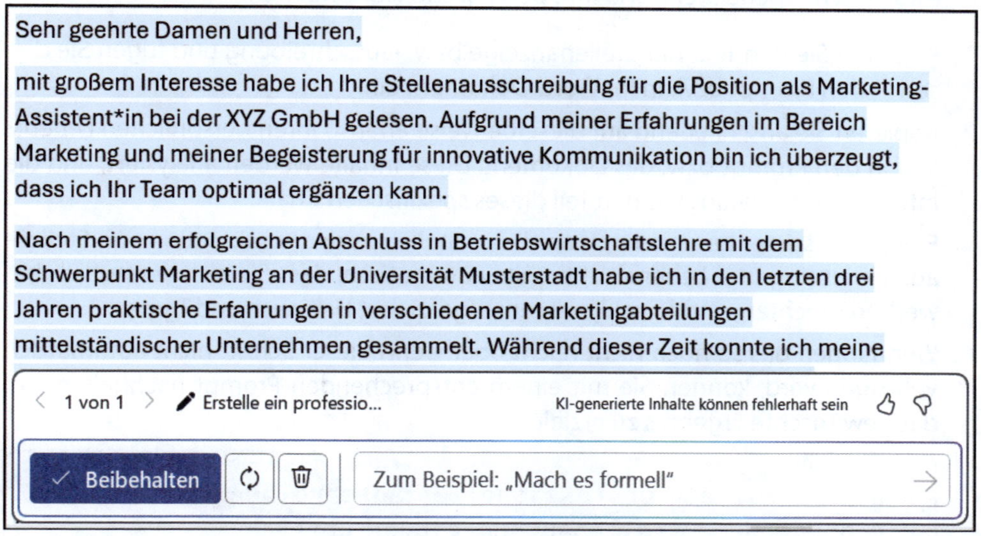

Dieses Beispiel zeigt zum einen, dass KI-Helfer nicht mehr als einen solchen Prompt brauchen, um ein spezifisches Anschreiben zu erstellen. Informationen zum Geschäftsfeld des Unternehmens und zum Tätigkeitsprofil der ausgeschriebenen Stelle kann die KI selbst passend generieren.

Sie brauchen nur noch die fantasievoll improvisierten Details etwa zu Ihrer Ausbildung oder zum bisherigen Arbeitgeber durch reale Informationen zu ersetzen.

Das Beispiel zeigt zum anderen aber auch die Grenzen auf und macht deutlich, warum man solchermaßen generierte Texte stets kritisch prüfen und idealerweise individuell anpassen und ergänzen sollte: Der Abschnitt zur eigenen bisherigen Berufserfahrung ist allgemein gehalten und verrät nichts Konkretes über den Bewerber.

Das ist unvorteilhaft und wird bei einem erfahrenen Personalchef schnell den – berechtigten – Verdacht aufkommen lassen, dass hier eine KI am Werk war. Ich würde hier also unbedingt konkrete, individuelle Ergänzungen vornehmen. Oder aber dem KI-Assistenten das nötige Wissen bereitstellen, um dies selbst zu tun (siehe im Folgenden).

Spezifische Ergebnisse durch individuelle Informationen

Auch wenn man mit einem schnell eingetippten Prompt schon ein gut klingendes Anschreiben erhalten kann, ist es sinnvoll, der KI weitere Informationen zur Verfügung zu stellen.

Durch deren Berücksichtigung können die erzeugten Texte noch individueller auf eine ausgeschriebene Stelle und Ihre persönliche Vita eingehen.

1. Kopieren Sie den Text der Stellenanzeige bzw. -ausschreibung und fügen Sie diesen in den Prompt bzw. in Ihr Word-Dokument ein.
2. Kopieren Sie anschließend auf dieselbe Weise ebenso Ihren persönlichen Lebenslauf in den Prompt bzw. das Dokument. Diese Inhalte werden analysiert, und die Informationen daraus werden Teil dieses spezifischen Chats.
3. Einige KI-Assistenten erkennen an dieser Stelle aus der Kombination von Stellenausschreibung und Lebenslauf bereits automatisch, dass Sie sich vermutlich bewerben möchten, und formulieren unaufgefordert Hinweise und Tipps.
4. Wenn Ihnen das so noch nicht reicht oder wenn dieser Schritt nicht automatisch vollzogen wird, können Sie mit einem entsprechenden Prompt nachhelfen, um das gewünschte Ergebnis zu erzielen:

```
Erstelle mir ein professionelles Anschreiben für
die angegebene Stellenausschreibung unter
Berücksichtigung meines Lebenslaufs!
```

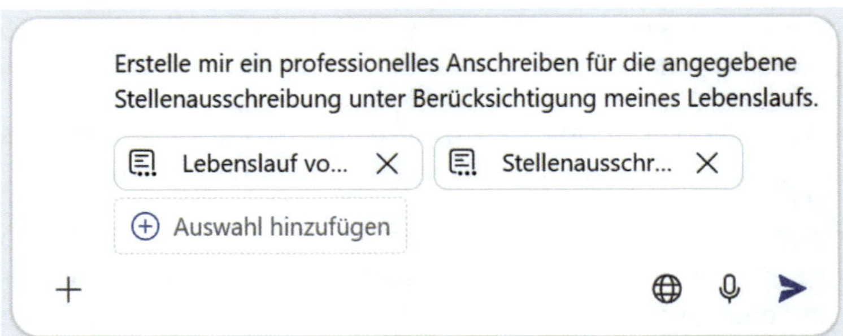

Die Informationen, die Sie dem Assistenten über den Prompt mitgeteilt haben, werden Teil des Wissens, das die KI innerhalb dieser Chat-Sitzung hat. Dadurch kann der Assistent einen maßgeschneiderten Text verfassen, der nicht nur auf Ihrem persönlichen Lebenslauf beruht, sondern auch spezifisch auf die angebotene Stelle und das Unternehmen dahinter eingeht.

> **Bewerbung als Marketing-Assistenz (m/w/d)**
>
> Sehr geehrte Damen und Herren,
>
> mit großer Begeisterung habe ich Ihre Stellenausschreibung für die Position der Marketing-Assistenz bei der XYZ GmbH gelesen. Aufgrund meiner fundierten Ausbildung im Bereich Marketing und meiner praktischen Erfahrungen als Marketing-Assistentin bin ich überzeugt, dass ich einen wertvollen Beitrag zu Ihrem kreativen Team leisten kann.
>
> Nach meinem erfolgreichen Abschluss des Bachelorstudiums in Marketing an der Hochschule für Wirtschaft und Recht Berlin, habe ich als Marketing-Assistentin bei der Kreativagentur BrandUnity GmbH in Berlin gearbeitet. In dieser Rolle habe ich umfangreiche Erfahrungen in der Entwicklung und Umsetzung von Marketingkampagnen gesammelt, insbesondere in den Bereichen Social Media, Eventorganisation und Content-Erstellung. Zu meinen Aufgaben gehörten unter anderem die Pflege der Social-Media-Kanäle, die Koordination von Influencer-Kooperationen sowie die Analyse von Kampagnenergebnissen mit Tools wie Google Analytics.
>
> Besonders reizvoll an der Position bei der XYZ GmbH finde ich die Möglichkeit, in einem dynamischen und innovativen Umfeld zu arbeiten und maßgeschneiderte Lösungen für unterschiedliche Branchen zu entwickeln. Ihre Schwerpunkte in der digitalen

Weitere Möglichkeiten, wie Sie Copilot in Microsoft 365 zusätzliche Informationen für seine Aufgaben zur Verfügung stellen können, zeige ich auf Seite 183.

Tabellarischen Lebenslauf in einen klassischen umwandeln

Viele Arbeitgeber begnügen sich heutzutage mit einer kompakten Tabelle mit den wesentlichen Angaben zu Werdegang und persönlichen Fähigkeiten. Manche aber legen Wert auf einen klassisch ausformulierten Lebenslauf.

Wenn Sie sich bei einem solchen Unternehmen bewerben möchten, können Sie einen vorhandenen tabellarischen Lebenslauf als Basis nehmen und mit KI-Hilfe daraus einen klassischen Lebenslauf formulieren lassen, der in Sprachwahl und Formulierungen idealerweise auf das Unternehmen abgestimmt ist.

1. Fügen Sie den Inhalt Ihres tabellarischen Lebenslaufs über die Zwischenablage in das Eingabefeld des KI-Assistenten ein. Liegt der Lebenslauf in einem PDF- oder Word-Dokument vor, können Sie dieses auch direkt bearbeiten.
2. Nun können Sie den Assistenten beauftragen, aus den bereitgestellten Lebenslaufdaten einen klassischen Lebenslauf zu erstellen, beispielsweise so:

```
Das ist mein tabellarischer Lebenslauf. Erstell mir
daraus einen klassischen Lebenslauf im Fließtext.
```

3. Daraufhin erhalten Sie eine ausformulierte Version Ihres Lebenslaufs, die Sie zumindest als Basis verwenden können, um noch Umformulierungen vorzunehmen oder ggf. bestimmte Aspekte stärker hervorzuheben.

Das ist mein tabellarischer Lebenslauf. Erstell mir daraus einen klassischen Lebenslauf im Fließtext.

Copilot KI-generierte Inhalte können fehlerhaft sein

Gerne erstelle ich Ihnen einen klassischen Lebenslauf im Fließtext basierend auf den Informationen aus Ihrem tabellarischen Lebenslauf:

Lebenslauf von Luise Löffler

Mein Name ist Luise Löffler, geboren am 15. Mai 1997. Ich wohne in der Musterstraße 17, 10117 Berlin und bin unter der Telefonnummer 030 12345678 sowie per E-Mail unter luise.loeffler@email.de erreichbar. Mein Berufsziel ist es, kreative und wirkungsvolle Marketingstrategien zu entwickeln, die Unternehmen helfen, ihre Markenidentität zu stärken und nachhaltige Beziehungen zu Kund*innen aufzubauen. Durch mein Studium sowie meine praktische Berufserfahrung bringe ich sowohl analytisches als auch kreatives Denken mit und möchte mich kontinuierlich weiterentwickeln, um einen wertvollen Beitrag im Bereich Marketing zu leisten.

Ich habe von 2016 bis 2019 ein Bachelorstudium im Bereich Marketing an der Hochschule für Wirtschaft und Recht Berlin absolviert. Während meines Studiums habe ich mich auf Markenmanagement, Online-Marketing, Markt- und Meinungsforschung sowie Kommunikationspsychologie spezialisiert und mein Studium mit einer

5.3 Externe Informationen integrieren

Je mehr Informationen die KI zu einer Aufgabe bekommt, desto spezifischer und präziser kann der generierte Text ausfallen. Sie können diese Informationen, wie vorangehend beschrieben, direkt mit in die Aufforderungen eintippen. Aber das wäre nur sinnvoll, wenn Sie am Prompt nicht so lange arbeiten, dass Sie den gewünschten Text in der Zeit auch gleich selbst schreiben könnten. Wenn Ihnen die Informationen bereits in Textform vorliegen, können Sie diesen Text in den Eingabebereich einfügen bzw. eine entsprechende Datei hochladen. Dann kann der Assistent den Inhalt analysieren und beim Generieren des Textes bearbeiten. Wenn die Informationen online verfügbar sind, reicht dafür sogar ein Link dorthin.

Informationen aus dem Web integrieren

Im folgenden Beispiel soll es um eine Einladung zu einer Produktvorstellung gehen. Die Informationen zum Produkt sind auf einer Webseite bereits verfügbar. Dann reicht es, die Adresse dieser Webseite in den Prompt einzufügen und dem KI-Assistenten zu erklären, was er damit anfangen soll. Hinweis: Bei Copilot in Microsoft 365 funktioniert das nicht, wenn Sie die Aufforderung links im Editor eingeben, da der Assistent dort das Auswerten von externen Links verweigert. Verwenden Sie stattdessen mit *Start/Copilot* die Seitenleiste und tippen Sie die Aufforderung einschließlich Link dort in den Eingabebereich ein.

```
Auf dieser Website ist unser neues Produkt beschrieben:
https://www.dictum.com/de/elektrowerkzeuge-saegen/pegas-
feinschnitt-bandsaege-srp14-716062
Erstelle mir eine Einladung für Presse und Partner zur
Produktvorstellung.
```

Copilot ruft die angegebene Webseite ab, analysiert den Inhalt und fügt ihn der Konversation als Kontext hinzu. Dann generiert er ein Einladungsschreiben, das die wesentlichen Informationen zum Produkt wiedergibt. Sie brauchen nur noch Ort, Datum und Uhrzeit bei den entsprechenden Platzhaltern einzufügen und könnten die Einladung dann fast schon direkt versenden.

> Auf dieser Website ist unser neues Produkt beschrieben: https://www.dictum.com/de/elektrowerkzeuge-saegen/pegas-feinschnitt-bandsaege-srp14-716062 Erstelle mir eine Einladung für Presse und Partner zur Produktvorstellung.
>
> **Copilot** KI-generierte Inhalte können fehlerhaft sein
>
> Natürlich, ich helfe Ihnen gerne dabei, eine Einladung zur Produktvorstellung zu erstellen. Hier ist ein Entwurf:
>
> **Einladung zur Produktvorstellung**
>
> Sehr geehrte Damen und Herren,
>
> wir freuen uns, Sie zur exklusiven Vorstellung unseres neuen Produkts, der **Pegas Feinschnitt-Bandsäge SRP14**, einzuladen. Diese innovative Bandsäge setzt neue Maßstäbe in Präzision und Leistung und ist ideal für anspruchsvolle Handwerksarbeiten.
>
> **Datum:** [Datum einfügen]
> **Uhrzeit:** [Uhrzeit einfügen]

Falls Ihnen das noch nicht reicht, können Sie Copilot weitere Informationen ergänzen lassen und eine entsprechend angepasste neue Fassung der Einladung erstellen lassen:

```
Ergänze in der Einladung eine Liste mit den wichtigsten
Eigenschaften des Produkts.
```

> Freuen Sie sich auf eine ausführliche Produktpräsentation, interessante Gespräche und die Möglichkeit, die Pegas Feinschnitt-Bandsäge SRP14 selbst auszuprobieren. Im Anschluss laden wir Sie herzlich zu einem kleinen Empfang mit Snacks und Getränken ein.
>
> **Wichtigste Eigenschaften der Pegas Feinschnitt-Bandsäge SRP14:**
>
> - Hohe Präzision und feine Schnittführung
> - Robuste und langlebige Bauweise
> - Benutzerfreundliche Handhabung und einfache Wartung
> - Leistungsstarker Motor für anspruchsvolle Schnitte
> - Vielseitig einsetzbar für verschiedene Materialien
>
> Bitte bestätigen Sie Ihre Teilnahme bis zum [Anmeldeschluss einfügen] per E-Mail an [Ihre E-Mail-Adresse einfügen].

Copilot mit vorhandenen Dokumenten füttern

Bei Copilot in Microsoft 365 können Sie den Inhalt von Dokumenten bei Ihren Aufforderungen berücksichtigen lassen. In der Desktop-Version von Word bezieht sich dies aber stets auf das Dokument, in dem Sie gerade arbeiten.

Bei der Webversion (siehe Seite 59) hingegen können Sie Dokumente einbinden, die Sie in Ihrer Microsoft-Cloud gespeichert haben bzw. für diesen Zweck dorthin hochladen. So können Sie sich, basierend auf den Inhalten eines oder mehrerer bereits vorhandener Dokumente, ein ganz neues Dokument generieren lassen.

Der technische Hintergrund ist, dass die in der Cloud gespeicherten Dateien von Microsoft bereits erfasst, analysiert und für die Auswertung durch Copilot vorbereitet sind. Würde man lokale Dateien in einen Prompt einfügen, müsste dieser ganze Prozess erst noch durchgeführt werden, was die Antwort enorm verlangsamen würde.

1. Legen Sie in der Webversion von Word 365 ein neues leeres Dokument an.
2. Oberhalb dieses neuen Dokuments wird automatisch eine Eingabezeile für Copilot angezeigt. Diese enthält – im Gegensatz zur Desktop-Version – rechts zusätzlich ein Büroklammer-Symbol.

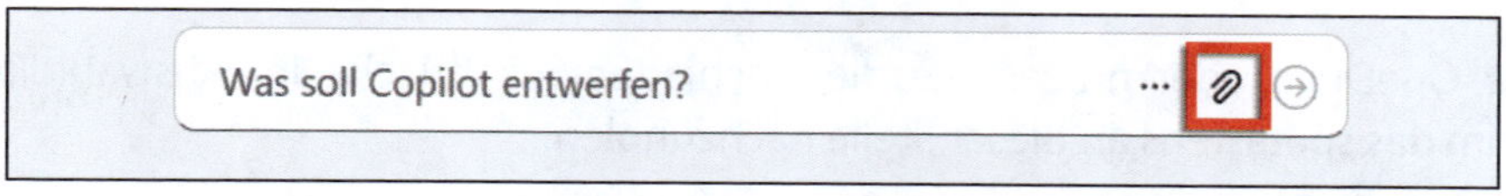

3. Klicken Sie auf dieses Symbol, um einen Dateiauswahldialog zu öffnen, mit dem Sie Ihre Cloud nach geeigneten Dokumenten durchstöbern können. Navigieren Sie darin zu einem gewünschten Dokument, wählen Sie dieses aus und klicken Sie dann auf *Anfügen*.

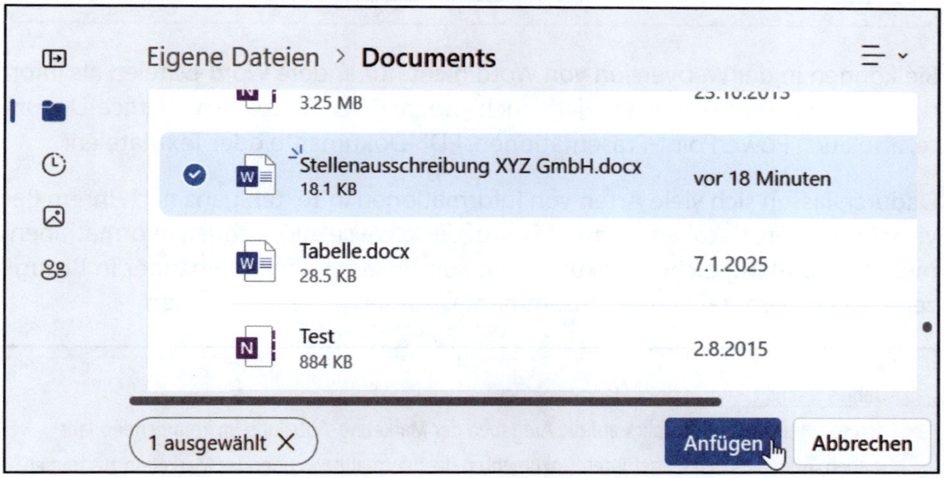

4. Auf diese Weise können Sie eines oder auch mehrere Dokumente zu einer Aufforderung hinzufügen.
5. Dann brauchen Sie nur noch zu formulieren, was Copilot mit den bereitgestellten Informationen tun soll.

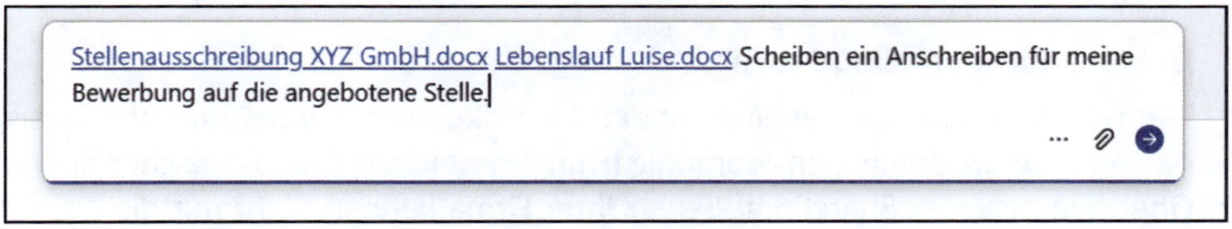

Dokumente zum Hinzufügen hochladen

Wie beschrieben können Sie nur Dokumente zu Aufforderungen hinzufügen, die in der Cloud gespeichert sind. Übertragen Sie solche Dateien also zuvor in Ihr OneDrive oder nutzen Sie die Hochladen-Schaltfläche im Auswahldialog, um das spätestens an dieser Stelle nachzuholen.

Sie können in der Webversion von Word nicht nur andere Word-Dateien als Informationsquellen heranziehen, sondern auch andere Arten textbasierter Office-Dokumente, also auch PowerPoint-Präsentationen, PDF-Dokumente oder Textdateien.

Dadurch lassen sich viele Arten von Informationen in Texten ganz nach Ihrem Bedarf verschriftlichen. Vor allem können Sie auf diese Weise auch schnell Informationen aus mehreren umfangreichen Dokumenten kombinieren bzw. zueinander in Bezug setzen und sich von der KI dazu Zusammenfassungen generieren lassen.

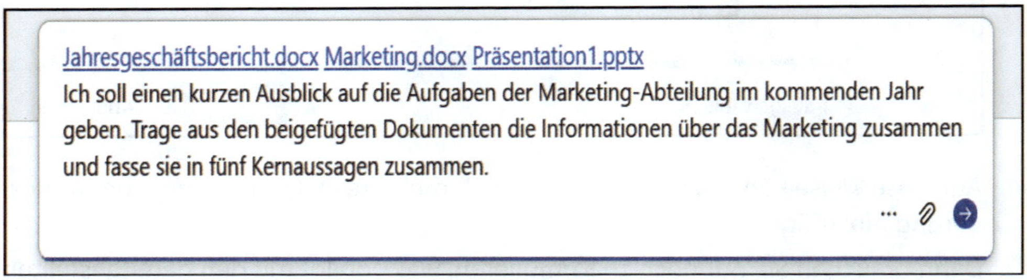

Dokumente in der Cloud suchen

Wenn Sie den Namen eines einzubindenden Dokuments kennen, können Sie sich das Navigieren durch den womöglich umfangreichen Cloud-Speicher sparen. OneDrive bzw. der SharePoint-Server Ihrer Firma kennen nicht nur die Namen, sondern indizieren ggf. auch die Inhalte der Dokumente.

Sie brauchen also nur den Dateinamen oder auch einen eindeutigen Begriff oder Namen aus dem Inhalt oben in das Suchfeld einzutippen. Drücken Sie dann ⏎, erhalten Sie eine Liste mit allen infrage kommenden Dateien, können die gewünschte auswählen und *Anfügen*.

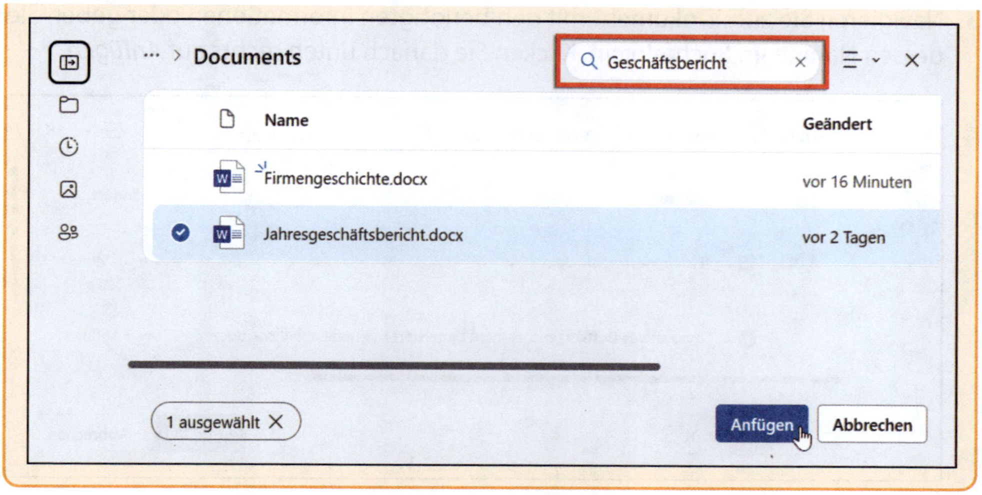

Informationen aus anderen Dokumenten einfügen

Der Rückgriff auf andere Dokumente ermöglicht auch das bequeme und kreative Wiederverwenden vorhandener Inhalte in genau der Form und dem Umfang, wie Sie diese gerade benötigen. Anstatt das Rad dafür jedes Mal neu zu erfinden, können Sie Copilot auf die vorhandenen Ressourcen verweisen und vorgeben, wie er diese nutzen soll, um Inhalte im aktuellen Dokument zu ergänzen.

Im folgenden Beispiel soll eine Pressemitteilung um einen Absatz zur traditionsreichen Historie des Unternehmens ergänzt werden. Die detaillierte Firmengeschichte liegt ausführlich beschrieben in einem Word-Dokument vor, auf das jederzeit zurückgegriffen werden kann. Es kommt wiederum die Webversion von Word zum Einsatz, da derzeit nur hier das Anfügen von Dokumenten zu Aufforderungen möglich ist.

1. Platzieren Sie die Einfügemarke an der Stelle, wo der neue Inhalt eingefügt werden soll, etwa in einer neuen leeren Zeile.

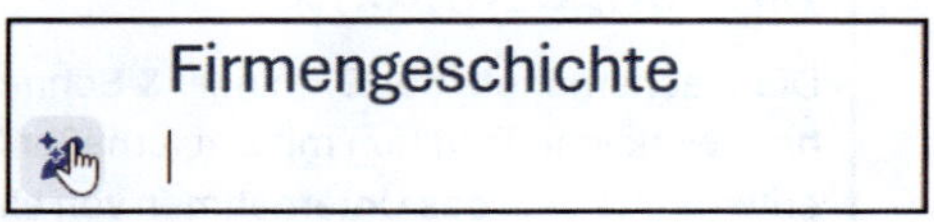

2. Klicken Sie dann links daneben auf das Copilot-Symbol und im so geöffneten Kontextmenü oben rechts auf das Büroklammer-Symbol.

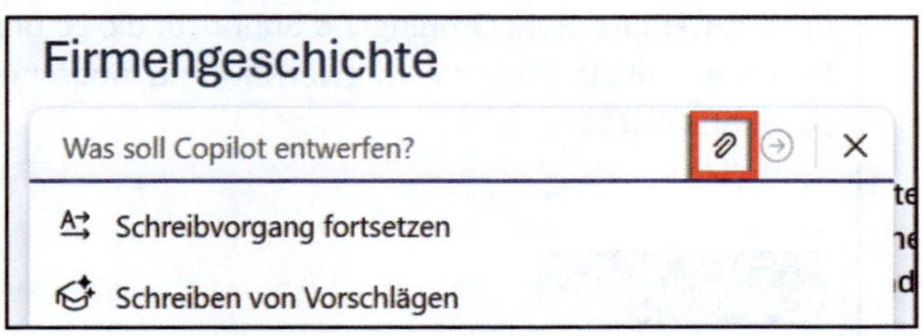

3. Navigieren Sie zum Dokument mit den benötigten Informationen oder geben Sie dessen Namen im Suchfeld ein. Klicken Sie danach unten rechts auf *Anfügen*.

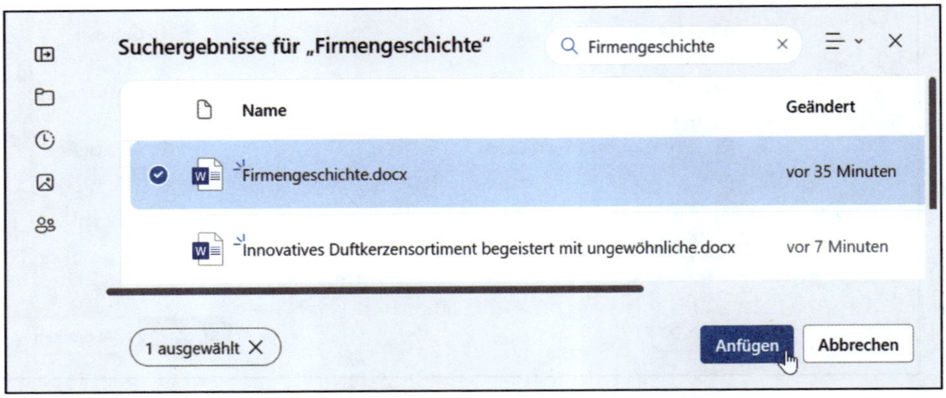

4. Beschreiben Sie in der Aufforderung, wie Copilot die Informationen aus dem angefügten Dokument nutzen soll.

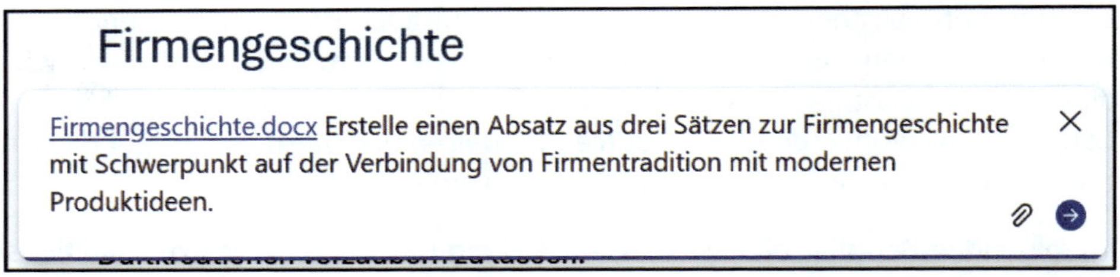

5. Kontrollieren Sie dann, ob der Vorschlag des Assistenten Ihren Vorstellungen entspricht. Wie immer können Sie ggf. noch Änderungsanweisungen erteilen.

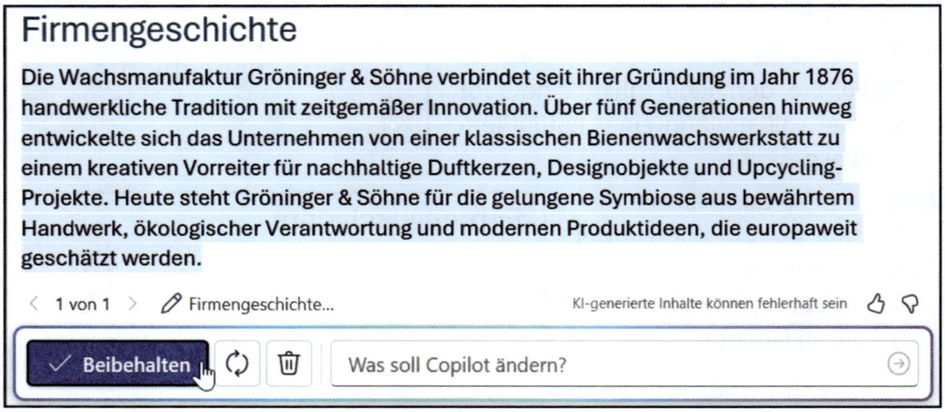

Längenbeschränkungen bei angefügten Dokumenten

Die Grenze dessen, was Copilot bei angefügten Dokumenten sinnvoll verarbeiten kann, hängt von der verwendeten Sprache ab und ist außerdem ständiger Weiterentwicklung unterworfen.

Laut Microsoft liegt die technische Obergrenze derzeit bei ca. 1,5 Millionen Wörtern oder ungefähr 300 Seiten. Dies gilt sowohl für das Zusammenfassen von Texten als auch für das Verweisen auf bestimmte Inhalte oder das Fragenstellen zum Text. Beim Umschreiben von Texten in einem anderen Stil liegt die empfohlene Grenze bei etwa 3.000 Wörtern.

Diese Grenzwerte sind nicht absolut, und zwar in beide Richtungen. Copilot wird die Arbeit bei größeren Dokumenten nicht einfach verweigern, aber die Ergebnisse sind nicht unbedingt auf dem gewohnten Niveau. Und auch umgekehrt kann es bei weniger großen Dokumenten unterhalb der Obergrenzen schon zu schlechteren Ergebnissen kommen, die aber nicht unbedingt offensichtlich sind.

Die Sprachmodelle moderner KI-Systeme neigen dazu, Inhalte zu bevorzugen, die sich am Anfang und Ende einer Datei befinden. Inhalte in der Mitte einer Datei werden weniger priorisiert. Bei kurzen Dokumenten wirkt sich dieser Effekt in der Praxis kaum merklich aus. Bei sehr langen Dateien kann es aber dazu kommen, dass Informationen, die nur in der Mitte der Dokumente behandelt werden, von der KI praktisch ignoriert werden und in den Antworten nicht vorkommen.

- Um bei einem längeren Dokument sicherzustellen, dass alle Informationen berücksichtigt werden, können Sie es in mehrere kleinere Dateien aufteilen und alle diese Dateien Ihren Aufforderungen anfügen.
- Bei sehr umfangreichen Dokumenten kann es eine sinnvolle Strategie sein, diese ebenfalls in kürzere Abschnitte zu unterteilen und diese Abschnitte jeweils von einem KI-Assistenten auf das Wesentliche zusammenfassen zu lassen. Speichern Sie diese Zusammenfassungen in Dokumenten und fügen Sie diese Dateien Ihren Aufforderungen bei. So stellen Sie sicher, dass die KI alle wesentlichen Informationen aus Ihren Dokumenten berücksichtigt, und ermöglichen dem Assistenten gleichzeitig effizienteres Arbeiten und schnellere Antworten.

5.4 Onlinetexte für Reichweite optimieren

Auch beim Erstellen von Inhalten für die Veröffentlichung im Internet und in sozialen Medien kann KI wertvolle Hilfe leisten. Das gilt zum einen für das Erstellen von Texten selbst, wie es in den vorhergehenden Abschnitten beschrieben wurde. Zum Erstellen von Onlinetexten gehören aber auch Dinge wie das Formulieren attraktiver Überschriften und neugierig machender Zusammenfassungen oder das Ergänzen von Hashtags, die Aufmerksamkeit erregen. KI-Helfer »wissen«, wie solche Texte gestaltet sein müssen, um die gewünschte Wirkung zu erzielen.

Einen attraktiven Titel generieren

Der Titel eines Artikels oder Blog-Beitrags ist sehr wichtig. Er sollte nicht nur eine klare Vorstellung vom Inhalt eines Beitrags vermitteln, sondern er sollte Besucher zum Lesen eines Beitrags animieren. Manche machen deshalb eine kleine Wissenschaft daraus, für jede Veröffentlichung eine attraktive, neugierig machende Überschrift zu finden. Wer sich darüber keine Gedanken machen und sich stattdessen lieber ganz auf Inhalte konzentrieren möchte, kann sich die lästige Titelsuche von der KI abnehmen lassen.

1. Erstellen Sie dazu am besten zunächst den eigentlichen Inhalt des Beitrags. Dieser dient der KI als Ausgangsmaterial, das analysiert werden kann. Je vollständiger der Inhalt, desto passender die generierte Überschrift.
2. Laden Sie den Inhalt dann zum KI-Assistenten hoch oder kopieren Sie ihn in den Eingabebereich, sodass er Teil des Dialogs wird. Wenn Sie den in Microsoft 365 integrierten Copilot nutzen, können Sie sich diesen Schritt sparen und stattdessen den Seitenbereich öffnen.
3. Hier können Sie den Assistenten auffordern, einen attraktiven Titel für diesen Text zu erstellen. Machen Sie dabei deutlich, für welchen Zweck der Text bzw. die Überschrift vorgesehen ist.

```
Ich möchte diesen Text als Blog-Beitrag veröffentlichen.
Erstelle mir dafür eine Überschrift, die Leser
neugierig macht und zum Lesen animiert.
```

> Wie wäre es mit dieser Überschrift:
>
> **„Wenn Windows-Updates scheitern: So retten Sie Ihr System mit diesen Tipps und Tricks"**
>
> Diese Überschrift verspricht wertvolle Informationen und praktische Lösungen für ein alltägliches Problem, das viele Leser interessiert. Was denken Sie? 😊

4. Eine Alternative dazu wäre es, den Assistenten weniger mit Vorgaben einzuschränken und sich dafür gleich ein paar Alternativen zur Auswahl vorschlagen zu lassen. Selbst wenn nicht direkt die perfekte Lösung dabei ist, bekommt man vielleicht

die entscheidende Inspiration und kombiniert dann aus mehreren Varianten eine passende Überschrift.

```
Kannst du mir ein paar Überschriften für den Text vorschlagen?
```

Natürlich! Hier sind einige Vorschläge für Überschriften:

1. **Schnelle Lösungen für hängende Windows-Updates**
2. **Wenn Windows-Updates versagen: Erste Hilfe und Tipps**
3. **So beheben Sie Update-Probleme in Windows**
4. **Windows-Updates hängen? Diese Maßnahmen helfen!**
5. **Update-Fehler beheben: Windows wieder zum Laufen bringen**
6. **Effektive Methoden zur Lösung von Windows-Update-Problemen**
7. **Windows-Update-Reparatur: Von einfachen zu komplexen Lösungen**

Klingt eine davon gut für Dich? 😃

Überschriften für Suchmaschinen optimieren

Bei Onlinetexten sollten sich nicht nur potenzielle Leser angesprochen fühlen, sondern auch Suchmaschinen. Denn diese können dafür sorgen, dass Ihre Beiträge von Nutzern gefunden werden, wenn diese bei Google oder anderen Suchdiensten recherchieren.

Damit man bei der Unmenge an Seiten gefunden und möglichst weit oben in den Trefferlisten auftaucht, gibt es einige Dinge, die man beachten sollte. Denn einige Regeln zur Suchmaschinenoptimierung (**S**earch **E**ngine **O**ptimization, SEO) können bewirken, dass Beiträge von den Suchalgorithmen als besonders relevant eingestuft werden.

- **Relevante Keywords einfügen**
  Überschriften sollten Schlüsselwörter enthalten, die Nutzer tatsächlich in Suchmaschinen eingeben. Dabei sollte das Haupt-Kennwort idealerweise am Anfang der Überschrift platziert sein.

- **Ansprechende Sprache**
  Die Überschrift sollte Neugier wecken oder ein Problem lösen. Generische Formulierungen sollten vermieden und stattdessen kreative Sprache verwendet werden, die Emotionen oder Interesse auslöst.
- **Kurze, prägnante Formulierungen**
  Überschriften sollten in der Regel unter 60 Zeichen lang sein, damit sie vollständig in den Suchergebnissen angezeigt werden.
- **Struktur und Lesbarkeit**
  Es empfehlen sich Zahlen, Fragen oder starke Verben, um die Struktur klar und ansprechend zu gestalten (z. B. »5 Tipps, die dein Leben verändern«).
- **Suchintention berücksichtigen**
  Die Überschrift sollte die Absicht des Nutzers vorwegnehmen. Ist der Nutzer auf der Suche nach Informationen, Ratschlägen, Produkten oder Inspiration?

Das klingt vielleicht auf den ersten Blick etwas komplex und ambitioniert. Aber KI-Assistenten kennen diese Regeln und haben eine genaue Vorstellung davon, was es heißt, Texte für Suchmaschinen zu optimieren. Sie brauchen Ihren Prompt dazu nur um ein Schlüsselwort wie *SEO-optimiert* zu ergänzen:

```
Erstelle eine Liste von prägnanten, kreativen
Überschriften zu diesem Text, die SEO-optimiert sind.
```

Hier sind einige SEO-optimierte, kreative und prägnante Überschriften für Deinen Text:

1. **Schnelle Lösungen für festhängende Windows-Updates**
2. **Update-Probleme in Windows: Effektive Tipps und Tricks**
3. **Windows-Update hängt? Diese Maßnahmen helfen sofort!**
4. **Windows-Update-Fehler beheben: Schritt-für-Schritt-Anleitung**
5. **Update-Spirale beenden: So retten Sie Ihr Windows**
6. **Festhängende Updates in Windows: Ursachen und Lösungen**
7. **Windows-Update-Probleme lösen: Von einfach bis komplex**
8. **Wenn Windows-Updates nicht funktionieren: Soforthilfe**
9. **So bringen Sie festhängende Windows-Updates wieder in Gang**
10. **Troubleshooting für Windows-Updates: Tipps und Sofortmaßnahmen**

Ich hoffe, diese Vorschläge sind hilfreich für Dich! 😀

Teaser für soziale Medien generieren

Für längere Veröffentlichungen kann es sinnvoll sein, aussagekräftige Zusammenfassungen eines Textes zu erstellen. Wie ein KI-Assistent das schnell und flexibel erledigen kann, ist ab Seite 136 beschrieben.

Kurze Ankündigungen – sogenannte Teaser – in sozialen Medien wie Facebook, Instagram oder X (ehemals Twitter) folgen aber noch mal anderen Gesetzmäßigkeiten, wenn man auf diese Weise zusätzliche Aufmerksamkeit generieren möchte. KI-Assistenten kennen diese Regeln, etwa was Stil, Wortwahl und Umfang angeht, und können Ihnen diese zusätzliche Mühe abnehmen.

```
Erstelle zu diesem Text einen Teaser für soziale Medien.
```

Oder eben gleich mehrere Teaser für etwas Auswahl:

```
Schlage mir ein paar mitreißende Teaser vor, mit denen
ich meinen Text auf sozialen Medien bewerben kann.
```

Na klar, Wolfram! Hier sind ein paar Ideen für packende Teaser:

1. **"Windows-Update in der Endlosschleife? Entdecke die besten Tipps und Tricks, um dein System wieder auf Kurs zu bringen!"**
2. **"Ein Windows-Update hat deinen PC lahmgelegt? Diese Sofortmaßnahmen helfen dir weiter!"**
3. **"Nervige Neustart-Spirale nach dem Update? So kannst du dein Windows schnell wieder zum Laufen bringen!"**
4. **"Mit diesen Profi-Tipps werden Windows-Update-Probleme zum Kinderspiel!"**
5. **"Verzweifelt wegen festgefahrenem Windows-Update? Hier findest du die Lösung!"**

Welche dieser Teaser spricht dich am meisten an? Oder sollen wir weitere brainstormen? 😄

Damit erhalten Sie allerdings eher allgemeine Teaser-Texte, die nicht speziell auf die besonderen Anforderungen bestimmter sozialer Netzwerke eingehen. Das ist aber auch möglich, wenn Sie die KI wissen lassen, für welche Plattform Sie einen Teaser benötigen:

- Erstelle mir zum Text einen Teaser für Instagram.
- Erstelle mir zum Text einen Teaser für Facebook.
- Erstelle mir zum Text einen Teaser für X.
- Erstelle mir zum Text einen Teaser für LinkedIn.
- Erstelle mir zum Text einen Teaser für TikTok.
- Erstelle mir zum Text einen Teaser für YouTube.
- Erstelle mir zum Text einen Teaser für Pinterest.

Natürlich! Hier ist ein ansprechender Teaser für Deinen Text über Windows-Update-Probleme, perfekt für TikTok:

🎯 **Windows-Update festgefahren?** 😱

Keine Panik! In unserem neuesten Beitrag zeigen wir Dir die besten Tricks und Tipps, um Deine Windows-Updates wieder in Gang zu bringen. Von einfachen Lösungen bis zu detaillierten Anleitungen – wir haben alles, was Du brauchst. 🛠️ ✨

👀 Schau Dir jetzt unseren Beitrag an und mach Deinen PC wieder fit! #WindowsUpdate #TechTipps #PCProblems

Wie immer können Sie sich auch gleich mehrere Vorschläge zur Auswahl generieren lassen. Wenn Sie auf mehreren Plattformen aktiv sind, können Sie sich aber auch auf einen Schlag gleiche Teaser für alle gewünschten Plattformen erstellen lassen:

Erstelle mir einen Teaser zu meinem Beitrag jeweils für Instagram, TikTok, X und Facebook.

Weitere Prompts zum Erstellen kreativer Teaser:

- Formuliere einen Instagram-Teaser, der mit einem auffälligen Bildtext kombiniert werden kann und Emotionen weckt.
- Gib mir einen kurzen Twitter/X-Teaser, der mit einem starken Call-to-Action in weniger als 280 Zeichen Neugier weckt.

- Erstelle einen professionellen LinkedIn-Teaser, der Mehrwert für [Zielgruppe] kommuniziert.
- Wie kann ein TikTok-Teaser aussehen, der mit Humor oder einem trendigen Hashtag die Aufmerksamkeit auf [Thema] lenkt?
- Schreibe einen Facebook-Post-Teaser, der mit einer offenen Frage mehr Kommentare anregen könnte.
- Gib mir einen YouTube-Community-Post-Teaser, der spannend genug ist, um Videoklicks zu fördern.
- Wie könnte ein Instagram-Story-Teaser klingen, der gleichzeitig neugierig und visuell ansprechend ist?
- Erstelle einen kurzen, SEO-optimierten Pinterest-Teaser, der den Nutzen von [Thema] aufzeigt.
- Formuliere einen ansprechenden LinkedIn-Beitrag, der auf aktuelle Trends in [Branche oder Thema] hinweist.
- Wie kann ich ein TikTok-Video mit einem unwiderstehlichen Teaser-Text für [Thema] ergänzen?
- Schreibe einen kreativen Facebook-Teaser, der Leser durch ein Versprechen fesselt.
- Gib mir einen Teaser für die Plattform X mit Humor, der User neugierig macht, auf den Link zu klicken.
- Wie könnte eine Instagram-Caption aussehen, die das perfekte Gleichgewicht zwischen Neugier und Ästhetik bietet?
- Erstelle einen LinkedIn-Teaser mit einer einleitenden Frage, die Fachleute zur Diskussion anregt.
- Welche starken Einleitungssätze eignen sich für eine TikTok-Beschreibung zu [Thema]?
- Schreibe einen Social-Media-Teaser für ein YouTube-Video, der neugierig macht, ohne das Ende zu spoilern.
- Wie formuliere ich einen Instagram-Post-Teaser, der mit einem interaktiven Element (z. B. Umfragen) kombiniert werden kann?

- `Gib mir einen kurzen und knackigen Teaser für Pinterest, der die Leser dazu bringt, den Pin zu speichern.`
- `Erstelle einen provokativen Facebook-Teaser, der Diskussionen über [Thema] anregt, ohne kontrovers zu wirken.`
- `Wie kann ich einen lebendigen LinkedIn-Teaser schreiben, der meine Expertise in [Thema] subtil hervorhebt?`

Texte vor dem Veröffentlichen bewerten lassen

Im vorhergehenden Kapitel ist beschrieben, wie KI Ihnen dabei helfen kann, die Verständlichkeit und Lesbarkeit Ihrer Texte zu analysieren und ggf. zu verbessern. Das gilt auch für Texte in sozialen Medien, wobei allerdings nochmals andere speziellere Regeln gelten. So müssen Inhalte hier oftmals noch komprimierter auf den Punkt gebracht werden, um die Aufmerksamkeitsspanne der typischen Konsumenten nicht zu strapazieren.

Wie gut ist mein Text als Beitrag bei Instagram geeignet?

Dein Text ist informativ und nützlich, insbesondere für Personen, die Probleme mit Windows-Updates haben. Um jedoch auf Instagram maximale Wirkung zu erzielen, solltest du einige Anpassungen vornehmen, um den Text an die Plattform anzupassen. Hier sind einige Tipps:

1. **Visuelle Elemente einfügen**: Bilder, Grafiken oder kurze Videos können die Aufmerksamkeit der Leser erhöhen.
2. **Absätze kürzen**: Instagram-Nutzer bevorzugen kürzere Texte. Fasse die wichtigsten Punkte zusammen und verwende Absätze, Listen oder Emojis zur besseren Lesbarkeit.
3. **Call-to-Action (CTA)**: Fordere deine Follower auf, mit deinem Beitrag zu interagieren. Zum Beispiel: "Tippe auf ❤️, wenn du diese Tipps nützlich findest!"
4. **Hashtags nutzen**: Relevante Hashtags erhöhen die Sichtbarkeit deines Beitrags. Beispiele: #WindowsUpdate #TechHacks #ComputerTipps

KI-Assistenten kennen diese Regeln und können sie bei der Analyse Ihrer Texte berücksichtigen, wenn Sie gezielt danach fragen:

```
■ Wie gut ist mein Text für Instagram geeignet?
■ Kann ich diesen Beitrag zum Veröffentlichen auf Facebook
  noch verbessern?
■ Was würdest du an diesem Text ändern, damit er
  perfekt für X ist?
```

Zum Text passende Illustrationen erstellen

Ein Bild sagt mehr als tausend Worte, und auch Onlinebeiträge werden von Bildern oftmals bereichert. Sie können nicht nur informativ sein, sondern lockern die Darstellung auf und können einen Beitrag in Übersichten als Minivorschau attraktiver machen. Allerdings muss man auch erst mal ein passendes Bild erstellen oder finden (und bei nicht selbst erstellten Bildern vor allem auch die Urheberrechte beachten). Viele KI-Assistenten können nicht nur Texte generieren, sondern auch Bilder. So können Sie sich zu einem Beitrag eine passende Abbildung erstellen und in den Artikel integrieren lassen. In Kapitel 9 geht es ausführlich um die Möglichkeiten, mit KI-Hilfe Bilder zu erstellen. Deshalb beschränke ich mich an dieser Stelle darauf, Ihnen zu zeigen, wie Sie sich jederzeit ein Bild oder eine Grafik zur Illustration von Onlinebeiträgen erstellen lassen. Wichtig: Stellen Sie dazu Ihren Text dem Assistenten zur Verfügung, sodass er den Inhalt kennt. Dann reicht ein Prompt wie dieser:

```
Generiere mir eine Grafik zur Illustration meines Textes
auf Instagram.
```

Mit einem so offen gehaltenen Prompt lassen Sie dem Assistenten viel Spielraum zur Interpretation. Dadurch kann es passieren, dass ein eher allgemeines Bild entsteht, das zwar nicht fehl am Platz ist, aber auch nicht viel Aussagekraft hat. Es kann also sinnvoll sein, ggf. etwas spezifischere Anforderungen zu stellen.

> Generiere ein Bild von einer frustrierten Person, die vor ihrem Computer sitzt, umgeben von Fehlermeldungen und Windows-Update-Symbolen. Im Hintergrund sind möglicherweise einige der beschriebenen Maßnahmen illustriert, wie das Entfernen von Geräten, das Überprüfen des Speicherplatzes oder das Reparieren des Windows-Update-Mechanismus.

Die besten Schlagwörter für einen Beitrag

Wer mit Inhalten im Web oder in sozialen Medien möglichst viele Menschen erreichen möchte, sollte besonders auf Schlüsselwörter oder neudeutsch »Hashtags« achten. Das sind griffige Schlagwörter, die Inhalte thematisch verorten und so für Interessierte schnell und gezielt auffindbar machen. Mit geschickt gewählten Schlüsselwörtern können Sie die Reichweite Ihrer Inhalte leicht erhöhen. Aber was sind die richtigen Begriffe? Bei der Auswahl kann Ihnen künstliche Intelligenz helfen. Die digitalen Helfer können zum einen Ihren Text analysieren und die wesentlichen Begriffe herausfiltern. Zum anderen »wissen« sie, welche Schlagwörter typischerweise verwendet werden, und können entsprechend sinnvolle vorschlagen:

1. Fügen Sie zunächst den gesamten Text Ihres Beitrags in den Prompt Ihres Assistenten ein und senden Sie ihn ab (bei Copilot in Microsoft 365 können Sie sich diesen Schritt sparen).
2. Der Assistent wird den Text zur Kenntnis nehmen und zunächst nur allgemein kommentieren. Das bedeutet aber, dass er den Inhalt des Beitrags nun für diese Sitzung »kennt« und ihn bei seinen Antworten berücksichtigen kann.
3. Nun können Sie ihn bitten, passende Schlagwörter für diesen Text zu generieren, etwa mit einem solchen Prompt:

```
Ich möchte diesen Text auf verschiedenen Social-Media-
Kanälen veröffentlichen. Welche Hashtags sollte ich
verwenden, damit sie möglichst viel Beachtung finden?
```

Um sicherzustellen, dass dein Text auf Social-Media-Kanälen möglichst viel Beachtung findet, solltest du relevante und beliebte Hashtags verwenden. Hier sind einige Tipps und Beispiele für Hashtags, die du nutzen könntest:

1. **Allgemeine Hashtags**: Diese Hashtags sind weit verbreitet und werden oft verwendet, um eine breite Zielgruppe zu erreichen.
   - #WindowsUpdate
   - #TechTips
   - #PCProblems
   - #WindowsHelp
2. **Spezifische Hashtags**: Diese Hashtags sind gezielter und sprechen eine spezifische Zielgruppe an.
   - #WindowsUpdateFix
   - #UpdateTroubleshooting
   - #PCMaintenance
   - #WindowsSupport
3. **Community-Hashtags**: Diese Hashtags helfen dir, Teil einer bestimmten Community zu werden und deren Aufmerksamkeit zu gewinnen.

5.5 Artikel, Reden und längere Texte generieren

Sie können mit KI-Assistenten auch längere Texte erstellen. Allerdings machen diese das nicht wie bei einfachen Briefen oder E-Mails auf Zuruf.

```
Schreibe mir einen komplexen Roman, der ein Bestseller
wird
```

ist deshalb leider kein vielversprechender Prompt. Bei längeren Texten geht es eher darum, Assistenten als Unterstützer zu nutzen, die Ihnen bei vielen Schritten auf dem Weg von der Idee zum fertigen Werk zur Hand gehen können. Wie umfangreich die Hilfe sein soll, können Sie dabei selbst entscheiden, denn es kann vom kreativen Ideengeber bis hin zum kompetenten Ghostwriter reichen.

Ideen und Themen für einen Text sammeln

Wenn Sie zu einem ganz neuen Thema schreiben möchten, von dem Sie selbst vielleicht noch gar keine klaren Vorstellungen haben, kann ein KI-Assistent Sie mit einer Themenliste unterstützen. Da er über ziemlich viele Dinge ziemlich gut Bescheid weiß, kann er diese Informationen gut und übersichtlich zusammentragen. So erhalten Sie schnell eine erste Themenliste, die Sie als Basis nutzen und weiter verfeinern können.

```
Ich bin zum Hygienebeauftragten unserer Einrichtung ernannt
worden. Nun soll ich bei einer Versammlung meine Aufgaben
und Zuständigkeiten vorstellen. Erstelle mir dafür eine
Themensammlung.
```

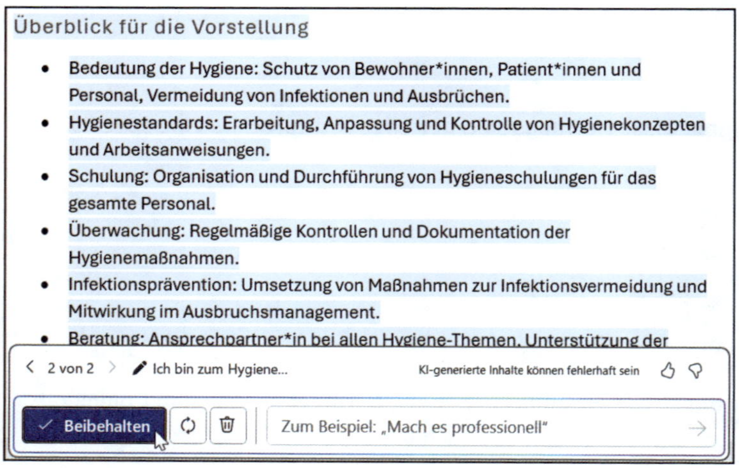

Auch wenn Sie noch auf der Suche nach einem Thema sind, kann KI Ihnen mit kreativen Vorschlägen helfen. In der Regel werden ja der Rahmen, die Zielgruppe oder der grundlegende Zweck eines Textes in etwa klar sein. Wenn Sie diese dem Assistenten mitteilen, kann er Ihnen Ideen liefern.

`Welche Themen eignen sich für eine motivierende Rede vor einem Team, das gerade eine Krise durchmacht?`

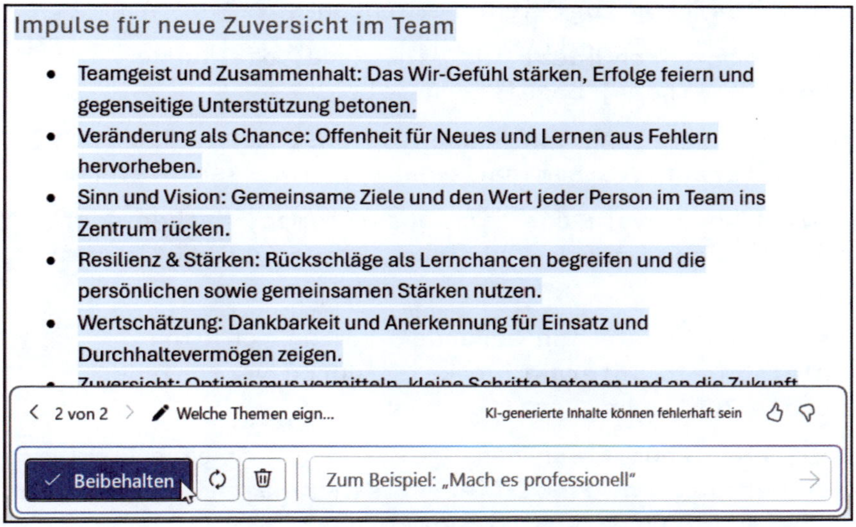

Wann immer Sie mit der Arbeit an einem Text beginnen, können Sie sich so Vorschläge vom KI-Helfer machen lassen, um sich zumindest inspirieren zu lassen. Was Sie davon annehmen und umsetzen, bleibt ganz Ihnen überlassen. Hier noch einige Anregungen aus den unterschiedlichsten Bereichen, für welche Zwecke Sie die KI einspannen könnten:

- `Gib mir eine Liste spannender Themen für einen Artikel über Zukunftstrends in [Branche/Thema].`
- `Welche kontroversen oder polarisierenden Themen eignen sich für eine Rede, die zum Nachdenken anregen soll?`
- `Erstelle eine Sammlung von Präsentationsthemen, die für ein Publikum aus [Zielgruppe] besonders relevant und fesselnd wären.`
- `Gib mir Themenvorschläge für eine Präsentation, die Innovation und Kreativität in Unternehmen fördern soll.`

```
■ Welche Artikelthemen würden sich gut eignen, um ein
  breites Publikum für [gesellschaftliches Thema] zu
  sensibilisieren?
■ Stell mir zehn Themen vor, die scheinbar nichts
  miteinander zu tun haben, aber in einem Vortrag spannend
  verknüpft werden könnten.
■ Welche Themen eignen sich für eine Präsentation, die mit
  Humor und Tiefgang zugleich überzeugen soll?
■ Welche Themen wären ideal für eine Rede, die junge
  Menschen für [Thema] begeistern soll?
■ Gib mir eine Sammlung von Präsentationsthemen, die sich
  für ein interaktives Seminar oder einen Workshop eignen.
■ Stell mir Themen vor, die sich aus Träumen, Mythen oder
  Märchen ableiten lassen - aber mit Bezug zur heutigen
  Welt.
■ Welche Themen könnte ich behandeln, wenn ich eine
  Präsentation als interaktive Reise durch verschiedene
  emotionale Zustände gestalten möchte?
■ Welche Themen könnte ich behandeln, wenn ich eine Rede
  aus der Perspektive eines Tieres, einer Maschine oder
  eines fiktiven Charakters halten würde?
■ Gib mir zehn Themen, die sich aus einem einzigen Wort
  entwickeln lassen.
■ Welche Themen eignen sich für eine Präsentation,
  die komplett aus Fragen besteht - ohne direkte
  Antworten?
```

Gliederungen für komplexe Themen erstellen

Wenn Sie vor der Aufgabe stehen, einen umfangreicheren Text schreiben zu müssen, kann das Erstellen einer Gliederung ein sinnvoller erster Schritt sein. Diese strukturiert das Thema von vornherein, stellt Vollständigkeit sowie innere Logik sicher und kann beim weiteren Vorgehen als Leitplanke dienen, an der entlang Sie den eigentlichen Text dann Schritt für Schritt in Abschnitten erstellen. KI kann Ihnen beim Erstellen einer solchen Gliederung helfen. Dabei machen Sie sich zunutze, dass das dahinterstehende System zu den meisten Themen ausreichendes Wissen hat, um alle relevanten

Aspekte zu kennen. Gleichzeitig weiß der Assistent, wie man dieses Wissen in eine sinnvolle Struktur überführen kann.

1. Um eine Gliederung für ein Thema zu generieren, legen Sie zunächst ein neues leeres Dokument an.
2. Nun benötigen Sie einen KI-Eingabe-Prompt. Ob Sie den über das Copilot-Symbol links im Dokument oder unten im Copilot-Seitenbereich öffnen, spielt dabei keine Rolle. Ein Klick auf das Symbol links ist meist praktischer, weil es bei einem leeren Dokument ohnehin angezeigt wird und das Ergebnis später automatisch ins Dokument einfügt.
3. Geben Sie in den Prompt ein, um welches Thema es gehen soll und dass Sie dazu eine detaillierte Gliederung benötigen. Selbstverständlich können Sie den Prompt auch abändern, etwa wenn Sie nur eine grobe Gliederung oder einfach eine Aufzählung der wichtigen Themenbereiche brauchen.

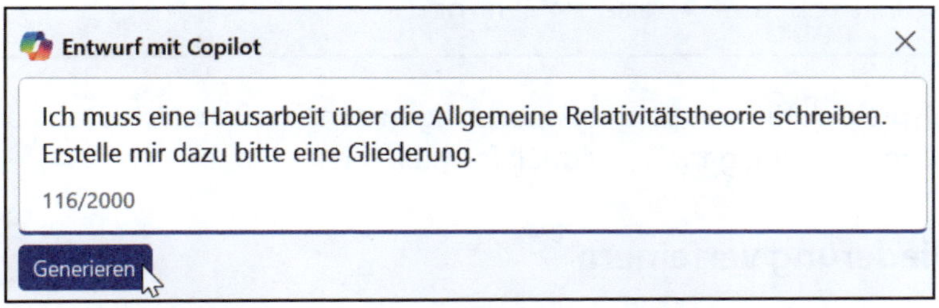

4. Klicken Sie dann auf die *Generieren*-Schaltfläche bzw. in der Seitenleiste auf das Pfeilsymbol zum Absenden. Nach wenigen Sekunden Wartezeit präsentiert Copilot Ihnen einen Vorschlag für einen Gliederungsentwurf.

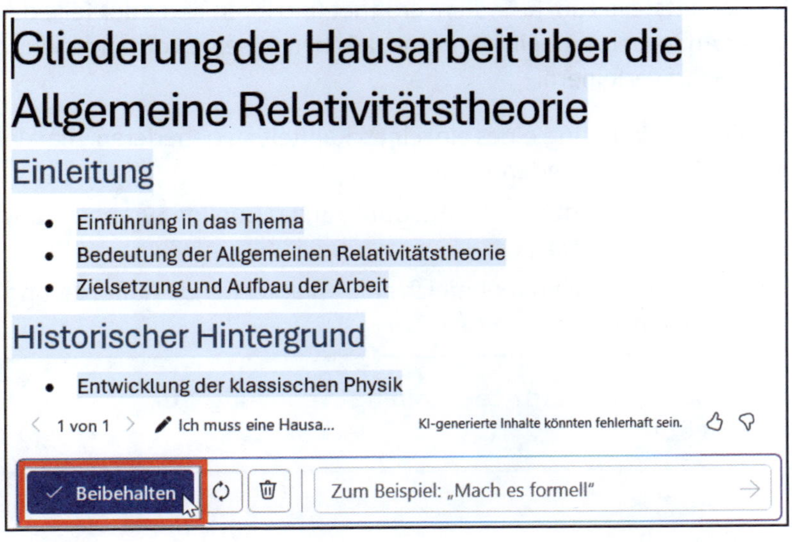

- Haben Sie das Copilot-Symbol benutzt, wird der Vorschlag direkt in das Dokument eingefügt. Klicken Sie auf *Beibehalten*, wenn Ihnen der Inhalt zusagt.
- Nutzen Sie die Seitenleiste, können Sie den Entwurf zunächst dort begutachten. Möchten Sie ihn als Basis für Ihre Arbeit nutzen, klicken Sie unterhalb davon auf *Einfügen*, um die Gliederung nach links in das Dokument zu übernehmen.

Sagt Ihnen das Ergebnis nicht sofort zu, können Sie Copilot zu Nachbesserungen veranlassen. Beschreiben Sie dazu direkt im Eingabebereich, was Sie stört bzw. was Sie verändert haben möchten, also etwa:

```
■ Das ist zu ausführlich. Mach die Gliederung straffer.
■ Das ist zu oberflächlich. Mach die Gliederung
  detaillierter.
■ Füge zusätzlich das Thema XYZ hinzu.
```

Dies sind nur Beispiele dafür, wie solche Anweisungen zum Verfeinern lauten könnten. Sie können Ihre Wünsche ganz individuell formulieren.

Eine grobe Gliederung verfeinern

Eine grobe thematische Unterteilung in Kapitel ist für ein umfangreiches Werk sicherlich nur der erste Schritt. Anstatt direkt loszuschreiben, könnte man nun darangehen, die einzelnen Abschnitte der Gliederung weiter zu unterteilen und zu verfeinern. Dafür bietet Copilot zwar keine direkt anklickbare Funktion. Aber da die Seitenleiste Ihnen eine flexible Schnittstelle zum KI-System eröffnet und Ihren Text oder Teile davon dem Kontext einer Aufforderung beifügen kann, können Sie eine vorhandene grobe Gliederung nach Bedarf verfeinern.

1. Um eine detaillierte Gliederung eines einzelnen Kapitels zu generieren, markieren Sie dieses Kapitel in der vorhandenen Gliederung.
2. Klicken Sie dann unten links neben der Auswahl auf das Copilot-Symbol und wählen Sie im Menü *Prompt schreiben*.
3. Tippen Sie im so geöffneten Eingabebereich eine entsprechende Aufforderung für eine Feingliederung ein, beispielsweise:

```
Erstelle eine detaillierte Binnengliederung für
dieses Kapitel!
```

4. Senden Sie die Aufforderung mit einem Klick auf *Generieren* ab.

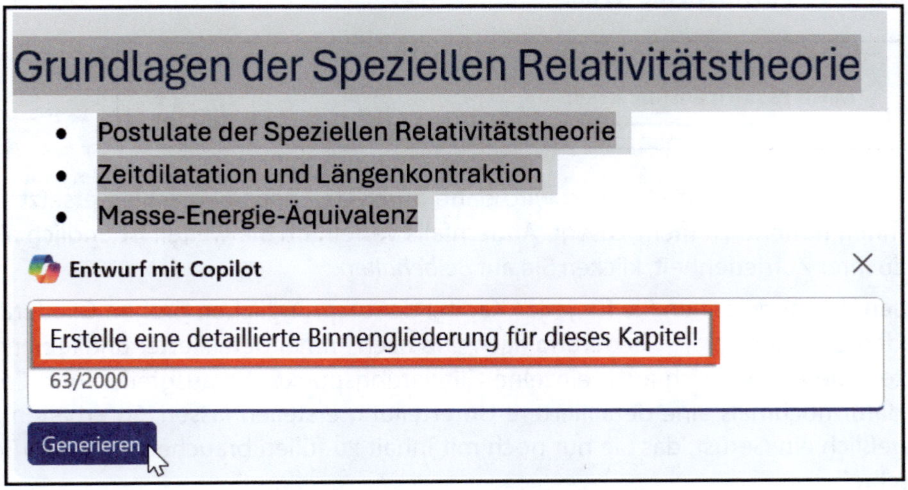

5. Als Antwort erhalten Sie nach wenigen Sekunden einen Vorschlag von Copilot. Sagt der Ihnen zu, können Sie ihn mit einem Mausklick *Beibehalten*. Sie müssen dann nur noch den ursprünglich ausgewählten Abschnitt zu diesem Kapitel manuell entfernen.

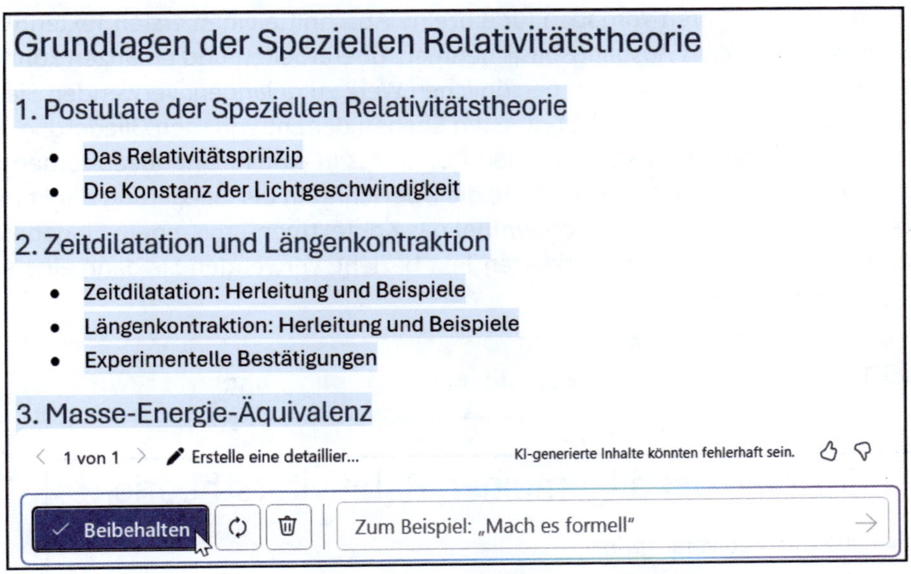

6. Sollten Sie noch nicht zufrieden sein, klicken Sie in das Eingabefeld unten rechts im Dialog und teilen dem Assistenten mit, was Sie anders haben möchten. Ist Ihnen die Gliederung noch nicht detailliert genug, versuchen Sie es beispielsweise

mit »Mach es noch ausführlicher!«. Senden Sie diese Aufforderung mit einem Klick auf das Pfeilsymbol rechts ab.

7. Der zuvor generierte Entwurf wird dann durch den neuen Vorschlag ersetzt, der Ihnen hoffentlich mehr zusagt. Andernfalls verfeinern Sie weiter. Ist endlich alles zu Ihrer Zufriedenheit, klicken Sie auf *Beibehalten*.

Diesen Vorgang können Sie für jedes Kapitel der ursprünglichen groben Gliederung wiederholen und so die Gliederung nach und nach immer detaillierter und feiner gestalten. Sie können sich auch einzelne Gliederungspunkte herausgreifen und Copilot dafür nochmals eine detailliertere Unterteilung erstellen lassen. So erhalten Sie schließlich ein Gerüst, das Sie nur noch mit Inhalt zu füllen brauchen, um Ihren Text zu schreiben.

Einen ersten Entwurf generieren

Neben dem Wissen für Themensammlungen und Gliederungen können Sie sich auch die Fähigkeit der KI zum Generieren ausformulierter Texte zunutze machen. So kann der Assistent nach Ihren Vorgaben für einzelne Abschnitte einen ersten Textentwurf generieren, den Sie als Ausgangsbasis nehmen, überarbeiten und ergänzen können, um so schnell zu Ihrem eigenen persönlichen Werk zu gelangen. Verwenden Sie als Ausgangsbasis dabei jeweils die untersten Ebenen der entworfenen Gliederung. Kopieren Sie die Überschrift eines solchen Abschnitts in eine KI-Eingabeaufforderung. Bei Copilot in Microsoft 365 können Sie die Überschrift in der Gliederung direkt markieren und dann mit dem Copilot-Symbol das Kontextmenü mit einem Eingabefeld öffnen, das sich nur auf den markierten Text bezieht. Verwenden Sie dann eine Aufforderung wie diese:

```
Schlage mir einen Textentwurf für diesen Abschnitt vor.
```

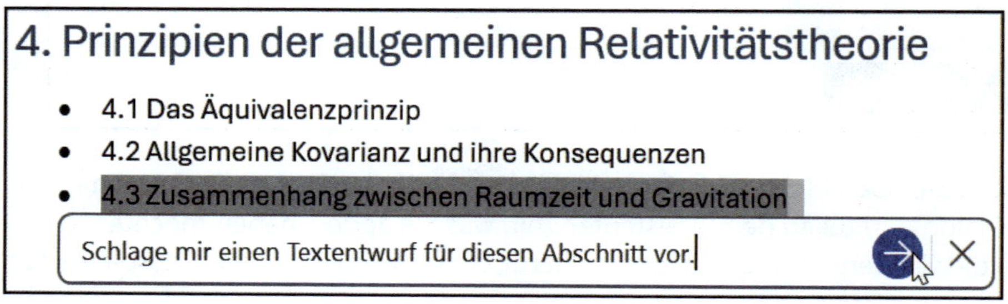

Nach kurzer Denkpause präsentiert die KI Ihnen einen Entwurf für einen Text, zu dem die vorgegebene Zeile eine passende Überschrift sein könnte.

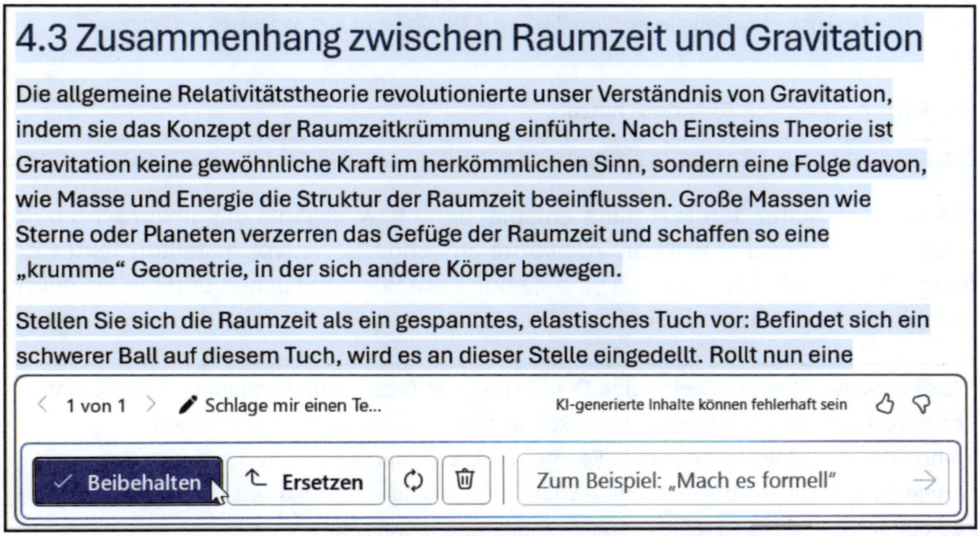

Gerade in Word 365 mit Copilot funktioniert das sehr gut, da die KI in dieser Konstellation immer das gesamte Dokument im Blick hat. Auch bei einer allgemeineren Abschnittsüberschrift wie »Typische Probleme« kennt der Assistent stets den Kontext dieser Formulierung und weiß, worauf sich der Text beziehen soll.

Wenn Sie mit anderen KI-Assistenten arbeiten und Texte zwischen Word und Web hin- und herschieben, klappt das eventuell nicht immer so gut. Wenn der Assistent den Kontext nicht kennt, in dem eine Überschrift steht, wird er ggf. Text generieren, der nicht ganz Ihren Anforderungen entspricht.

Sie können das vermeiden, indem Sie Ihrem KI-Assistenten zu Beginn jeder neuen Sitzung noch mal die gesamte Gliederung Ihres Textes übergeben, um den notwendigen Kontext für nachfolgende Aufforderungen herzustellen.

Entwürfe verfeinern

Wenn Sie mit dem ersten Entwurf noch nicht zufrieden sind, lassen Sie Copilot nachbessern. Sie können den Assistenten eine ausführlichere oder kürzere Fassung erstellen lassen oder um einen anderen sprachlichen Stil bitten. Bei Copilot geht das direkt im Eingabefeld unten rechts im Dialog. Bei anderen KI-Assistenten geben Sie Ihren Änderungswunsch direkt im selben Chat ein.

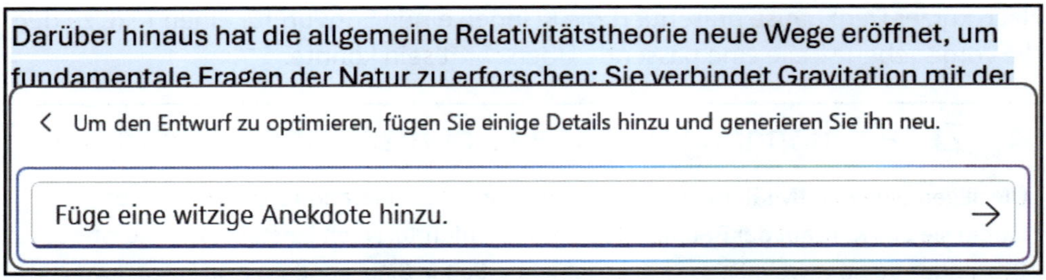

Die KI überarbeitet den Text dann entsprechend bzw. ergänzt die gewünschten Bestandteile. Im Beispiel wird die Anekdote ans Ende des zuvor erstellten Textes gehängt. Hier würde ich ggf. noch eine geeignetere Position suchen und die Erzählung geschickter in den Text einbinden.

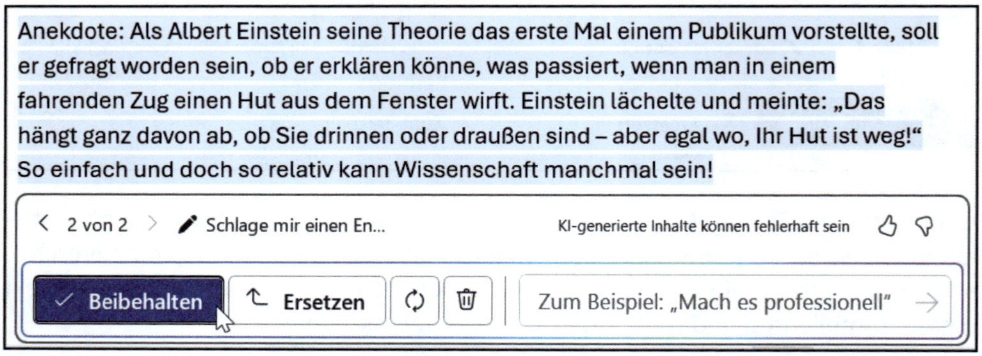

Hier noch einige weitere Prompt-Beispiele als Anregungen, wie Sie Textentwürfe schnell in die von Ihnen gewünschte Richtung optimieren können:

- Schreibe den Text in einer formelleren Sprache.
- Kürze den Text auf die Hälfte seiner Länge.
- Verwende eine lebendigere und bildlichere Sprache.
- Ergänze historische Hintergrundinformationen.
- Schreibe den Text aus der Perspektive eines Astronauten.
- Füge technische Details und Formeln hinzu.
- Schreibe den Text in einem erzählerischen Stil.
- Verwandle den Text in einen Dialog zwischen einem Physiker und einem Philosophen.
- Schreibe den Text in einer formelleren Sprache.

- Kürze den Text auf die Hälfte seiner Länge.
- Verwende eine lebendigere und bildlichere Sprache.
- Ergänze historische Hintergrundinformationen.
- Schreibe den Text aus der Perspektive eines Astronauten.
- Füge technische Details und Formeln hinzu.
- Schreibe den Text in einem erzählerischen Stil.
- Verwandle den Text in einen Dialog zwischen einem Physiker und einem Philosophen.
- Füge Zitate oder Aussagen von berühmten Persönlichkeiten hinzu.
- Verwende eine humorvolle oder ironische Tonalität.
- Ergänze den Text mit historischen Daten.
- Schreibe den Text aus der Perspektive eines Kindes.
- Verwandle den Text in einen poetischen oder lyrischen Stil.

5.6 Kreative Texte mit KI-Hilfe

KI kann nicht nur Fakten referieren oder vorhandene Informationen in einer gewünschten Weise umformulieren. Sie kann auch kreativ werden und Geschichten erfinden. Wenn Sie die Fähigkeiten etwa von Copilot zum kreativen Erzählen testen möchten, lassen Sie sich einfach mal eine Kurzgeschichte von der KI generieren.

1. Öffnen Sie dazu ein leeres Word-Dokument und klicken Sie am linken Rand auf das Copilot-Symbol.
2. Tippen Sie im Eingabedialog beispielsweise die Aufforderung `Erzähl mir eine spannende Kurzgeschichte!` ein und klicken Sie auf das Absenden-Symbol.

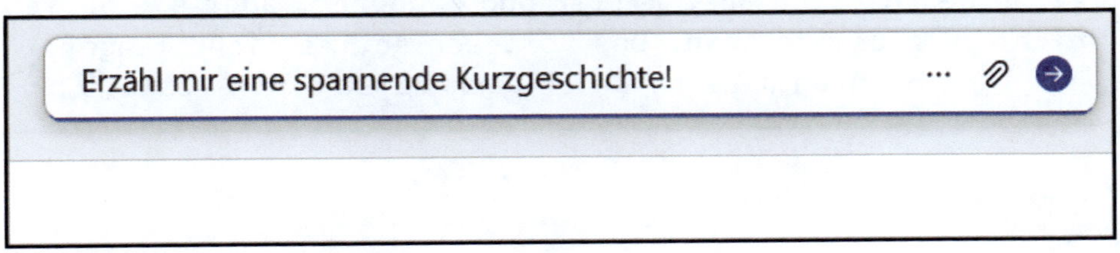

3. Copilot wird Ihnen nach etwas Wartezeit die generierte Geschichte als Vorschau anzeigen, die Sie ggf. direkt in Ihr Dokument einfügen können.

> # Die letzte Nacht im Spiegellabyrinth
>
> Eine spannende Kurzgeschichte
>
> Es war eine dunkle, stürmische Nacht, als Lina zusammen mit ihrer jüngeren Schwester Mia durch die engen Gassen der Altstadt eilte. Der Regen prasselte schwer auf das Kopfsteinpflaster und ließ die Lichter in den Schaufenstern flackern. Eigentlich wären sie jetzt längst zu Hause bei ihren Eltern gewesen, doch eine Mutprobe hatte sie in den verlassenen Vergnügungspark am Stadtrand geführt. Dort sollte das berühmte Spiegellabyrinth stehen, das schon seit Jahren niemand mehr betreten hatte.
>
> „Komm schon, Lina, wir müssen da rein. Sonst glauben uns die anderen nie, dass wir es geschafft haben!", flüsterte Mia aufgeregt und wischte sich mit dem Ärmel den Regen aus dem Gesicht. Lina zögerte, spürte aber den Stolz, der in ihr aufstieg. Sie wollte beweisen, dass sie mutig genug war – und dass sie auf ihre kleine Schwester aufpassen konnte.
>
> Der Eingang zum Spiegellabyrinth lag versteckt unter einer morschen Holzbogen, über

Diese Anweisung können Sie beliebig wiederholen, es wird jedes Mal eine andere Geschichte erzählt werden. Allerdings stellen Sie beim Lesen möglicherweise schnell fest, dass diese Geschichten zwar jeweils andere Personen und Handlungen haben, aber doch einer erkennbaren Formel folgen, die sie auf Dauer etwas eintönig machen können.

Das liegt daran, dass die KI bei dieser einfachen Aufforderung vielleicht schon etwas zu viel Freiraum hat und deshalb immer wieder auf ein bewährtes Muster zurückgreift. Es ist deshalb durchaus sinnvoll, genauer anzugeben, wie die Geschichte gestaltet sein soll bzw. welche Elemente enthalten sein sollen oder für wen sie gedacht ist, beispielsweise so:

```
Ich möchte meinem Enkel Gustav eine Gute-Nacht-Geschichte
vorlesen. Er ist fünf Jahre alt und liebt Tiere. Er hört
gerne Geschichten über Ritter und Zauberer, aber sie dürfen
nicht zu gruselig sein. Das Vorlesen sollte nicht länger
als fünf Minuten dauern, da er dann meist schon schläft.
```

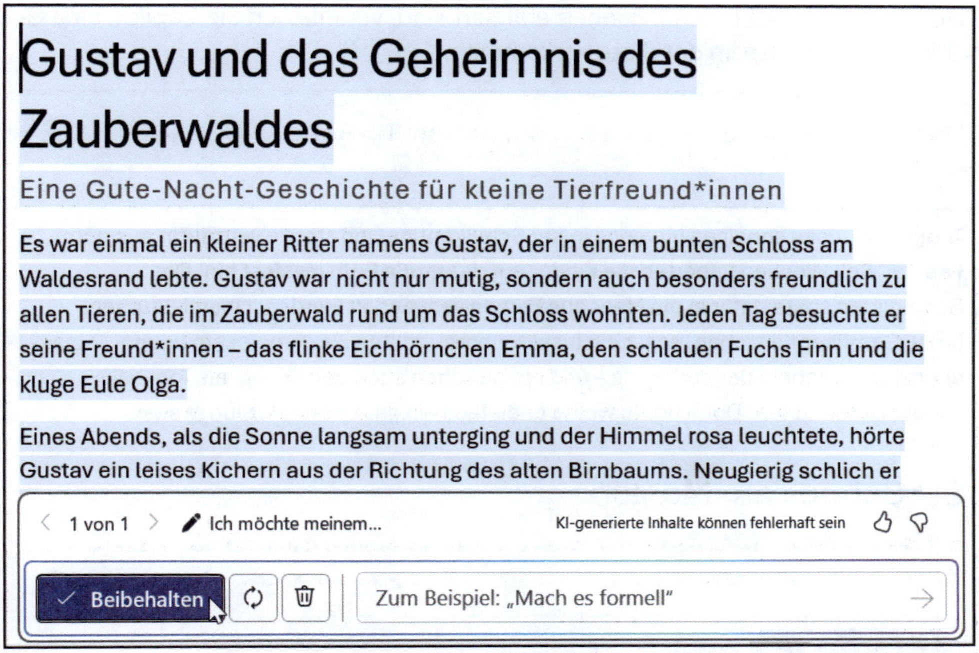

Den Rahmen einer Geschichte vorgeben

Möglicherweise haben Sie am vorhergehenden Beispiel schon erkannt, dass Copilot gern Informationen aus dem Prompt aufgreift und diese in die Geschichte einarbeitet. Das können Sie ausnutzen und Vorgaben zur Geschichte machen. Sollen etwa bestimmte Charaktere in einer Erzählung eine Rolle spielen, beschreiben Sie diese zunächst:

```
Tobias ist ein neunjähriger Junge, der zur Schule geht
und bei der Jugendfeuerwehr mitmacht. Wenn jemand in
Not ist, verwandelt er sich in den Superhelden Tobi-Ass,
der fliegen kann und Superkräfte hat, mit denen er
zu Hilfe eilt.
```

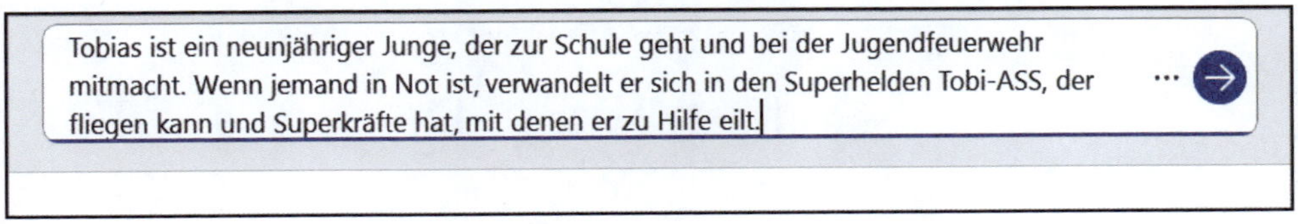

Nachdem die handelnden Personen etabliert sind, veranlassen Sie Copilot, eine Geschichte zu erzählen, in der diese vorkommen:

```
Erzähl mir eine neue Geschichte von Tobi-Ass!
```

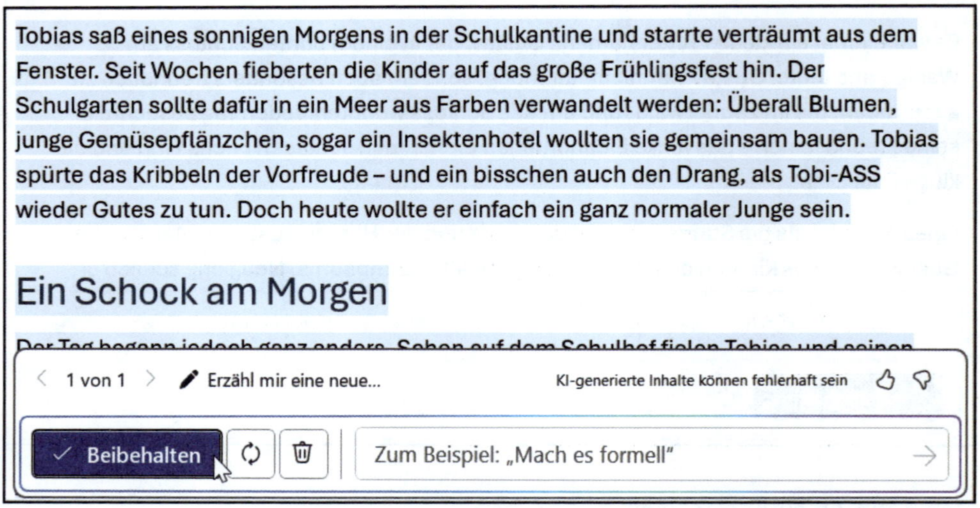

Wenn Sie beispielsweise für Gute-Nacht-Geschichten wiederkehrende Charaktere oder Orte verwenden möchten, können Sie deren Beschreibung in einem Dokument auf dem PC speichern und darin jeweils wieder eine neue Aufforderung anwenden. Dann erzählt der Assistent jedes Mal neue Geschichten mit den vertrauten Helden. Wenn Sie jeweils auch die generierten Geschichten selbst im Dokument speichern und wiederverwenden, entsteht vielleicht sogar so etwas wie eine immer weiter gesponnene Erzählung mit ganz individuellen Protagonisten und Ideen.

6. Mit KI-Unterstützung in Excel durchstarten

Auch in Excel kann Copilot Ihnen wichtige Dienste leisten. Der KI-Assistent versteht dabei nicht nur Text, sondern hat auch ein Konzept von der Funktionsweise von Tabellen. Dementsprechend kann er deren Inhalt analysieren und in Bezug setzen. Dabei kann er Regelmäßigkeiten ebenso wie Tendenzen und Ausreißer erkennen und Ihnen so bei der Analyse komplexer Daten helfen. Aber er leistet auch ganz praktische Dienste beim Gestalten von Tabellen oder beim Erstellen von Formeln.

6.1 Copilot in Excel nutzen

Ähnlich wie bei Word finden Sie bei Excel im Menüband in der *Start*-Registerkarte ganz rechts das Copilot-Symbol, mit dem Sie jederzeit eine Seitenleiste für diesen Assistenten einblenden können. Wie alle Seitenleisten können Sie diese nach Bedarf an der rechten oder linken Seite anheften oder frei über dem Dokument schweben lassen.

Weitere Möglichkeiten bietet das Copilot-Symbol, das direkt in der Tabelle jeweils rechts neben der aktuell gewählten Zelle bzw. dem markierten Zellbereich angezeigt wird. Mit einem Klick darauf öffnen Sie ein Kontextmenü, das jeweils abhängig vom gerade bearbeiteten Inhalt verschiedene KI-basierte Funktionen anbietet. Dabei handelt es sich letztlich um Abkürzungen, die beim Anklicken in den Copilot-Seitenbereich wechseln und dort eine

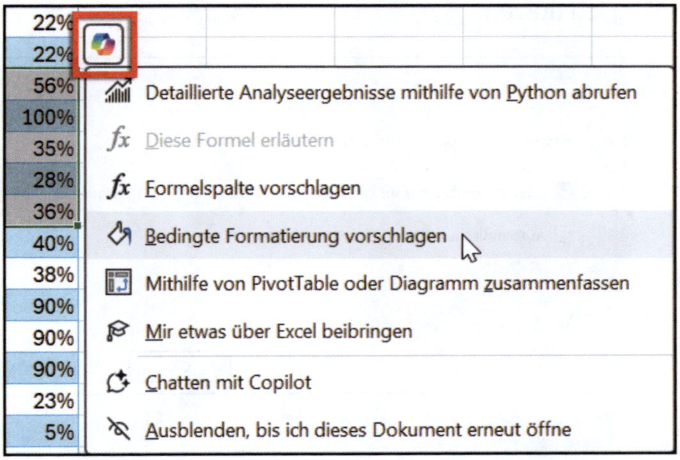

entsprechende Aufforderung ausführen. Auf die verschiedenen Möglichkeiten gehen die nachfolgenden Abschnitte ein. Zwei Menüpunkte finden Sie ganz unten im Menü aber immer:

- *Chatten mit Copilot*
  Hiermit wechseln Sie zur Copilot-Seitenleiste (die dazu ggf. automatisch angezeigt wird) und können eine beliebige Aufforderung im Eingabebereich eintippen.
- *Ausblenden, bis ich dieses Dokument erneut öffne*
  Sollten Sie mit KI gerade nichts im Sinn haben und von dem ständig angezeigten Copilot-Symbol in Ihren Tabellen genervt sein, können Sie es hiermit für die Dauer der weiteren Bearbeitung in diesem Dokument deaktivieren. Es wird dann erst wieder angezeigt, wenn Sie diese Excel-Datei später erneut öffnen. Trotzdem können Sie bei Bedarf weiterhin jederzeit den Copilot-Seitenbereich einblenden und nutzen.

Das Copilot-Symbol in der Tabelle steuern

Wenn es Sie nervt, dass ständig irgendwo in Ihren Tabellen ein Copilot-Symbol angezeigt wird, können Sie dies in den Einstellungen steuern. Wählen Sie dazu *Datei/Optionen* und öffnen Sie in den Einstellungen die Rubrik *Copilot*. Hier finden Sie zwei Optionen:

- *Copilot-Symbol nur für besonders relevante Vorschläge anzeigen*
  Hiermit reduzieren Sie den Einsatz dieses Symbols, da es nur angezeigt wird, wenn Excel Ihnen aufgrund der Daten in Ihrer Tabelle relevante Vorschläge machen kann. Andernfalls bleibt es unsichtbar.
- *Automatischen Start für Copilot deaktivieren*
  Mit dieser Option verzichten Sie dauerhaft ganz auf das Symbol. Trotzdem können Sie bei Bedarf mit *Start/Copilot* jederzeit den Seitenbereich einblenden und den Assistenten dort vollumfänglich nutzen.

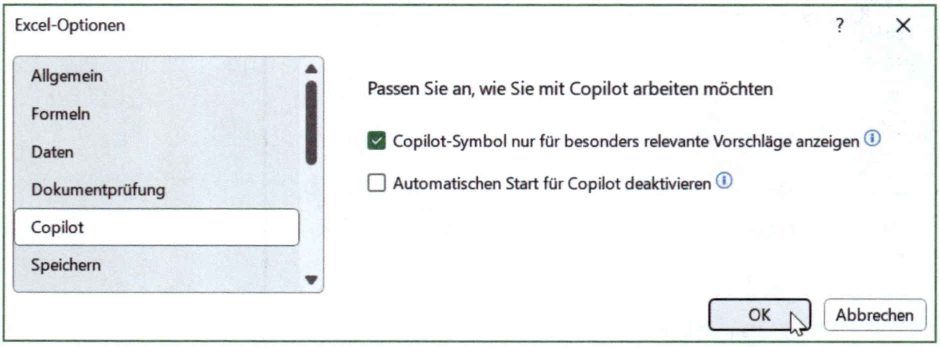

KI-Funktionen nur für Excel-Dateien in der Cloud

Im Gegensatz zu Word stehen die in Excel integrierten KI-Funktionen von Copilot nur zur Verfügung, wenn die zugrunde liegende Datei in OneDrive oder (im geschäftlichen Umfeld) auf einem SharePoint-Server gespeichert und die Autospeichern-Funktion dafür aktiviert wurde. Letztere sorgt dafür, dass Veränderungen an Tabellen automatisch sofort mit der Speicherung in der Cloud synchronisiert werden. Der technische Hintergrund ist, dass Copilot nur effizient und schnell arbeiten kann, wenn die Tabellendaten bereits in Microsofts Cloud verfügbar sind und nicht für jede Aufforderung erst aufwendig zum Server transferiert und analysiert werden müssen. Das würde die KI zu langsam und ineffektiv machen. Stattdessen werden die Tabellendaten praktisch ständig im Hintergrund analysiert und können bei neuen Aufforderungen direkt in den Kontext der Aufgabe einbezogen werden.

Wenn Sie eine lokale Datei öffnen oder ein neues Excel-Dokument anlegen, werden Sie beim ersten Verwenden einer Copilot-Funktion deshalb ggf. aufgefordert, die Autospeichern-Funktion zu aktivieren und das Dokument dazu in die Cloud hochzuladen. Erst wenn das erledigt ist, steht Copilot Ihnen für diese Datei zur Verfügung.

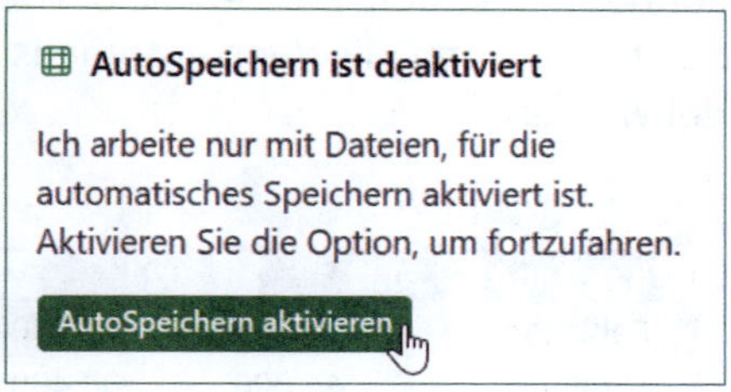

Mit intelligenten Tabellen arbeiten

Auch wenn es naheliegt, alle in Excel gespeicherten Informationen als Tabellen zu betrachten, sind es streng genommen oftmals eher zweidimensionale Listen von Daten. Erst wenn man Beziehungen zwischen den verschiedenen Feldern herstellt und sie in sinnvolle Spalten und Zeilen einteilt, wird eine aussagekräftige Tabelle daraus. Excel unterstützt Anwender dabei schon lange durch eine Funktion, die aus schlichten Datenlisten eine Tabelle macht. Diese basiert nicht auf KI, aber sie erleichtert es KI-Assistenten, Daten zu analysieren und Erkenntnisse daraus zu gewinnen. Wenn Sie es sich nicht ohnehin schon zur Gewohnheit gemacht haben, möchte ich Ihnen deshalb nahelegen, Ihre Tabellen ggf. in »echte« Tabellen umzuwandeln, um Copilot und Co. die Arbeit leichter zu machen und so bessere Ergebnisse zu erzielen.

1. Wählen Sie ein beliebiges Feld innerhalb eines Bereichs aus, den Sie in eine intelligente Tabelle umwandeln möchten.
2. Klicken Sie im *Einfügen*-Menüband im Bereich *Tabellen* auf das *Tabelle*-Symbol. Alternativ geht es mit dem Tastenkürzel Strg+T schneller.

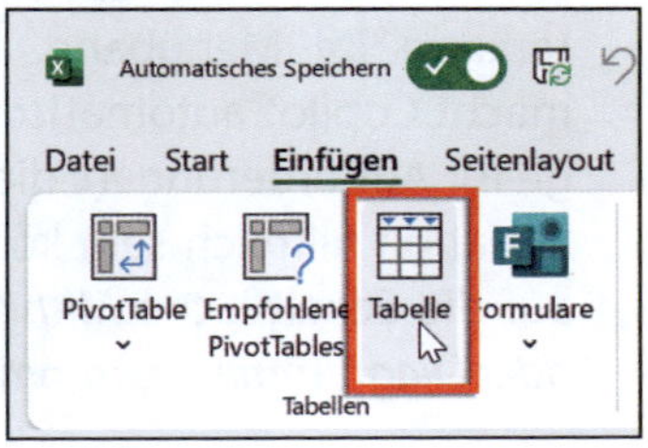

3. Excel analysiert nun das Arbeitsblatt und versucht, automatisch den Bereich mit Daten zu erkennen. Dieser wird im Dialog *Tabelle erstellen* angezeigt.
4. Kontrollieren Sie darin, ob die Erkennung geklappt hat, und passen Sie den Bereich ggf. manuell an.
5. Wenn Ihre Tabelle eine Zeile mit Überschriften umfasst, setzen Sie ggf. das Häkchen bei *Tabelle hat Überschriften*. Klicken Sie im Dialog auf *OK*.

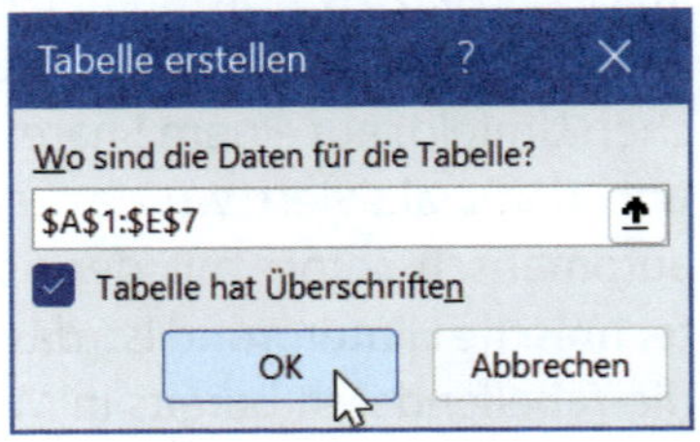

Excel wandelt dann den Bereich in eine »echte« Tabelle um, was Sie in der Regel auf den ersten Blick anhand der veränderten Formatierung erkennen können. Ist eine Überschriftenzeile vorhanden, wird diese automatisch mit Filtern für jede Spalte versehen, um Daten schnell sortieren und filtern zu können. Außerdem können Sie bei dermaßen aufbereiteten Tabellen Formeln in eine Spalte eingeben, die dann automatisch auf alle anderen Zeilen der Tabelle angewendet werden.

	A	B	C	D	E
1	Kategorie	2023	2024	2025	Gesamtergebnis
2	Fahrräder	€ 10.300	€ 23.100	€ 37.800	€ 71.200
3	Kleidung	€ 44.800	€ 60.400	€ 104.200	€ 209.400
4	Komponentei	€ 26.700	€ 45.100	€ 62.100	€ 133.900
5	Zubehör	€ 29.300	€ 120.700	€ 233.800	€ 383.800
6	Gesamterget	€ 111.100	€ 249.300	€ 437.900	€ 798.300

6.2 Tabellen verstehen

Wenn jemand Ihnen eine Tabelle zur Verfügung stellt und Sie diese zum ersten Mal sehen, ist deren Bedeutung manchmal nicht ganz einfach zu erfassen. Copilot kann Ihnen dabei helfen, indem er die Werte analysiert und nach Mustern darin sucht. Darauf basierend kann er Pivot-Tabellen oder Diagramme vorschlagen, die das Wesentliche in einer Tabelle verdeutlichen.

1. Öffnen Sie den Copilot-Seitenbereich mit dem Symbol ganz rechts in der *Start*-Registerkarte im Menüband. Im Seitenbereich macht Copilot automatisch einige Vorschläge für Aufforderungen, die in der jeweiligen Situation hilfreich sein könnten. Klicken Sie auf die Schaltfläche *Mithilfe von PivotTables oder Diagrammen zusammenfassen*.

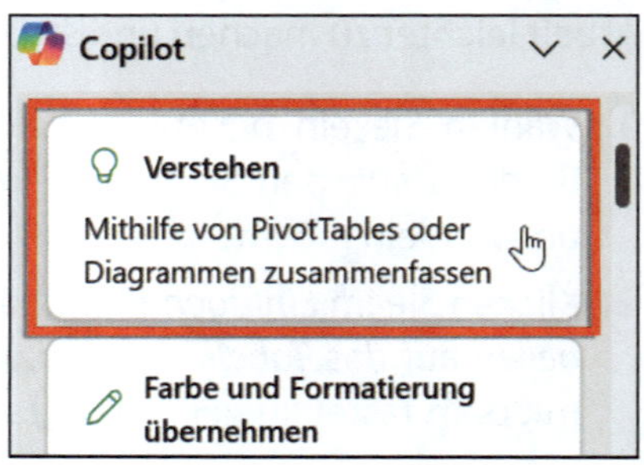

2. Sollte diese nicht angezeigt werden, tippen Sie unten im Eingabefeld alternativ ein:

```
Mithilfe von Pivot-Tabellen oder Diagrammen
zusammenfassen.
```

3. Nach kurzem Überlegen präsentiert Copilot Ihnen eine Antwort. Diese hängt selbstverständlich jeweils stark von den zugrunde liegenden Daten ab. Im vorliegenden Beispiel hat Copilot die Daten in einer umfangreichen Tabelle in wenigen Kategorien zusammengefasst und aufaddiert.
4. Die daraus erstellte kompakte Tabelle können Sie mit *Zu neuem Blatt hinzufügen* als zusätzliches Tabellenblatt in das Dokument einfügen.

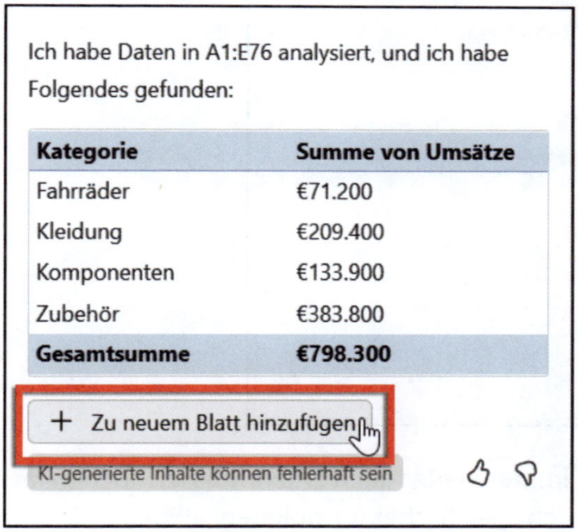

Kategorie	Summe von Umsätze
Fahrräder	€71.200
Kleidung	€209.400
Komponenten	€133.900
Zubehör	€383.800
Gesamtsumme	**€798.300**

Weitere Erkenntnisse finden

Wenn Sie Copilot, wie vorangehend beschrieben, um Hilfe beim Verstehen einer Tabelle bitten, greift er sich einen Aspekt heraus, den er für besonders relevant hält. Das muss nicht immer derjenige sein, dem auch Sie eine besondere Bedeutung beimessen. Manchmal wird Copilot vielleicht auch auf etwas hinweisen, das Ihnen aufgrund Ihrer Kenntnisse der Materie offensichtlich erscheint. Dann lohnt es sich, weiterzusuchen.

1. Tippen Sie dazu im Eingabefeld der Copilot-Seitenleiste beispielsweise die Frage »Gibt es weitere Erkenntnisse?« ein.

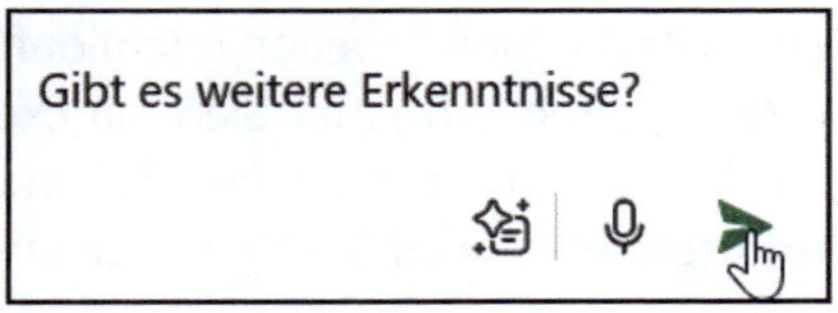

2. Copilot wird die Daten dann erneut analysieren, nach weiteren Zusammenhängen suchen und Ihnen einen neuen Vorschlag machen.
3. Auch hier können Sie das Ergebnis in Form eines Diagramms oder einer Pivot-Tabelle in ein neues Tabellenblatt einfügen.

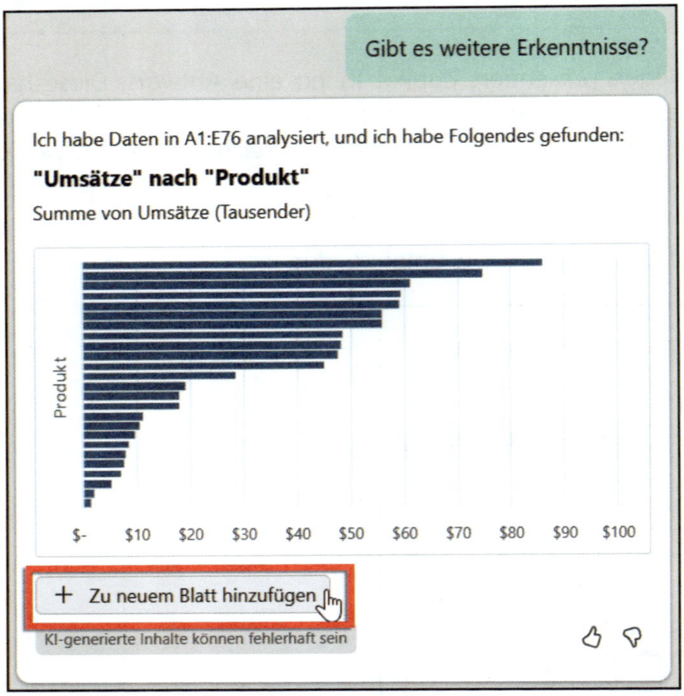

Auf diese Weise können Sie Copilot immer weiter nach Erkenntnissen suchen lassen. Sie können die Aufforderung aber auch spezifischer formulieren, etwa:

```
Gibt es weitere Erkenntnisse zum Umsatz?
```

Hier geht es fließend über in die Möglichkeit, Copilot Fragen zu den Daten einer Tabelle zu stellen (siehe Seite 218).

Nach Ausreißern in Daten suchen

Eine hilfreiche Möglichkeit bei großen Datenmengen ist es, nach Ausreißern zu suchen. Bei kleinen Tabellen reicht dafür oft ein genauer Blick. Bei mehr Daten und mehreren Spalten kann man sich mit Excel-Funktionen wie dem Sortieren oder auch dem farblichen Hervorheben von Zellen behelfen. Mit Copilot aber geht es noch einfacher und schneller, weil Sie den Assistenten ganz pauschal nach Ausreißern fragen können. Der weiß genau, was damit gemeint ist, und kann dank Musterkennung über alle Zeilen und Spalten hinweg schnell und zielsicher erkennen, welche Werte aus dem Rahmen fallen.

1. Meist finden Sie einen entsprechenden Vorschlag direkt im Copilot-Seitenbereich und können ihn dort direkt anklicken.
2. Falls der Assistent gerade andere Vorschläge für wichtiger hält, können Sie die Frage unten im Eingabebereich selbst eintippen. Das bietet Ihnen auch die Möglichkeit, gezielt in bestimmten Bereichen zu suchen, etwa:

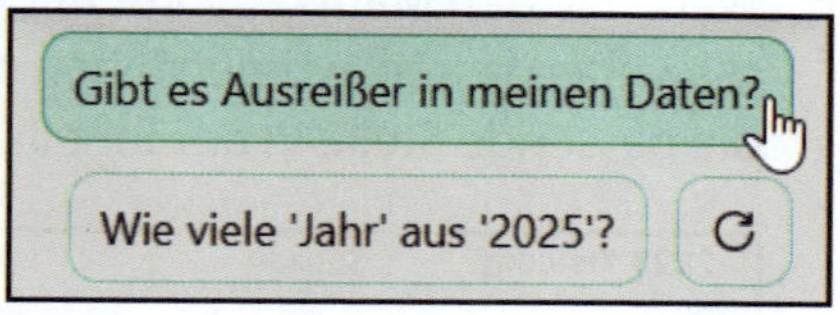

- Gibt es Ausreißer beim Umsatz?
- Was sind die Ausreißer bei den Bewertungen?

3. Nach kurzer Bearbeitungszeit präsentiert Copilot Ihnen im Seitenbereich, was ihm die wichtigsten Abweichungen zu sein scheinen.

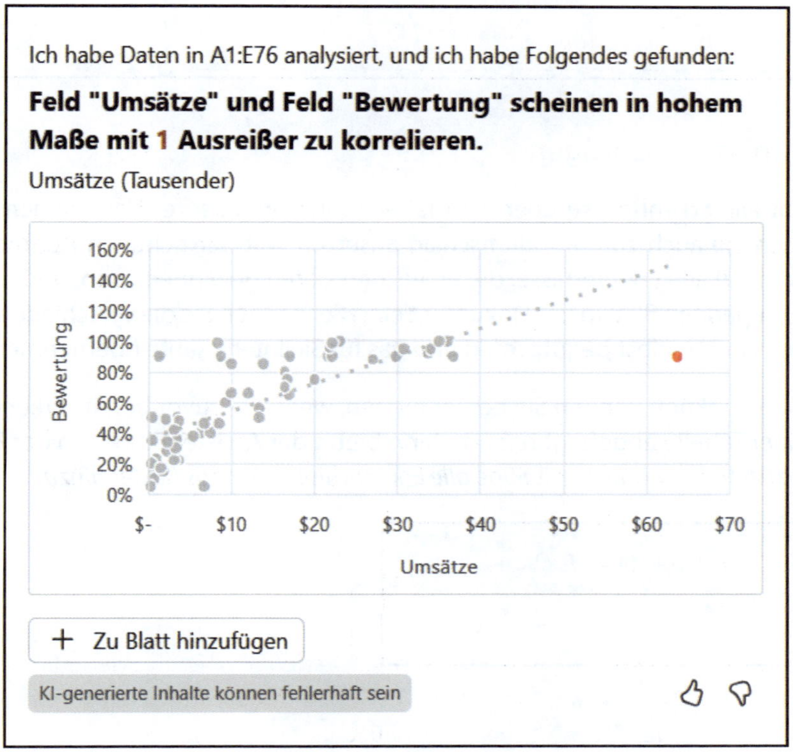

4. Wollen Sie den Sachverhalt näher untersuchen, klicken Sie am besten auf *Zu Blatt hinzufügen*.
5. Copilot fügt das erstellte Diagramm daraufhin direkt in das Tabellenblatt mit den Daten ein. Hier können Sie es an eine passende Stelle verschieben und auch sonst wie ein selbst eingefügtes Diagramm behandeln und verändern.
6. Wenn Sie den Mauszeiger über dem als Ausreißer markierten Punkt im Diagramm schweben lassen, werden Ihnen die konkreten Werte angezeigt. Damit können Sie die passende Stelle in der Tabelle ggf. schnell ermitteln.

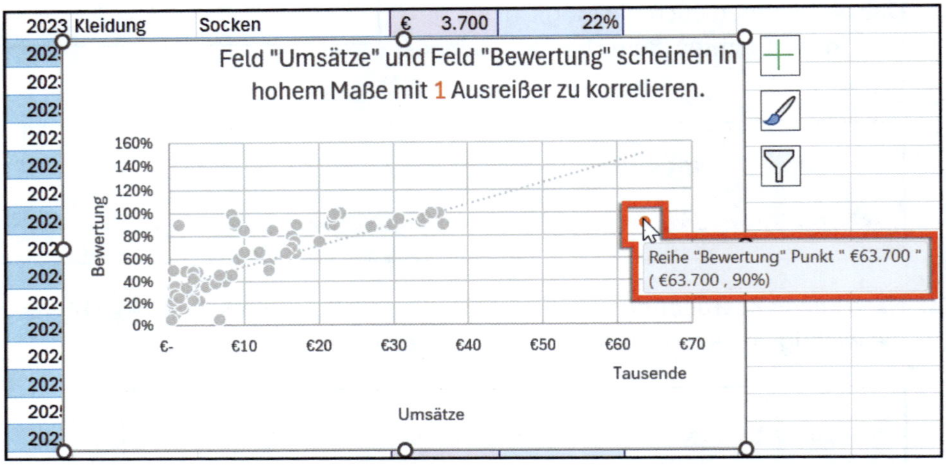

Alle Erkenntnisse hinzufügen

Anstatt Copilot alle Erkenntnisse über eine Tabelle mühsam aus der Nase ziehen zu müssen, können Sie auch zum Rundumschlag ansetzen. Mit der richtigen Aufforderung verrät er Ihnen alle Erkenntnisse, die er aus den Daten gewinnen kann, und fügt diese in einem separaten Blatt in das Dokument ein. Hier können Sie die verschiedenen Informationen in Ruhe selbst begutachten und das für Sie Interessante übernehmen.

1. Die folgende Funktion können Sie besser nutzen, wenn Sie zuvor bereits Erkenntnisse zu einer Tabelle abgefragt haben. Dann bietet der Assistent Ihnen in der Regel automatisch die Möglichkeit *Füge alle Erkenntnisse über das Raster hinzu*.

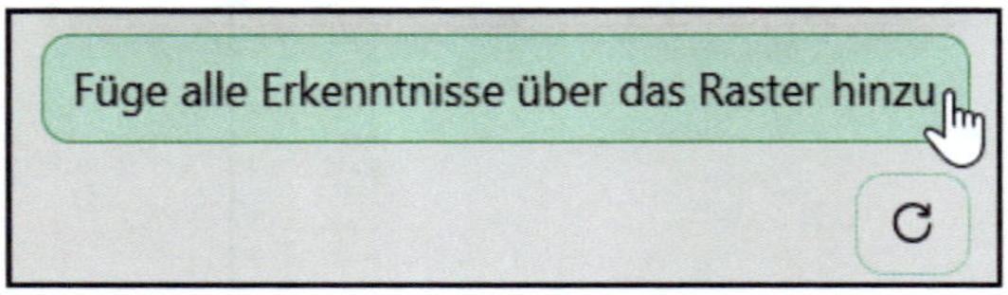

2. Andernfalls können Sie diese Aufforderung auch jederzeit selbst direkt unten in das Eingabefeld eintippen und absenden.
3. Die Bearbeitung dauert in diesem Fall je nach Umfang der Daten ein wenig länger, weil Copilot eben nicht nur nach einer Erkenntnis sucht, sondern nach allem Berichtenswerten.

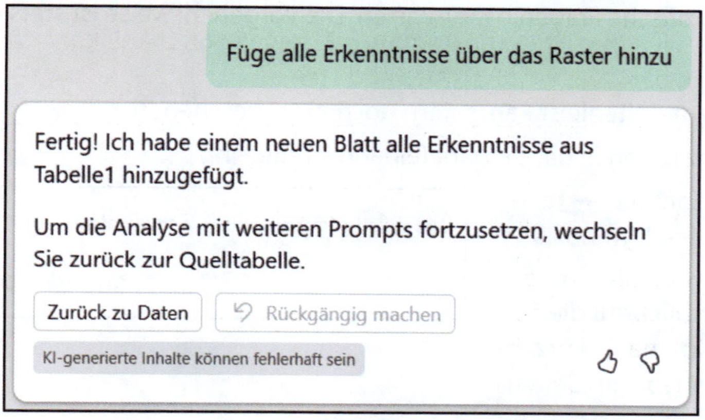

4. Anschließend fügt der Assistent dem Dokument ein neues Blatt hinzu und ergänzt darin seine Analysen.

Fragen zu Tabellen stellen

Gerade bei größeren Datenmengen sieht man manchmal den sprichwörtlichen »Wald vor lauter Bäumen nicht«. Dann kann man sich das unermüdliche und unbestechliche Auge von Copilot zunutze machen. Der kennt schließlich die Daten in allen Details und kann dazu nicht nur allgemeine Aussagen oder Empfehlungen vornehmen, sondern auch ganz spezifische Fragen beantworten. Die Vorgehensweise ist stets die gleiche:

1. Zeigen Sie die Copilot-Seitenleiste an, sofern noch nicht geschehen.
2. Tippen Sie dort ganz unten in das Eingabefeld Ihre Frage ein.
3. Senden Sie diese dann mit ↵ oder einem Klick auf das Pfeilsymbol ab.

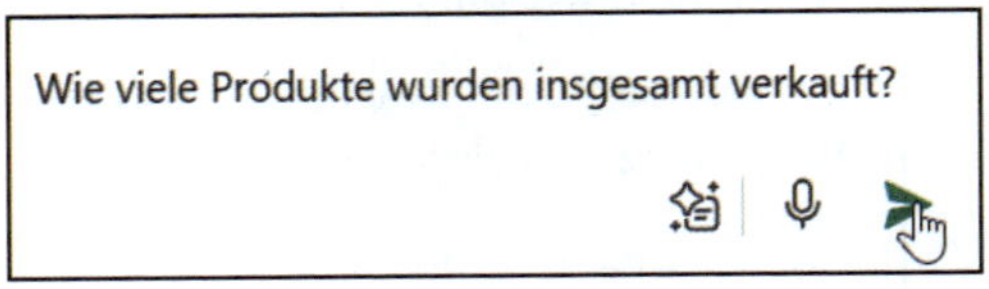

4. Copilot analysiert nun die vorhandenen Daten im Hinblick auf die Fragestellung und zeigt nach kurzem Nachdenken die Antwort im Seitenbereich an.
5. Hier finden Sie aber in der Regel nicht nur die Antwort, sondern auch eine Erklärung, wie diese zustande kam. Oftmals liefert Copilot auch gleich die passende Formel mit, die Sie mit der kleinen Schaltfläche kopieren können.

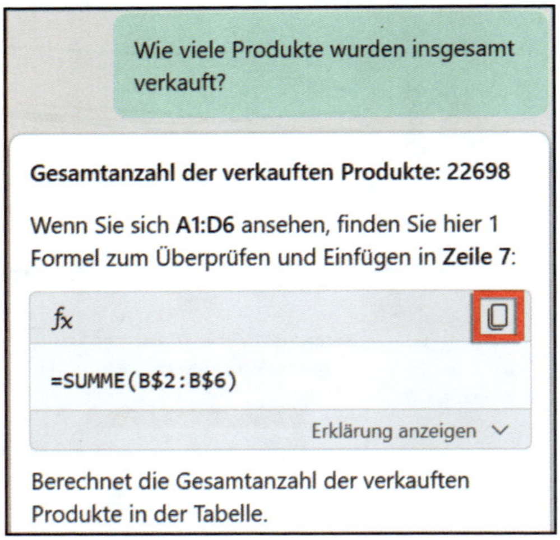

6. Sofern möglich, schlägt der Assistent Ihnen auch gleich noch eine passende Zeile oder Spalte vor, die Sie in der Tabelle ergänzen können, um die Information dort sichtbar zu machen. Klicken Sie dazu beispielsweise unterhalb der Vorschau auf die Schaltfläche *Zeile einfügen*.

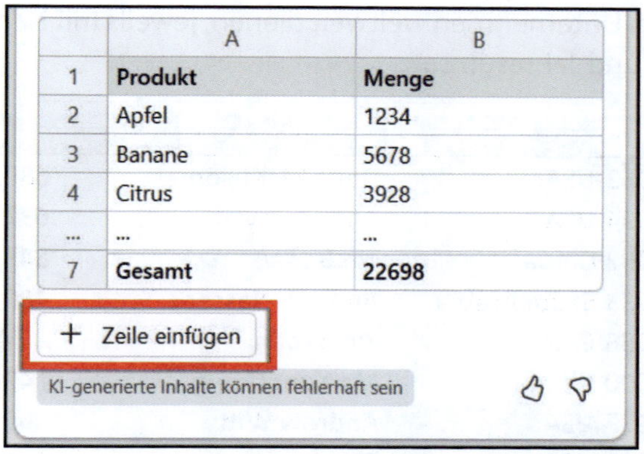

	A	B
1	**Produkt**	**Menge**
2	Apfel	1234
3	Banane	5678
4	Citrus	3928
...	...	...
7	**Gesamt**	**22698**

Fragen über Fragen

Und noch ein kleiner Trick, wenn Sie sich vielleicht gerade in ein neues Thema einarbeiten oder eine Präsentation der Daten vorbereiten. Wenn Ihnen spontan keine sinnvollen Fragen zu einer Tabelle einfallen, fragen Sie einfach Copilot danach, was man zu diesen spezifischen Daten fragen könnte.

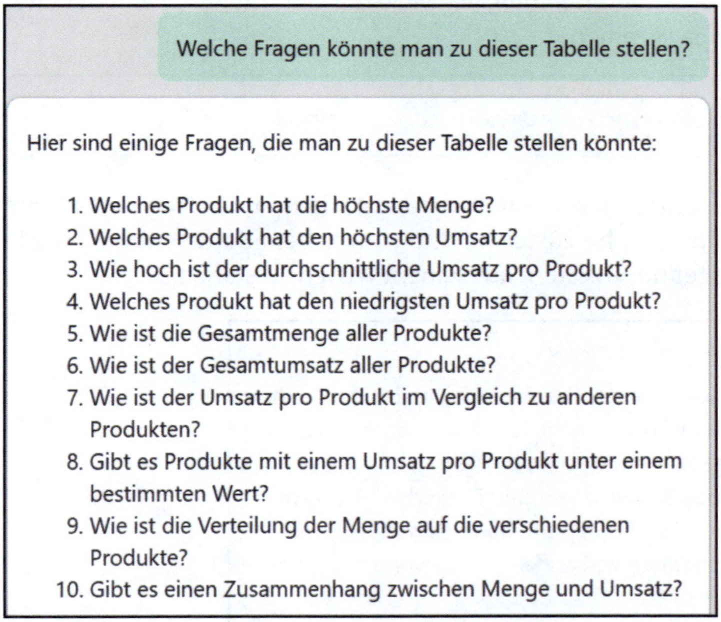

Welche Fragen könnte man zu dieser Tabelle stellen?

Hier sind einige Fragen, die man zu dieser Tabelle stellen könnte:

1. Welches Produkt hat die höchste Menge?
2. Welches Produkt hat den höchsten Umsatz?
3. Wie hoch ist der durchschnittliche Umsatz pro Produkt?
4. Welches Produkt hat den niedrigsten Umsatz pro Produkt?
5. Wie ist die Gesamtmenge aller Produkte?
6. Wie ist der Gesamtumsatz aller Produkte?
7. Wie ist der Umsatz pro Produkt im Vergleich zu anderen Produkten?
8. Gibt es Produkte mit einem Umsatz pro Produkt unter einem bestimmten Wert?
9. Wie ist die Verteilung der Menge auf die verschiedenen Produkte?
10. Gibt es einen Zusammenhang zwischen Menge und Umsatz?

Externe Informationen einbeziehen

Sie sind bei Ihren Fragen zu Tabellen nicht auf deren Inhalte beschränkt. Ein KI-Assistent in Excel ist kein »Fachidiot«, sondern kann weiterhin über sein umfangreiches Wissen über die Welt verfügen und dieses in Bezug zu Ihren Daten setzen. Als Beispiel dafür mag eine Tabelle der größten Unternehmen weltweit dienen, jeweils mit Name, Gründungsjahr, Land, Firmenchef und Jahresumsatz.

Unternehmen	Gründungsjah	Land	CEO	Jahresumsat
Walmart	1962	USA	Doug McMillon	680,99
Amazon	1994	USA	Andy Jassy	637,96
State Grid Corporati	2002	China	Xin Baoan	545,95
Saudi Aramco	1933	Saudi Arabia	Amin H. Nasser	480,45
China National Petrc	1988	China	Xin Baoan	476
China Petrochemica	2000	China	Ma Yongsheng	429,7
UnitedHealth Group	1977	USA	Andrew Witty	400,28
Apple	1976	USA	Tim Cook	391,04
Berkshire Hathaway	1839	USA	Warren Buffett	371,43
CVS Health	1963	USA	Karen Lynch	357,78
Alphabet (Google)	1998	USA	Sundar Pichai	350,02
Volkswagen Group	1937	Germany	Oliver Blume	348,41

Auch wenn diese Information nur implizit in der Tabelle steckt (über die Landesangabe), können Sie den KI-Assistenten fragen, wie viele der Unternehmen von der Liste beispielsweise aus Europa kommen:

```
Wie viele der Unternehmen kommen aus Europa?
```

Es ist für Copilot ein Leichtes, den Zusammenhang zwischen der Frage nach dem Kontinent und der Spalte *Land* herzustellen. Und zu welchem Kontinent die jeweiligen Länder gehören, leitet der Assistent aus seinem Wissensbestand ab.

Copilot KI-generierte Inhalte können fehlerhaft sein

Es soll ermittelt werden, wie viele der Unternehmen in der Tabelle ihren Sitz in Europa haben. Dazu wird die Spalte 'Land' betrachtet und gezählt, wie viele Einträge zu europäischen Ländern gehören. Die europäischen Länder in den Beispieldaten sind Deutschland, Schweiz und Vereinigtes Königreich. Es wird geprüft, ob noch weitere europäische Länder in den Daten vorhanden sind, bevor die Zählung erfolgt.

[PY] Analyse anzeigen

Es wurden 3 Unternehmen in der Tabelle gefunden, die ihren Sitz in Europa haben.

Sie können auch auf Basis solcher externer Informationen Daten aus einer Tabelle extrahieren. Mit der Aufforderung

```
Zähle alle Unternehmen auf, die aus Asien stammen
```

erhalten Sie eine Antwort, die sowohl eine Liste enthält als auch eine Tabelle mit nur diesen Unternehmen, die Sie bei Bedarf als Tabelle in ein neues Blatt Ihrer Arbeitsmappe einfügen können.

	Unternehmen	Land
2	State Grid Corporation of China	China
3	Saudi Aramco	Saudi Arabia
4	China National Petroleum Corp.	China
5	China Petrochemical Corp. (Sinopec)	China
15	China State Construction Engineering	China
16	Toyota	Japan

+ In neues Blatt einfügen

Die folgenden Unternehmen stammen aus Asien:

- State Grid Corporation of China (China)
- Saudi Aramco (Saudi-Arabien)
- China National Petroleum Corp. (China)
- China Petrochemical Corp. (Sinopec) (China)
- China State Construction Engineering (China)
- Toyota (Japan)

Während die geografische Information zumindest implizit in der Tabelle enthalten war, zeigt die nachfolgende Aufforderung, dass Copilot auch noch ganz andere Informationen besorgen und direkt in Ihre Tabelle einfügen kann:

```
Ergänze in Spalte F die Branchen der Unternehmen.
```

Der Assistent beschafft sich daraufhin die gewünschte Angabe zu jedem der Unternehmen und erstellt eine zusätzliche Spalte mitsamt Überschrift, die er Ihnen vorschlägt. Mit *Spalte einfügen* wird sie direkt Teil Ihrer Tabelle.

	F
1	**Branche**
2	Einzelhandel
3	Einzelhandel
4	Energie
5	Energie
...	...

+ Spalte einfügen

Tiefenanalyse mit Python-Skripten

Mit der Ausführung von Python-Code in Excel hat Microsoft die Möglichkeiten erheblich erweitert, auch große Datenmengen effizient zu analysieren und zu bearbeiten. Allerdings beherrscht nicht jeder diese Programmiersprache. Trotzdem können Sie mit Unterstützung von Copilot Python-Skripte nutzen, um tiefere Erkenntnisse aus umfangreichen Tabellen zu gewinnen. Das geht ganz ohne einen einzigen Python-Befehl, denn der KI-Assistent kann typische Analyse-Skripte ganz automatisch auf Ihre Tabellen loslassen, die Ergebnisse auswerten und Ihnen übersichtlich in verständlichen Texten wesentliche Erkenntnisse mitteilen.

Wozu Python in Excel?

Excel ist für viele Aufgaben völlig ausreichend, aber wenn die Datenmengen größer und Auswertungen komplexer werden oder wenn Aufgaben sich ständig wiederholen, stößt es an Grenzen. Hier kommt die Programmiersprache Python ins Spiel. Sie ist besonders gut darin, große Datenmengen blitzschnell zu analysieren, Muster zu erkennen, automatisch Berichte zu erstellen oder sogar Vorhersagen zu treffen. Früher musste man dafür separate Programme nutzen, was einen aufwendigen Datenaustausch von und zu Excel erforderte. Jetzt aber kann man Python direkt in Excel verwenden – ohne komplizierte Installationen oder technisches Fachwissen. Dadurch kann man in der gewohnten Excel-Umgebung bleiben und hat trotzdem Zugriff auf viel mächtigere Werkzeuge. Dank KI muss man dazu nicht mal unbedingt selbst programmieren, sondern kann diese Aufgabe an Copilot auslagern, wie das nachfolgende Beispiel zeigt.

1. Öffnen Sie die Tabelle mit den auszuwertenden Daten und wählen Sie eine beliebige Zelle darin aus.
2. Klicken Sie auf das Copilot-Symbol, das rechts oberhalb dieser Zelle angezeigt wird, um das Kontextmenü zu öffnen.
3. Wählen Sie im Menü die Funktion *Detaillierte Analyseergebnisse mithilfe von Python abrufen* (in der Webversion heißt sie *Tiefere Analyseergebnisse erhalten*).

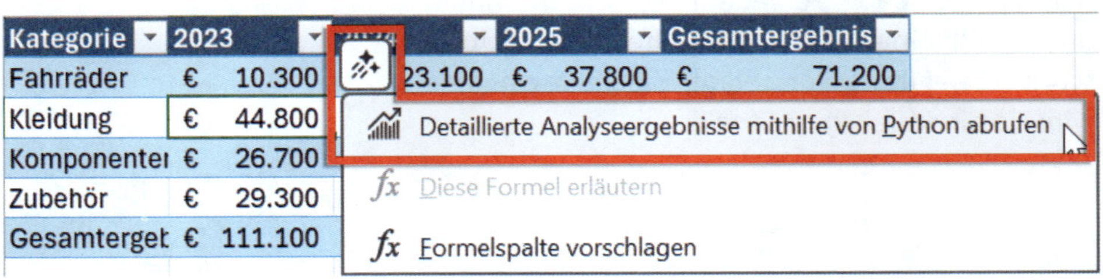

4. Excel blendet nun automatisch die Copilot-Seitenleiste ein und führt darin die entsprechende Aufforderung aus. Geben Sie der KI ein wenig Zeit, um die komplexen Berechnungen durchzuführen und das Ergebnis aufzubereiten.
5. Anschließend finden Sie im Seitenbereich die Antwort vor, die Ihnen die Erkenntnisse mitteilt, die die Python-Skripte aus den Daten Ihrer Tabelle ableiten konnten. Der erste Teil davon beschreibt die angewendeten Methoden. Mit *Analyse anzeigen* können Sie darunter sogar den verwendeten Python-Code einblenden lassen, etwa wenn Sie sich selbst mit der Programmiersprache vertraut machen möchten.

Detaillierte Analyseergebnisse mithilfe von Python abrufen

Copilot KI-generierte Inhalte können fehlerhaft sein

Es wurde um eine detaillierte Analyse der Daten gebeten. Die beiden Tabellen enthalten Umsätze und Bewertungen nach Jahr, Kategorie und Produkt sowie aggregierte Umsätze pro Kategorie und Jahr. Es wird empfohlen, zunächst die wichtigsten Kennzahlen und Trends zu berechnen, wie z.B. durchschnittliche Bewertung pro Kategorie und Jahr, Umsatzentwicklung über die Jahre, sowie die besten und schlechtesten Produkte nach Bewertung und Umsatz. Anschließend können Visualisierungen erstellt werden, um die Ergebnisse anschaulich darzustellen.

[PY] Analyse anzeigen

6. Der zweite Teil enthält die eigentlichen Analyseergebnisse, etwa in Form einer Aufzählung der wesentlichen Erkenntnisse.

Hier sind die wichtigsten Analyseergebnisse:

1. **Durchschnittliche Bewertung und Gesamtumsatz pro Kategorie und Jahr** wurden berechnet. Die höchsten durchschnittlichen Bewertungen gab es im Zubehör-Bereich, besonders im Jahr 2025 (0.94), während Kleidung und Fahrräder tendenziell niedrigere Bewertungen aufwiesen.
2. Das **beste Produkt nach Bewertung** ist "Radhosen" (Kleidung, 2025) mit einer Bewertung von 1.
3. Das **schlechteste Produkt nach Bewertung** ist "Trikots" (Kleidung, 2023) mit einer Bewertung von 0.05.
4. Das **umsatzstärkste Produkt** ist "Mäntel und Schläuche" (Zubehör, 2025) mit 63.700 Umsatz.
5. Das **umsatzschwächste Produkt** ist "Fahrradständer" (Zubehör, 2023) mit 300 Umsatz.

Diese Ergebnisse helfen, Stärken und Schwächen im Sortiment zu erkennen und gezielte Maßnahmen abzuleiten.

7. Unter der Analyse finden Sie oftmals Vorschläge des Assistenten für tiefergehende Analyseschritte in Form von Schaltflächen. Diese sind oft Ausgangspunkte von komplexen, mehrschrittigen Untersuchungen, durch die Copilot Sie führt und die das Anlegen zusätzlicher Arbeitsblätter und Hilfstabellen umfassen können.

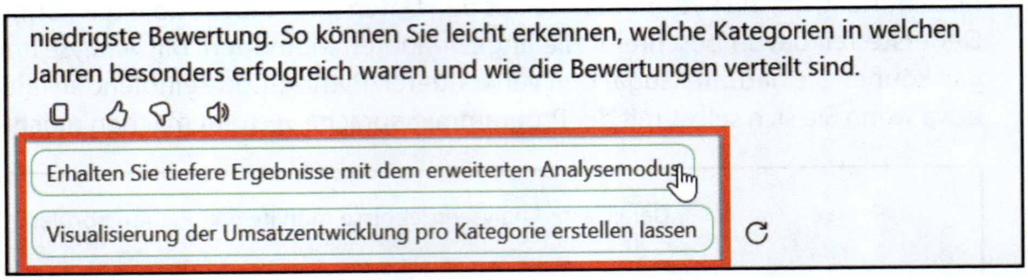

8. Teilweise bereitet Copilot seine Erkenntnisse auch in Form einer neuen Tabelle auf, die Sie im Seitenbereich als Teil der Antwort sehen. In solchen Fällen finden Sie unterhalb der Tabelle die Schaltfläche *In neues Blatt einfügen*, mit der Sie diese Tabelle dauerhaft in Ihre Arbeitsmappe integrieren können.

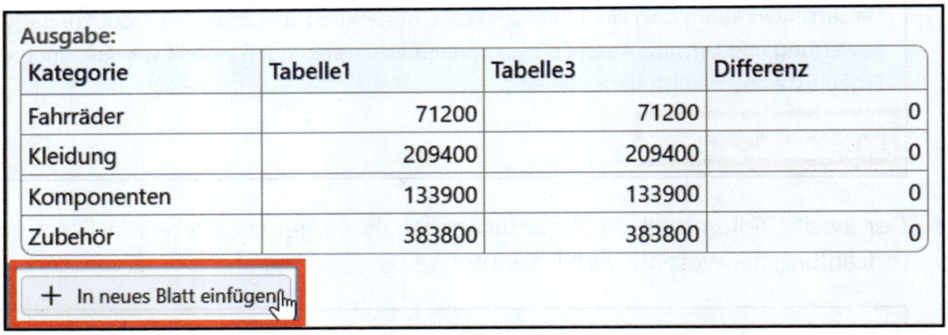
Ausgabe:

Kategorie	Tabelle1	Tabelle3	Differenz
Fahrräder	71200	71200	0
Kleidung	209400	209400	0
Komponenten	133900	133900	0
Zubehör	383800	383800	0

6.3 Daten visualisieren

Ein wichtiges Element innerhalb von Excel ist die Möglichkeit, Zahlen und komplexe Tabellen in sehr beeindruckenden Diagrammen darzustellen. Dabei beschränkt sich Excel nicht allein auf Balken- oder Kuchendiagramme, auch komplizierte mathematische Funktionen und Formeln lassen sich recht einfach und komfortabel zu Liniendiagrammen machen.

Gerade wenn das Erstellen von aussagekräftigen Diagrammen nicht zu Ihrem täglichen Brot gehört, kann KI eine gute Hilfe sein. Der integrierte Copilot kann die Daten einer Tabelle analysieren, passende Diagramme vorschlagen und diese auch gleich erstellen und in das Dokument einfügen.

Diagramme automatisch erstellen lassen

Ein Bild sagt mehr als tausend Worte, und ein Diagramm kann die Zahlenkolonnen einer Tabelle schnell veranschaulichen. Excel bietet zahlreiche Varianten, auf welche Art und Weise dies geschehen kann. Sie können aber auch Copilot die Mühe überlassen, eine geeignete Visualisierung zu finden.

1. Lassen Sie dazu die Copilot-Seitenleiste anzeigen und tippen Sie hier die Aufforderung `Diese Daten visualisieren` ein. Damit würde der Assistent entscheiden, welcher Aspekt besonders visualisierungswürdig ist und in welcher Form dies erfolgt.

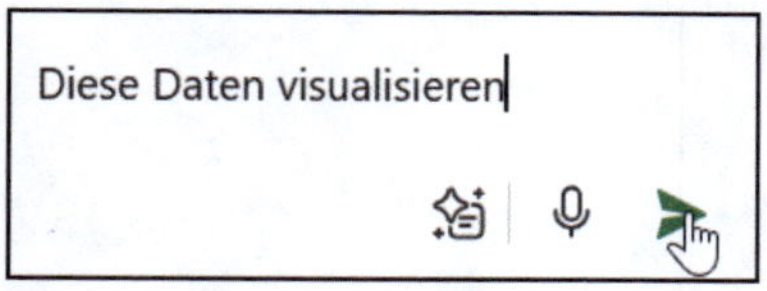

2. Anstelle dieser recht allgemeinen Formulierung können Sie hier auch schon spezifischere Vorgaben machen, etwa: `Visualisiere den Umsatz nach Produkten als Linien.`

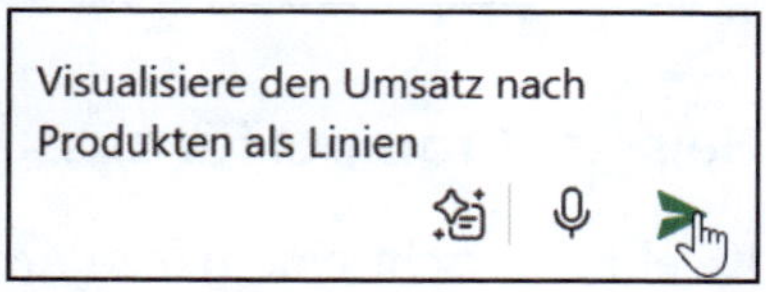

3. Nach etwas Bedenkzeit präsentiert Copilot Ihnen einen Entwurf im Seitenbereich. Wenn Sie den in Ihr Dokument übernehmen möchten, klicken Sie darunter auf *Zu neuem Blatt hinzufügen*.

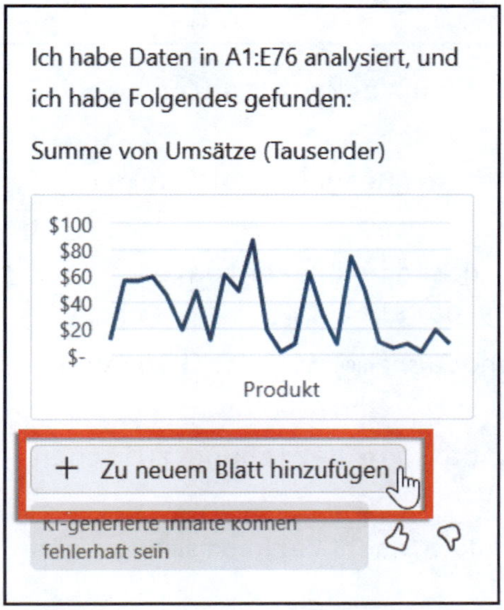

4. Die Visualisierung wird dadurch als vollwertiges Diagramm in ein neues Tabellenblatt eingefügt. Hier stehen Ihnen alle beschriebenen Möglichkeiten offen, das Diagramm noch weiter anzupassen.

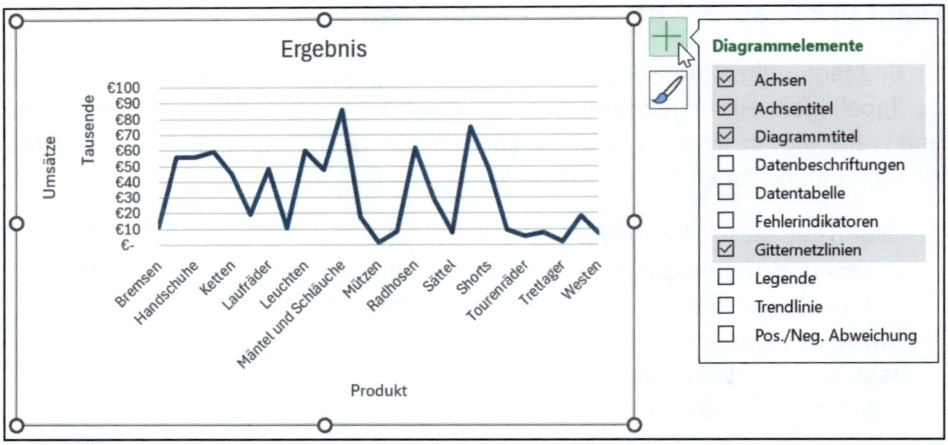

Beispiel-Prompts für aussagekräftige Diagramme

Excel beherrscht eine ganze Anzahl von Diagrammen, mit denen sich verschiedene Arten von Daten und die Beziehungen dazwischen veranschaulichen lassen. Mit der richtigen Aufforderung lenken Sie den KI-Assistenten jeweils in die von Ihnen gewünschte Richtung und überlassen es dann ihm, die Feinheiten der Gestaltung zu übernehmen. Bei den folgenden Beispielen finden Sie dafür sicher einige Anregungen:

- `Zeige ein Balkendiagramm mit den Verkaufszahlen pro Produktkategorie.`
- `Visualisiere die Entwicklung der Besucherzahlen pro Quartal als Säulendiagramm.`
- `Erstelle ein Kreisdiagramm, das die prozentuale Verteilung der Kostenstellen darstellt.`
- `Zeige ein gestapeltes Balkendiagramm mit den Einnahmen und Ausgaben pro Monat.`
- `Erstelle ein Punktdiagramm, das die Beziehung zwischen Werbebudget und Umsatz zeigt.`
- `Visualisiere die Top-5-Produkte nach Verkaufsmenge als horizontales Balkendiagramm.`
- `Zeige ein Flächendiagramm mit der kumulierten Entwicklung der Nutzerzahlen über die letzten 12 Monate.`

- Erstelle ein farblich abgestuftes Flächendiagramm, das die Stimmungslage aus Kundenfeedback über die letzten 6 Monate visualisiert.
- Zeige ein Wasserfalldiagramm, das die einzelnen Schritte von Einnahmen zu Nettogewinn darstellt.
- Erstelle ein Diagramm, das die Entwicklung von Marktanteilen als animierte Zeitleiste darstellt.
- Visualisiere die Verteilung von Projektaufgaben als Donut-Diagramm mit individuellen Farben pro Teammitglied.
- Zeige ein gestapeltes Säulendiagramm mit Farbverlauf, das die Nutzung verschiedener Geräte pro Altersgruppe darstellt.
- Erstelle ein Diagramm, das die Besucherzahlen pro Tag als Wärmebild darstellt.
- Visualisiere die Entwicklung von Social-Media-Engagement als Blasendiagramm mit Größenverhältnis zur Reichweite.
- Zeige ein Diagramm, das die Mitarbeiterzufriedenheit pro Abteilung als Smiley-Symbole darstellt.
- Erstelle ein interaktives Diagramm, das beim Klick auf eine Kategorie weitere Details einblendet.

Zellformatierung durch KI-Know-how

Auch beim optischen Aufbereiten Ihrer Tabellen können Sie sich von der KI unter die Arme greifen lassen. Excel bietet zwar auch so umfangreiche Möglichkeiten zum bedingten Formatieren von Zellen, Zeilen und Spalten an. Gerade der Umfang an Möglichkeiten macht es aber manchmal zur Herausforderung, eigene Regeln für die bedingte Formatierung zu erstellen. Hier können Sie sich zunutze machen, dass Copilot solche Regeln für Sie definieren kann. Sie brauchen in Ihren Aufforderungen also nur zu beschreiben, was wie formatiert werden soll.

1. Geben Sie beispielsweise die folgende Aufforderung im Copilot-Seitenbereich ein:

```
Markiere alle Umsätze, die kleiner als 200 sind.
```

2. Copilot beschreibt daraufhin im Seitenbereich eine Regel, die eine entsprechende Formatierung automatisch erledigen würde.
3. Unterhalb davon finden Sie eine *Anwenden*-Schaltfläche, mit der Sie diese Regel direkt anwenden können. Sie wird dann fest in der Tabelle hinterlegt, ganz so, als hätten Sie eine solche Regel selbst manuell erstellt.

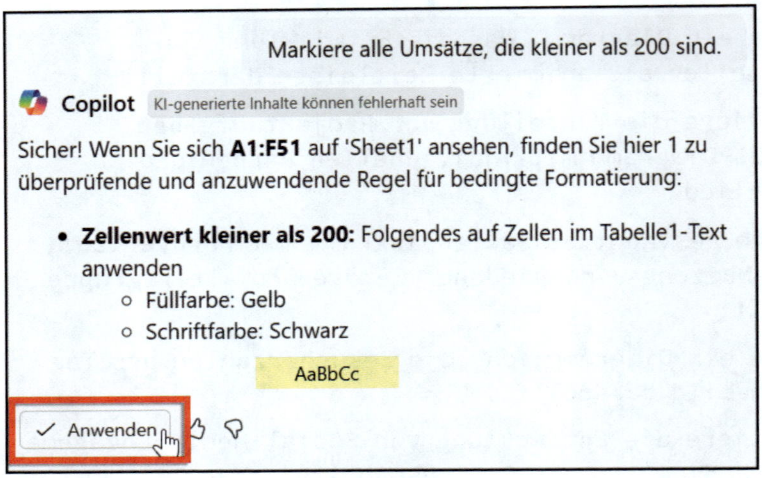

4. Die Auswirkungen der neuen Regel sollten Sie direkt in Ihrer Tabelle sehen können. Sollte das noch nicht wie beabsichtigt geklappt haben, können Sie im Copilot-Seitenbereich auf *Rückgängig machen* klicken (solange Sie noch keine weitere Veränderung an der Tabelle vorgenommen haben). Dann wird die Regel wieder entfernt.

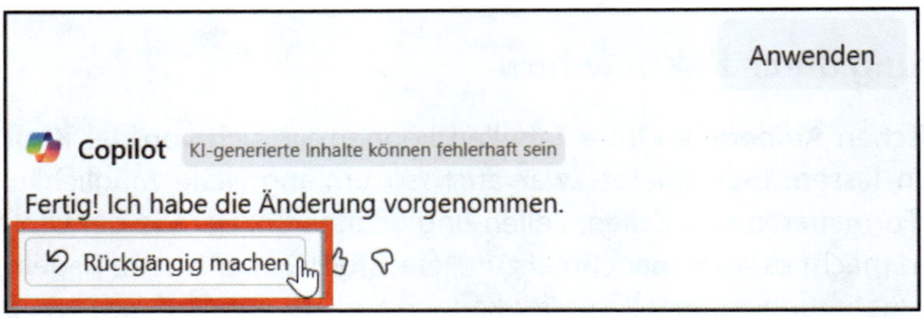

Die auf diese Weise erstellten Regeln finden Sie in der Regelverwaltung vor. Um diese zu öffnen, klicken Sie im *Start*-Menüband im Bereich *Formatvorlagen* auf *Bedingte Formatierung* und wählen im so geöffneten Menü ganz unten *Regeln verwalten*. Damit öffnen Sie den Manager für Regeln zur bedingten Formatierung, wo Sie alle von Ihnen selbst und von Copilot erstellten Regeln für dieses Arbeitsblatt vorfinden. Hier können Sie Anpassungen vornehmen oder auch Regeln wieder löschen. Insbesondere wenn dem KI-Assistenten das Definieren bestimmter Regeln nicht gelingt, lohnt ein Blick in diesen Manager, um Konflikte mit bereits vorhandenen Vorgaben auszuschließen.

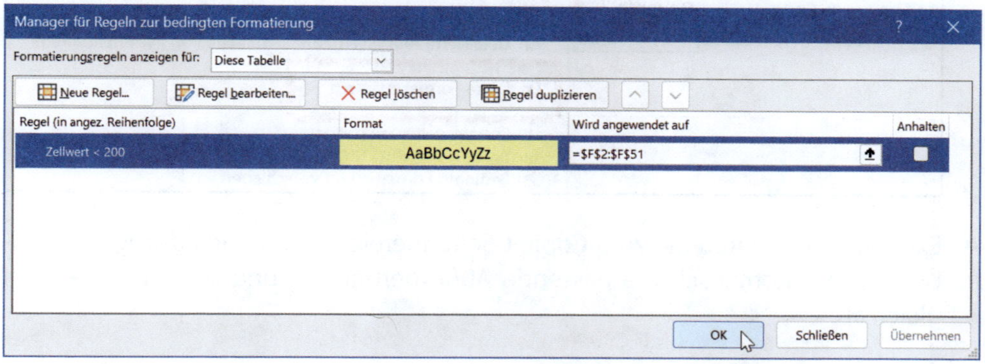

6.4 Formeln mit KI-Hilfe bewältigen

Durch Formeln wird Excel vom Datensammler zur Rechenmaschine. Gerade wenn man noch nicht so viel Erfahrung mit Excel oder mit einem neuen Aufgabengebiet hat, kann es aber eine Herausforderung sein, vorhandene Daten mit passenden Formeln auszuwerten und aufzubereiten. Hier kann Copilot weiterhelfen, weil die generative KI nicht nur Tabellen analysieren kann, sondern auch Wissen über Excel, seine Möglichkeiten und Funktionen hat. Damit kann der Assistent vorhandene Daten auswerten und Formeln vorschlagen, die zusätzliche Erkenntnisse aus den vorhandenen Daten zugänglich machen.

Formeln erklären lassen

Eine praktische KI-Hilfe bei Excel-Funktionen ist das Erklären von Formeln. Gerade wenn man Tabellen von anderen bekommt und damit weiterarbeiten soll, tut man sich teilweise schwer, deren Sinn und Funktionsweise ganz zu erfassen. Vor allem, wenn es sich um kryptische Excel-Formeln handelt, muss man ggf. erst die Dokumentation studieren, um deren Aufgabe zu erfassen. Lassen Sie sich dabei von der KI unterstützen. Diese kennt nicht nur die Bedeutung der vielfältigen Excel-Formeln, sondern kann auch den Zweck einer Formel im Kontext der Tabelle erkennen und erläutern.

1. Markieren Sie die Zelle mit der Formel darin. Wird die Formel in mehreren Zeilen verwendet, reicht es, eine davon auszuwählen. In den anderen Zeilen geschieht genau das Gleiche, nur eben mit den dortigen Werten.
2. Klicken Sie dann auf das Copilot-Symbol rechts neben der markierten Zelle.

3. Wählen Sie im so geöffneten Kontextmenü den Befehl *Diese Formel erläutern*.

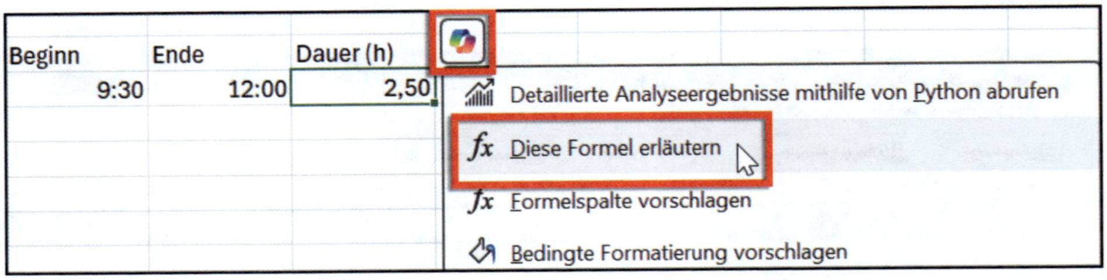

4. Excel wechselt daraufhin zum Copilot-Seitenbereich, fügt in den dortigen Eingabebereich automatisch die passende Aufforderung ein und sendet diese auch gleich ab.

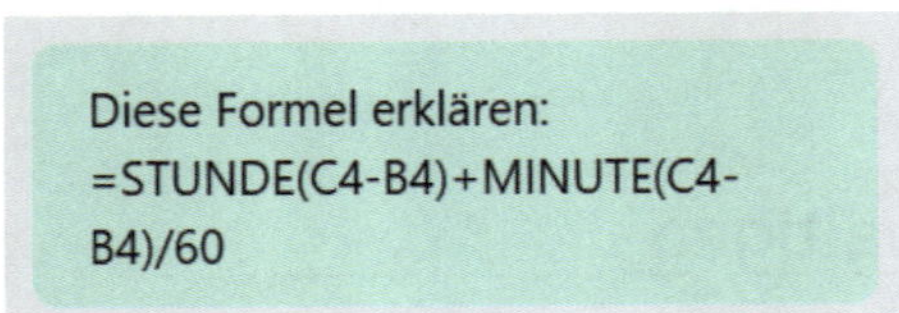

5. Nach kurzer Wartezeit erhalten Sie eine Antwort, die Ihnen den Zweck der Funktion und die Bedeutung des Ergebnisses erläutert.

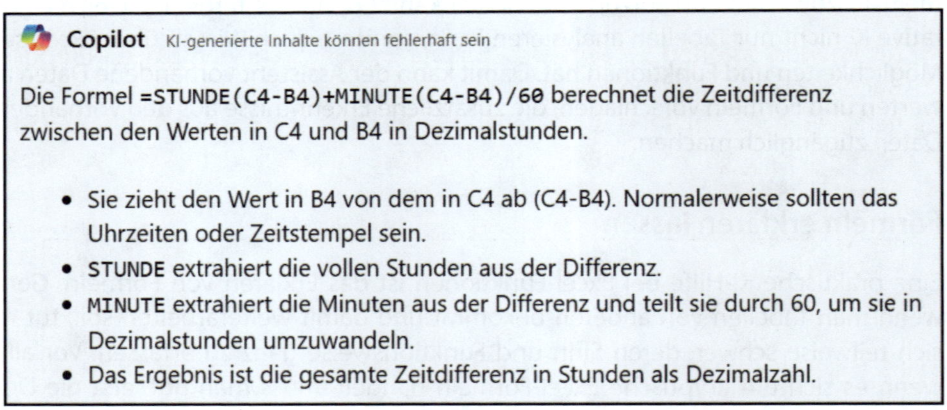

Hilfreiche Formeln vorschlagen

Copilot kann aber nicht nur bestehende Formeln analysieren und erklären. Der Assistent kann Tabellen analysieren und selbst Spalten und Formeln als Ergänzung vorschlagen, durch die sich in den Daten enthaltene Informationen und Strukturen besser erkennbar machen lassen. Gerade wenn es um das Aufbereiten von Rohdaten geht, kann man so schnell strukturierte und informative Tabellen gestalten. Aber auch bei bereits durchdachten Tabellen ist man manchmal überrascht, welche Verknüpfungen der Daten noch möglich sind und zu welchem Erkenntnisgewinn dies führen kann.

1. Für einen Formelvorschlag klicken Sie irgendwo in der betreffenden Tabelle auf das Copilot-Symbol.
2. Klicken Sie danach im Kontextmenü auf den Punkt *Formelspalte vorschlagen*. Alternativ können Sie diese Aufforderung auch im Copilot-Seitenbereich wählen oder notfalls selbst dort im Eingabefeld eintippen.

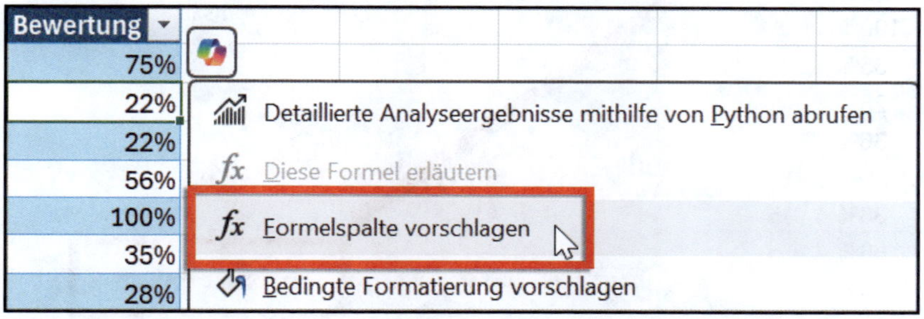

3. Copilot analysiert dann die in der Tabelle vorhandenen Daten und macht Ihnen einen Vorschlag für eine sinnvolle Formelspalte, die diese Tabelle sinnvoll ergänzen und implizit in den Daten vorhandene Informationen offensichtlich machen würde.
4. Als Antwort erhalten Sie eine kurze Erläuterung zur so gewonnenen Information. Außerdem wird der Inhalt der Formel angezeigt. Mit dem Kopieren-Symbol können Sie die Formel in die Zwischenablage übertragen (was aber nicht unbedingt nötig ist, siehe im Folgenden). Sollte Ihnen der Sinn der Formel unklar sein, können Sie mit *Erklärung anzeigen* weitere Angaben ausklappen.

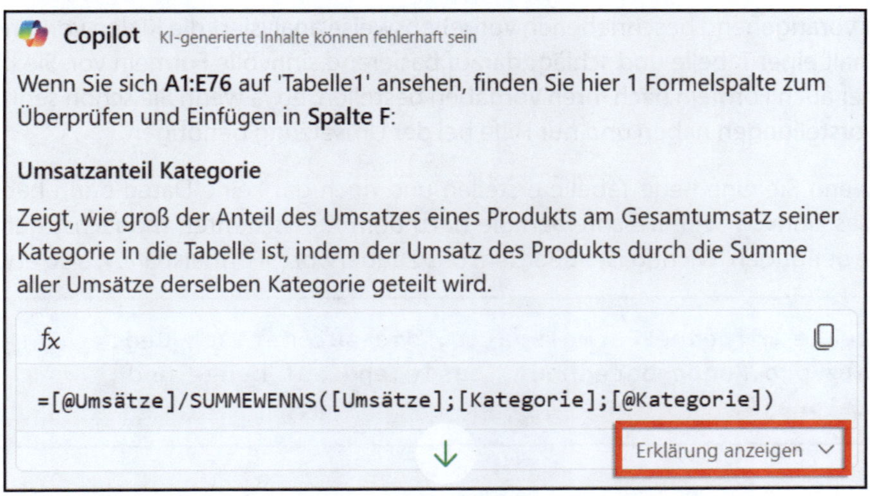

5. Darunter zeigt der Assistent Ihnen die Spalte an, die mit dieser Formel in die Tabelle eingefügt würde. Dabei rechnet er mit den tatsächlichen Werten.

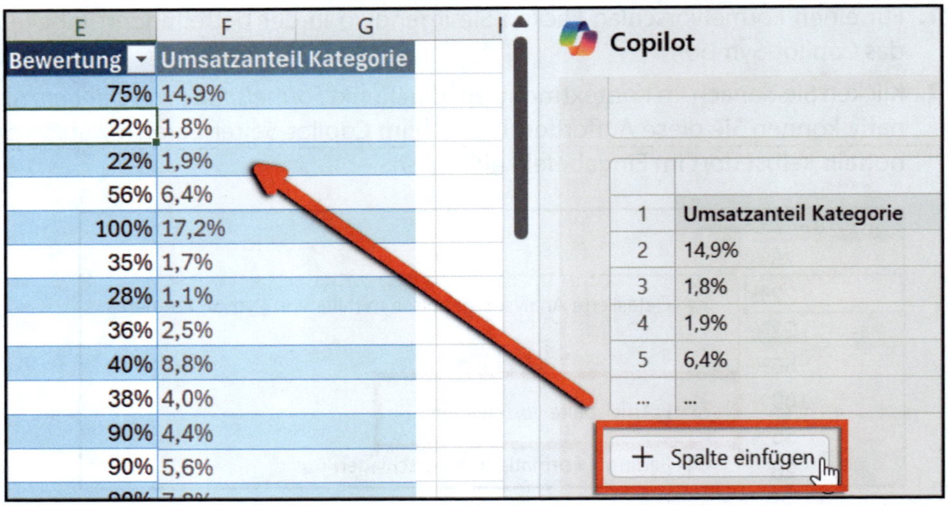

6. Wenn Sie den Mauszeiger ganz unten über *Spalte einfügen* schweben lassen, wird die Spalte provisorisch in der Tabelle angezeigt. Mit einem Klick auf die Schaltfläche fügen Sie sie endgültig ein.

Sollten Sie mit dem Vorschlag von Copilot nichts anfangen können, finden Sie unterhalb der Antwort den Vorschlag *Gib mir einen anderen Spaltenvorschlag*, mit dem Sie den Assistenten um weitere Ideen bitten können.

Formel nach Maß

Bei der vorangehend beschriebenen Vorgehensweise analysiert die KI den vorhandenen Inhalt einer Tabelle und schlägt darauf basierend sinnvolle Formeln vor. Sie können aber auch Formeln nach Ihren Vorgaben bestellen, etwa wenn Sie schon sehr genaue Vorstellungen haben und nur Hilfe bei der Umsetzung benötigen.

Auch wenn Sie eine neue Tabelle erstellen und noch gar keine Daten darin haben, kann das sinnvoll sein. Beschreiben Sie dazu dem KI-Assistenten möglichst genau, was Sie benötigen. Wichtig ist außerdem das Zauberwort »Formelspalte«, also etwa:

```
Erstelle mir eine Formelspalte, die automatisch den
Umsatz pro Kunde berechnet, basierend auf Menge und
Einzelpreis.
```

Wie konkret die Antwort ausfällt, hängt davon ab, was bislang in Ihrem Dokument steht. Sind etwa die Spalten *Menge* und *Einzelpreis* bereits vorhanden, erhalten Sie recht konkrete Anweisungen, was Sie wo einfügen müssen, um die gewünschte weitere Spalte zu erhalten. Ist Ihre Tabelle hingegen noch ganz leer, antwortet die KI etwas allgemeiner, und Sie müssen die vorgeschlagene Formel ggf. noch anpassen, damit die richtigen Daten berücksichtigt werden.

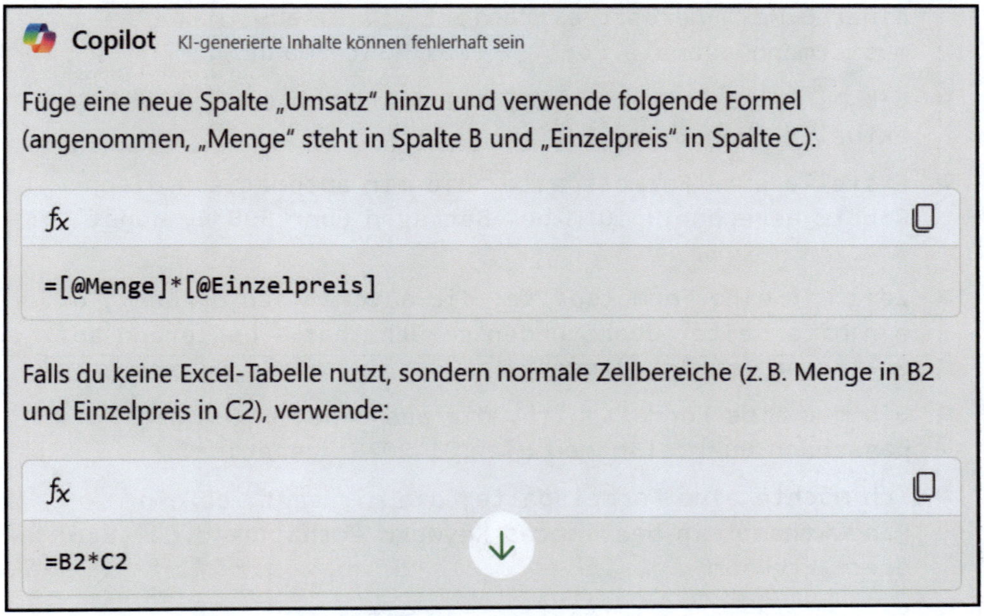

Auf diese Weise können Sie vielfältige Arten von Formeln für ganz verschiedene Zwecke generieren lassen. Im Folgenden einige Anregungen, die Ihnen die Möglichkeiten veranschaulichen und Sie hoffentlich auf gute Ideen für Ihre Tabellen bringen:

- `Ich brauche eine Formelspalte, die mir das Fälligkeitsdatum eines Projekts anzeigt, wenn ich ein Startdatum und die Dauer in Tagen habe.`
- `Gib mir eine Formelspalte, die prüft, ob ein Rechnungsbetrag über 1.000 € liegt und dann ‚Genehmigung erforderlich' ausgibt.`
- `Erstelle eine Formelspalte, die mir den Wochentag eines Datums in Deutsch ausgibt.`
- `Ich möchte eine Formelspalte, die mir die Differenz in Tagen zwischen zwei Datumswerten berechnet.`

- Gib mir eine Formelspalte, die automatisch den höchsten Wert in einer bestimmten Spalte markiert.
- Erstelle eine Formelspalte, die mir bei negativen Zahlen ‚Verlust' und bei positiven ‚Gewinn' ausgibt.
- Ich brauche eine Formelspalte, die mir den Namen aus einer E-Mail-Adresse extrahiert (z. B. aus ‚max.mustermann@example.com' -> ‚Max Mustermann').
- Gib mir eine Formelspalte, die prüft, ob ein Datum im aktuellen Monat liegt.
- Erstelle eine Formelspalte, die mir automatisch einen Rabatt berechnet: 10 % bei Beträgen über 500 €, sonst 5 %.
- Zeig mir eine Formelspalte, die automatisch erkennt, ob ein Mitarbeiter Überstunden gemacht hat – basierend auf Soll- und Ist-Arbeitszeit.
- Gib mir eine Formelspalte, die aus einem Datum den passenden Quartalsnamen wie ‚Q1 2025' generiert.
- Ich möchte eine Formelspalte, die mir sagt, ob ein Produktname ein bestimmtes Keyword enthält – z.B. ‚Bio' oder ‚Premium'.
- Erstelle eine Formelspalte, die mir aus Vor- und Nachnamen automatisch die Initialen generiert.
- Gib mir eine Formelspalte, die mir sagt, ob ein Kunde seit mehr als 365 Tagen inaktiv ist – basierend auf dem letzten Kaufdatum.
- Erstelle eine Formelspalte, die aus einer Telefonnummer das Land erkennt (z.B. +49 -> Deutschland).
- Ich möchte eine Formelspalte, die mir sagt, ob ein Geburtstag in den nächsten 30 Tagen liegt.

Daten per Formel extrahieren

Wenn man mit Daten arbeiten muss, die nicht perfekt für Excel aufbereitet sind, kann das viel zusätzliche Arbeit verursachen. Einiges kann der Import-Assistent auffangen, aber manchmal muss man mit einer vorhandenen Tabelle arbeiten, die alles andere als ideal gestaltet ist. Ein ganz typisches Beispiel sind Adressdaten, die wie in diesem Beispiel komplett in einer einzigen Zelle stehen.

	A
1	Adresse
2	Anna Morgenstern,Lindenweg 12,12345 Falkenheim
3	Tobias Reimann,Sonnenstraße 88,54321 Oberbrück
4	Lara Feldkamp,Kastanienallee 7A,10115 Neustadt
5	Jonas Bergmann,Am Mühlenbach 3,40210 Elmsdorf
6	Sophie Krüger,Rosenweg 19, 89073 Hohenried
7	Felix Neubert,Eichendorffstraße 45,23560 Silberfeld
8	Mia Lehmann,Talblick 22B,70173 Grünstadt
9	Leon Schäfer,Birkenweg 5,80331 Waldenau
10	Emily Ziegler,Waldstraße 17,33602 Steinfurt
11	Paul Hoffmann,Ringstraße 60,99084 Morgenfels
12	

In dieser Form lassen sich die Adressen kaum auswerten oder weiternutzen. Mit passenden Formeln könnte man aus den Feldern in Spalte A die Adressbestandteile extrahieren und jeweils in einzelne Spalten aufteilen. Aber wie müssen diese Formeln dafür genau aussehen? Das können Sie getrost der KI überlassen. Dafür reicht eine Aufforderung wie etwa:

```
Erstelle eine Formel, mit der die Spalte A aufgeteilt
wird.
```

Das setzt einen Analyseprozess in Gang, an dessen Ende Copilot in diesem Beispiel vorschlägt, die Spalten *Name*, *Straße* und *PLZ Ort* einzufügen. In der Antwort finden Sie jeweils die Formeln, die für die Felder in diesen Spalten verwendet werden sollten.

Copilot KI-generierte Inhalte können fehlerhaft sein

Wenn Sie sich **A1:A11** auf 'Adressen' ansehen, finden Sie hier 3 Formelspalten, die überprüft und in **Spalten B, C und D** eingefügt werden sollen:

1. Name

Extrahiert den Namen aus jeder vollständigen Adresse, indem der Text vor dem ersten Komma übernommen wird. So erhält man schnell einen Überblick über alle Personen in die Tabelle.

fx

```
=INDEX(TEXTTEILEN([@Adresse];",");1)
```

Erklärung anzeigen

Wie immer bei Formelvorschlägen von Copilot finden Sie ganz am Ende der Antwort eine Schaltfläche *Spalten einfügen*, mit der Sie die drei vorgeschlagenen Spalten direkt in die Tabelle links einfügen können. Wenn Sie noch weitere Unterteilungen wünschen und beispielsweise Straßenname und Hausnummer oder PLZ und Ort ebenfalls in eigenen Spalten anordnen möchten, wiederholen Sie den Vorgang jeweils bezogen auf die neu entstandenen Spalten C bzw. D.

	A	B	C	D
1	Adresse	Name	Straße	PLZ Ort
2	Anna Morgenstern,Lindenweg 12,12345 Falkenheim	Anna Morgenstern	Lindenweg 12	12345 Falkenheim
3	Tobias Reimann,Sonnenstraße 88,54321 Oberbrück	Tobias Reimann	Sonnenstraße 88	54321 Oberbrück
4	Lara Feldkamp,Kastanienallee 7A,10115 Neustadt	Lara Feldkamp	Kastanienallee 7A	10115 Neustadt
5	Jonas Bergmann,Am Mühlenbach 3,40210 Elmsdorf	Jonas Bergmann	Am Mühlenbach 3	40210 Elmsdorf
6	Sophie Krüger,Rosenweg 19, 89073 Hohenried	Sophie Krüger	Rosenweg 19	89073 Hohenried
7	Felix Neubert,Eichendorffstraße 45,23560 Silberfeld	Felix Neubert	Eichendorffstraße 45	23560 Silberfeld
8	Mia Lehmann,Talblick 22B,70173 Grünstadt	Mia Lehmann	Talblick 22B	70173 Grünstadt
9	Leon Schäfer,Birkenweg 5,80331 Waldenau	Leon Schäfer	Birkenweg 5	80331 Waldenau
10	Emily Ziegler,Waldstraße 17,33602 Steinfurt	Emily Ziegler	Waldstraße 17	33602 Steinfurt
11	Paul Hoffmann,Ringstraße 60,99084 Morgenfels	Paul Hoffmann	Ringstraße 60	99084 Morgenfels

6.5 Neue Tabellen generieren

Ein weiterer, oft übersehener Einsatzbereich für KI ist das Erstellen neuer Tabellen. Das wird man nun nicht jeden Tag machen, da man häufiger mit bereits vorhandenen Daten und Dateien arbeitet. Aber gelegentlich kann es hilfreich sein, wenn Sie sich für eine bestimmte Aufgabe eine Tabelle auf Zuruf von der KI generieren lassen. Diese kann dabei auch wieder auf ihr umfangreiches Wissen zurückgreifen, wie Tabellen für die unterschiedlichsten Zwecke aussehen, welche Anordnung von Spalten sinnvoll ist und welche Informationen hineingehören.

Bei konkreten Daten für den Tabelleninhalt wird es schwieriger, aber Copilot und Co. haben keine Probleme, solche Daten beispielhaft zu improvisieren. Die können Sie als Anschauungsmaterial sehen und durch eigene reale Informationen ersetzen. Und manchmal benötigt man ja vielleicht auch mal beeindruckende Zahlen für Demonstrationszwecke.

Mit dem integrierten Copilot Tabellen generieren

Wenn Sie den in Microsoft 365 integrierten KI-Assistenten nutzen, können Sie sich über den Copilot-Seitenbereich jederzeit eine Tabelle erstellen und als neues Blatt in ein Dokument einfügen lassen.

1. Öffnen Sie den Seitenbereich, indem Sie in der Multifunktionsleiste auf *Start/Copilot* klicken. Alternativ klicken Sie auf das Symbol rechts neben der aktuell ausgewählten Tabellenzelle und wählen im Kontextmenü *Chatten mit Copilot*.
2. Tippen Sie hier im Eingabebereich den Prompt mit Ihren Anforderungen bzw. Ideen für die gewünschte Tabelle ein und senden Sie ihn ab.

```
Erstelle eine Tabelle mit Projektaufgaben, Deadlines,
Verantwortlichen und Status (offen, in Bearbeitung,
abgeschlossen).
```

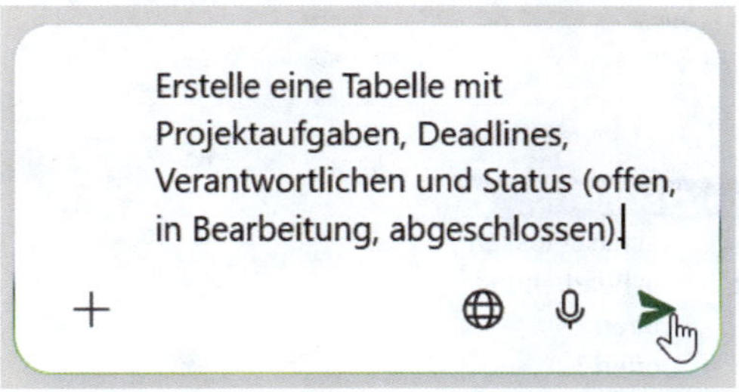

3. Warten Sie kurz, bis Copilot seine Antwort im Seitenbereich aufbaut. Dann finden Sie dort einen Vorschlag für die Tabelle, der ggf. mit improvisierten Beispieldaten aufgefüllt ist.
4. Möchten Sie den Vorschlag in Ihr Excel-Dokument übernehmen, finden Sie unterhalb davon die Schaltfläche *In neues Blatt einfügen*. Sie platziert diese Tabelle im ersten leeren Blatt des Dokuments.

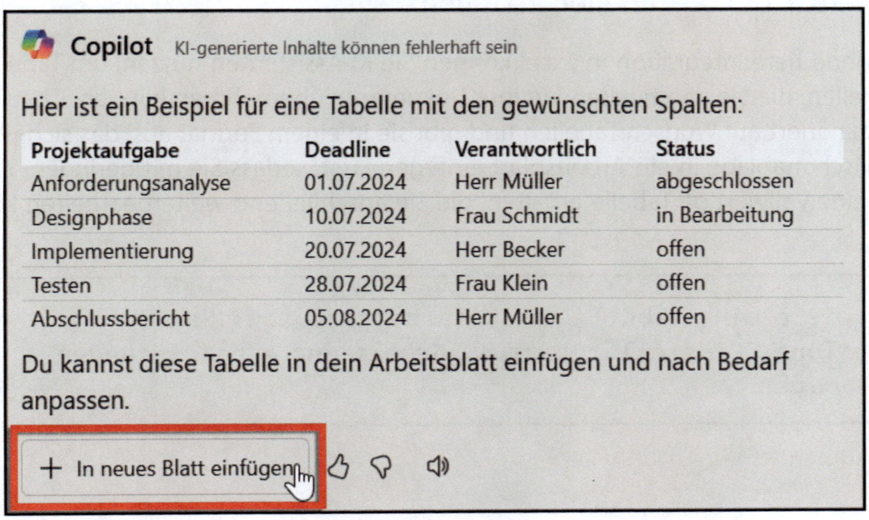

Projektaufgabe	Deadline	Verantwortlich	Status
Anforderungsanalyse	01.07.2024	Herr Müller	abgeschlossen
Designphase	10.07.2024	Frau Schmidt	in Bearbeitung
Implementierung	20.07.2024	Herr Becker	offen
Testen	28.07.2024	Frau Klein	offen
Abschlussbericht	05.08.2024	Herr Müller	offen

Hier finden Sie den generierten Vorschlag nun als vollwertige Excel-Tabelle vor. Die Beispieldaten können Sie beliebig durch reale Angaben ersetzen.

Beachten Sie, dass Copilot die Zellen nicht formatiert, sondern grundsätzlich das Standardformat verwendet. Wenn Sie beispielsweise Spalten mit Datumsangaben entsprechend formatiert haben möchten, müssen Sie also manuell nachbessern.

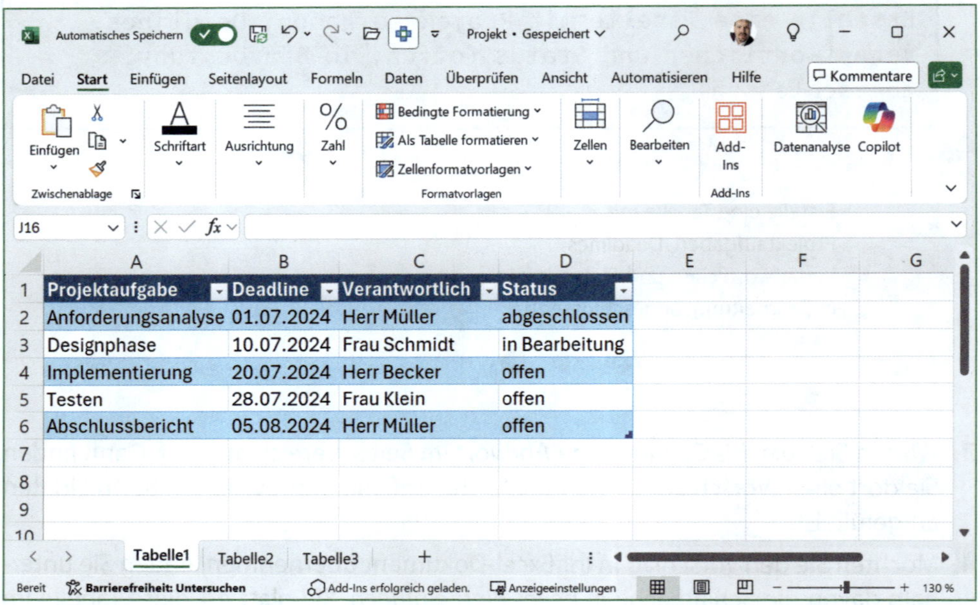

Mit ChatGPT Excel-Tabellen erstellen

Auch ohne tiefe Integration in Excel können Sie KI-Assistenten nutzen, um Tabellen zu erstellen, die Sie anschließend in Ihre Dokumente übernehmen können. ChatGPT etwa generiert auf Wunsch Tabellen und gibt sie in einem Format aus, das sich über die Zwischenablage in ein Arbeitsblatt einfügen lässt, sodass Sie mit geringem Aufwand eine vollwertige Tabelle erhalten, die Sie anschließend weiterbearbeiten können.

```
Generiere eine Tabelle mit Mitarbeiterdaten: Name,
Abteilung, Einstellungsdatum, Gehalt und Arbeitsstunden
im Monat.
```

Hier ist eine Beispiel-Tabelle mit Mitarbeiterdaten:

Name	**Abteilung**	**Einstellungsdatum**	**Gehalt (€)**	**Arbeitsstunden im Monat**
Anna Müller	Vertrieb	01.02.2020	3.200	160
Markus Schmidt	IT	15.05.2019	4.500	170
Lisa Becker	Personalwesen	10.08.2021	3.000	160
Thomas Weber	Marketing	20.03.2018	3.800	165
Julia Fischer	Buchhaltung	01.11.2020	3.400	160

Wenn Sie mit der Tabelle zufrieden sind, können Sie sie mit dem Kopieren-Symbol rechts unten in die Zwischenablage übernehmen. Wechseln Sie dann zu Excel, öffnen Sie dort ggf. ein neues leeres Blatt und fügen Sie den Inhalt der Zwischenablage dort ein.

Als Ergebnis wird die vollständige Antwort des KI-Assistenten in die Tabelle eingefügt. Dabei wird die Tabellenstruktur darin erkannt und korrekt Zeilen und Spalten zugeordnet. Allerdings können darüber und darunter noch andere Teile der Antwort stehen, die Sie ggf. manuell entfernen müssen.

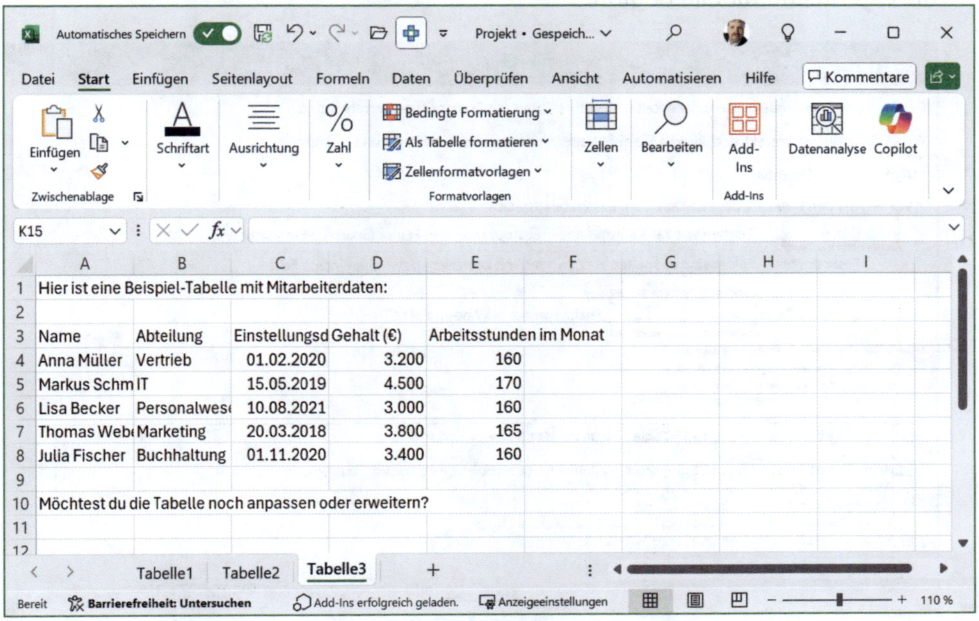

Tabellen mit dem Textkonvertierungs-Assistenten einfügen

Wenn Excel Probleme mit den von Ihrem KI-Assistenten generierten Tabellen hat und diese beispielsweise nicht in entsprechende Spalten und Zeilen umsetzt, können Sie mit einem Assistenten nachhelfen, mit dem Sie den Inhalt der Zwischenablage quasi interaktiv analysieren und einfügen können.

1. Kopieren Sie die von der KI erzeugte Tabelle in die Zwischenablage.
2. Wählen Sie in Excel ggf. ein leeres Blatt und klicken Sie an die Stelle, an der die Tabelle eingefügt werden soll (obere linke Ecke).
3. Klicken Sie in der *Start*-Rubrik des Menübands ganz links auf das Pfeilsymbol unterhalb von *Einfügen* und wählen Sie im so geöffneten Untermenü *Textkonvertierungs-Assistenten verwenden*. Hinweis: Dieser Menüpunkt wird nur angezeigt, wenn sich Textinhalte in der Zwischenablage befinden.

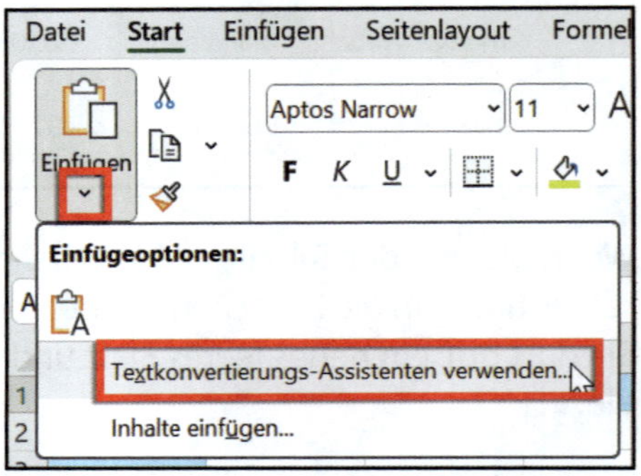

4. Im so geöffneten Assistenten sehen Sie unten eine Vorschau, wie der Inhalt der Zwischenablage interpretiert wird. Wählen Sie oben die Option *Getrennt*.
5. Sollte die Zwischenablage vor der eigentlichen Überschrift noch andere Hinweise des Assistenten enthalten, stellen Sie bei *Import beginnen in Zeile* die Zeile ein, wo die eigentliche Tabelle beginnt.

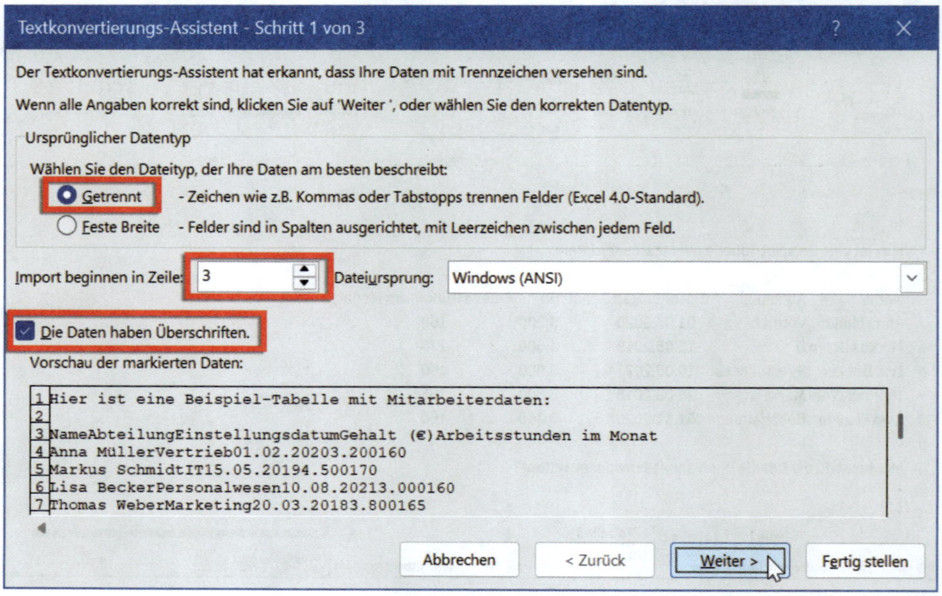

6. Besteht die erste Tabellenzeile aus Spaltenüberschriften, aktivieren Sie außerdem die Option *Die Daten haben Überschriften*.
7. Im zweiten Schritt wählen Sie im Bereich *Trennzeichen* das passende Zeichen. In den meisten Fällen wird *Tabstopp* die richtige Wahl sein. Deaktivieren Sie ggf. andere voreingestellte Trennzeichen. In der Vorschau unten können Sie direkt die Auswirkung überprüfen.

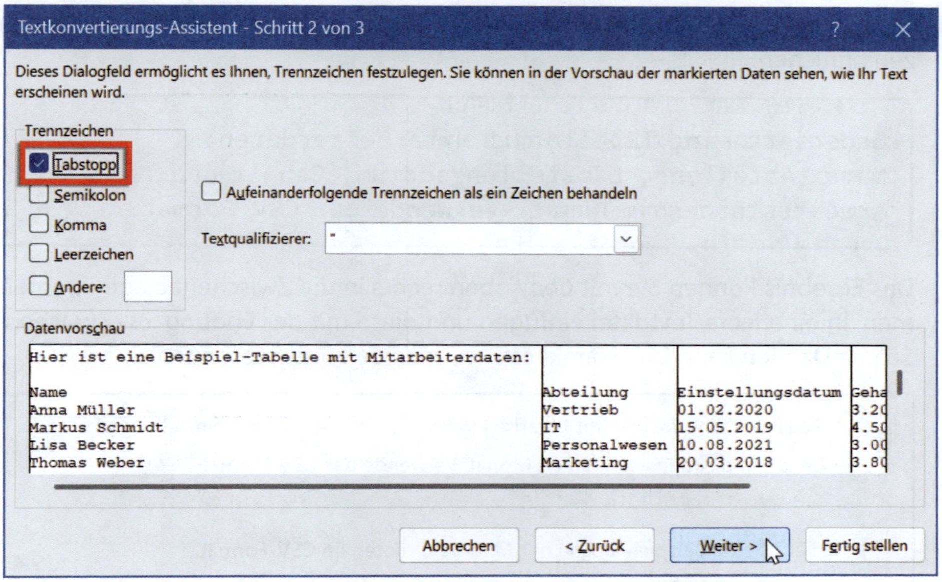

8. Mit *Weiter* geht es zum letzten Schritt, in dem Sie das Datenformat (Datum, Text usw.) der einzelnen Spalten festlegen oder auch einzelne Spalten beim Import überspringen können. Dies ist aber optional. Wenn Sie mit der Vorschau jetzt bereits zufrieden sind, klicken Sie direkt unten rechts auf *Fertig stellen*.

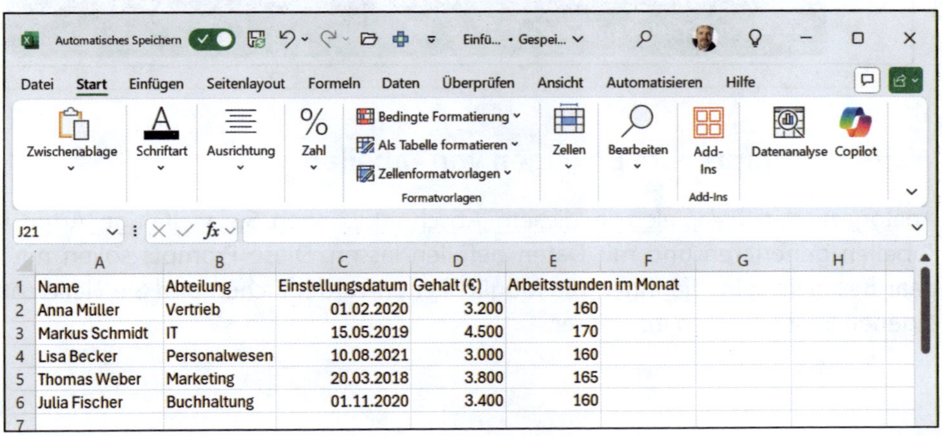

Tabellen im CSV-Format generieren

Bei umfangreicheren Tabellen kann das manuelle Importieren und Nachbearbeiten der Daten manchmal unnötig aufwendig sein. In solchen Fällen bietet es sich an, die Tabellen gleich im CSV-Format (siehe Seite 151) zu generieren, das Excel unkompliziert importieren kann. Die meisten KI-Assistenten beherrschen dieses Format, sodass Sie nur in der Aufforderung eine passende Anweisung zu ergänzen brauchen:

```
Generiere eine Tabelle mit Mitarbeiterdaten:
Name, Abteilung, Einstellungsdatum, Gehalt und
Arbeitsstunden im Monat. Verwende das CSV-Format.
```

Das Ergebnis können Sie mit *Copy* oben rechts in die Zwischenablage übernehmen, in eine leere Textdatei einfügen und diese mit der Endung *.csv* speichern. Solche Dateien kann Excel direkt öffnen, anzeigen und bearbeiten.

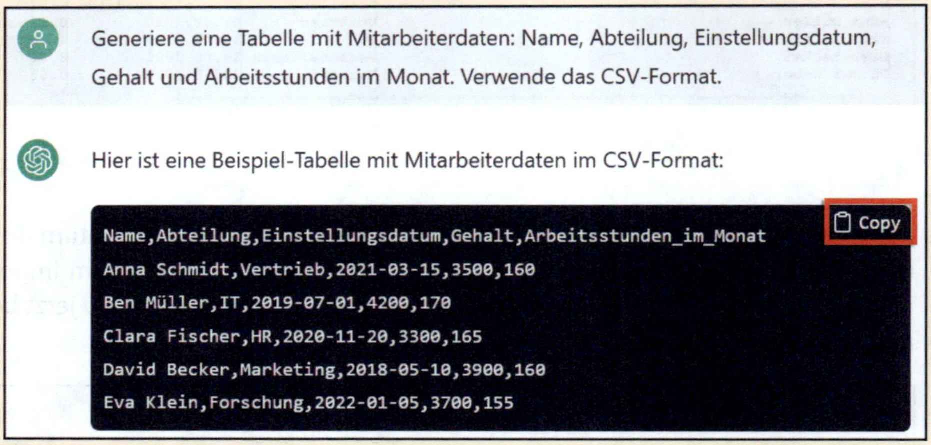

Weitere Prompts zum Erzeugen von Tabellen

Analog zu den Beispielen in diesem Abschnitt können Sie vielfältige Arten von Tabellen generieren und mit Daten befüllen lassen. Diese Prompts sollen nur ein paar Beispiele sein, die Ihnen die Möglichkeiten verdeutlichen und Sie vielleicht zu eigenen Experimenten inspirieren:

- Erstelle eine Tabelle mit den Umsätzen pro Monat für das letzte Jahr, inklusive Gewinn und Kosten.
- Generiere eine Tabelle mit den Top-10-Kunden nach Umsatz, inklusive Kontaktinformationen und Kaufhäufigkeit.
- Erstelle eine Tabelle mit Produktkategorien, Verkaufszahlen, durchschnittlichem Verkaufspreis und Gewinnmarge.
- Fasse die monatlichen Verkaufszahlen nach Produktgruppen zusammen, um Trends zu erkennen.
- Generiere eine Tabelle mit Mitarbeiterdaten: Name, Abteilung, Einstellungsdatum, Gehalt und Arbeitsstunden im Monat.
- Erstelle eine Tabelle mit Budgetplanung für das nächste Quartal, inklusive geplanten Ausgaben und Einnahmen.
- Fasse die Lagerbestände pro Produkt in einer Tabelle zusammen, inklusive Mindestbestand und aktuellem Bestand.
- Erstelle eine Tabelle mit Marketingkampagnen: Kampagnenname, Startdatum, Enddatum, Zielgruppe und Erfolgskriterien.
- Generiere eine Tabelle mit Jahresübersicht der Website-Besucher: Monat, Besucherzahl, Bounce-Rate und Conversion-Rate.
- Generiere eine Tabelle mit einer imaginären Weltkarte: Orte, Beschreibungen, Einwohnerzahlen und besondere Merkmale.
- Stelle eine Tabelle mit fiktiven Tierarten zusammen: Name, Lebensraum, Ernährung und besondere Fähigkeiten.
- Generiere eine Tabelle mit kreativen Geschäftsideen: Idee, Zielgruppe, Startkapital und potenzieller Umsatz.
- Erstelle eine Tabelle der wichtigsten Meilensteine in der Geschichte der Raumfahrt mit Datum, Ereignis und Bedeutung.

```
■ Fasse eine Liste von ungewöhnlichen Hobbys zusammen:
  Hobby-Name, Beschreibung, benötigte Ausrüstung und
  Spaßfaktor.
■ Stelle eine Tabelle mit Rezeptideen für verschiedene
  Anlässe zusammen: Gericht, Zutatenliste,
  Zubereitungszeit und Schwierigkeitsgrad.
```

6.6 Excel und andere KI-Assistenten

In diesem Kapitel habe ich mich bislang auf die Nutzung des in Microsoft 365 integrierten Copilot konzentriert, der meine unbedingte Empfehlung ist, wenn Sie regelmäßig von künstlicher Intelligenz in Excel profitieren wollen. Copilot ist tief in Excel 365 integriert und macht es dadurch leicht, Tabellen zu analysieren und Formeln und Diagramme zu generieren, die direkt in ein Dokument eingefügt werden können. Solange es um das Analysieren von Tabellen geht, können Sie prinzipiell aber auch andere KI-Assistenten einsetzen, indem Sie die Tabelle per Zwischenablage oder als Datei dorthin übertragen oder Office-Add-ons verwenden.

Excel-Tabellen austauschen

Während das Austauschen von Texten aus Word oder auch PowerPoint per Zwischenablage naheliegend ist, würde man bei Excel vielleicht nicht unbedingt auf die Idee kommen, eine Tabelle per KI-Weboberfläche beispielsweise analysieren zu lassen. Aber einige KI-Assistenten kennen und erkennen Tabellen und wissen diese zu verstehen.

1. Markieren Sie hierzu die Daten einer Tabelle, die Sie untersuchen lassen möchten. Alternativ klicken Sie auf das Symbol ganz links in der Titelzeile der Tabelle oder drücken Strg+A, um die gesamte Tabelle zu markieren. Beachten Sie dabei ggf. Beschränkungen bei der Menge des Textes.

4	Zeitraum	Stückzahl	Umsatz	Kosten	Gewinn
5	1. Quartal	36	4.572,00 €	352,80 €	4.219,20 €
6	2. Quartal	28	3.556,00 €	274,40 €	3.281,60 €
7	3. Quartal	49	6.223,00 €	480,20 €	5.742,80 €
8	4. Quartal	51	6.477,00 €	499,80 €	5.977,20 €

2. Kopieren Sie die Tabelle mit Strg+C in die Zwischenablage. Besondere Vorkehrungen brauchen Sie dabei nicht zu treffen.

3. Wechseln Sie dann zur Copilot-Oberfläche und fügen Sie den Inhalt der Zwischenablage dort mit Strg+V ein. Dabei erfolgt automatisch das Konvertieren vom komplexen Excel-Format in eine reine Textdarstellung. Zeilen und Spalten werden dabei durch verschiedene Sonderzeichen visualisiert. Machen Sie sich darüber keine Gedanken und überlassen Sie es Copilot, die Tabellenstruktur korrekt zu erkennen.

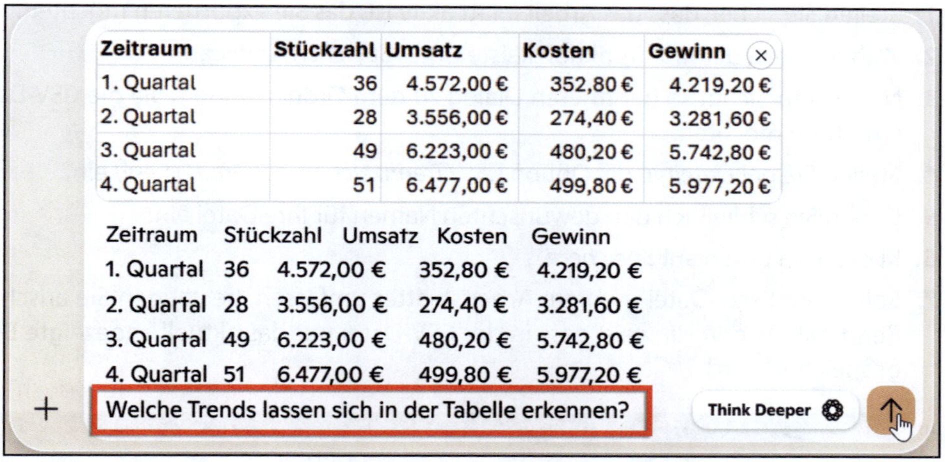

Zeitraum	Stückzahl	Umsatz	Kosten	Gewinn
1. Quartal	36	4.572,00 €	352,80 €	4.219,20 €
2. Quartal	28	3.556,00 €	274,40 €	3.281,60 €
3. Quartal	49	6.223,00 €	480,20 €	5.742,80 €
4. Quartal	51	6.477,00 €	499,80 €	5.977,20 €

4. Ergänzen Sie die eingefügten Tabelleninhalte mit Ihren Fragen oder Aufforderungen und senden Sie den Prompt dann ab.
5. Nach kurzem Nachdenken präsentiert Copilot seine Erkenntnisse, die hoffentlich hilfreich sind.

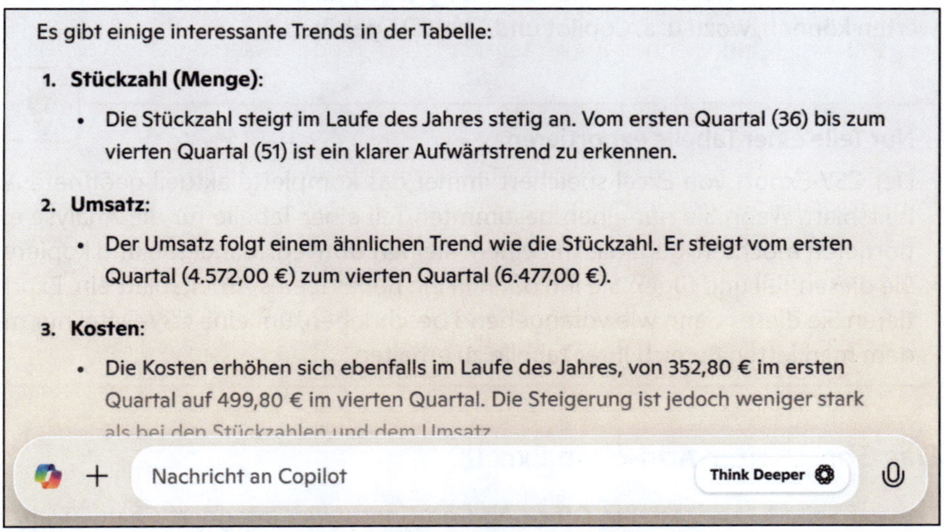

Tabellen als CSV exportieren

Wenn der KI-Assistent Ihrer Wahl nicht mit den aus Excel kopierten Tabellen umgehen kann, aber das Hochladen von Dateien erlaubt, können Sie Tabellendaten in Form von CSV-Dateien übermitteln. Das sind einfache Textdateien, die Tabellenwerte in einem standardisierten Format enthalten (siehe auch Seite 151).

1. Stellen Sie sicher, dass das Arbeitsblatt aktiv ist, das Sie exportieren möchten.
2. Wählen Sie in der Multifunktionsleiste *Datei/Speichern unter* aus.
3. Navigieren Sie im so geöffneten Dialog zu dem Ordner, in dem Sie die CSV-Datei speichern möchten.
4. Stellen Sie bei *Dateityp* die Option *CSV (Trennzeichen-getrennt) (*.csv)* ein.
5. Geben Sie schließlich den gewünschten Namen für Ihre Datei ein.
6. Klicken Sie unten auf *Speichern.*
7. Sollte Ihre Excel-Datei mehrere Arbeitsblätter umfassen, bestätigen Sie anschließend mit *OK* den Hinweis, dass in der CSV-Datei nur das aktuell angezeigte Blatt gespeichert wird.

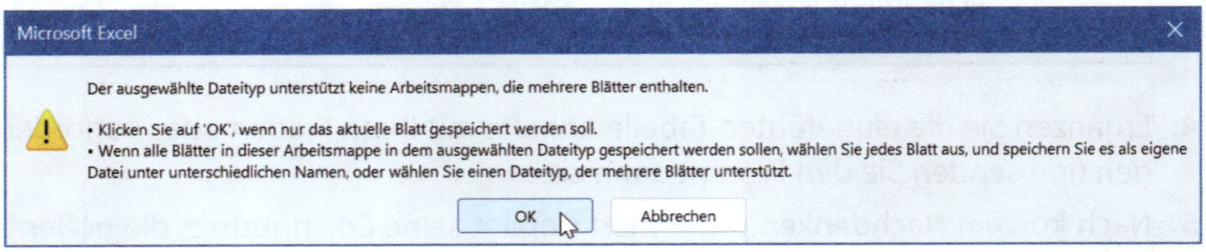

Die so erstellte Datei können Sie zu KI-Assistenten hochladen, die CSV-Dateien auswerten können, wozu u. a. Copilot und ChatGPT gehören.

Nur Teile einer Tabelle exportieren

Der CSV-Export von Excel speichert immer das komplette aktuell geöffnete Arbeitsblatt. Wenn Sie nur einen bestimmten Teil einer Tabelle für die Analyse exportieren möchten, geht das mit einem kleinen Umweg: Markieren und kopieren Sie diesen Teil und fügen Sie ihn dann in ein neues leeres Arbeitsblatt ein. Exportieren Sie dieses dann wie vorangehend beschrieben, um eine CSV-Datei nur mit dem markierten Bereich Ihrer Tabelle zu erhalten.

Das Ghostwriter-Add-on in Excel

Das auf Seite 61 vorgestellte Office-Add-on *Ghostwriter* integriert ChatGPT auch in Excel und macht es möglich, eine Tabelle oder bestimmte Bereiche davon durch diesen KI-Assistenten analysieren zu lassen. Dazu können Sie jederzeit Teile einer Tabelle markieren und in der Aufforderung an den Assistenten darauf Bezug nehmen:

1. Markieren Sie zunächst den Teil der Tabelle, den Ghostwriter berücksichtigen soll.
2. Wählen Sie dann im Ghostwriter-Seitenbereich bei *Excel action* die Option *Use selected DATA in sheet*.
3. Tippen Sie nun oberhalb davon im Eingabefeld Ihre Frage oder Aufforderung ein und senden Sie sie ab.

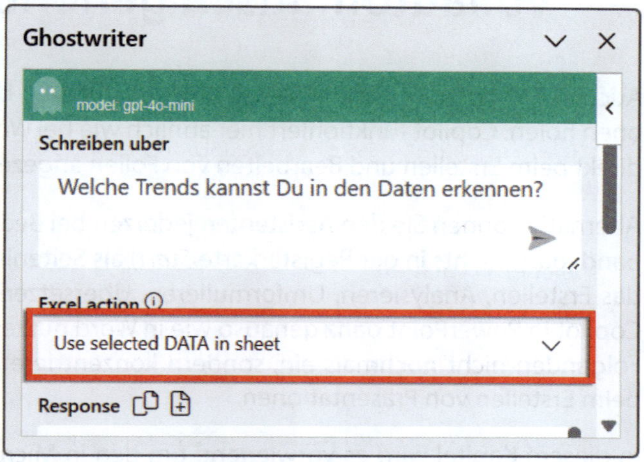

4. Die Antwort erhalten Sie bei Excel stets direkt unten in der Seitenleiste im *Response*-Feld.

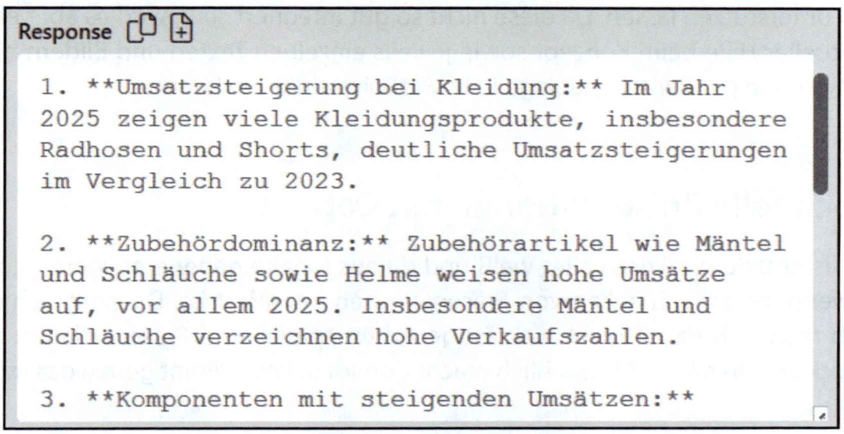

7. Spannende Präsentationen vollautomatisch generieren

Auch in PowerPoint können Sie sich KI-Unterstützung beim Erstellen Ihrer Präsentationen holen. Copilot funktioniert hier ähnlich wie bei Word: Das Symbol wird teilweise direkt beim Erstellen und Bearbeiten von Folien angezeigt.

Alternativ können Sie den Assistenten jederzeit bei Bedarf per Schaltfläche im Menüband (ganz rechts in der Registerkarte *Start*) als Seitenleiste einblenden. In Bezug auf das Erstellen, Analysieren, Umformulieren, Übersetzen usw. von Texten können Sie Copilot in PowerPoint ganz genauso wie in Word nutzen. Darauf gehe ich deshalb im Folgenden nicht nochmals ein, sondern konzentriere mich auf speziellere KI-Hilfen beim Erstellen von Präsentationen.

In diesem Kapitel wird es vorwiegend um den in Microsoft 365 integrierten Copilot gehen. Er ist auch in PowerPoint sehr tief integriert und kann sogar vollständige Präsentationen generieren.

Selbstverständlich können Sie sich bei Ihren Präsentationen auch von anderen KI-Assistenten unterstützen lassen. Da diese nicht so gut integriert sind, wird es aber eher bei punktueller Hilfe beim Konzept sowie jeweils einzelnen Texten und Bildern bleiben, die Sie dann per Zwischenablage in PowerPoint einfügen können.

7.1 Schnelle Präsentationen mit Copilot

Ein KI-Assistent, der praktisch alles weiß und daraus Inhalte generieren kann und in eine Anwendung zum Erstellen von Präsentationen integriert ist. Da stellt sich die Frage, ob man sich damit nicht viel lästige Arbeit sparen und Präsentationen auf Knopfdruck erstellen kann? Tatsächlich macht Copilot in PowerPoint genau das möglich.

1. Legen Sie in PowerPoint eine neue leere Präsentation an.
2. Ist Copilot aktiviert, wird auf der Titelseite oben links automatisch dessen Symbol angezeigt. Klicken Sie darauf und wählen Sie im so geöffneten Menü *Neue Präsentation erstellen*.

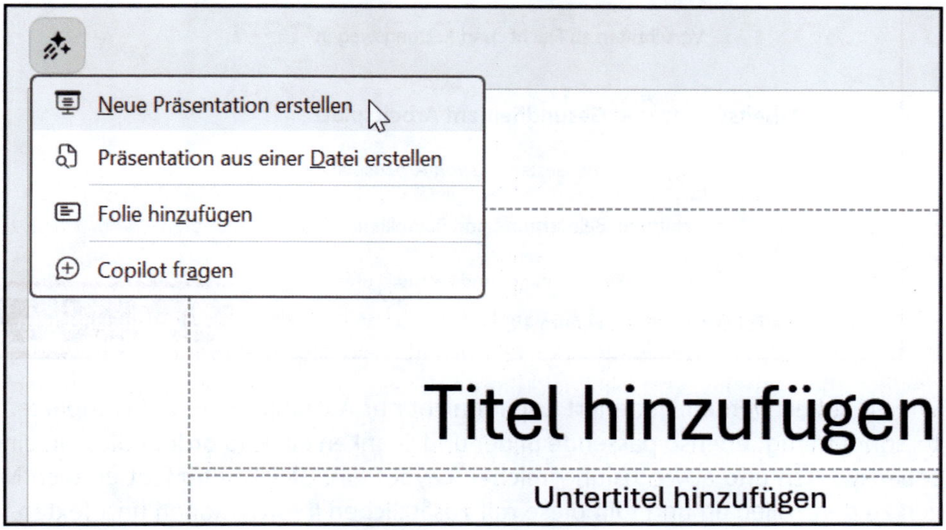

3. Damit öffnen Sie einen Copilot-Dialog, in dem Sie im oberen Feld zunächst das Thema der Präsentation eingeben. Das kann ein einzelnes Stichwort sein oder auch ein kürzerer Text, der die Aufgabenstellung beschreibt. Klicken Sie auf das Pfeilsymbol im Feld unten rechts, um fortzufahren.

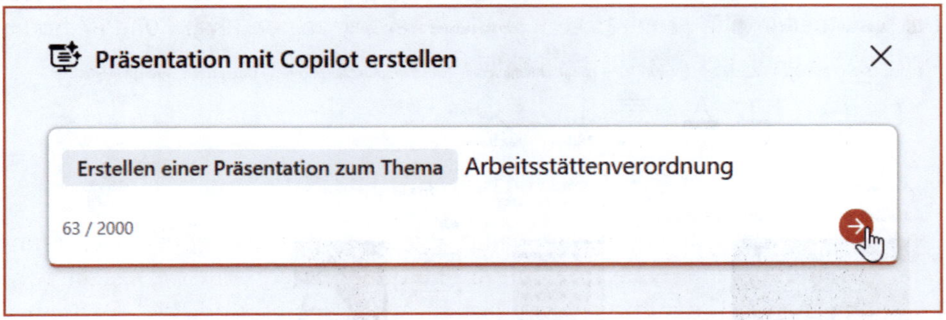

4. Copilot recherchiert nun zu dem vorgegebenen Thema und erstellt zunächst einen Gliederungsvorschlag, der in einem großen Feld darunter angezeigt wird. Zu allen hier aufgeführten Überschriften und Aufzählungspunkten würde der Assistent eine eigene Folie erstellen. An dieser Stelle können Sie die Gliederung auch noch beeinflussen (mehr dazu im nachfolgenden Abschnitt).
5. Für ein möglichst schnelles Ergebnis klicken Sie aber direkt unten rechts auf die Schaltfläche *Folien generieren*.
6. Das Generieren einer solchen Präsentation dauert länger als das Übersetzen eines Textes oder das Analysieren einer Tabelle. Trotzdem sollten sich die Folien nach einigen Sekunden aufzubauen beginnen.

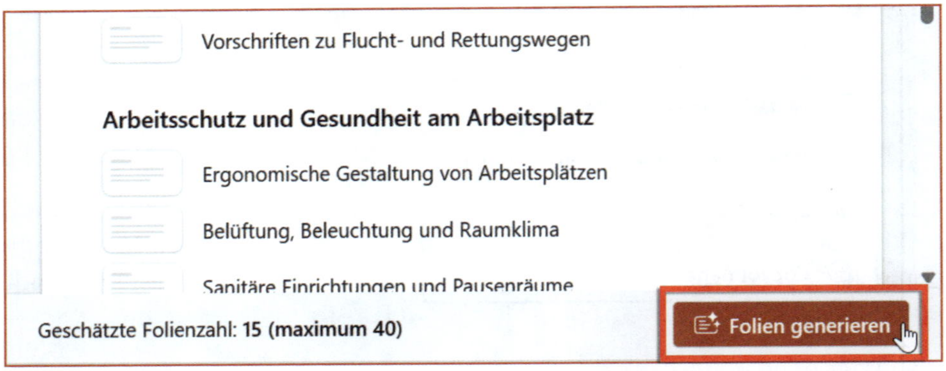

Wie Sie sehen werden, generiert Copilot nicht nur Aufzählungen und kompakte Texte, sondern fügt ebenso passende Bilder und Grafiken ein und ordnet diese in einem sehenswerten und abwechslungsreichen Layout ein. Gleichzeitig legt er auch Notizen zu den Folien an und füllt diese mit zusätzlichen Informationen und Texten, aus denen Sie vortragen können.

Es entsteht also eine Präsentation, die Sie so direkt halten könnten. Gleichzeitig handelt es sich aber auch um ein vollwertiges PowerPoint-Dokument. Sie können also sämtliche Elemente auf allen Folien individuell anpassen und ergänzen.

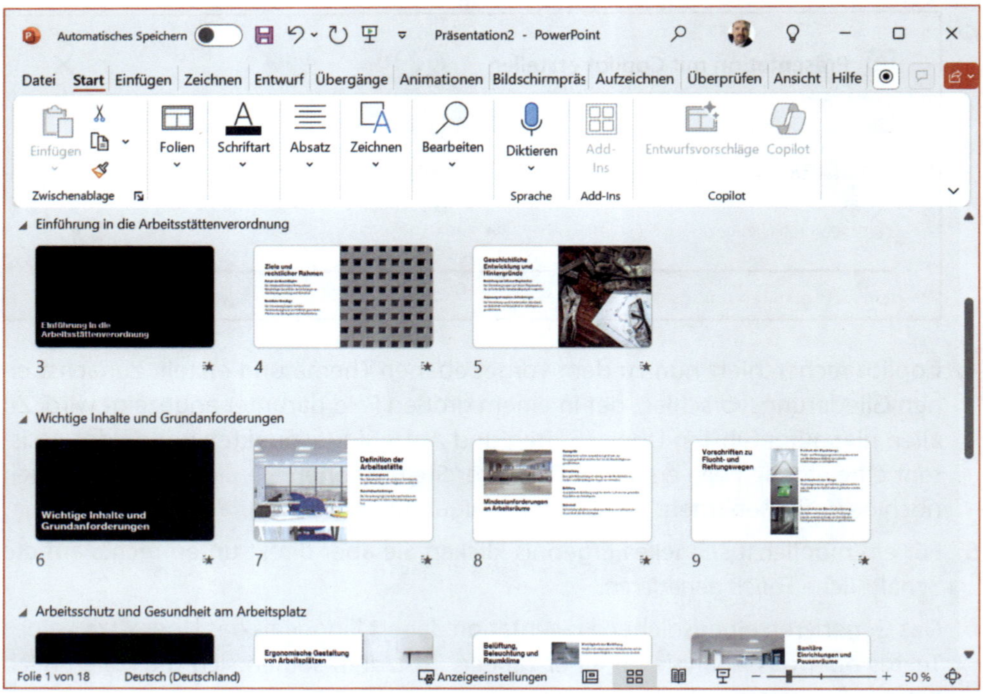

Die Gliederung einer KI-Präsentation optimieren

Wie im vorhergehenden Abschnitt bereits angedeutet, erfolgt das Generieren einer vollständigen Präsentation in zwei Schritten. Copilot entwirft zunächst eine Gliederung des Themas und leitet daraus die Abschnitte und Folien der Präsentation ab.

Dieser Gliederungsvorschlag wird Ihnen zunächst angezeigt. Sie können ihn aber nicht einfach nur abnicken, sondern in diesem Stadium wesentliche Veränderungen daran vornehmen: die Reihenfolge der Abschnitte verändern, einzelne Bestandteile entfernen oder auch Themen ergänzen, die der Assistent übersehen hat.

Wenn der Gliederungsvorschlag angezeigt wird und Sie den Mauszeiger auf einen der Blöcke bewegen, wird dieser hervorgehoben und mit verschiedenen Symbolen zum Bearbeiten versehen:

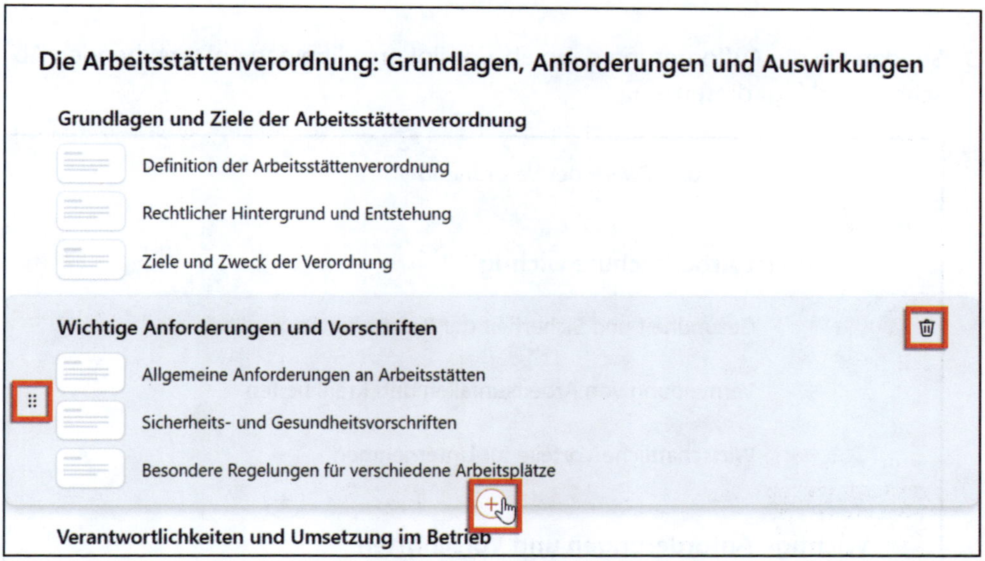

1. Durch das Anklicken des +-Symbols zwischen zwei Abschnitten wird an dieser Stelle ein Dialog eingefügt, in dem Sie Copilot das Thema beschreiben, das Sie ergänzen möchten.
2. Hier können Sie wie gewohnt eine Aufforderung an den Assistenten formulieren. Der Kontext, dass es sich dabei um eine Ergänzung der vorgeschlagenen Gliederung handelt, steht aber bereits implizit fest. Es reicht also ggf. ein einfaches Stichwort oder eine kurze Fragestellung.

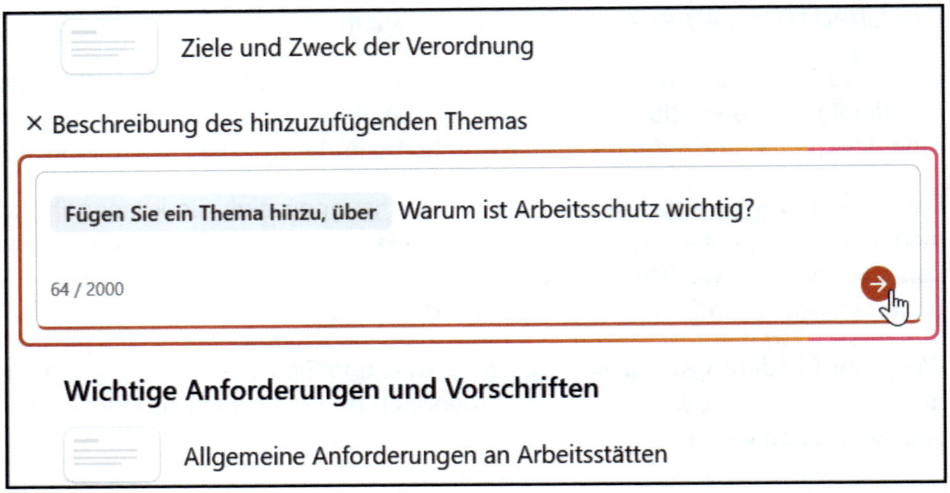

3. Senden Sie die Aufforderung dann ab. Copilot erstellt einen entsprechenden Abschnitt und fügt diesen ein.

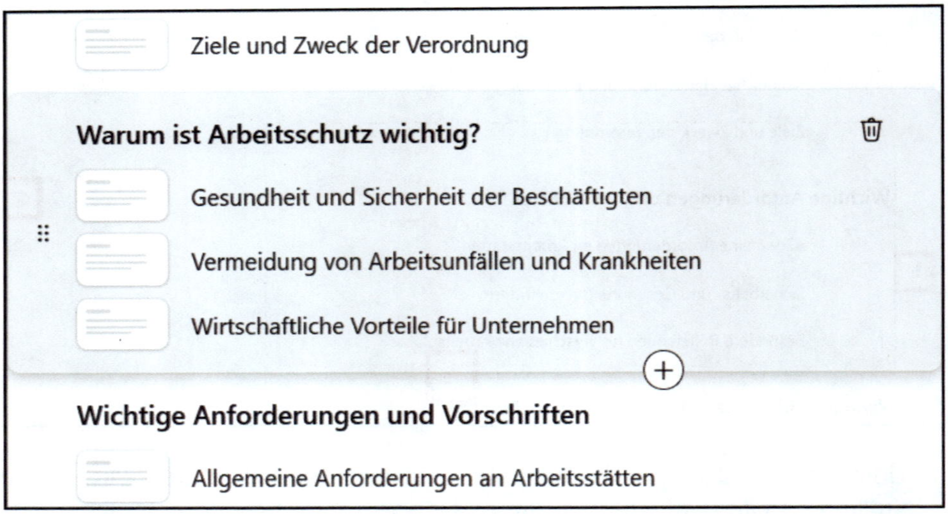

Ein Bestätigen oder Anpassen des generierten Inhalts ist in diesem Fall nicht vorgesehen. Sollte Copilot mal danebenliegen, können Sie den neuen Abschnitt direkt wieder löschen und es erneut versuchen. Formulieren Sie die Aufforderung diesmal ggf. etwas spezifischer.

Eine Präsentation aus einem Dokument erstellen

Eine andere interessante Variante ist es, Copilot eine Präsentation auf der Grundlage vorhandenen Materials generieren zu lassen. Stellen Sie sich beispielsweise vor, Sie haben eine Haus- oder Semesterarbeit zu einem bestimmten Thema verfasst und sollen die Ergebnisse nun präsentieren. Oder Ihr Chef schickt Ihnen eine PDF-Datei mit einer interessanten neuen Studie und bittet Sie, diese beim nächsten Abteilungstreffen vorzustellen. Dann können Sie Copilot in PowerPoint auf eine vorhandene Datei verweisen und basierend auf deren Inhalt eine Präsentation erstellen lassen.

Voraussetzung dafür ist allerdings, dass sich dieses Dokument in Ihrem Onlinespeicher befindet und Sie einen Link darauf in die Zwischenablage kopiert haben. Das können Sie im Webbrowser erledigen, wenn Sie sich Ihren OneDrive-Speicher dort anzeigen lassen. Wer OneDrive direkt in den Windows-Explorer eingebunden hat, kann dort aber auch die betreffende Datei mit der rechten Maustaste anklicken und im Kontextmenü *OneDrive/Link kopieren* wählen.

1. Auch hierfür starten Sie in PowerPoint am besten mit einer neuen leeren Präsentation.
2. Klicken Sie auf das Copilot-Symbol auf der Titelseite oben links und wählen Sie im Menü *Präsentation aus einer Datei erstellen*.

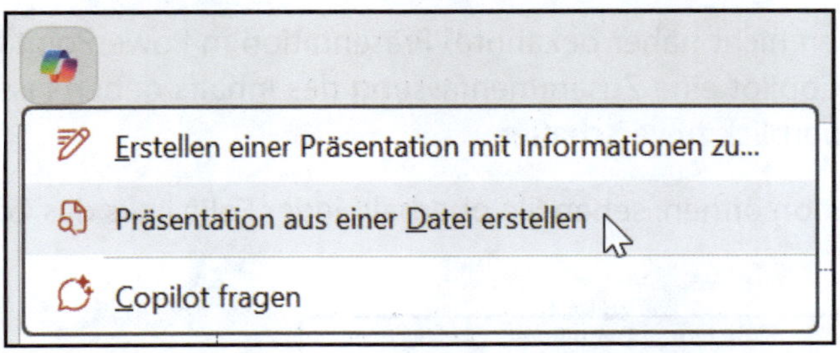

3. PowerPoint zeigt daraufhin die Copilot-Seitenleiste an, wählt darin ganz unten das Eingabefeld aus und fügt darin die Anweisung *Erstelle eine Präsentation aus Datei* ein.
4. Fügen Sie nun mit Strg+V den zuvor kopierten OneDrive-Link auf die Datei in die Aufforderung ein und senden Sie diese mit einem Klick auf das Pfeilsymbol ab.

5. Copilot legt nun los, analysiert das zugrunde liegende Dokument und erstellt eine Präsentation. Die Rückmeldungen dazu finden Sie im Seitenbereich, die Folien selbst aber werden direkt links in das Dokument eingefügt.

Auch hierbei entsteht eine vollwertige PowerPoint-Präsentation mit Layout, Illustrationen und Notizen, die Sie so direkt vortragen könnten. Im Unterschied zu einer ohne Datei komplett von der KI generierten Präsentation übernimmt der Assistent hierbei aber die Grundgliederung aus dem angefügten Dokument. Der Zwischenschritt, in dem Copilot Ihnen einen Gliederungsentwurf präsentiert und Sie diesen noch anpassen und ergänzen können, entfällt also. Unabhängig davon bleiben Ihnen aber alle Möglichkeiten offen, die generierte Präsentation nur als Basis zu nutzen, die Sie beliebig verändern, kürzen oder ergänzen können, um sie nach Ihren Vorstellungen anzupassen.

7.2 Präsentationen analysieren

PowerPoint kann nicht nur Präsentationen erstellen, sondern auch vorhandene Präsentationen analysieren. Das ist praktisch, wenn Sie eine Präsentation erhalten und sich einen schnellen Überblick verschaffen möchten oder vielleicht die Arbeit daran fortsetzen sollen. Aber auch bei eigenen Präsentationen kann eine unabhängige KI-Inspektion von Vorteil sein, um Schwachstellen aufzudecken und nachzubessern.

Worum geht es in einer Präsentation?

Wann immer Sie eine (Ihnen nicht näher bekannte) Präsentation in PowerPoint öffnen, können Sie sich von Copilot eine Zusammenfassung des Inhalts geben lassen, um sich einen schnellen Überblick zu verschaffen.

1. Wenn Sie eine Präsentation öffnen, sehen Sie oberhalb jeder Folie links das Copilot-Symbol.

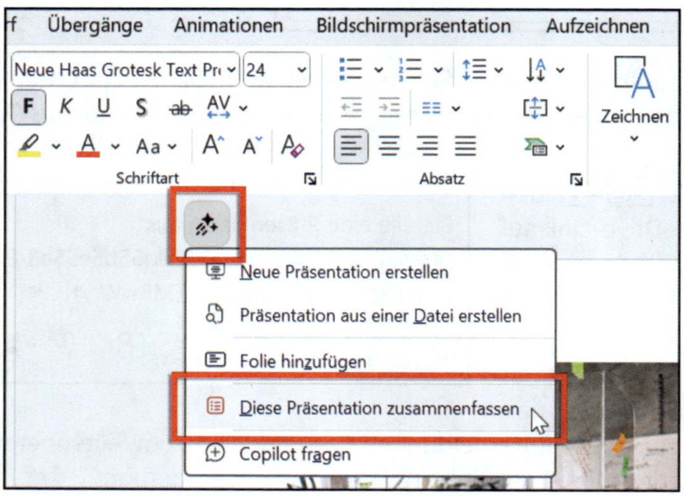

2. Klicken Sie darauf und wählen Sie im so geöffneten Kontextmenü den Befehl *Diese Präsentation zusammenfassen*. Alternativ können Sie auch in der Copilot-Seitenleiste jederzeit die Aufforderung *Fasse diese Präsentation zusammen* auswählen oder selbst eingeben.
3. Copilot erstellt daraufhin im Seitenbereich eine Inhaltszusammenfassung. Dabei orientiert er sich standardmäßig stark an der Struktur der Folien, was für das Verständnis der Präsentation hilfreich sein kann.

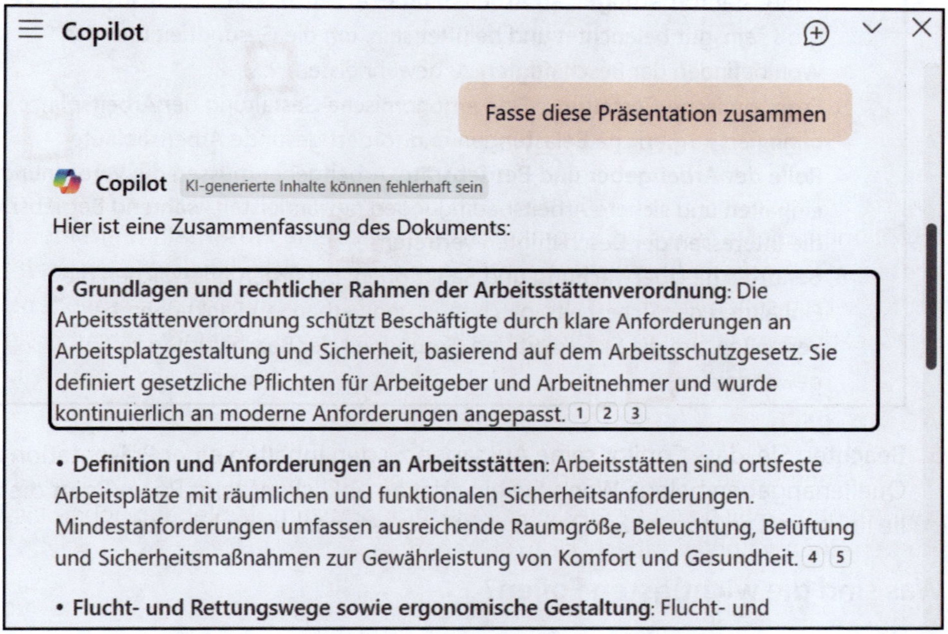

4. Sollte es Ihnen mehr um eine kurze inhaltliche Zusammenfassung gehen, passen Sie die Aufforderung vielleicht individuell an, etwa so:

- `Fasse die Präsentation als Fließtext zusammen.`
- `Fasse den wesentlichen Inhalt in drei Sätzen zusammen.`
- `Erstelle eine Liste mit den fünf wesentlichen Aussagen der Präsentation`

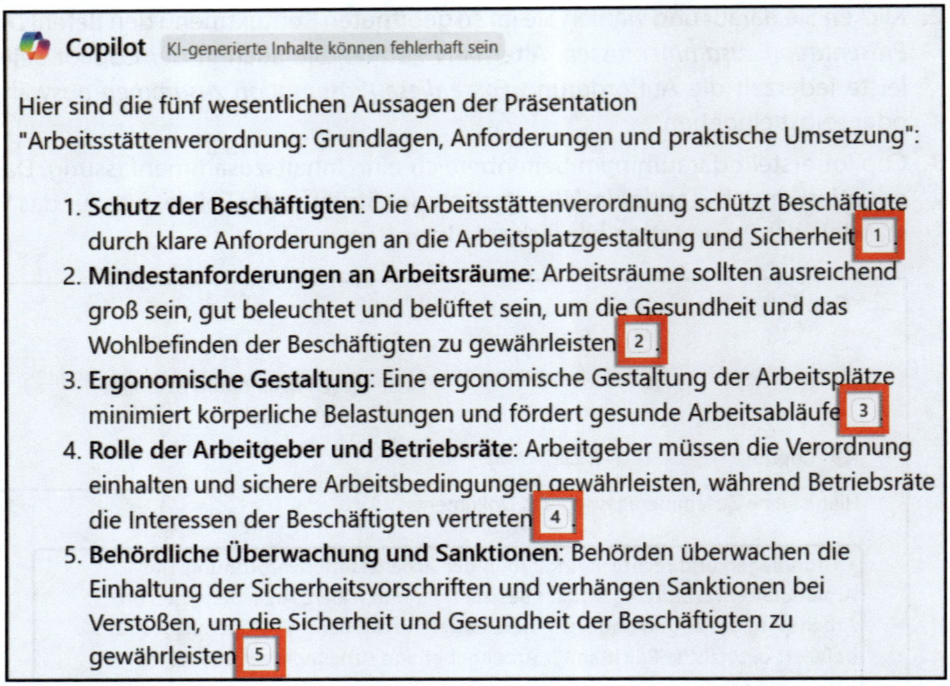

5. Beachten Sie, dass Copilot seine Aussagen zu den Inhalten einer Präsentation mit Quellenangaben belegt. Wenn Sie eine davon anklicken, zeigt PowerPoint die Folie links groß an, sodass Sie Details dort bequem nachlesen können.

Was sind die wichtigsten Folien?

Auch wenn es Ihnen weniger um den Inhalt als um den Aufbau der Präsentation geht, kann Copilot Ihnen bei der Analyse helfen. So kann der Assistent beispielsweise die Grundstruktur einer Präsentation jederzeit übersichtlich darstellen.

Diese Informationen gewinnt er aus der Abfolge der Folien und deren Inhalten. Je klarer diese durch Überschriften und Zwischen- oder Gliederungsfolien strukturiert sind, desto leichter ist es für den Assistenten, diese Informationen zu extrahieren.

Aber auch, wenn eine Präsentation sich nicht viel um Konventionen schert, hilft das Sprachverständnis des KI-Assistenten bei der inhaltlichen Analyse.

```
Zeige mir die Grundstruktur der Präsentation.
```

Copilot KI-generierte Inhalte können fehlerhaft sein

Hier ist die Grundstruktur der Präsentation "arbeitsstättenverordnung.pptx":

1. **Einführung in die Arbeitsstättenverordnung**
    - Ziele und rechtlicher Rahmen
    - Geschichtliche Entwicklung und Hintergründe
2. **Wichtige Inhalte und Grundanforderungen**
    - Definition der Arbeitsstätte
    - Mindestanforderungen an Arbeitsräume
    - Vorschriften zu Flucht- und Rettungswegen
3. **Arbeitsschutz und Gesundheit am Arbeitsplatz**
    - Ergonomische Gestaltung von Arbeitsplätzen
    - Belüftung, Beleuchtung und Raumklima
    - Sanitäre Einrichtungen und Pausenräume
4. **Praktische Umsetzung und Kontrolle**
    - Rolle der Arbeitgeber und Betriebsräte
    - Behördliche Überwachung und Sanktionen
    - Best-Practice-Beispiele und häufige Herausforderungen
5. **Fazit und Ausblick**

Eine andere gute Möglichkeit – insbesondere bei umfangreicheren Präsentationen – ist es, Copilot die Folien mit den wesentlichen Aussagen zum Thema extrahieren zu lassen.

```
Zeige wichtige Folien in diesem Foliensatz an.
```

Zeige wichtige Folien in diesem Foliensatz an

Copilot KI-generierte Inhalte können fehlerhaft sein

Hier sind einige wichtige Folien.

- **Ziele und rechtlicher Rahmen:** Folie 4
- **Mindestanforderungen an Arbeitsräume:** Folie 8
- **Ergonomische Gestaltung von Arbeitsplätzen:** Folie 11
- **Rolle der Arbeitgeber und Betriebsräte:** Folie 15
- **Behördliche Überwachung und Sanktionen:** Folie 16

Wichtige Folien abspielen

Beachten Sie, dass Copilot in diesem Fall nicht nur eine Liste von Folien mit interaktiven Quellenangaben anzeigt. Unterhalb der Antwort blendet er auch die Schaltfläche *Wichtige Folien abspielen* ein. Damit können Sie eine »Minipräsentation« von nur diesen Folien starten. Diese Möglichkeit lässt sich nicht nur für eigene Analysen nutzen, sondern beispielsweise auch, wenn Sie – etwa aus Zeitgründen – nur eine abgespeckte Fassung einer eigentlich viel längeren Präsentation halten können.

Wo finde ich was?

Sie können Copilot auch nutzen, um die Stelle in einer Präsentation zu finden, an der es um eine ganz bestimmte Information geht. Auch dies kann insbesondere bei umfangreichen Foliensätzen eine gute Hilfe sein, um schnell zu einer ganz bestimmten Folie zu gelangen. Um bei der Beispielpräsentation etwa schnell zur Folie über Fluchtwege zu gelangen, fragen Sie:

```
Wo geht es um Fluchtwege?
```

Copilot wird Ihnen dann die entsprechende Folie heraussuchen, kurz beschreiben und auch wieder eine Quellenangabe beifügen. Wenn Sie deren Ziffer anklicken, wird der Inhalt dieser Folie im PowerPoint-Editor angezeigt.

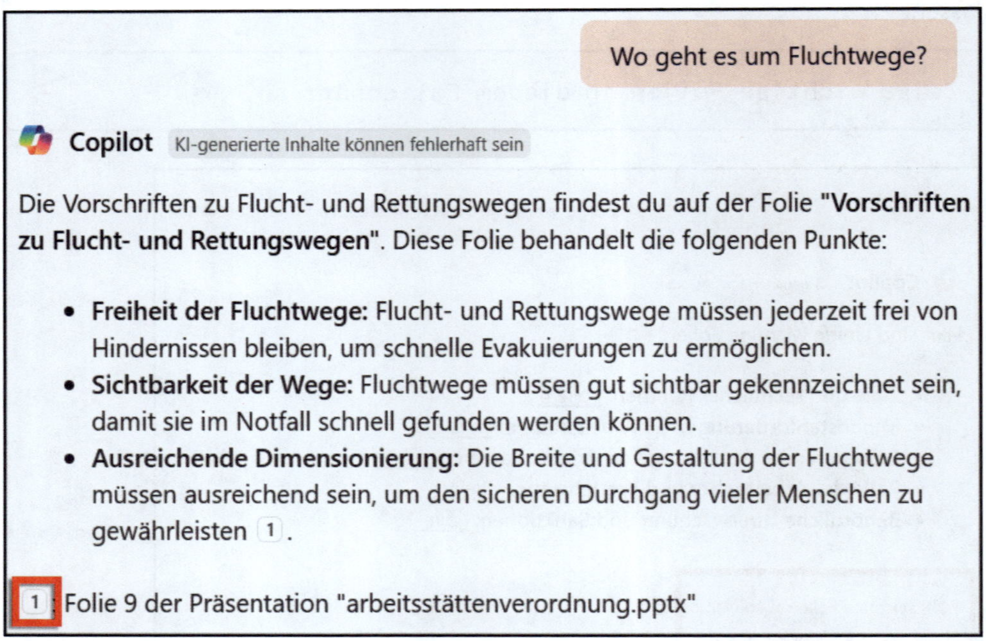

Fragen zu Präsentationen stellen

Bei Copilot in PowerPoint gehört immer der Inhalt der gerade geöffneten Präsentation zum Kontext jeder Aufforderung. Das bedeutet, dass Sie auch inhaltliche Fragen zu einer Präsentation stellen können. Copilot wird sich dann bemühen, diese Fragen aus den Informationen in der Präsentation heraus zu beantworten.

```
Welche Bedingungen legt die Arbeitsstättenverordnung für
die Raumluft fest?
```

Copilot zieht dann die zur Fragestellung passenden Informationen aus der Folie und gibt sie im Seitenbereich aus. Wie üblich werden dabei die maßgeblichen Folien als Quellen angegeben und können per Klick direkt aufgerufen werden.

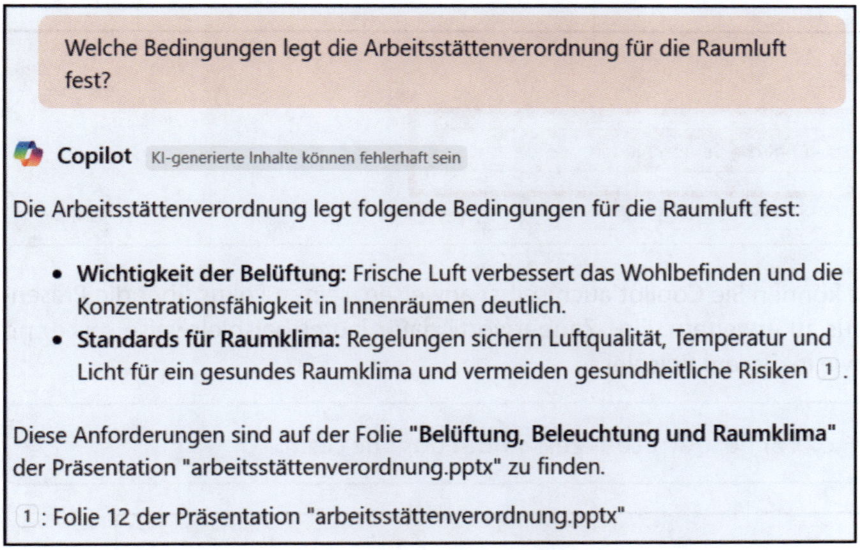

Der Assistent hat aber nicht nur den Inhalt der jeweiligen Präsentation im Kontext, sondern kann jederzeit über sein gesamtes Wissen verfügen. Wenn Sie eine Frage stellen, die sich aus der Präsentation heraus nicht beantworten lässt, gibt es zwei Möglichkeiten:

- Wenn die Frage bzw. Aufforderung mit der Präsentation offensichtlich nichts zu tun hat (`Wo gibt es die beste Pizza?`), beantwortet Copilot dies nahtlos aus seinem unerschöpflichen Wissensbestand.
- Wenn es einen Bezug zur Präsentation gibt, die gewünschte Information aber nicht in der Präsentation zu finden ist, weist Copilot darauf hin und verzichtet auf eine Antwort.

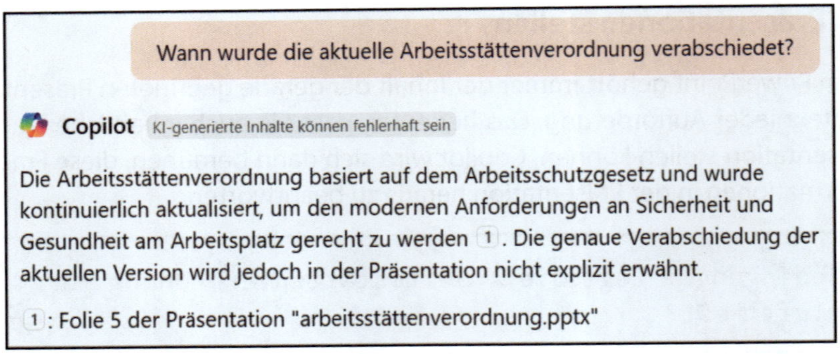

Wenn Copilot eine Information nicht aus der Präsentation selbst beschaffen kann, sollten Sie den vorgeschlagenen Folgefragen unterhalb der Antwort Beachtung schenken. Oftmals findet sich die eine Aufforderung, mit der Sie die gewünschte Information aus anderen Quellen beschaffen lassen können.

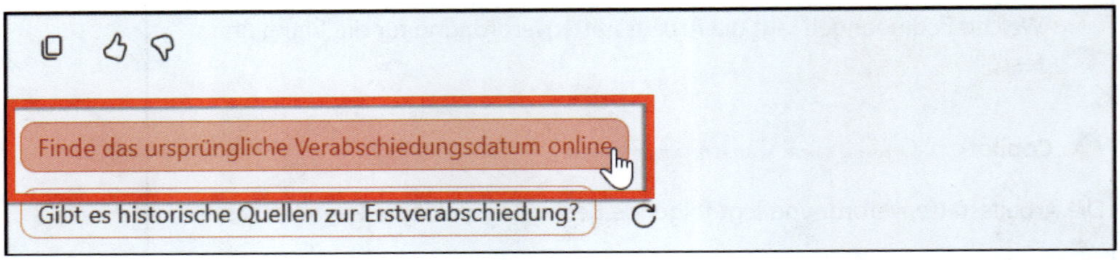

Andernfalls können Sie Copilot auch selbst anweisen, seinen Fokus über die Präsentation hinaus zu erweitern. Ein »Zauberwort« dafür lautet beispielsweise `externe Quellen` wie in diesem Beispiel:

```
Gibt es externe Quellen zum Änderungsdatum?
```

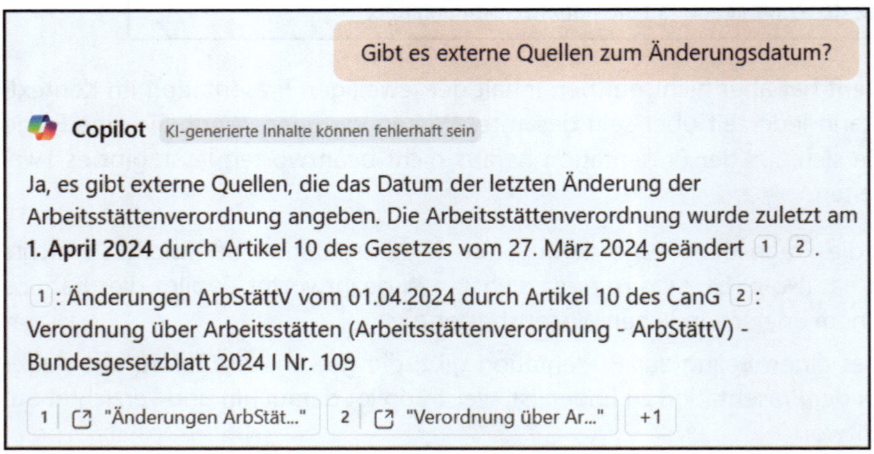

7.3 Präsentationen mit KI-Hilfe bearbeiten

Auch wenn Copilot im Prinzip ganze Präsentationen vollautomatisch erstellen kann (siehe den Beginn dieses Kapitels), wird das nicht das typische Einsatzgebiet sein. Vermutlich werden Sie Ihre Präsentationen im Wesentlichen schon selbst erstellen wollen. Aber Sie können sich dabei an vielen Stellen KI-basierte Unterstützung und Anregungen holen, angefangen bei der Grundstruktur einer guten Präsentation, über das Einfügen bestimmter Inhalte bis hin zum professionellen Design Ihrer Folien.

Eine Gliederung mit KI-Hilfe entwerfen

Auch wenn man sich bei einem Thema gut auskennt, kann das Strukturieren einer Präsentation dazu eine Herausforderung sein. Da wäre es hilfreich, wenn die KI einem diese Mühe abnimmt und schon mal eine sinnvolle Sammlung von Folien erstellt, die man dann selbst mit Inhalt füllen kann. Da der in PowerPoint integrierte Copilot sogar vollständige Präsentationen generiert, sollte das kein Problem sein. Ist es vermutlich auch nicht, aber Copilot scheitert meiner Erfahrung nach daran, dass er eben immer gleich eine ganze Präsentation entwerfen will, auch wenn der Anwender eigentlich nur um eine Gliederung bittet.

Deshalb ist ein kleiner Umweg erforderlich, bei dem man zunächst die Gliederung für eine Präsentation mit dem »normalen« Copilot (oder einem anderen KI-Assistenten) erstellt und diese als Textdatei speichert. In einem zweiten Schritt kann man dann diese Textdatei als Gliederung in PowerPoint importieren.

Gliederungen für Präsentationen generieren

Eine Gliederung für eine Präsentation kann im Prinzip jeder KI-Assistent erstellen. Beschreiben Sie in Ihrer Aufforderung dazu das Thema und machen Sie ggf. Vorgaben zur Anzahl der Folien usw.

```
Erstelle mir eine Gliederung für eine PowerPoint-
Präsentation zum Thema Photovoltaik, bestehend aus
Titel, Hauptpunkten und Unterpunkten.
```

Die KI kennt sich nicht nur in dem gewählten Thema aus, sondern weiß auch genau, was eine Präsentation ist, welche Anforderungen daran zu stellen sind und wie ein Gliederungsentwurf dafür auszusehen hat. Dementsprechend wird sie Ihnen einen Vorschlag für die Struktur einer passenden Gliederung machen, die sich in verschiedene Abschnitte unterteilt, die ihrerseits aus mehreren Folien bestehen. Wenn Sie daran Änderungswünsche haben, die Struktur einfacher oder umfangreicher oder das

Niveau spezieller oder allgemeiner sein soll, können Sie mit weiteren Prompts nachschärfen.

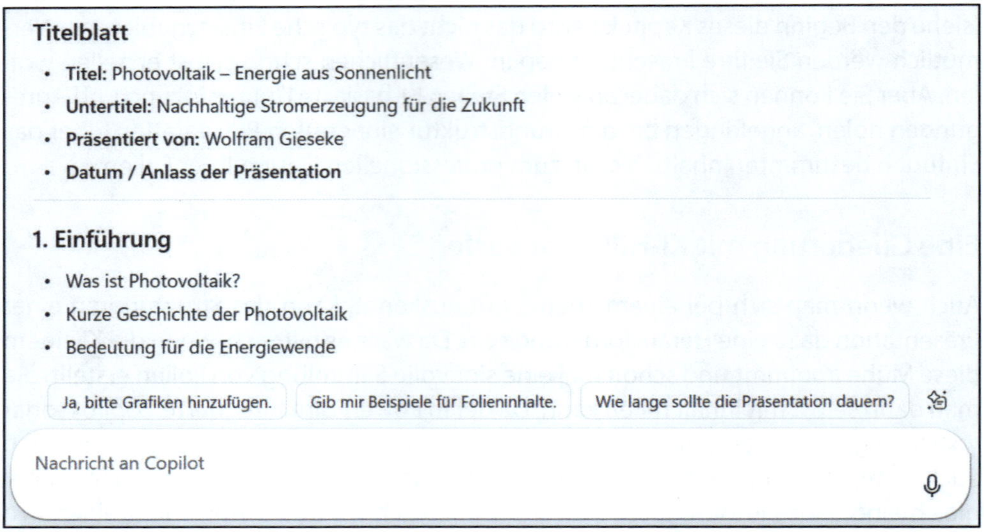

Entwürfe als Gliederungsdateien speichern

Sind Sie mit dem Ergebnis zufrieden, können Sie das Ergebnis kopieren und beispielsweise als Textdatei speichern. Zumindest Copilot bietet Ihnen außerdem die Möglichkeit, daraus direkt eine Gliederungsdatei erstellen zu lassen. In der Antwort finden Sie einen Download-Link für die Datei.

```
Mach mir daraus eine Gliederungsdatei.
```

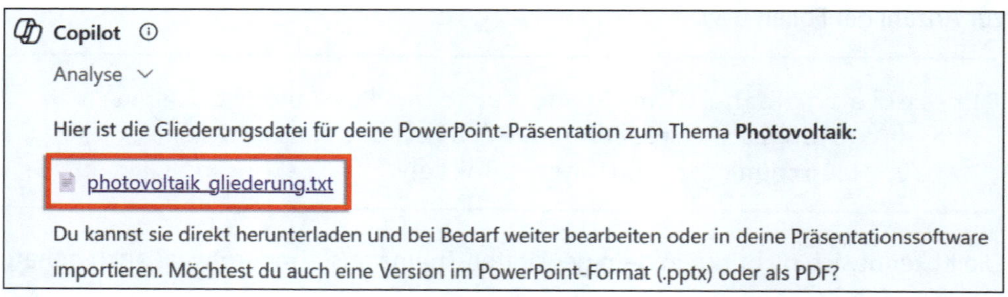

Hinweis: Copilot bietet auch an, direkt eine PowerPoint-Datei (*.pptx*) zu erstellen. Diese kann dann zwar direkt in PowerPoint geöffnet werden, aber meiner Erfahrung nach ist dann noch viel Nacharbeit nötig. Aus einer Gliederungsdatei im Textformat hingegen lässt sich (wie nachfolgend beschrieben) sehr schnell das Grundgerüst für eine Präsentation erstellen.

Weitere Beispiele für Gliederungsprompts

Das ist nur ein Beispiel für einen Prompt zum Erstellen einer Gliederungsstruktur. Je genauer Sie in Ihrer Aufforderung den Inhalt, die Zielgruppe und den Zweck Ihrer Präsentation beschreiben, desto spezifischer wird das Ergebnis sein. Die folgenden Beispiele enthalten hoffentlich einige hilfreiche Anregungen.

- `Erstelle eine Gliederung für eine PowerPoint-Präsentation zu [Thema], gegliedert in Einleitung, Hauptteil und Schluss.`
- `Gib mir eine Präsentationsgliederung über [Thema], mit 6-8 Folien inklusive Titel, Kernaussagen und Schlussfolgerung.`
- `Erstelle eine Gliederung für eine Präsentation über [Thema], zugeschnitten auf ein Fachpublikum aus dem Bereich [Branche/Fachgebiet].`
- `Gib mir eine Gliederung für eine PowerPoint-Präsentation über [Thema], die für Schüler der Sekundarstufe verständlich und spannend ist.`
- `Erstelle eine Gliederung für eine Präsentation über [Thema], mit Vorschlägen für visuelle Elemente wie Diagramme, Bilder und Storytelling.`
- `Erstelle eine Präsentationsgliederung zu [Thema], aufgebaut wie eine spannende Geschichte mit Wendepunkt, Konflikt und Auflösung.`
- `Gib mir eine Gliederung für eine PowerPoint-Präsentation über [Thema], die wie ein Theaterstück in Akten strukturiert ist.`
- `Erstelle eine Gliederung für eine Präsentation über [Thema], mit Fokus auf Datenanalyse, Statistiken und deren Interpretation.`
- `Gib mir eine Gliederung für eine PowerPoint-Präsentation über [Thema], die interaktive Elemente wie Fragen, Umfragen oder kleine Aufgaben enthält.`
- `Gib mir eine Gliederung für eine PowerPoint-Präsentation über [Thema], die eine SWOT-Analyse und strategische Empfehlungen enthält.`

- `Erstelle eine Gliederung für eine Präsentation, die [Thema A] mit [Thema B] vergleicht und eine fundierte Bewertung liefert.`
- `Gib mir eine Präsentationsgliederung über [Thema], die Pro- und Contra-Argumente übersichtlich darstellt und zu einer Schlussfolgerung führt.`
- `Erstelle eine Präsentationsgliederung über [Thema], die wie eine Detektivgeschichte aufgebaut ist – mit Hinweisen, Verdächtigen und einer überraschenden Lösung.`
- `Gib mir eine Präsentationsgliederung über [Thema], die aus verschiedenen Perspektiven erzählt wird – z. B. aus Sicht eines Experten, eines Betroffenen und eines Kritikers.`

Präsentation aus einer Gliederungsdatei erstellen

Wenn Sie eine Gliederung für Ihre Präsentation gefunden haben und diese als Datei heruntergeladen und gespeichert haben, können Sie in PowerPoint schnell ein Grundgerüst der Folien erstellen.

1. Legen Sie eine neue leere Präsentation an. Sie kann schon ein bestimmtes Design verwenden, wenn dieses bereits feststeht.

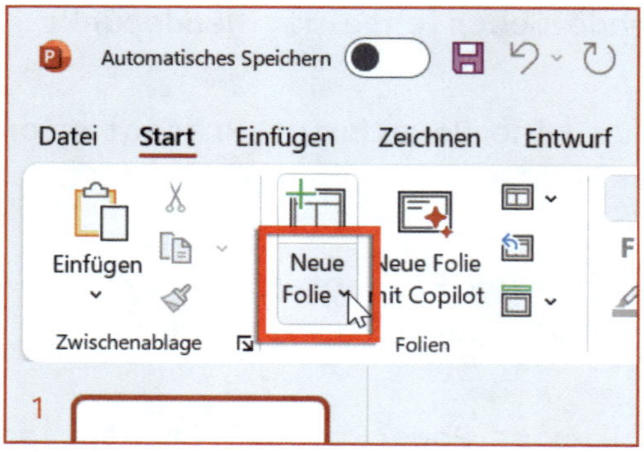

2. Klicken Sie dann in der *Start*-Kategorie der Multifunktionsleiste im Bereich *Folien* auf den unteren Teil des Symbols *Neue Folie*.
3. Damit fügen Sie noch keine neue Folie ein, sondern öffnen das Untermenü für diese Funktion. Wählen Sie darin *Folien aus Gliederung*.

4. Im so geöffneten Dialog navigieren Sie zu der zuvor erstellten bzw. heruntergeladenen Gliederungsdatei und wählen dann *Öffnen*.

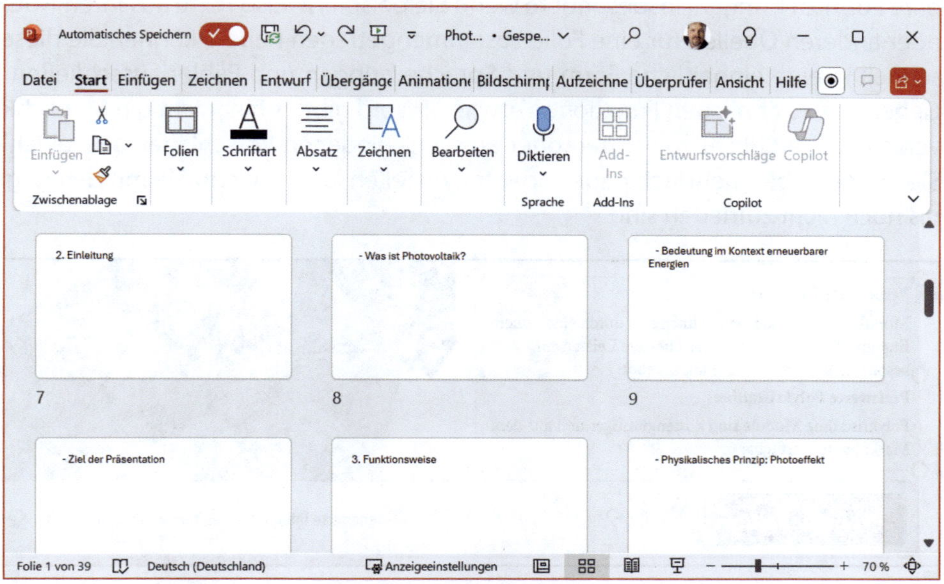

Überschriften und Inhalte optimieren

Wann immer Sie ein Textelement auf einer Folie auswählen – sei es nun eine Überschrift oder ein Textbereich –, zeigt PowerPoint am Rand dieses Elements das Copilot-Symbol an (nicht zu verwechseln mit dem Symbol, das dauerhaft oberhalb einer Folie links angezeigt wird). Damit öffnen Sie jederzeit ein Menü mit einigen elementaren KI-Funktionen zum Bearbeiten Ihrer Folien.

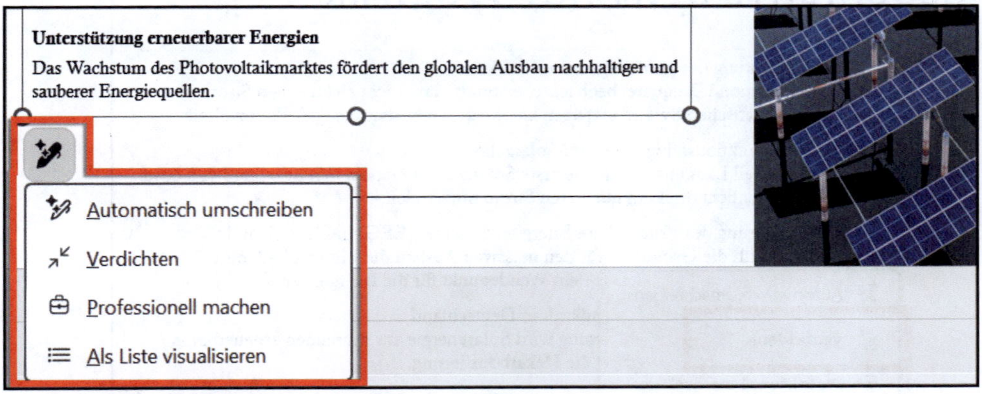

Automatisch umschreiben

Die *Umschreiben*-Funktion dient dazu, einen Text zu überarbeiten und in eine gut lesbare Form zu bringen. Insbesondere wenn Sie beispielsweise Texte aus Ihren Notizen oder anderen Quellen für eine Folie zusammengetragen haben, können Sie diese so schnell in eine einheitliche Form und Sprache bringen und Fehler ausschließen. Im Gegensatz zu ähnlichen Funktionen etwa bei Word gibt es hier nicht die Möglichkeit, verschiedene Stile anzuwenden oder aus verschiedenen Vorschlägen auszuwählen. Sie können aber mehrfach neue Varianten erstellen lassen, wenn Sie mit dem Ergebnis noch nicht zufrieden sind.

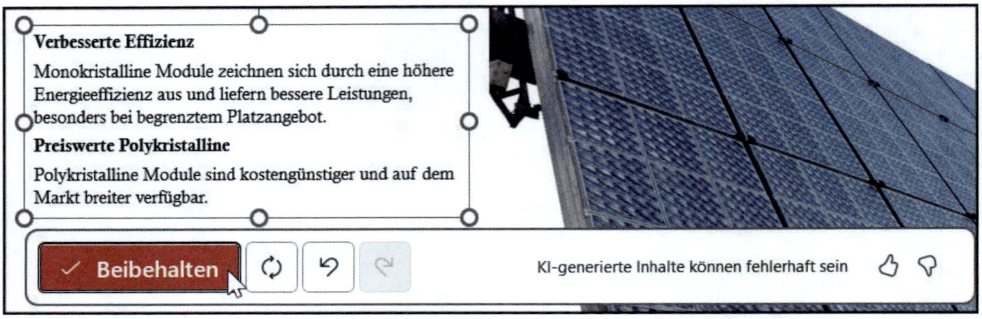

Verdichten

Ein gar nicht so seltenes Problem ist es, dass man möglichst viele Informationen auf einer Folie unterbringen möchte. Das ist weder optisch schön noch hilft es später den Betrachtern. Copilot kann die vorhandenen Inhalte jederzeit auf das Wesentliche komprimieren und so für übersichtliche, prägnante Folien sorgen.

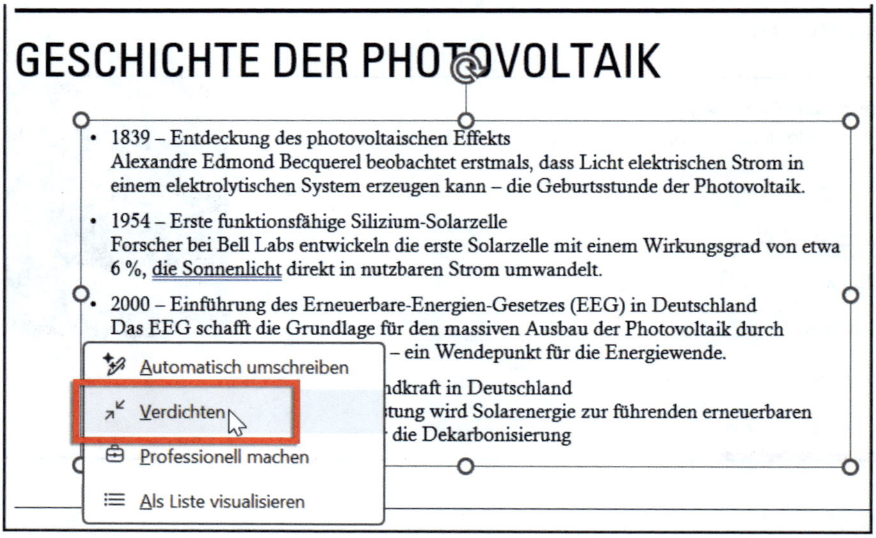

Wählen Sie dazu im Copilot-Menü eines entsprechenden Bereichs *Verdichten*.

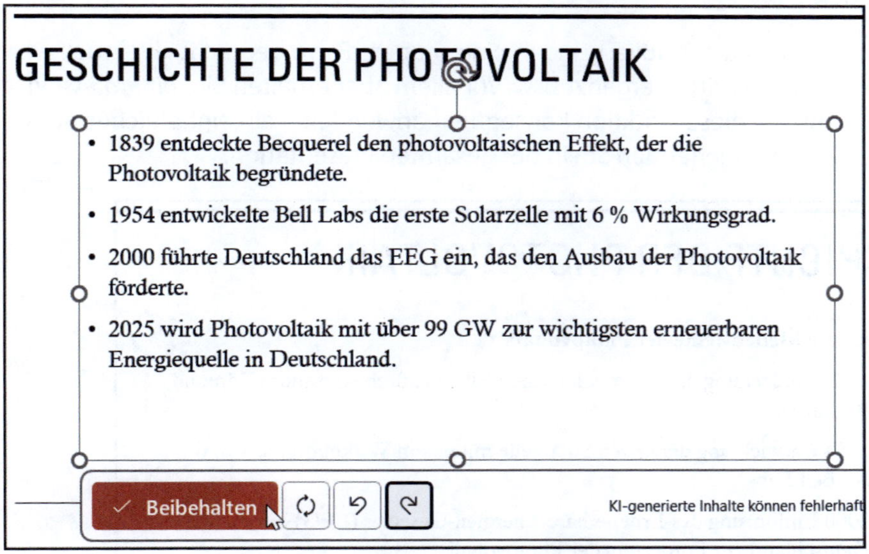

Professionell machen

Eine weitere praktische Hilfe, wenn Sie Inhalte für Ihre Folien zusammentragen oder vielleicht auch kreativ »ohne Punkt und Komma« in die Tasten hauen: Mit der Funktion *Professionell machen* können Sie solche Texte jederzeit sowohl stilistisch als auch beim Format in eine angemessene präsentable Form bringen. Copilot wendet dabei

nicht gleich ganze Designs an (das geht an anderer Stelle, wie Sie im Folgenden noch sehen werden).

Aber Text wird ggf. ausformuliert und in eine saubere Form gebracht, eventuell werden Zwischenüberschriften ergänzt usw. Vor allem aber erhalten Sie mit *Professionell machen* – wenn Sie diese Funktion konsequent anwenden – ein einheitliches Aussehen und einen durchgehenden Stil in der gesamten Präsentation.

Als Liste visualisieren

Ein weiterer Menüpunkt kann schließlich ebenfalls eine wertvolle Hilfe sein, insbesondere wenn Sie vorhandene Textinhalte zu einer Präsentation umarbeiten möchten.

1. Legen Sie dazu eine entsprechende Folie und darauf einen Textbereich an.
2. Fügen Sie Ihre Inhalte in diesen Textbereich ein.
3. Klicken Sie dann auf das Copilot-Symbol unterhalb dieses Bereichs und wählen Sie im Menü *Als Liste visualisieren*.
4. Copilot analysiert den Inhalt des Bereichs und strukturiert die darin enthaltenen Informationen, Argumente oder Gedanken in einer kompakten Liste, wie man sie bei Präsentationen gern nutzt.

   Außerdem generiert er in der Regel auch gleich eine passende Überschrift für die Liste, sodass Sie das Ergebnis direkt als fertige Folie verwenden können.

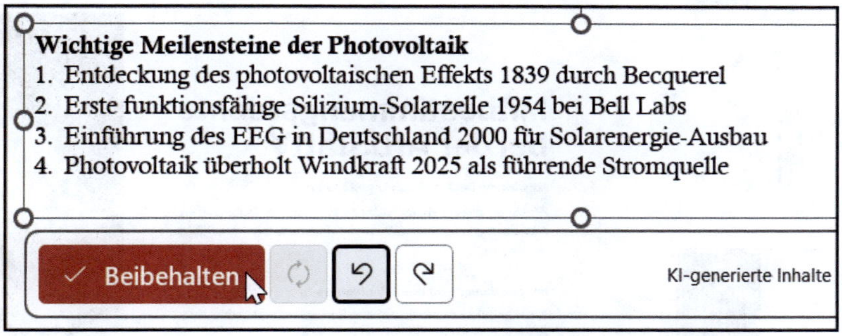

Neue Folien erstellen

Copilot kann für Sie jederzeit ganze Folien mitsamt gewünschtem Inhalt in Ihre Präsentation integrieren. Wenn Sie bei einem Thema Impulse benötigen oder es sich um allgemeine Informationen handelt, die Sie an dieser Stelle nur wiedergeben möchten.

1. Wählen Sie in der Präsentation die Folie aus, auf die die neue Folie folgen soll.
2. Klicken Sie dann im *Start*-Menüband im Bereich *Folien* auf *Neue Folie mit Copilot*.

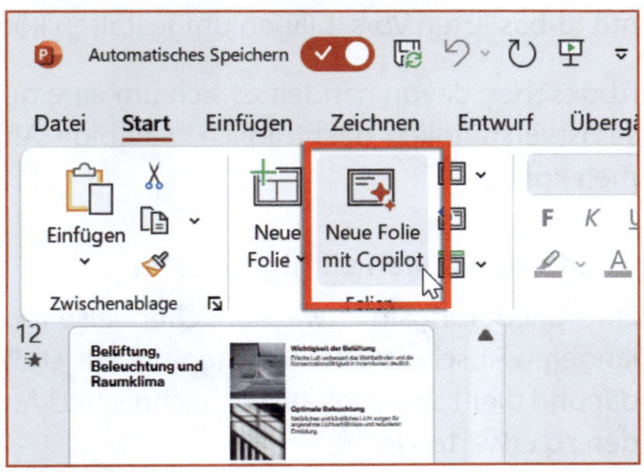

3. Im so geöffneten Dialog geben Sie im Eingabebereich an, welches Thema diese Folie behandeln soll.

   Achten Sie dabei darauf, dass es ein Thema ist, das sich sinnvoll auf einer Folie abhandeln lässt. Copilot wird nicht von sich aus mehrere Folien dazu erstellen, sondern die Informationen ggf. so stark komprimieren, dass der Platz einer Folie dafür ausreicht.

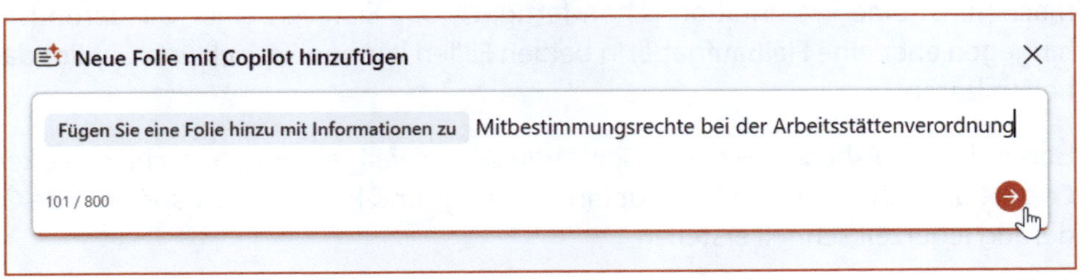

4. Copilot beschafft sich dann die erforderlichen Informationen und gestaltet eine Folie dazu. Diese wird direkt an der gewählten Stelle in die Präsentation eingefügt.

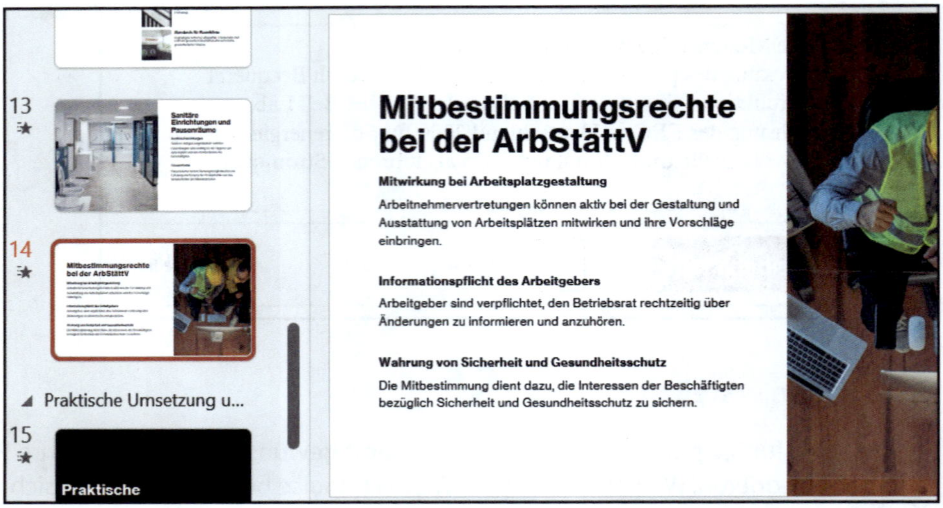

Beim Einfügen einer KI-generierten Folie öffnet PowerPoint am rechten Seitenrand automatisch den Bereich *Entwurfsvorschläge*, wo Sie das Design der neuen Folie ggf. mit KI-basierten Vorschlägen umgestalten können (siehe Seite 283).

Abgesehen davon handelt es sich um eine gewöhnliche PowerPoint-Folie, an der Sie selbstverständlich nachträglich beliebige Anpassungen und Ergänzungen vornehmen können.

Gliederungsfolien einfügen lassen

Eine Gliederungsfolie wird üblicherweise am Anfang einer Präsentation oder eines längeren Abschnitts davon eingefügt. Sie stellt den Aufbau des Vortrags übersichtlich dar und dient so als Inhaltsverzeichnis und Ausblick für das Publikum, was im Folgenden zu erwarten ist.

Beginnt man eine neue Präsentation, kann eine solche Gliederungsfolie eine gute Gelegenheit sein, sich über die grundlegende Struktur des Vortrags Gedanken zu machen. Ist eine Präsentation schon fertig, ist das Erstellen einer Gliederungsfolie hingegen eher eine Fleißaufgabe. In beiden Fällen können Sie sich von Copilot dabei helfen lassen.

Haben Sie die Arbeit an einer Präsentation schon weitgehend abgeschlossen, kennt Copilot den Inhalt und die Struktur Ihres Vortrags und kann eine entsprechende Gliederung jederzeit schnell erstellen.

1. Wählen Sie zunächst die Folie aus, hinter der die Gliederung eingefügt werden soll, also beispielsweise die Titel- oder Begrüßungsfolie. Copilot wird die neu erstellte Folie direkt hinter dieser in die Präsentation einfügen.

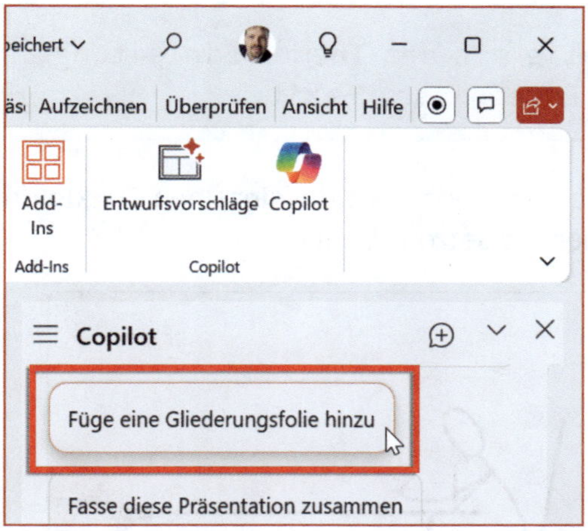

2. Öffnen Sie dann den Copilot-Seitenbereich. Meist finden Sie hier bereits einen passenden Vorschlag, der per Mausklick eine entsprechende Aufforderung in den Eingabebereich einfügt. Alternativ tippen Sie diese selbst ein:

```
Füge eine Gliederungsfolie hinzu.
```

3. Nach kurzer Wartezeit hat der Assistent den Inhalt generiert, gestaltet und in Ihren Vortrag eingefügt. Die neue Folie wird automatisch im Editor angezeigt, wo Sie sie ggf. anpassen können.

Wenn Sie die Gliederungsfolie gleich zu Beginn der Arbeit an einer Präsentation erstellen wollen, kann der KI-Assistent die benötigten Informationen nicht aus bereits vorhandenen Folien gewinnen. Auch in diesem Fall können Sie sich eine Gliederungsfolie generieren lassen. Sie müssen dazu der Aufforderung nur etwas mehr Informationen mitgeben, etwa so:

```
Erstelle eine Gliederungsfolie mit den Themen Einleitung, Problemstellung, Methodik, Ergebnisse, Fazit.
```

Das Beispiel ist bewusst allgemein gehalten, sodass Sie die einzelnen Punkte durch spezifischere Bezeichnungen für Ihr Thema ersetzen können.

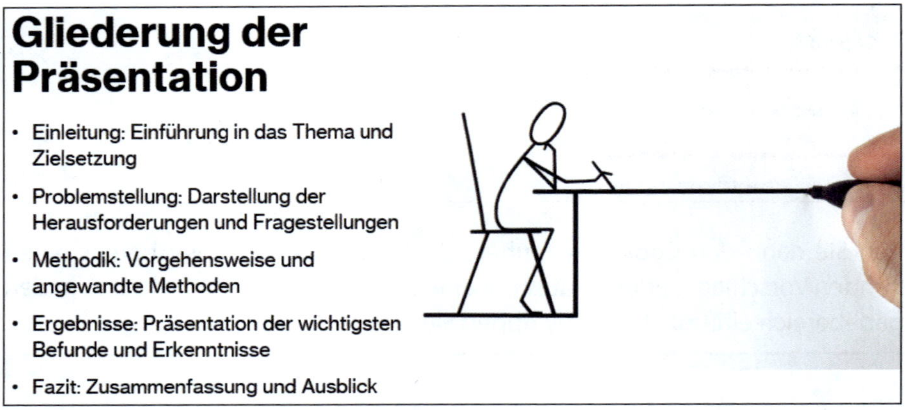

Titel- oder Schlussfolien erstellen

Copilot kann auch andere wichtige Standardfolien wie etwa den Titel oder eine Schlussfolie für Sie erstellen. Auch hier gilt wieder: Ist die Präsentation inhaltlich weitgehend fertig, kann der Assistent darauf zurückgreifen und die Inhalte für die zu generierende Folie daraus gewinnen. Andernfalls müssen Sie die gewünschten Informationen in der Aufforderung mitliefern oder mit generischen Inhalten vorliebnehmen.

Generierte Folien richtig platzieren

Copilot versteht zwar im Prinzip, was eine Titelfolie oder eine Schlussfolie ist. Der Assistent platziert sie deshalb aber nicht automatisch an der richtigen Stelle. Stattdessen werden neu generierte Folien immer hinter der aktuell ausgewählten Folie eingefügt. Wählen Sie also vor dem Anwenden einer entsprechenden Aufforderung immer erst die entsprechende Folie aus. Alternativ verschieben Sie die neue Folie anschließend erst an die gewünschte Stelle.

Die grundlegende Vorgehensweise zum KI-basierten Einfügen von Folien ist im vorhergehenden Abschnitt beschrieben. Deshalb beschränke ich mich an dieser Stelle auf Beispiele für Aufforderungen, mit denen Sie Folien vom KI-Assistenten erstellen lassen können. Die Beispiele geben jeweils das Thema der Präsentation vor. Wenn Ihr

Vortrag bereits fertig ist, können Sie diesen Teil weglassen und nur die Angaben zur visuellen Gestaltung verwenden:

- Erstelle eine Titelfolie für eine Präsentation über künstliche Intelligenz. Titel: ‚KI i7m Alltag‘, Stil: futuristisch und minimalistisch.
- Erzeuge eine Titelfolie für ein wissenschaftliches Referat zum Thema Klimawandel. Nutze ein grünes Farbschema und ein seriöses Layout.
- Erstelle eine Titelfolie für ein Schulprojekt über das alte Rom. Titel: ‚Römische Geschichte‘, mit einem klassischen Design und historischen Symbolen.
- Gestalte eine Titelfolie für eine kreative Präsentation über Designtrends 2025. Stil: modern, bunt, mit geometrischen Formen.

Die Schlussfolie ist der letzte Eindruck einer Präsentation – und oft der nachhaltigste. Sie fasst zentrale Aussagen zusammen, zeigt Wertschätzung gegenüber dem Publikum und bietet Raum für Kontaktinformationen oder eine Aufforderung ans Publikum, aktiv zu werden. Ein gutes Design rundet das Ganze visuell ab und sorgt dafür, dass Ihre Präsentation professionell und erinnerungswürdig endet. Auch hier kann KI helfen:

- Erstelle eine Schlussfolie, die das Thema abrundet und einen optimistischen und fröhlichen Ausblick gibt.
- Erstelle eine Schlussfolie mit dem Text ‚Vielen Dank für Ihre Aufmerksamkeit‘ und einem schlichten, eleganten Design.
- Gestalte eine Abschlussfolie mit einem Zitat zum Thema Innovation. Stil: inspirierend, modern, mit einem passenden Hintergrundbild.
- Erzeuge eine Schlussfolie mit einem Dank an das Team. Titel: „Gemeinsam geschafft!“, mit Fotos oder Illustrationen.
- Erstelle eine Schlussfolie mit einem humorvollen Abschlussbild und dem Text „Das war’s von mir – danke!“, für eine lockere Präsentation.

Oft genutzte Prompts speichern

Die Webversion von PowerPoint bietet Ihnen die Möglichkeit, KI-Prompts zu speichern. Wenn Sie etwa für eine regelmäßig wiederkehrende Aufgabe eine geschickte Aufforderung entwickelt haben, die ein sehr gutes Ergebnis erbringt, dann können Sie diese wie einen Favoriten ablegen und bei Bedarf jederzeit schnell wieder abrufen.

1. Tippen Sie die Aufforderung zunächst wie gewohnt im Seitenbereich ein und lassen Sie sie ausführen.
2. Ist das Ergebnis da, kehren Sie zu der Aufforderung oberhalb davon zurück.
3. Wenn Sie den Mauszeiger über dieser Aufforderung schweben lassen, wird darüber rechts ein Favoriten-Symbol angezeigt.
4. Klicken Sie darauf, um diese Eingabeaufforderung zu speichern. Sie wird daraufhin im zentralen *Copilot-Promptkatalog* abgelegt.

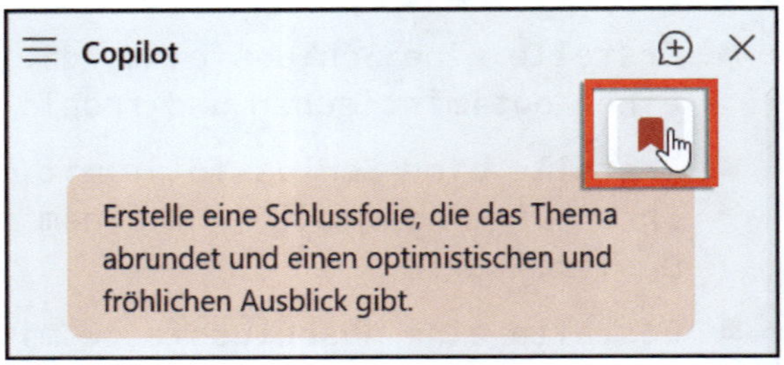

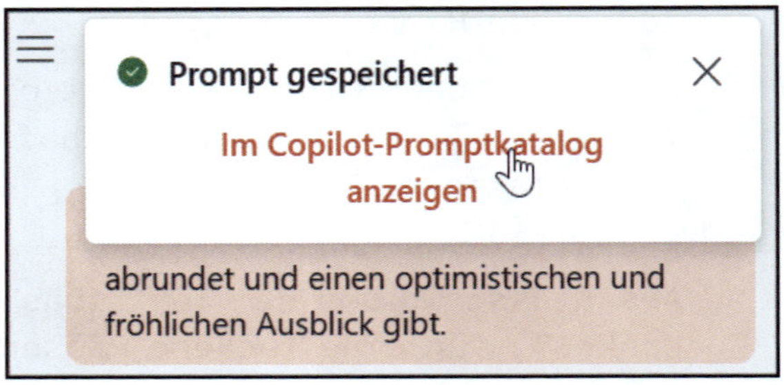

Gespeicherte Prompts abrufen

Einmal hinterlegte Favoriten-Aufforderungen können Sie jederzeit im Copilot-Promptkatalog abrufen:

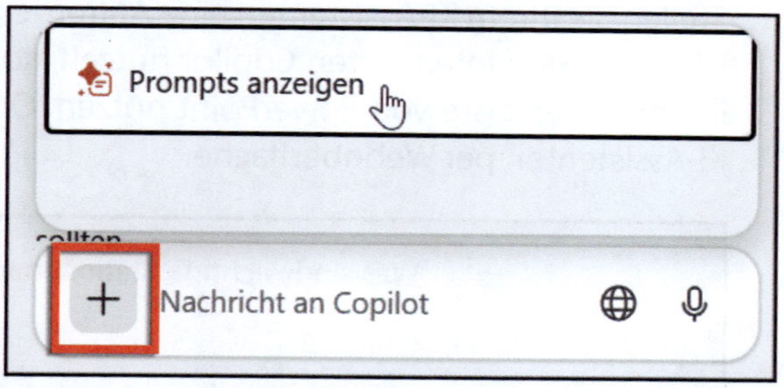

1. Klicken Sie im Copilot-Seitenbereich auf das +-Symbol links in der Eingabeaufforderung.
2. Wählen Sie im so geöffneten Menü *Prompts anzeigen*.
3. Damit wird nun der Copilot-Promptkatalog angezeigt, in dem Sie oben in die Rubrik *Ihre Prompts* wechseln.
4. Hier finden Sie alle Aufforderungen, die Sie auf die zuvor beschriebene Weise gespeichert haben.

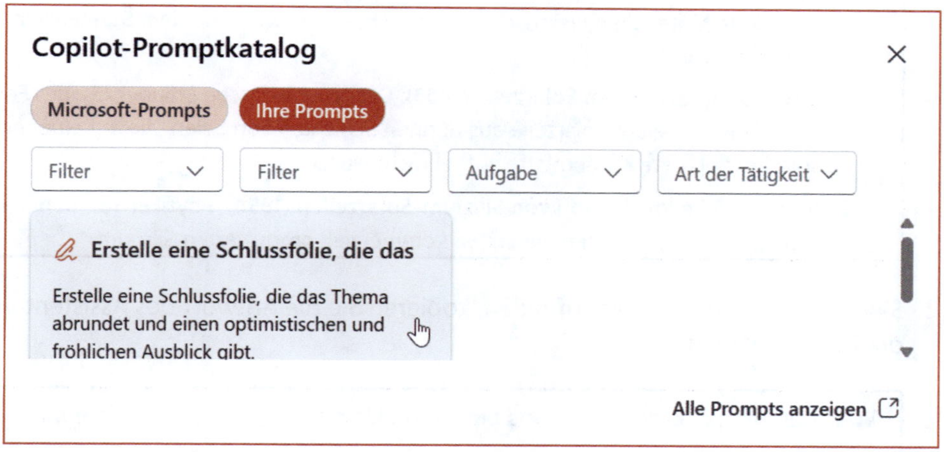

5. Wenn Sie einen der Prompts anklicken, wird diese Aufforderung in der Copilot-Seitenleiste in den Eingabebereich eingefügt, aber nicht direkt ausgeführt. Sie haben also noch die Möglichkeit, den vorgegebenen Wortlaut anzupassen oder zu ergänzen. Dann senden Sie die Aufforderung wie üblich ab.

Folieninhalte vom Assistenten

Es müssen nicht immer ganze Folien sein, wenn Sie sich von einem KI-Assistenten unterstützen lassen möchten. Auch wenn beispielsweise nur ein Textbereich mit passenden Informationen befüllt werden soll, können Sie Hilfe in Anspruch nehmen. Allerdings gibt es dafür auch beim integrierten Copilot keine vorgefertigte Funktion. Stattdessen erstellen Sie den Text mit einer herkömmlichen Aufforderung an Copilot oder einen anderen KI-Assistenten Ihrer Wahl. Danach aber können Sie wieder die KI-Funktionen von PowerPoint nutzen, um den Inhalt schnell und professionell in Ihre Präsentation einzufügen.

1. Stellen Sie Ihrem KI-Assistenten eine Aufforderung nach dem gewünschten Inhalt. Wenn Sie den integrierten Copilot nutzen, können Sie dazu den Eingabebereich in der Seitenleiste von PowerPoint nutzen. Oder eben einen beliebigen anderen KI-Assistenten per Weboberfläche.

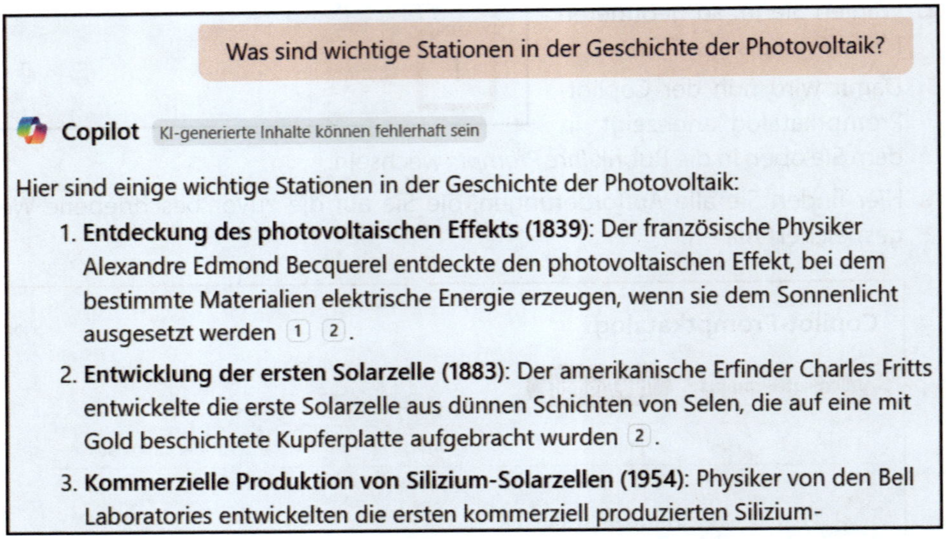

2. Sind Sie mit dem Ergebnis zufrieden, kopieren Sie die Antwort des Assistenten in die Zwischenablage.

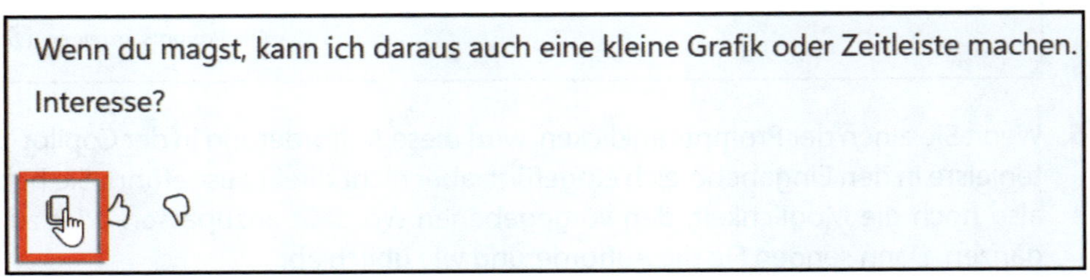

3. Platzieren Sie dann die Einfügemarke im gewünschten Textfeld und fügen Sie den Inhalt der Zwischenablage dort ein. Er wird in der Regel erst mal als simpler unscheinbarer Text angezeigt.
4. Nun können Sie ggf. die zuvor beschriebenen Copilot-Funktionen auf den Textbereich anwenden.

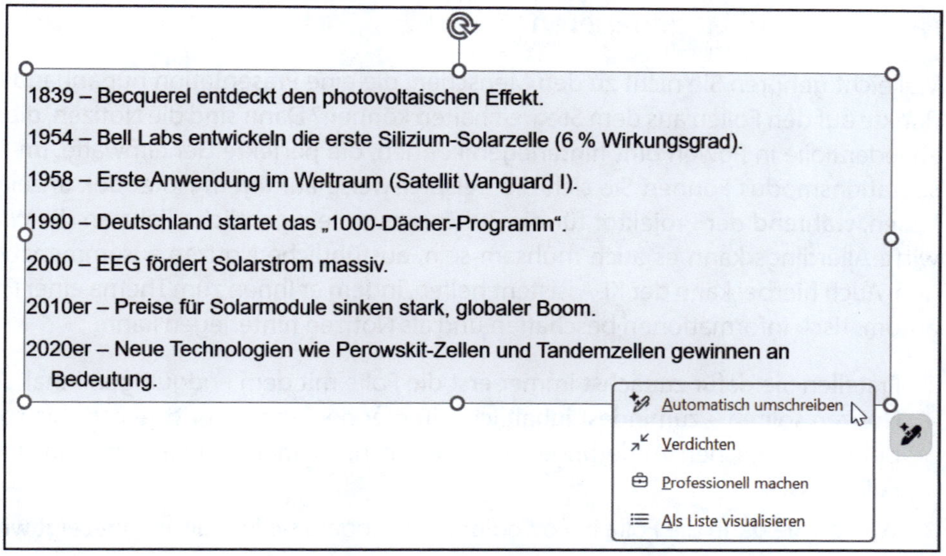

- Bei Fließtext etwa ist es oftmals sinnvoll, wenn Sie diesen *Als Liste visualisieren*.
- Ist der eingefügte Text zu umfangreich für eine Folie, erhalten Sie mit *Verdichten* schnell eine komprimierte Variante des Inhalts.
- Mit *Automatisch umschreiben* lassen Sie sich ggf. alternative Formulierungen vorschlagen.
- Mit *Professionell machen* schließlich erhält der Folieninhalt bei Bedarf formellen und stilistischen Feinschliff.

5. Damit die Folie insgesamt gut aussieht und sich in das Erscheinungsbild der gesamten Präsentation einfügt, können Sie abschließend mit einem der *Entwurfsvorschläge* (siehe Seite 283) auch noch das Design anpassen.

Notizen zu Folien generieren

Vielleicht gehören Sie nicht zu den Menschen, die eine Präsentation nur anhand der Punkte auf den Folien aus dem Stegreif halten können? Dann sind die Notizen, die Sie zu jeder Folie in PowerPoint hinterlegen können, die perfekte Geheimwaffe. Im Präsentationsmodus können Sie sich die beispielsweise auf Ihrem Notebook anzeigen lassen, während der Projektor für die Zuhörer nur die eigentliche Folie an die Wand wirft. Allerdings kann es auch mühsam sein, ausführliche Notizen zusammenzutragen. Auch hierbei kann der KI-Assistent helfen, indem er Ihnen zum Thema einer Folie automatisch Informationen beschaffen und als Notizen hinterlegen kann.

1. Erstellen Sie dafür zunächst immer erst die Folie mit dem endgültigen Inhalt. Die Notizen sollten – zumindest inhaltlich – immer der letzte Schritt sein, da sie sonst bei nachträglichen Änderungen womöglich nicht mehr genau zum Inhalt der Folie passen.
2. Wählen Sie dann die Folie in PowerPoint aus, sodass sie im Editor angezeigt wird.
3. Öffnen Sie rechts den Copilot-Seitenbereich und tippen Sie im Eingabebereich eine Aufforderung ein wie etwa:

```
Erstelle mir Notizen zu dieser Folie.
```

4. Nach kurzer Wartezeit fügt Copilot die Notizen zur Folie ein. Vergrößern Sie zur Kontrolle ggf. den Notizenbereich unterhalb der Folie im Editor. Alternativ können Sie im *Ansicht*-Menüband die Notizenseite wählen, die Ihnen Folie und Notizen auf einer Seite zeigt.

Präsentationen übersetzen

Falls Sie Vorträge in mehreren Sprachen halten oder zumindest Ihre Präsentationen in verschiedenen Übersetzungen zugänglich machen möchten, kann Copilot eine große Hilfe sein. Der Assistent basiert auf einem Sprachmodell, das eine Vielzahl von

Sprachen beherrscht und Inhalte in sehr guter Qualität von einer davon in beliebige andere übersetzen kann. Durch die tiefe Integration von Copilot in PowerPoint versetzt Sie das in die Lage, mit wenig Aufwand komplett übersetzte Fassungen Ihrer Folien zu erstellen.

1. Öffnen Sie den Copilot-Seitenbereich und tippen Sie dort im Eingabefeld eine entsprechende Aufforderung ein:

```
Erstelle mir eine englische Übersetzung.
```

2. Copilot öffnet dann im Seitenbereich einen kleinen Dialog, in dem der Assistent um die Bestätigung bittet. Sie können hier im Auswahlfeld auch noch zu einer anderen Zielsprache wechseln.
3. Klicken Sie dann auf die *Übersetzen*-Schaltfläche.

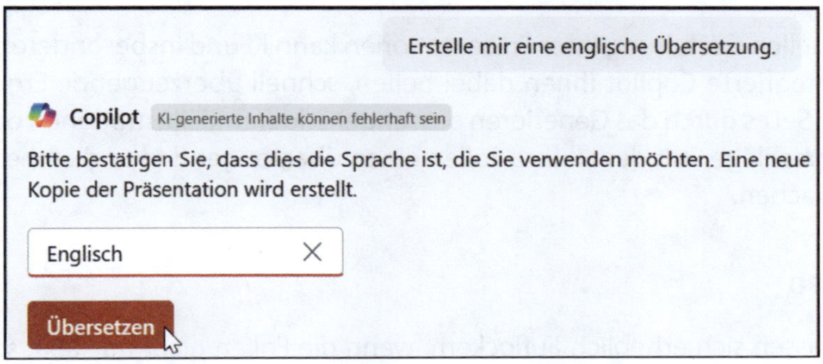

4. Je nach Umfang der Präsentation sollten Sie Copilot nun etwas Zeit lassen, bis die übersetzte Fassung in PowerPoint angezeigt wird.

5. Gehen Sie die neue Version nun am besten einmal von vorne nach hinten durch und kontrollieren Sie die einzelnen Folien. Bilder und Layout werden beim Übersetzen beibehalten. Beim Übersetzen von Text in eine andere Sprache kann es aber vorkommen, dass die fremdsprachige Fassung erheblich länger oder kürzer als der Ausgangstext ist. Dadurch kann es bei einzelnen Folien erforderlich sein, Layout oder Text anzupassen (denken Sie hierbei auch an die KI-Funktionen *Automatisch umschreiben* und *Verdichten*!).

Damit die Ausgangsfassung der Präsentation nicht überschrieben wird, erstellt Copilot beim Übersetzen eine Kopie. Der Dateiname des Dokuments wird dabei mit der Sprache der Übersetzung ergänzt. Aus *Produktpräsentation.pptx* würde also beispielsweise *Produktpräsentation_Englisch.pptx*.

7.4 Optischer Feinschliff dank KI

Auch bei der visuellen Gestaltung Ihrer Präsentationen kann KI und insbesondere der in PowerPoint integrierte Copilot Ihnen dabei helfen, schnell überzeugende Ergebnisse zu erzielen. Sei es durch das Generieren passender Bilder und Illustrationen oder durch Design-Vorschläge, mit denen Ihre Folien einen überzeugenden und einheitlichen Eindruck machen.

Bilder einfügen

Präsentationen lassen sich erheblich auflockern, wenn die Folien nicht nur Text, sondern auch Bilder enthalten, selbst wenn diese nur der Illustration des Gesagten dienen. Copilot erlaubt es Ihnen, jederzeit schnell Bilder zu generieren und in eine Folie einzufügen. Idealerweise tun Sie das erst, wenn der Inhalt der Folie bereits fertig erstellt wurde. Dann kann der Assistent darauf basierend ein passendes Bild bereitstellen.

1. Wählen Sie die gewünschte Folie aus, sodass ihr Inhalt im Editor angezeigt wird.
2. Klicken Sie dann oben rechts auf das Copilot-Symbol, um diesen Seitenbereich zu öffnen.
3. Tippen Sie dort im Eingabefeld eine Aufforderung wie die folgende ein:

```
Füge ein passendes Bild ein.
```

4. Copilot generiert dann mehrere Vorschläge für Bilder, die er Ihnen in der Seitenleiste anzeigt.
5. Wählen Sie eines davon durch Anklicken aus und klicken Sie darunter dann auf *Einfügen*.

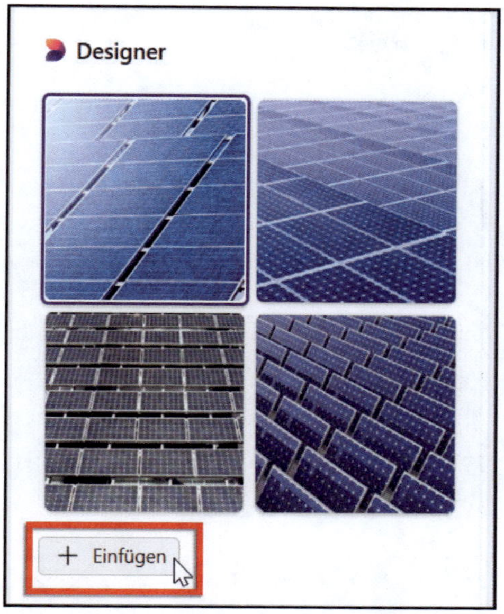

6. Damit wird das gewählte Motiv als Bildobjekt in die Folie links eingefügt, wo Sie es wie jedes Element beliebig verschieben, skalieren und bearbeiten können.

Bilder nach Ihren Vorgaben erstellen

Wenn eine Folie ausreichend spezifischen Inhalt bietet, wird Copilot meist mehr oder weniger passende Abbildungen vorschlagen. Sie können aber auch selbst sehr genaue Vorgaben machen, wie Sie sich den Inhalt vorstellen. Das ist vor allem auch interessant, wenn Sie nicht Copilot, sondern einen anderen KI-Assistenten nutzen, der nicht auf den Inhalt der Folien zugreifen kann. In dem Fall fügen Sie der Aufforderung zum Erstellen eines Bildes eine Beschreibung des gewünschten Inhalts oder des beabsichtigten Effekts hinzu.

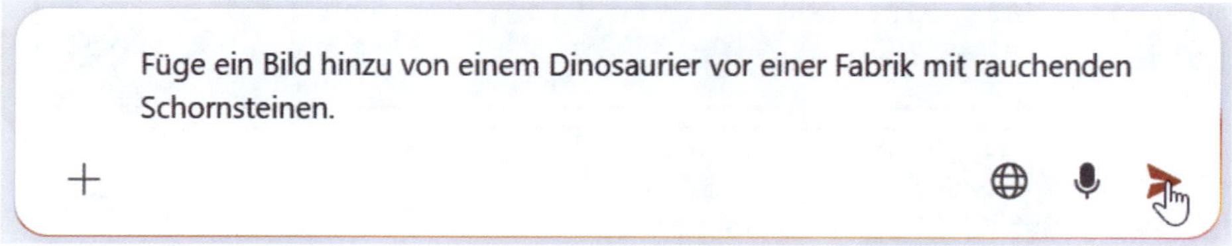

Auch hier wird Copilot Ihnen mehrere Vorschläge machen, von denen Sie einen auswählen und in die aktuelle Folie *Einfügen* können. Sollten die Bilder noch nicht Ihren Vorstellungen entsprechen, versuchen Sie es mit einer neuen Aufforderung mit weiteren Vorgaben. Tipps zum geschickten Formulieren von Prompts für das Generieren von Bildern und Illustrationen finden Sie in Kapitel 9.

Bild von anderen KI-Assistenten

Wenn Sie mit einem anderen KI-Assistenten als Copilot arbeiten, ist das Generieren und Einfügen von Bildelementen nicht ganz so komfortabel, aber ohne Weiteres möglich. Wie beschrieben können Sie sehr detaillierte Vorgaben machen, wie die zu generierenden Bilder aussehen sollen. Als Alternative dazu können Sie auch den Inhalt einer Folie kopieren und in die Eingabeaufforderung Ihres Assistenten einfügen. So erfährt der Assistent, worum es inhaltlich geht, und Sie können sich eine passende Abbildung erstellen lassen:

```
Dies ist der Inhalt einer Präsentationsfolie. Erstelle
mir eine dazu passende Illustration, die ich in die
Folie einfügen kann.
```

Bildarchiv statt KI-Motive

KI-generierte Bilder sind nicht jedermanns Sache, und manchmal ist es auch nicht ganz einfach, der KI genau das Motiv zu entlocken, das man sich vorgestellt hat. Eine Alternative für Office-Nutzer sind Bilder aus Microsofts kostenlosem Bildarchiv, die Sie in Ihre Präsentation einfügen können. Das geht auch mit dem Copiloten, der Ihnen die Mühe abnimmt, das Archiv selbst durchsuchen zu müssen. Stattdessen teilen Sie ihm mit, welche Art von Bild oder Motiv Sie suchen. Entscheidend ist dabei ein Schlüsselwort wie »Archivbilder« in der Aufforderung, beispielsweise:

```
Schlage mir Archivbilder zum Thema Arbeitsschutz vor.
```

Als Antwort erhalten Sie auch hier mehrere Vorschläge, aus denen Sie einen auswählen und in Ihre Folien einfügen können. Dass es sich dabei nicht um frisch generierte Abbildungen, sondern um Material aus dem Archiv handelt, erkennen Sie an der Anmerkung *Aus Microsoft 365 Inhaltsbibliothek*.

KI-basierte Entwurfsvorschläge

Die Entwurfsvorschläge – auch bekannt als Designideen – in PowerPoint sind eine weitere Funktion, die Ihnen dabei hilft, Ihre Folien optisch ansprechend und professionell zu gestalten.

PowerPoint verwendet dabei künstliche Intelligenz, um den Inhalt Ihrer Folien zu analysieren und darauf basierend passende Layouts und Designs vorzuschlagen. Sie erhalten dabei immer gleich mehrere Vorschläge und können einen davon auswählen, der dann direkt per Mausklick angewendet wird.

In manchen Situationen, etwa wenn Sie eine neue Folie mit Copilot einfügen, wird diese Funktion automatisch aktiviert. Sie können sie aber auch jederzeit nach Bedarf anwenden:

1. Wählen Sie die Folie aus, deren Design Sie verändern möchten.
2. Klicken Sie im *Start*-Menüband ganz rechts im Bereich *Copilot* auf das Symbol *Entwurfsvorschläge*.

3. PowerPoint blendet daraufhin rechts den Seitenbereich *Entwurfsvorschläge* ein. Gleichzeitig analysiert Copilot den Inhalt der ausgewählten Folie und füllt den Seitenbereich mit Design-Varianten, die den Inhalt der Folie auf verschiedene Weise neu anordnen.

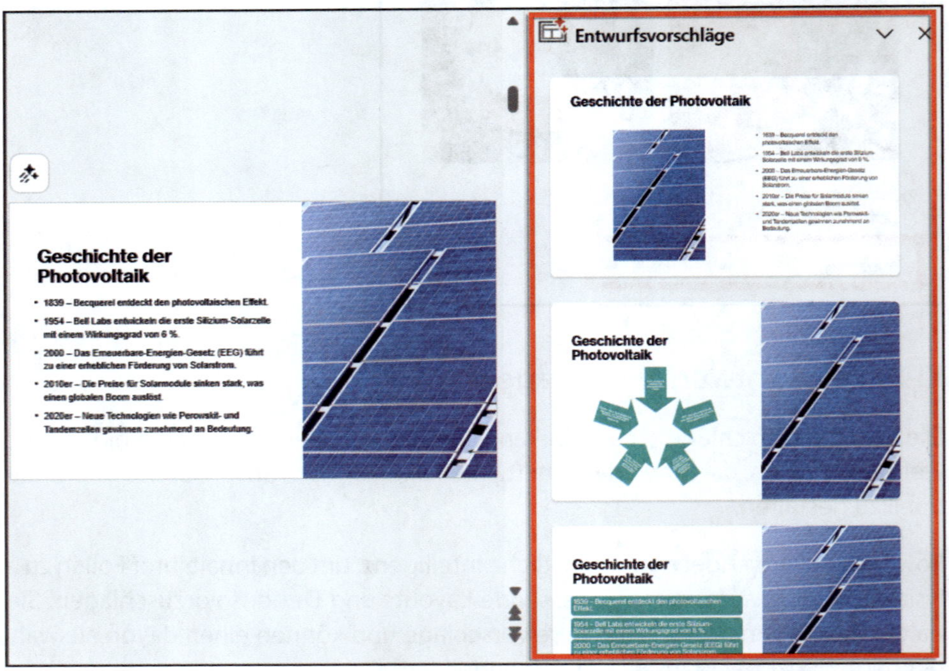

4. Wenn Sie auf einen der Design-Vorschläge klicken, wird dieser sofort auf die Folie angewendet. Auf diese Weise können Sie sich die Auswirkungen der verschiedenen Vorschläge am Original anschauen.

5. Findet keiner der Vorschläge Ihre Zustimmung, können Sie unterhalb der Liste mit *Weitere Entwurfsempfehlungen anzeigen* einen Nachschlag anfordern.
6. Haben Sie ein Design gefunden, mit dem Sie zufrieden sind, schließen Sie den Seitenbereich einfach. Oder Sie wechseln mit geöffnetem Seitenbereich zu einer anderen Folie und erhalten dort dann umgehend Entwurfsvorschläge für diese.

Schnell zu einem attraktiven und einheitlichen Design

Wie vorangehend beschrieben, können Sie den Seitenbereich für Entwurfsvorschläge bei der Arbeit an einer Präsentation dauerhaft geöffnet lassen. Gerade wenn Sie Ihrer Präsentation den letzten Feinschliff verpassen wollen, ist das ein guter Weg. Gehen Sie alle Folien der Reihe nach durch und kontrollieren Sie im Seitenbereich, ob es eventuell bessere Designs dafür gibt. Wenn Sie das in einem Durchgang machen, können Sie sicherstellen, dass die gesamte Präsentation zum einen einheitlich gestaltet wird und sich zum anderen unmittelbar aufeinanderfolgende Folien in der Gestaltung durchaus voneinander unterscheiden, sodass der Vortrag abwechslungsreich und interessant bleibt.

Tipps zur Gestaltung holen

Die vorangehend vorgestellten Entwurfsvorschläge können Sie auch gut nutzen, um Ihre Folien um grafische Elemente zu ergänzen und dabei ohne viel Aufwand oder Vorkenntnisse zu einem professionellen Design zu gelangen.

1. Wenn Sie etwa das Gefühl haben, dass eine Folie durch ein grafisches Element belebt werden sollte, können Sie sich, wie zuvor in diesem Abschnitt beschrieben, Bildvorschläge generieren oder aus der Microsoft-Bildergalerie heraussuchen lassen.
2. Wenn Sie ein solches Element dann einfügen, wird

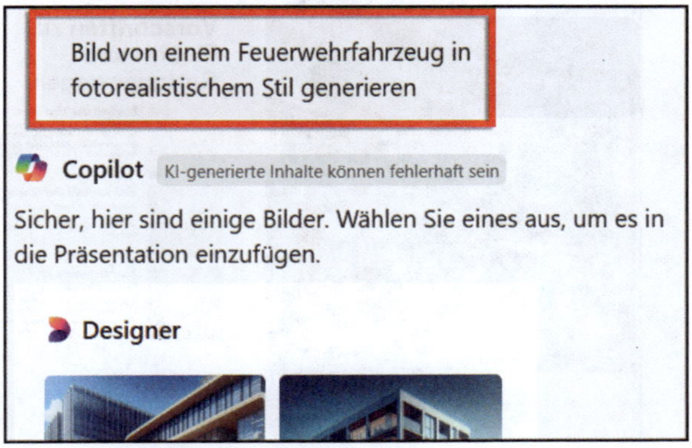

es erst mal mitten in die Folie »geklatscht« und es bleibt an Ihnen, es zu platzieren, zu skalieren und in den richtigen Bezug zum restlichen Inhalt zu setzen.

3. Es sei denn, Sie lassen sich an dieser Stelle eben wieder KI-basierte *Entwurfsvorschläge* machen. Diese berücksichtigen den gesamten Inhalt der Folie, also auch das gerade eingefügte Bild. Entsprechend integrieren sie das neue Bild und ordnen den restlichen Inhalt passend neu an.
4. Suchen Sie sich einen der Vorschläge aus und klicken Sie darauf. Schon glänzt Ihre um das neue Bild erweiterte Folie im neuen Design.

8. KI als persönlicher Outlook-Assistent

Auch in Outlook können Sie sich von Copilot unter die Arme greifen lassen. Gerade, wer täglich viele E-Mails erhält und ggf. auch beantworten muss, kann dadurch viel Zeit und Mühe einsparen. Allerdings muss man in Bezug auf Copilot besonders zwischen den verschiedenen Outlook-Versionen unterscheiden:

- **Outlook**

  Darunter versteht Microsoft mittlerweile die modernisierte Variante der klassischen Desktop-App, die bislang eher der Nachfolger von Windows Mail ist. Sie bietet ein einheitliches Nutzererlebnis über verschiedene Plattformen hinweg und orientiert sich stark am Design und der Funktionalität von Outlook Web. Sie ist schnell, schlank und gut in die Microsoft-365-Cloud integriert. Allerdings fehlen derzeit noch einige Funktionen, die in Outlook Classic verfügbar sind – etwa bestimmte Add-ins, erweiterte Regeln oder eine umfassende Offline-Funktionalität. Microsoft entwickelt diese Version jedoch kontinuierlich weiter und ergänzt insbesondere auch Copilot-Funktionen.
- **Outlook Classic**

  Das ist die traditionelle Desktop-Version von Microsoft Outlook, wie sie seit vielen Jahren Teil von Microsoft Office und Microsoft 365 ist. Sie bietet eine umfassende Palette an Funktionen, darunter E-Mail, Kalender, Aufgabenverwaltung, Kontakte, Regeln und die Möglichkeit, Add-ins zu verwenden. Diese Version ist besonders leistungsfähig und eignet sich gut für professionelle Anwender, die für komplexe Arbeitsabläufe viele Funktionen benötigen. Ein großer Vorteil ist die Möglichkeit, auch offline zu arbeiten, was gerade in Umgebungen mit eingeschränkter Internetverbindung hilfreich ist. Allerdings werden Copilot-Funktionen hier nur zögerlich integriert.
- **Outlook im Web**

  Outlook Web ist die browserbasierte Version von Outlook, die von jedem Gerät mit Internetverbindung aus ganz ohne Installation genutzt werden kann. Das Design ist modern und responsiv, und die Anwendung ist besonders praktisch für unterwegs oder wenn man von fremden Geräten aus arbeitet. Allerdings sind manche Funktionen eingeschränkt, etwa die Offline-Nutzung oder die Möglichkeit, komplexe Regeln und Add-ins zu verwenden. Da KI-Funktionen in der Webvariante als Erstes integriert werden, bietet Outlook Web bei Copilot den größten Funktionsumfang.

In diesem Kapitel werde ich mich – soweit möglich – an der klassischen Outlook-Anwendung orientieren. Bei Copilot-Funktionen, die diese nicht anbietet, nutze ich stattdessen Outlook Web.

KI-Funktionen nur für Microsoft-Konten

Die Copilot-Funktionen in allen Outlook-Varianten stehen nur für Microsoft-Konten zur Verfügung, die auf Outlook.com oder über Microsoft 365 laufen. Drittanbieter-Konten wie Gmail oder GMX können zwar in Outlook eingebunden werden, profitieren aber nicht von den KI-Funktionen.

8.1 E-Mails zusammenfassen lassen

Gerade, wenn Sie viele und gern auch mal längere E-Mails wie Protokolle, Berichte oder Gutachten erhalten, kann Copilot Ihnen mit automatisch erstellten Zusammenfassungen helfen. So können Sie sich schnell einen Überblick verschaffen und sich dann ggf. auf die für Sie besonders relevanten Abschnitte beschränken.

1. Wann immer das möglich ist, zeigt Outlook oben rechts neben der Betreffzeile der Nachricht eine *Zusammenfassen*-Schaltfläche mit dem Copilot-Symbol an.
2. Klicken Sie darauf, um eine Zusammenfassung dieser Nachricht zu erhalten.
3. Copilot fügt daraufhin oberhalb der Nachricht einen neuen Abschnitt ein, in dem die Zusammenfassung generiert wird. Je nach Umfang der Nachricht kann dies kurze Zeit dauern.

4. Anschließend sehen Sie die fertige Zusammenfassung in diesem Abschnitt. Mit dem Kopieren-Symbol oben rechts können Sie sie bei Bedarf in die Zwischenablage kopieren.

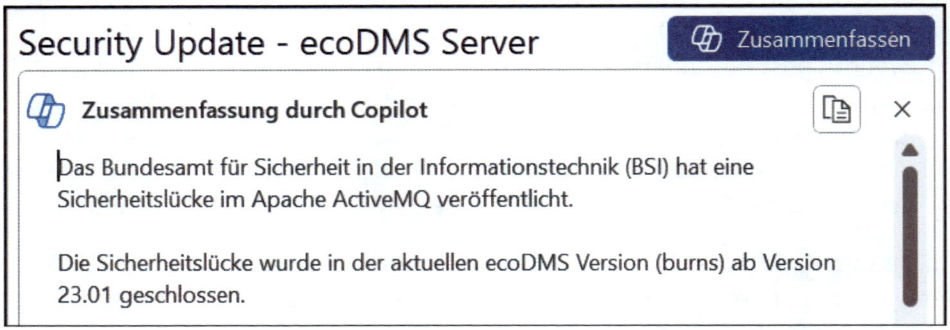

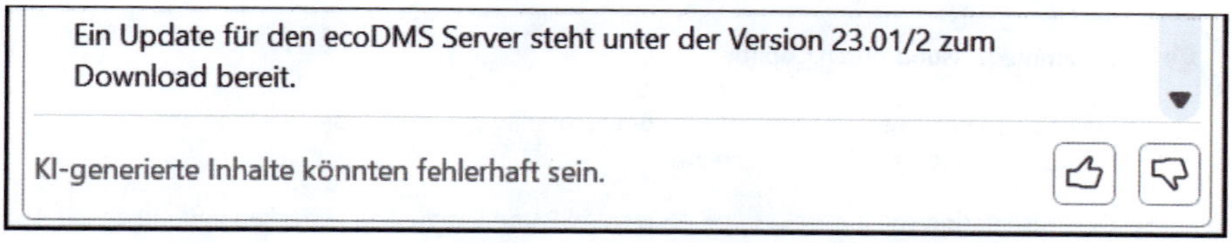

Wenn Sie zu einer anderen Nachricht wechseln, bleibt die Zusammenfassung vorläufig erhalten. Sie können also später zurückkehren, erneut auf *Zusammenfassen* klicken und bekommen das Resümee dann ohne erneutes Generieren sofort angezeigt. Das gilt allerdings nur, solange Sie Outlook nicht schließen. Nach einem Neustart müssen Zusammenfassungen ggf. erneut generiert werden.

Ganze E-Mail-Verläufe zusammenfassen

Das Zusammenfassen ist nicht nur bei längeren Nachrichten hilfreich. Auch wenn man ganze E-Mail-Verläufe mit Antworten, mehrfachen Rückantworten usw. womöglich noch von mehreren Teilnehmern vorliegen hat, kann man sich diese zusammenfassen lassen. Gerade wenn eine Diskussion schon etwas zurückliegt oder man vielleicht erst zu einem späteren Zeitpunkt hinzugezogen wurde, kann man sich so schnell einen Überblick verschaffen.

1. Lokalisieren und öffnen Sie die jüngste Mail aus dem gesamten E-Mail-Verlauf, damit Copilot den aktuellsten Stand berücksichtigen kann. Öffnen Sie diese Nachricht.
2. Klicken Sie oberhalb der Nachricht auf die Zeile *Zusammenfassung durch Copilot*.

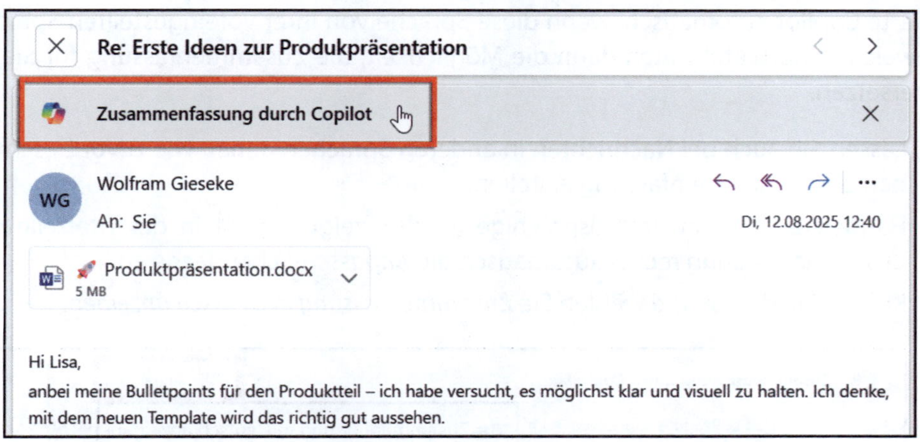

3. Copilot analysiert dann den gesamten Verlauf, soweit er verfügbar ist, und fasst den Inhalt chronologisch zusammen. Das Ergebnis wird an der Stelle der *Zusammenfassung durch Copilot*-Zeile eingeblendet.

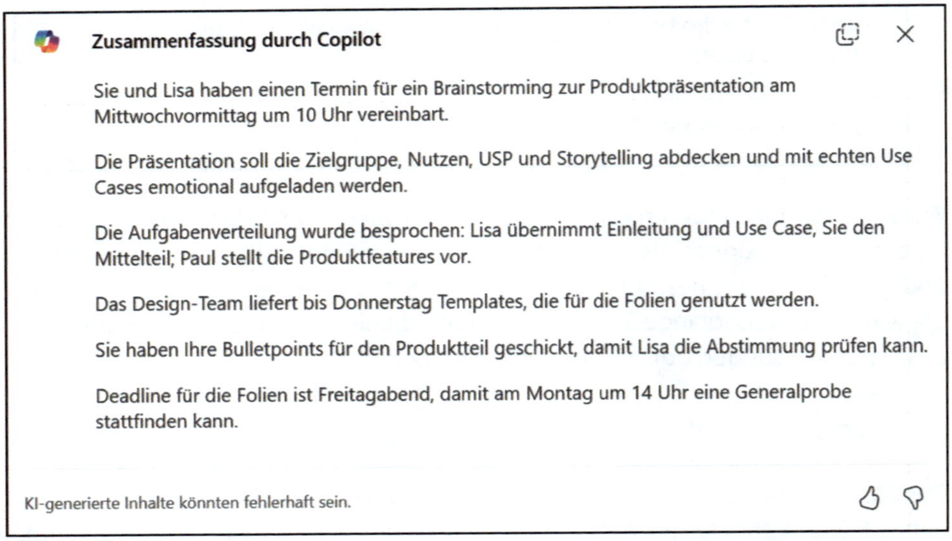

4. Durch Klick auf die Titelzeile können Sie den Bereich jederzeit ein- und ausblenden. Mit dem *X*-Symbol ganz rechts wird er hingegen dauerhaft geschlossen. Sie können dann aber weiter oben rechts auf das Copilot-Symbol klicken und im so geöffneten Menü die Nachrichten erneut *Zusammenfassen* lassen.

Fremdsprachige E-Mails auf Deutsch zusammenfassen

Wenn Sie eine E-Mail zusammenfassen lassen, wird der Assistent dies immer in der Sprache tun, in der die Nachricht vorliegt. Allerdings erkennt der in Outlook integrierte Copilot automatisch, wenn diese Sprache von Ihrer voreingestellten Sprache abweicht, und bietet Ihnen dann die Möglichkeit, die Zusammenfassung für Sie zu übersetzen.

1. Lassen Sie auch bei Nachrichten in anderen Sprachen genau wie zuvor beschrieben eine Zusammenfassung erstellen.
2. Handelt es sich um fremdsprachige Inhalte, zeigt Copilot in der Titelzeile der Zusammenfassung rechts automatisch die *Anpassen*-Schaltfläche an.
3. Klicken Sie darauf und wählen Sie *Zusammenfassung in Deutsch anzeigen*.

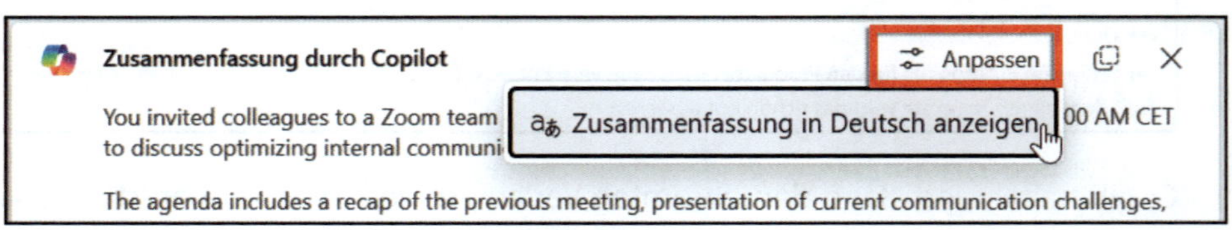

4. Copilot generiert daraufhin eine Zusammenfassung des Inhalts in deutscher Sprache und ersetzt die bisherige Version damit.

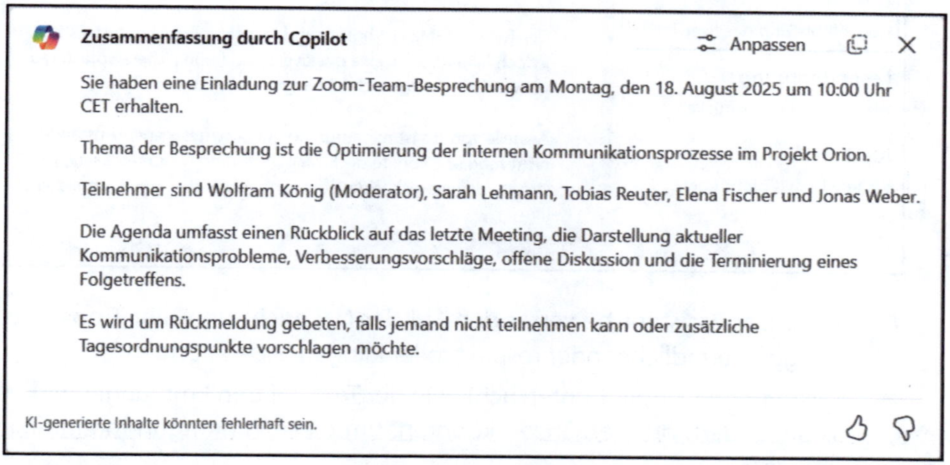

8.2 Nachrichten mit KI besser formulieren

Auch wenn Sie es weiterhin bevorzugen, Ihre Nachrichten selbst zu schreiben, kann KI Ihnen helfen. Eine Rechtschreib- und Grammatikprüfung bringt Outlook ohnehin mit, sodass Sie sich dafür nicht auf Copilot verlassen müssen.

Aber zusätzlich können KI-Assistenten Ihre Nachrichten vor dem Versenden analysieren, auf bestimmte Eigenheiten aufmerksam machen oder alternative Formulierungen vorschlagen. Beim integrierten Copilot geht das besonders komfortabel.

1. Erstellen Sie dazu am besten zuerst die Nachricht im Formular. Prinzipiell können Sie die KI aber auch während des Schreibens jederzeit aktivieren.
2. Klicken Sie dann in der Menüband-Registerkarte *Nachricht* auf das Copilot-Symbol und wählen Sie im so geöffneten Menü *Coaching von Copilot*.

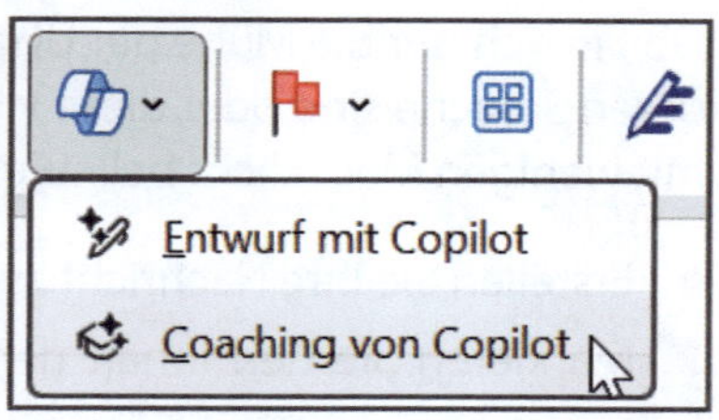

3. Copilot blendet dann einen Dialog oberhalb des Nachrichtentextes ein. Darin analysiert das Programm den bisherigen Inhalt. Anschließend können Sie das Ergebnis in verschiedenen Kategorien ablesen, die Sie in der Leiste am linken Rand wählen:

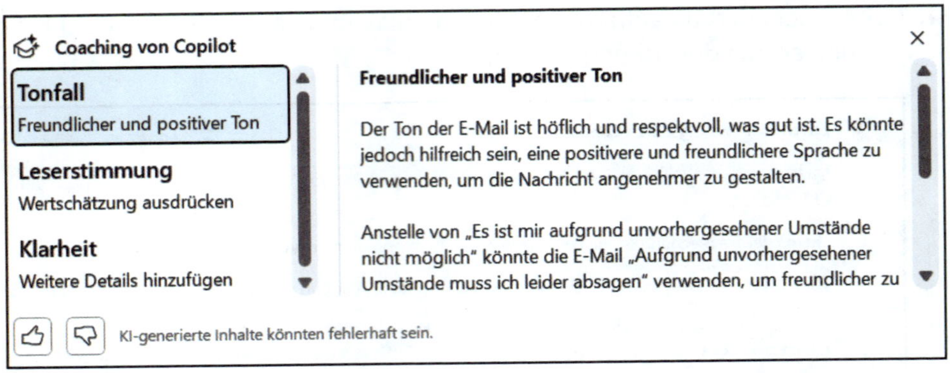

- *Tonfall:* Der Assistent bewertet den Stil der Nachricht und gibt Tipps, wie Sie diese ggf. freundlicher oder respektvoller klingen lassen können.
- *Leserstimmung:* Copilot untersucht, wie der Text auf den Empfänger wirkt und was Sie ändern oder ergänzen könnten, um diese Wirkung in Ihrem Sinn zu verbessern.
- *Klarheit:* Copilot überprüft, ob die Nachricht konkret genug ist oder ob vielleicht Informationen ergänzt werden sollten, damit die gewünschte Botschaft beim Leser ankommt.

4. In allen Kategorien finden Sie ggf. konkrete Formulierungsvorschläge für Verbesserungen. Allerdings gibt es keine Funktion, um diese per Mausklick in die Nachricht einzufügen. Es bleibt nur die Möglichkeit, vorgeschlagene Passagen zu markieren, zu kopieren und an der gewünschten Stelle in den Text einzufügen.

Ihre Nachrichten in andere Sprachen übersetzen

Da KI-Assistenten viele Sprachen perfekt sprechen, bieten sie Ihnen die Möglichkeit, eigene Texte in andere Sprachen zu übersetzen.

Ob Sie sich nur die Mühe der Übersetzung sparen wollen, nicht ganz sicher in der anderen Sprache sind oder diese vielleicht gar nicht beherrschen – dank KI erhalten Sie mit wenigen Mausklicks beliebige Übersetzungen Ihrer Texte.

1. Erstellen Sie Ihre Nachricht zunächst wie üblich vollständig.
2. Markieren Sie den Inhalt der Nachricht bzw. den Teil, den Sie übersetzt haben möchten.
3. Klicken Sie dann unten links neben der Auswahl auf das Copilot-Symbol.

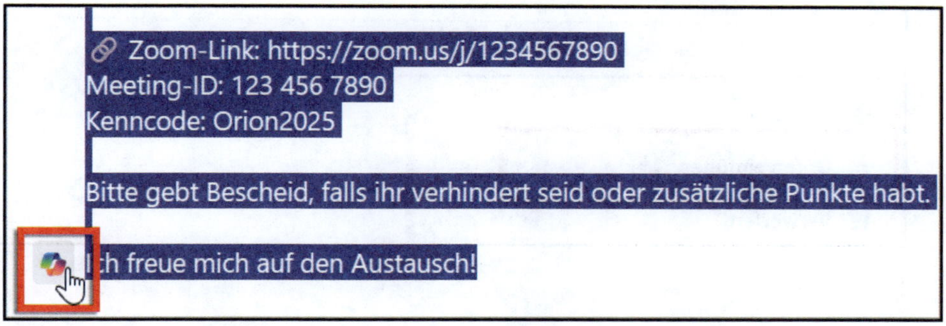

4. Eine Übersetzen-Funktion finden Sie im so geöffneten Kontextmenü nicht direkt, aber Sie können ganz oben im Eingabebereich eine beliebige Aufforderung eintippen, etwa:

```
Übersetze diesen Text in Englisch.
```

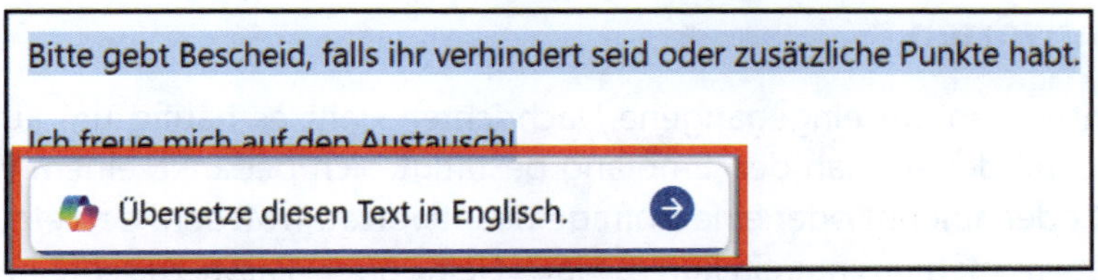

5. Copilot schlägt Ihnen dann eine passende Übersetzung vor. Wichtig: Wenn Sie diese übernehmen möchten, klicken Sie in der Auswahlliste darunter auf *Unten einfügen*. Der Assistent fügt die Übersetzung dann unterhalb des deutschsprachigen Textes in die Nachricht ein. So haben Sie Ihren Originaltext und die Übersetzung nacheinander in der Nachricht und können die E-Mail an alle Empfänger versenden.

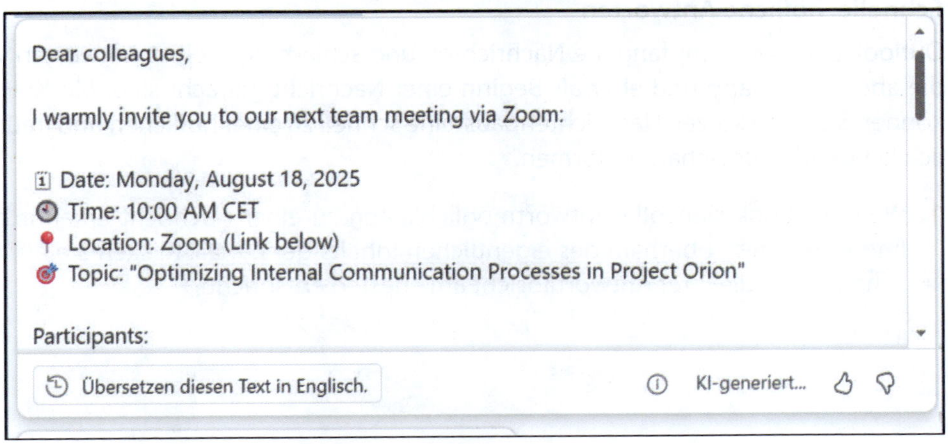

8.3 E-Mails von Copilot schreiben lassen

Sie können E-Mails auch gleich ganz per KI erstellen lassen. Das klingt vielleicht etwas unpersönlich, aber oftmals geht es bei E-Mail-Nachrichten ja auch um relativ unpersönliche Angelegenheiten wie etwa das Vereinbaren, Bestätigen oder Verschieben von Terminen oder das Anfordern bestimmter Unterlagen oder Informationen.

Mit KI-Hilfe antworten

Gerade beim Antworten auf eingegangene Nachrichten geht es häufig um kurze Rückmeldungen, mit denen man den Empfang bestätigt, sich bedankt, einem Vorschlag zustimmt oder ablehnt oder eine Anfrage beantwortet. Trotzdem gebietet es die Höflichkeit, etwas mehr als nur ein kurzes »Ja«, »Nein« oder »Passt« zu schreiben.

Hinweis: In diesem Abschnitt verwende ich die Webversion von Outlook, da diese beim Antworten mehr und flexiblere Funktionen bietet. Beim klassischen Outlook können Sie Antworten auch von Copilot erstellen lassen, müssen dazu aber immer selbst eine Aufforderung ausformulieren.

Schnelle, höfliche Antworten

Outlook analysiert empfangene Nachrichten und schlägt ggf. selbst Antworten vor, die aber sehr knapp und eher als Beginn einer Nachricht gedacht sind. Mit KI-Hilfe können Sie diese kurzen Nachrichtenbausteine schnell zu einer höflichen und freundlich klingenden Botschaft umformen.

1. Wenn Outlook sinnvolle Antwortmöglichkeiten zu einer Nachricht erkannt hat, finden Sie diese oberhalb des eigentlichen Inhalts der E-Mail. Klicken Sie auf die Schaltfläche, die Ihrer Antwortabsicht am ehesten entspricht.

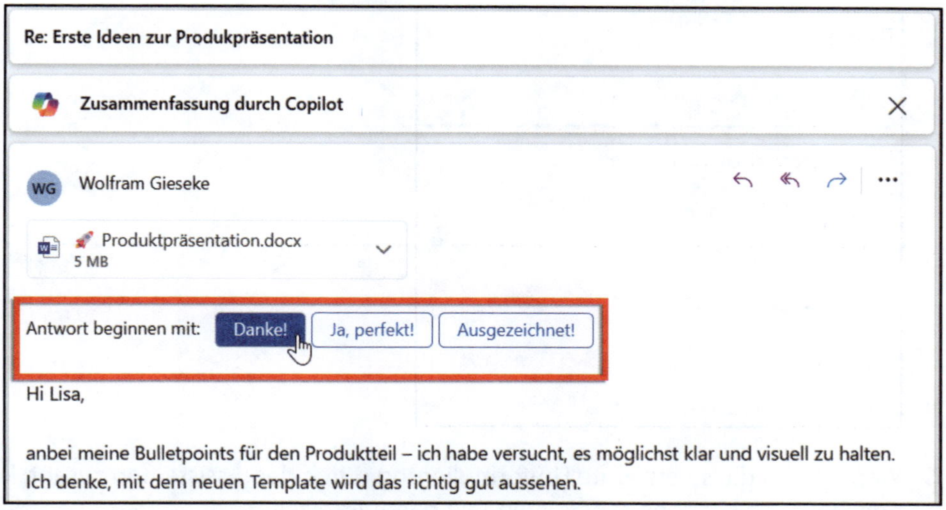

2. Outlook erstellt daraufhin eine Antwort-Nachricht, die im Prinzip fertig zum Versenden ist. Als eigener Inhalt ist aber bislang nur die kurze Anmerkung enthalten, die Sie im ersten Schritt ausgewählt hatten.

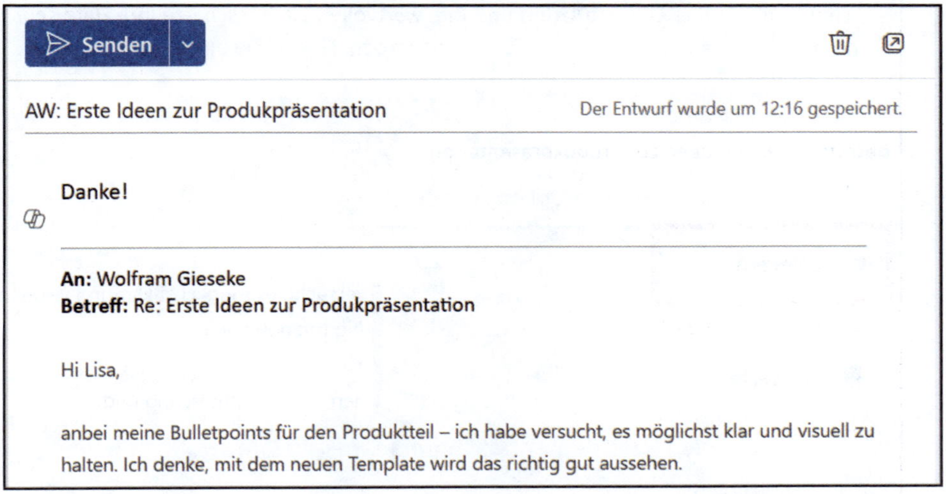

3. Klicken Sie in der Antwort auf das Copilot-Symbol links neben dem automatisch eingefügten Antworttext.
4. Das so geöffnete Kontextmenü bietet Ihnen einige naheliegende Funktionen wie etwa *Automatisch umschreiben* oder – in diesem Fall besonders hilfreich – *Länger machen*.

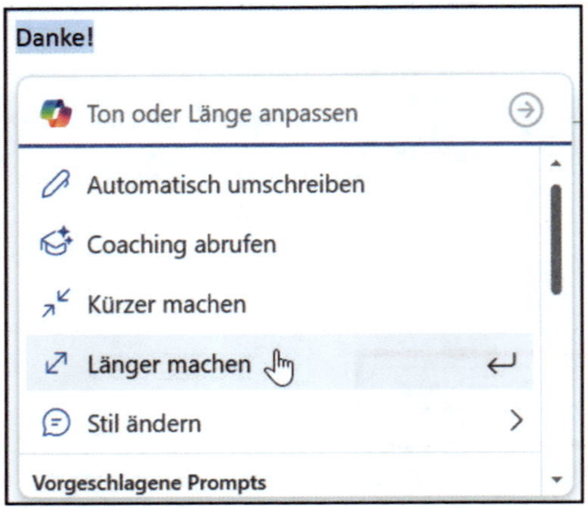

5. Wenn Ihnen die so erzeugte Umformulierung durch den Assistenten zusagt, können Sie den bisherigen sehr kurzen Text damit *Ersetzen*.

   Alternativ lässt sich das Ergebnis ebenso *Unten einfügen*, und das Menü bietet weitere Möglichkeiten wie etwa das *Wiederholen*.

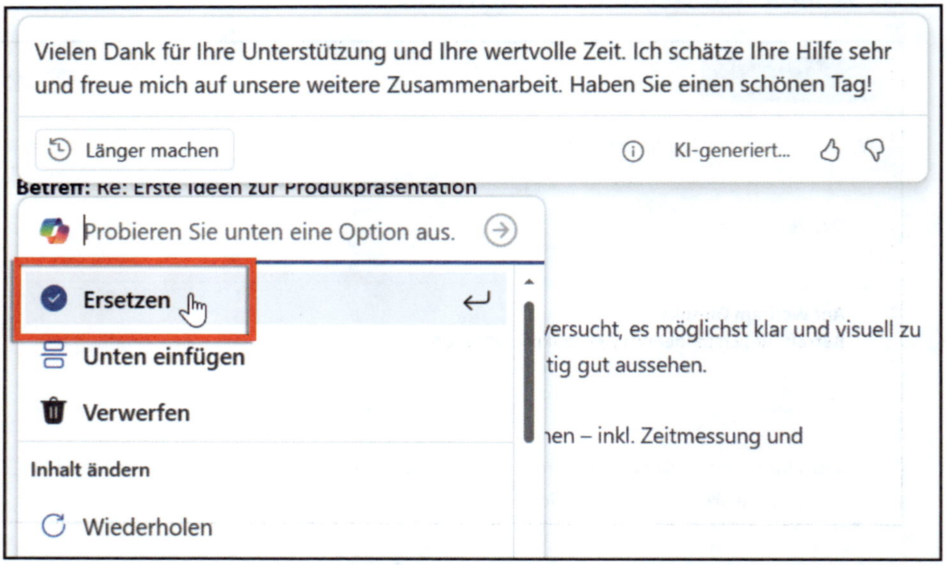

6. Zudem finden Sie auch jederzeit im Menü ganz oben einen Eingabebereich, in dem Sie eine ganz eigene Aufforderung an die KI formulieren können.

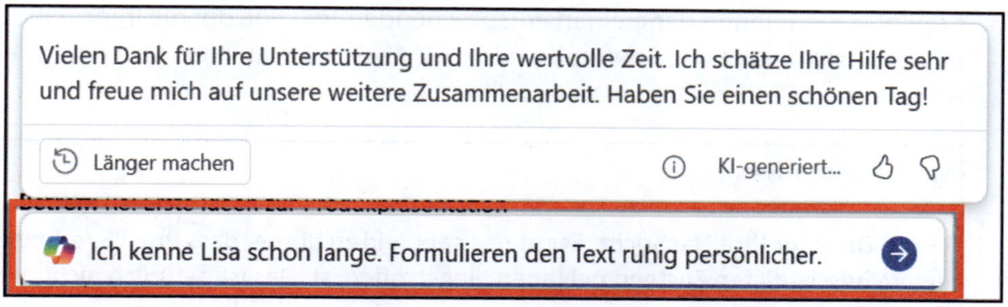

Spezifische Antworten auf E-Mails entwerfen

Auch wenn es nicht nur um kurze, knackige Reaktionen geht, sondern eine ausführliche Antwort auf spezifische Anliegen eingehen und gewünschte Informationen liefern soll, kann KI diesen Prozess erheblich vereinfachen und beschleunigen. Wenn der Assistent die eingehende Nachricht oder sogar den gesamten vorhergegangenen Austausch kennt, kann er sehr spezifisch darauf eingehen und verbindliche Formulierungen finden, mit denen schnell das Grundgerüst einer konkreten, kompetenten Antwort entsteht.

1. Klicken Sie hierfür am besten auf den Antworten-Pfeil oben rechts in einer empfangenen Nachricht. Alternativ können Sie auch jederzeit oben rechts in der Multifunktionsleiste auf das Copilot-Symbol klicken und im so geöffneten Menü die Option *Antwort* wählen.
2. So erstellen Sie eine Antwort-Nachricht, in der Ihnen direkt ein paar auf der Ausgangsnachricht basierende Entwürfe vorgeschlagen werden. Klicken Sie auf einen Vorschlag, der zu Ihren Absichten passt.

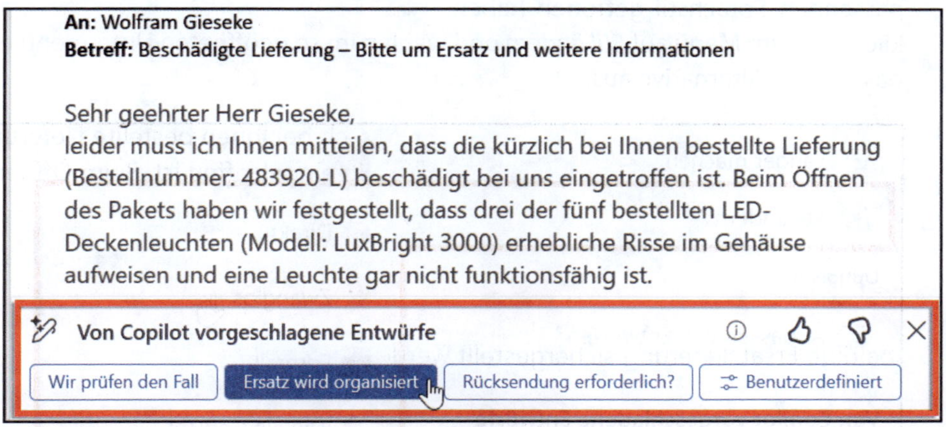

3. Copilot schlägt Ihnen dann einen entsprechenden Text vor, der die Informationen aus der Ursprungs-E-Mail aufgreift, mit Ihrer Absicht kombiniert und daraus eine Antwort gemäß Ihren Vorgaben erstellt.

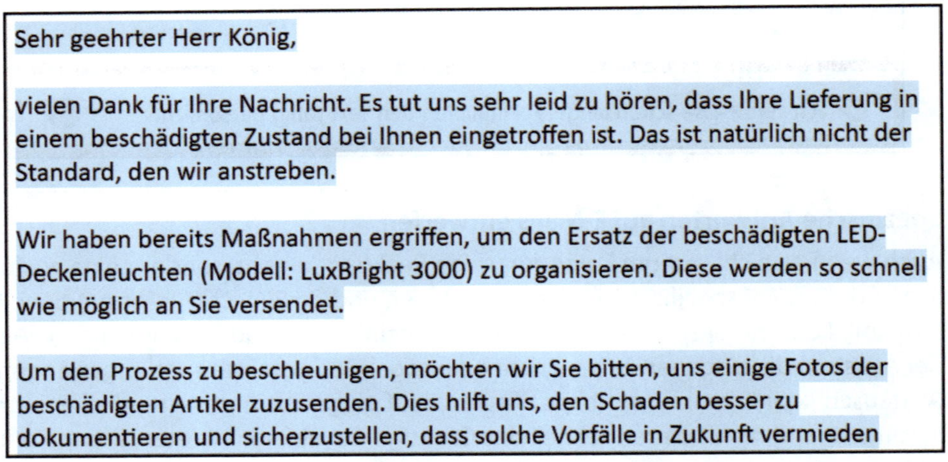
Sehr geehrter Herr König,

vielen Dank für Ihre Nachricht. Es tut uns sehr leid zu hören, dass Ihre Lieferung in einem beschädigten Zustand bei Ihnen eingetroffen ist. Das ist natürlich nicht der Standard, den wir anstreben.

Wir haben bereits Maßnahmen ergriffen, um den Ersatz der beschädigten LED-Deckenleuchten (Modell: LuxBright 3000) zu organisieren. Diese werden so schnell wie möglich an Sie versendet.

Um den Prozess zu beschleunigen, möchten wir Sie bitten, uns einige Fotos der beschädigten Artikel zuzusenden. Dies hilft uns, den Schaden besser zu dokumentieren und sicherzustellen, dass solche Vorfälle in Zukunft vermieden

4. Unterhalb des Vorschlags finden Sie das Copilot-Menü, in dem Sie den Vorschlag *Beibehalten* oder *Verwerfen* können. Hier stehen Ihnen zudem weitere Funktionen wie *Kürzer machen* oder *Länger machen* zur Verfügung. Mit *Wiederholen* lassen Sie Copilot einen neuen Versuch starten.

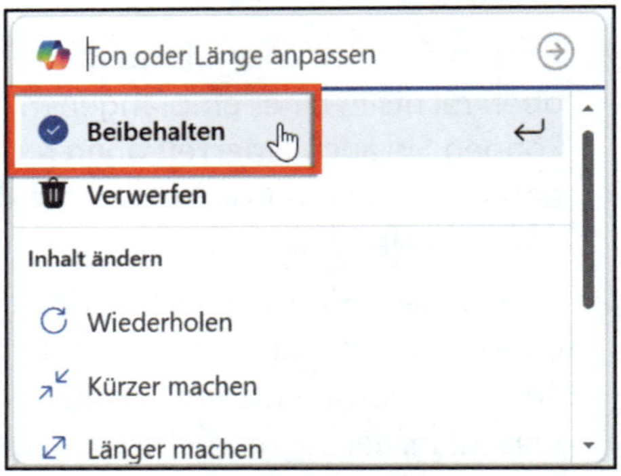

5. Sollte der Assistent nicht den für diesen speziellen Kommunikationspartner passenden Sprachstil getroffen haben, klicken Sie im Menü auf *Stil ändern* und wählen im so geöffneten Untermenü eine passendere Alternative aus.

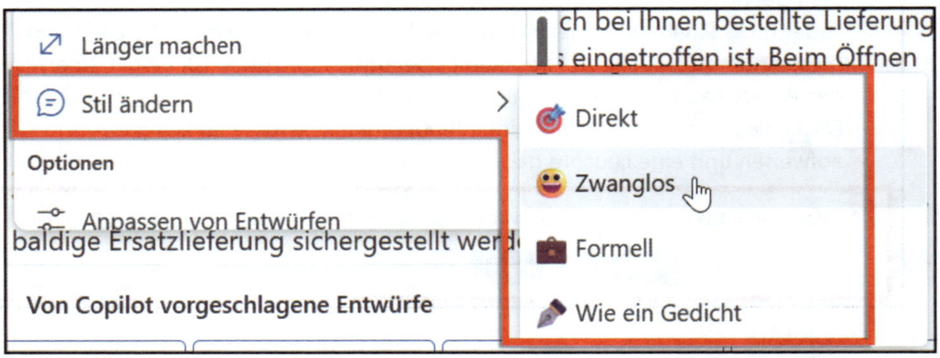

Informationen einfügen

Nicht immer wird die KI auf Anhieb alles »erraten«, was Sie mit Ihrer Nachricht mitteilen möchten. Das macht aber nichts, da Sie vorhandenen bereits generierten oder selbst erstellten Text jederzeit ergänzen können – auch wieder mit KI-Hilfe.

1. Platzieren Sie die Einfügemarke an der gewünschten Stelle in der Nachricht oder markieren Sie ggf. auch einen Absatz, den Sie ersetzen oder ergänzen möchten.
2. Klicken Sie dann auf das Copilot-Symbol links neben dem Text.

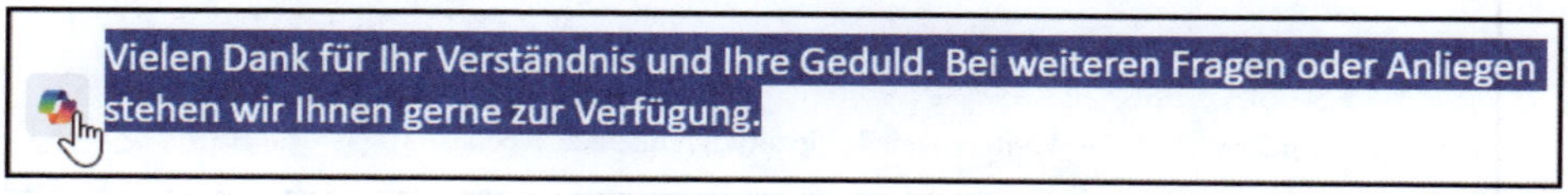

3. Im so geöffneten Copilot-Menü finden Sie eine Reihe von Prompts wie etwa *Weitere Details hinzufügen*. Damit fügen Sie eine generische Aufforderung mit einem Platzhalter in eckigen Klammern oben in den Eingabebereich ein.

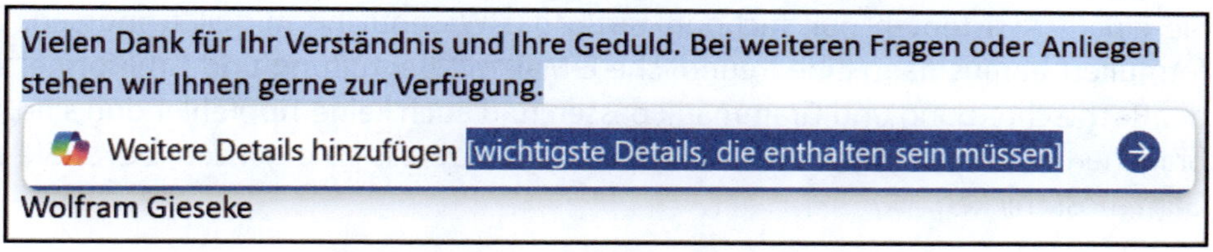

4. Entfernen bzw. markieren Sie den Platzhalter und fügen Sie stattdessen die Informationen ein, die Sie ergänzen möchten. Klicken Sie dann unten rechts auf den Pfeil, um die Aufforderung abzusenden.

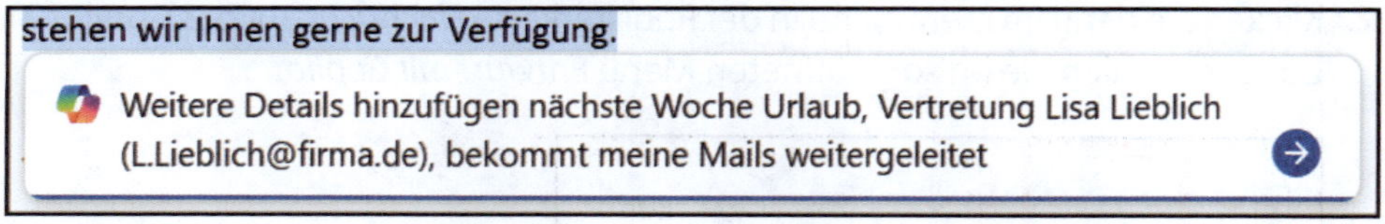

5. Sind Sie mit der erstellten Ergänzung einverstanden, können Sie damit den zuvor ausgewählten Text ersetzen. Alternativ können Sie den generierten Text jeweils unten einfügen und dann ganz nach Belieben damit verfahren. Auch die anderen Funktionen wie Kürzen oder Verlängern oder *Stil ändern* stehen Ihnen im Menü wiederum zur Verfügung.

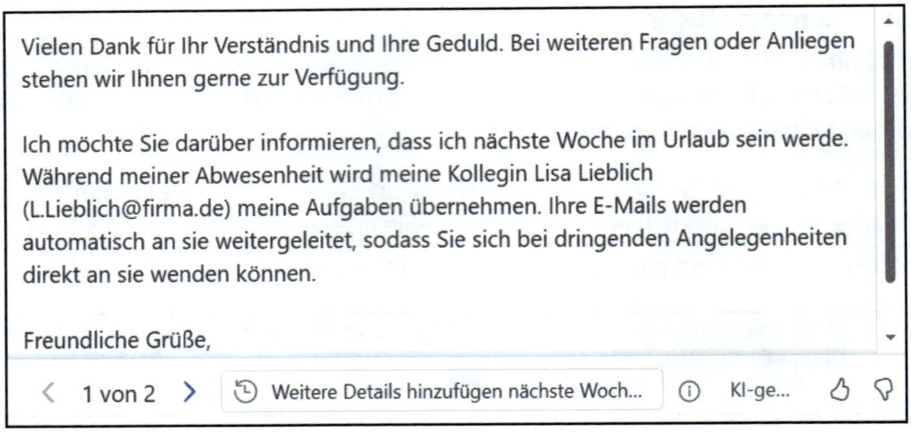

Nachrichten mit Copilot entwerfen

Sie können die KI auch ganz neue Nachrichten erstellen lassen. Der Vorteil ist, dass Sie einem Assistenten nur stichpunktartig das Wesentliche mitteilen müssen. Der formuliert daraus dann eine freundliche E-Mail mit Begrüßung und Grußformel, bei der Rechtschreibung und Grammatik passen und auch keine Tippfehler drin sind. Sie brauchen nur noch gegenzulesen und eventuell Details zu ergänzen, bevor Sie das Ganze losschicken.

1. Sie können diese Funktion sowohl beim Erstellen einer neuen E-Mail als auch beim Beantworten einer eingegangenen Nachricht nutzen. Öffnen Sie in beiden Fällen zunächst das Formular für Ihre E-Mail und tragen Sie den E-Mail-Empfänger und Betreff, soweit erforderlich, ein.
2. Klicken Sie dann im Menüband in der Registerkarte *Nachricht* auf das Copilot-Symbol und wählen Sie im so geöffneten Menü *Entwurf mit Copilot*.

3. Daraufhin wird ein Dialogfeld angezeigt, in dem Sie dem Assistenten beschreiben, worum es in der Nachricht gehen soll. Formulieren Sie Ihr Anliegen am besten so, wie Sie es auch einem menschlichen Assistenten mitteilen würden. Dass es um das Schreiben einer E-Mail geht und was dabei zu beachten ist, weiß Copilot in diesem Kontext ohnehin. Sie können sich also auf das Wesentliche des Inhalts beschränken.

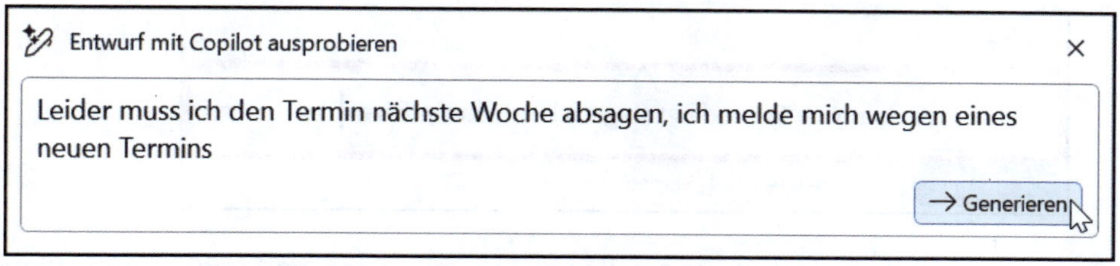

4. Klicken Sie dann auf *Generieren*.
5. Nach kurzer Pause präsentiert Copilot Ihnen einen Vorschlag, den Sie mit *Behalten* in das Nachrichtenformular übernehmen können.

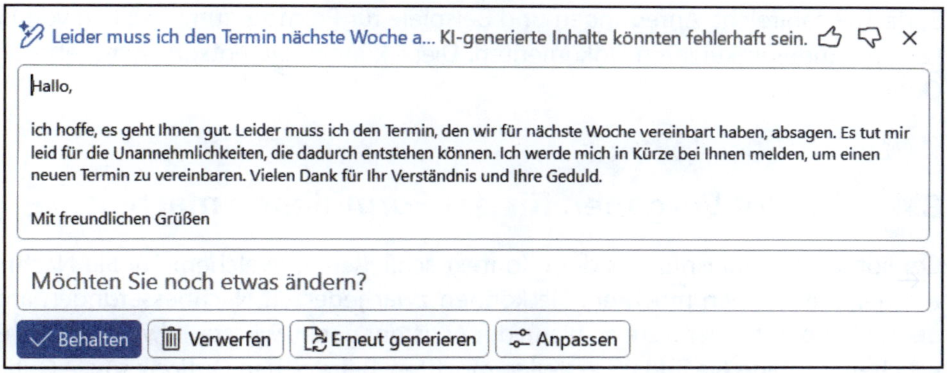

Sollten Sie mit dem Ergebnis nicht zufrieden sein, gibt es verschiedene Möglichkeiten:

- Mit *Erneut generieren* lassen Sie Copilot einen neuen Entwurf erstellen. Dieser wird anders formuliert sein und Ihnen möglicherweise besser gefallen.
- Schließlich möchte ich Sie noch auf das etwas unscheinbare Feld *Möchten Sie noch etwas ändern?* aufmerksam machen. Hierbei handelt es sich um ein vollwertiges Copilot-Eingabefeld, das als Kontext den aktuellen Formulierungsvorschlag für die Nachricht verwendet. Im Feld können Sie direkt Ihre Wünsche an Copilot formulieren, was an dem Text noch verändert werden sollte. Klicken Sie dann auf das Pfeilsymbol ganz rechts, um sich basierend auf dieser Aufforderung eine neue Variante generieren zu lassen.

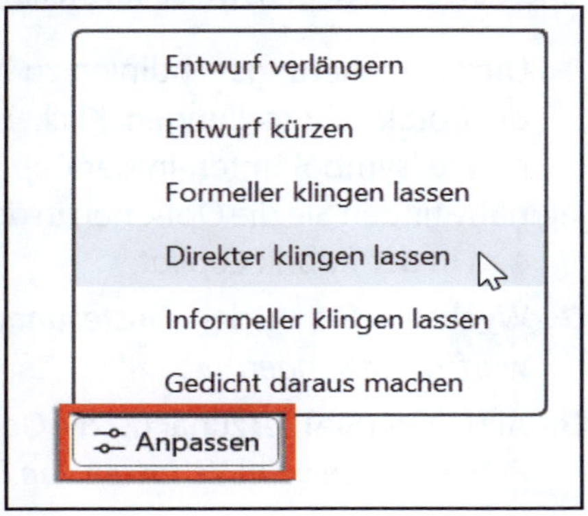

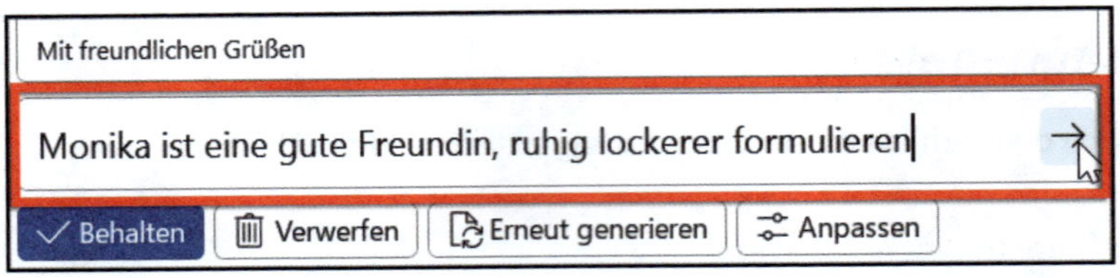

Dies ist nur ein einfaches Beispiel, wie Sie mit einer passenden Aufforderung E-Mail-Nachrichten ganz nach Bedarf in Outlook erstellen lassen können. Im Prinzip stellt Copilot Ihnen hier alle Möglichkeiten zur Verfügung, die ich beispielsweise auch beim Erstellen von Word-Dokumenten beschrieben habe. Deshalb möchte ich diesen Aspekt hier nicht nochmals ausführlicher behandeln. Im Word-Kapitel finden Sie ab Seite 169 zahlreiche Anregungen und Beispiele für Prompts zum Erstellen von Briefen und anderen kürzeren Dokumenten. Diese können Sie entsprechend ebenso in Outlook nutzen.

8.4 Copilot Vorgaben für das Formulieren machen

Copilot kann immer nur aus dem Kontext schließen, in welchem Stil Sie Nachrichten generiert haben möchten. Sie können zwar jederzeit Nachbesserungen anfordern. Aber praktischer wäre es, wenn der Assistent genau wüsste, in welchem Stil und welchem Umfang Sie E-Mails erstellen möchten. Beim neuen Outlook sowie Outlook Web können Sie Entwurfsanweisungen hinterlegen, die dem Assistenten genau diese Vorgaben machen.

Wann immer Sie Nachrichtenentwürfe generieren lassen, orientiert sich die KI dann automatisch an diesen Richtlinien, wobei Sie im Einzelfall immer davon abweichen und den Stil beispielsweise formeller oder persönlicher gestalten lassen können.

1. Um Formulierungsrichtlinien zu hinterlegen, öffnen Sie die Copilot-Einstellungen. Klicken Sie dazu auf das kleine Pfeilsymbol unten in der *Copilot*-Schaltfläche. Alternativ finden Sie die Optionen in den Outlook-Einstellungen in der Rubrik *Copilot*.
2. Wechseln Sie in den *Einstellungen* in die Rubrik *Entwurfsanweisungen*.
3. Aktivieren Sie hier zunächst die Option *Benutzerdefinierte Anweisungen beim Verfassen von Emails verwenden*.
4. Erst dadurch wird darunter ein Eingabefeld eingeblendet, in dem Sie Ihre Anweisungen hinterlegen können.

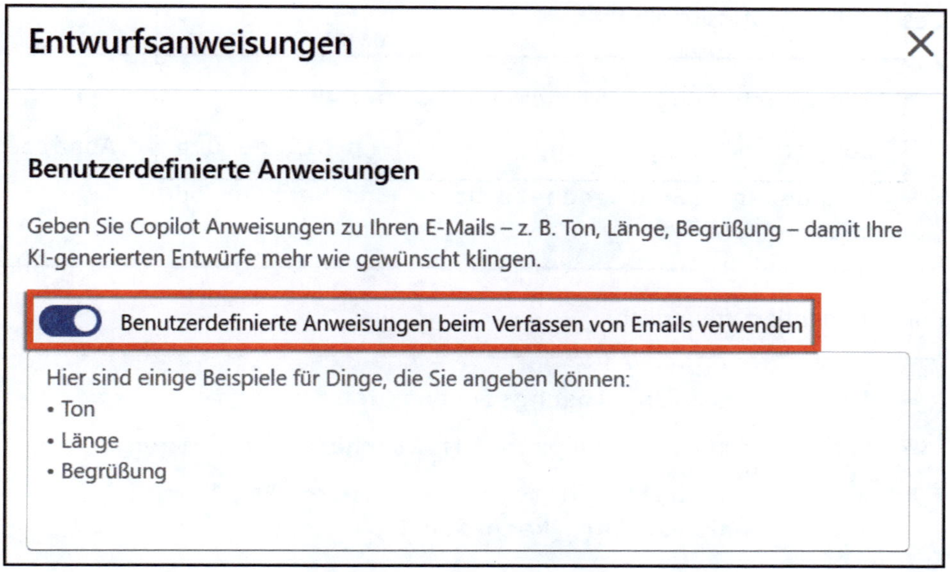

5. Was Sie in dieses Feld eingeben, wird per KI ausgewertet. Sie können also in Ihren eigenen Worten Anweisungen für Copilot eingeben. Solange Sie nichts eingegeben haben, wird im Feld eine Struktur vorgeschlagen, an der Sie sich orientieren können, um Vorgaben zu Ton, Länge und der Art der Begrüßung zu machen, also beispielsweise:

```
■ Ton: klar, verbindlich und freundlich
■ Länge: kurz bis mittel
■ Begrüßung: Hallo
```

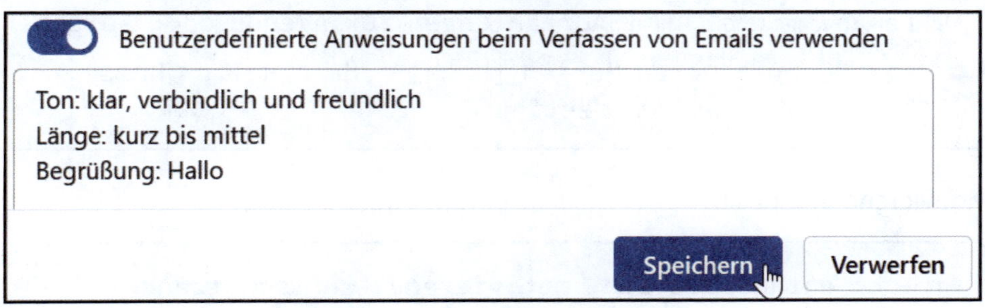

Weitere Beispiele für Entwurfsanweisungen nach dieser Struktur:

Geschäftlich, professionell:

```
■ Ton: sachlich, professionell, respektvoll
■ Länge: mittel bis lang, mit klarer Gliederung in Absätze
■ Begrüßung: „Sehr geehrte Damen und Herren“ oder
  „Guten Tag [Name]“
```

Kundenorientiert, freundlich:

```
■ Ton: freundlich, lösungsorientiert, positiv
■ Länge: mittel, mit Fokus auf Klarheit und Nutzen
■ Begrüßung: „Hallo [Name]“ oder „Guten Tag [Name],
  vielen Dank für Ihre Nachricht“
```

Teamintern, kollegial:

```
■ Ton: locker, kollegial, direkt
■ Länge: kurz bis mittel, ggf. stichpunktartig
■ Begrüßung: „Hi [Name]“ oder „Hallo zusammen“
```

Meetings und Organisation:

```
■ Ton: klar, strukturiert, effizient
■ Länge: mittel, mit Aufzählungen für Agenda oder Aufgaben
■ Begrüßung: „Guten Morgen [Name]“ oder „Hallo [Name],
  hier die Infos zum Meeting“
```

Motivierend und positiv:

```
■ Ton: enthusiastisch, motivierend, wertschätzend
■ Länge: mittel, mit persönlicher Note
■ Begrüßung: „Liebe Kolleginnen und Kollegen“ oder
  „Hallo [Name], großartige Neuigkeiten!“
```

Neutral und universell einsetzbar:

```
■ Ton: freundlich-neutral, professionell
■ Länge: mittel, flexibel anpassbar
■ Begrüßung: „Guten Tag“ oder „Hallo [Name]“
```

Entwurfsanweisungen ausformulieren

Wenn Sie sich mit der vorgeschlagenen Struktur nicht anfreunden wollen, können Sie Ihre Beschreibung aber auch ausformulieren:

```
Erstelle E-Mails im sachlichen, aber freundlichen Ton.
Passe Stil und Inhalt je nach Empfänger und Kontext an.
Ziel ist klare, respektvolle Kommunikation.
```

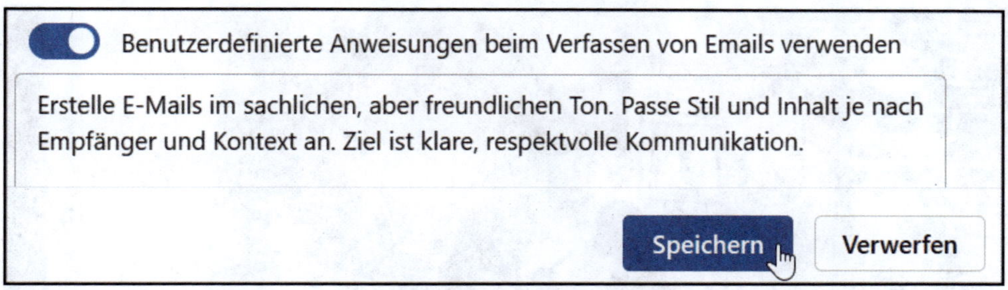

Hier noch einige Beispiele, wie Sie die Entwurfsanweisungen für verschiedene Aufgabenbereiche formulieren könnten:

- **Für berufliche Kommunikation:** Verfasse E-Mails im professionellen, klaren Ton. Verwende kurze Absätze, vermeide Floskeln. Ziel ist effiziente Kommunikation mit Kunden und Kollegen.
- **Für Kundenkontakt:** Schreibe freundlich und serviceorientiert. Betone Zuverlässigkeit und Lösungsbereitschaft. Verwende eine positive Sprache und höfliche Grußformeln.
- **Für Terminabsprachen und Koordination:** Formuliere präzise E-Mails zur Terminabstimmung oder Nachverfolgung von Meetings. Ton: sachlich und respektvoll. Enthält Datum, Uhrzeit und klare Handlungsaufforderung.
- **Für informellen Austausch im Team:** Verwende einen lockeren, kollegialen Ton. Verwende einfache Sprache, Emojis sind erlaubt. Ziel: schnelle Abstimmung und gute Stimmung.

9. Bilder und Grafiken für Office-Dokumente generieren

Moderne KI-Systeme haben neben ihren Sprachmodellen auch ein Wissen darüber, wie Dinge aussehen. Dazu wurden sie mit Millionen klassifizierten Bildern von Autos, Hunden, Wolken oder Schreibtischen trainiert. Sie verstehen also nicht nur, was das Wort »Schreibtisch« bedeutet, sondern sie wissen auch, wie ein Schreibtisch aussieht, und können ein Bild davon generieren. Und sie sind in der Lage, die Abbildungen mehrerer Objekte zu kombinieren und daraus ein für das menschliche Auge harmonisches Bild zu erzeugen. Dazu reicht es, einem KI-Assistenten in einfachen Worten mitzuteilen, was das Bild zeigen soll:

```
Erstelle ein Bild eines Menschen an einem Schreibtisch,
dem gerade ein sprichwörtliches Licht aufgeht.
```

Dieses Bild hat Copilot mit dem vorstehenden Prompt generiert

Mit dem in Microsoft 365 integrierten Copilot können Sie beispielsweise in Word und PowerPoint Bilder direkt in der Copilot-Seitenleiste erstellen und in ein Dokument einfügen lassen. Das hat den Vorteil, dass der Assistent aus dem Dokument den Kontext der Aufforderung erkennen und ein zum Inhalt passendes Bild generieren kann. Die Vorgehensweise dazu ist in den jeweiligen Kapiteln beschrieben. Dieses Kapitel verwendet zum Erzeugen von Bildern schwerpunktmäßig den eigenständigen Copilot und insbesondere dessen Designer-Modus. Dieser bietet mehr Möglichkeiten zur flexibleren Bildgestaltung. Die so entstehenden Bilder können Sie herunterladen und mit den bekannten Methoden in Ihre Dokumente einfügen. Dieses Verfahren funktioniert genauso auch mit anderen KI-Assistenten mit der Fähigkeit zur Bilderzeugung.

9.1 Den Copilot-Bildgenerator nutzen

Copilot verfügt über einen Bildgenerator, der auf dem KI-System DALL-E basiert, das speziell für diesen Zweck entwickelt wurde. Sie benötigen hierfür keine zusätzliche Software oder eine spezielle Copilot-Funktion. Das Generieren von Bildern ist direkt in den KI-Assistenten integriert. Sie können die Anweisungen dafür direkt in einen Copilot-Chat schreiben (auch solche, die in andere Anwendungen wie Word integriert sind). Das Erzeugen eines Bildes dauert etwas länger als bei einem Text. Anschließend wird das Ergebnis aber auch direkt im Dialog angezeigt. Um ein so erzeugtes Bild zu nutzen, können Sie es über die daneben angezeigte Schaltfläche herunterladen oder auch innerhalb einer Anwendung in ein Dokument einfügen.

Allerdings klappt diese Methode nicht immer ganz zuverlässig, da Copilot auch ausdrückliche Aufforderungen zum Erzeugen eines Bildes gelegentlich ignoriert und stattdessen mit Text antwortet. Speziell zum Generieren von Bildern bietet sich daher eine spezielle Webvariante von Copilot an, die auf jede Aufforderung hin grundsätzlich Bilder generiert und noch andere Vorteile mitbringt.

Copilot im Designer-Modus

Im Webbrowser können Sie Copilot als Teil des Microsoft Designers nutzen. Das ist ein Bildbearbeitungsdienst, der klassische und KI-basierte Funktionen kombiniert. Er kann im Webbrowser genutzt werden, ist aber auch in die Windows-Fotoanzeige integriert. Die Webvariante bietet beim Generieren von Bildern mehrere Vorteile:

- Sie erzeugt grundsätzlich Bilder, während andere Copilot-Varianten Aufforderungen gelegentlich missverstehen und anstelle eines Bildes beispielsweise eine umfangreiche Bildbeschreibung liefern.
- Es können nicht nur die typischen quadratischen Kacheln generiert werden, sondern auf Wunsch auch Bilder im Hoch- oder Querformat.
- Der Bildgenerator im Designer-Modus erstellt Ihnen immer gleich vier Vorschläge zu jedem Prompt, sodass Sie jedes Mal eine Auswahl zwischen verschiedenen Alternativen haben und so schneller zum Ziel kommen.

- Außerdem gibt es meiner Meinung nach auch einen qualitativen Unterschied, denn der Designer generiert meiner Erfahrung nach bessere Bilder in dem Sinn, dass sie eher den im Prompt formulierten Erwartungen entsprechen.

1. Um Copilot im Designer-Modus zu nutzen, öffnen Sie im Webbrowser die Adresse https://designer.microsoft.com.
2. Die Webseite begrüßt Sie direkt mit einem Eingabebereich *Was möchten Sie gestalten?*. Darunter finden Sie verschiedene Szenarien wie *Symbole*, *Hintergrundbilder* oder *Banner*, die jeweils zu einer Variante des Bildgenerators führen, die die jeweils gewünschte Art von Abbildungen erzeugt.
3. Für ein klassisches Bild wählen Sie ganz links *Bilder*. Alternativ gelangen Sie mit der Adresse https://designer.Microsoft.com/image-creator auch direkt hierhin.

4. Klicken Sie anschließend auf den Bereich *Beschreibung*.

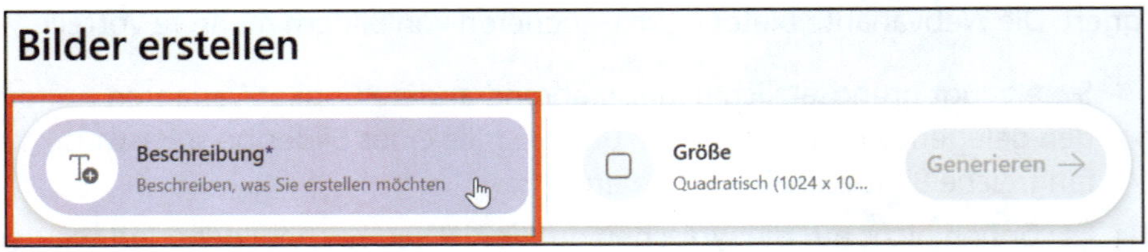

5. Damit wird ein Eingabebereich eingeblendet, in dem Sie Ihre Beschreibung für das gewünschte Bild eintippen können. Lassen Sie sich dabei nicht vom dort im Hintergrund eingeblendeten Text irritieren, der nur als Beispiel dienen soll und verschwindet, sobald Sie Ihre Beschreibung eingeben.

6. Geben Sie hier ganz nach Wunsch kurz oder auch sehr ausführlich und detailliert Ihre Vorstellungen ein. Der Umfang ist nur durch eine maximale Zeichenanzahl von eintausend Zeichen begrenzt.
7. Sind Sie mit Ihrer Beschreibung zufrieden, klicken Sie oben rechts auf die *Generieren*-Schaltfläche.

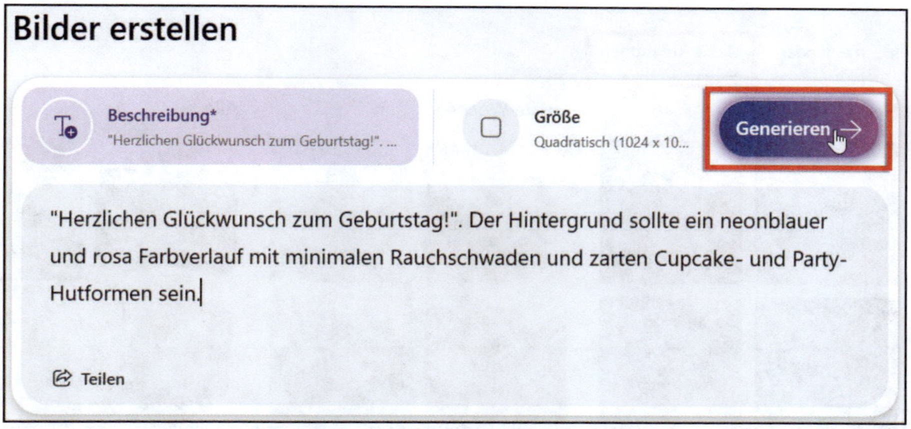

8. Nach etwas Wartezeit zeigt der Bildgenerator Ihnen vier Vorschläge, die er aufgrund Ihres Prompts generiert hat.

War der Prompt sehr detailliert, erhalten Sie eher vier Variationen des gleichen Bildes, unter denen Sie diejenige auswählen, die Ihnen am ehesten zusagt. War Ihre Beschreibung aber eher allgemein und hat weniger konkrete Vorgaben gemacht, können sich die vier Erzeugnisse visuell auch recht deutlich unterscheiden.

Zurück zu früheren Kreationen

Genauso wie Copilot Ihre Konversationen speichert und Ihnen im Verlauf alle Prompts und Antworten bereitstellt, gehen auch einmal erzeugte Bilder nicht verloren. Unterhalb des Eingabebereichs finden Sie zwei Rubriken: *Ideen erkunden* enthält Bilder von anderen Nutzern, die Sie hier mitsamt dem dafür verwendeten Prompt abrufen können (mehr dazu auf Seite 313). Klicken Sie stattdessen auf *Meine Kreationen*, zeigt der Designer Ihnen die Bilder an, die Sie in der Vergangenheit mit Copilot erstellt haben.

Wenn Sie den Mauszeiger über einem der Einträge schweben lassen, sehen Sie auch den Prompt, den Sie dafür eingegeben hatten. Klicken Sie auf einen Eintrag, wird dieser detailliert angezeigt. Sie können dann die verschiedenen erzeugten Bildvarianten betrachten und auch kopieren oder herunterladen. Ebenso können Sie den Prompt selbst kopieren oder das Bild zum Bearbeiten im Designer öffnen.

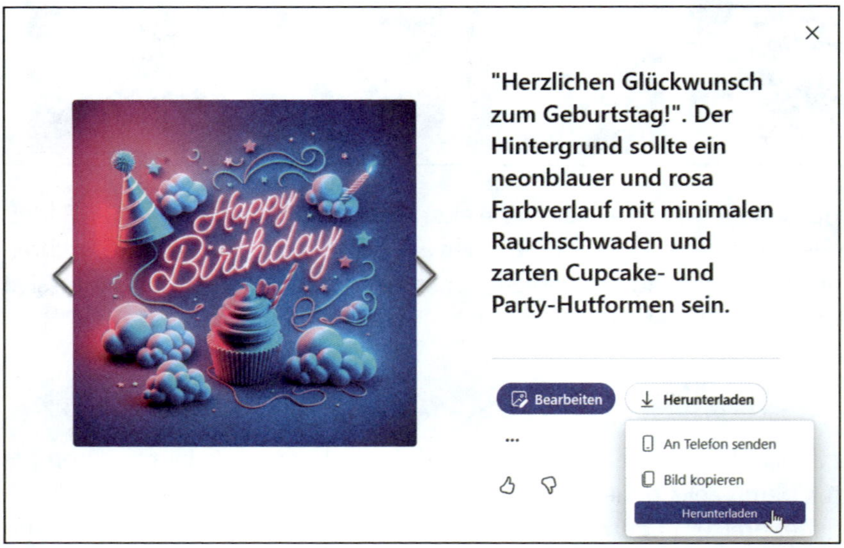

Bilder in einem bestimmten Format erzeugen

Wenn Sie Copilot im »normalen« Chat den Auftrag geben, ein Bild zu generieren, wird dieses immer eine quadratische Kachel sein. Selbst wenn Sie ausdrückliche Anweisungen wie »Querformat«, »Hochformat«, »16:9«, »4:3« oder »Breitwand« ergänzen, wird der Assistent dies ignorieren.

Auch hier hat die Nutzung des Designer-Modus große Vorteile, denn hier können Sie das gewünschte Format direkt angeben und der Bildgenerator wird sich exakt daran halten.

1. Wechseln Sie dazu vor dem Generieren eines Bildes oben in die Rubrik *Größe*.
2. Hier können Sie eines der drei angebotenen Formate durch Anklicken auswählen:
   - Quadratisch (1024 x 1024)
   - Hochformat (1024 x 1792)
   - Querformat (1792 x 1024)

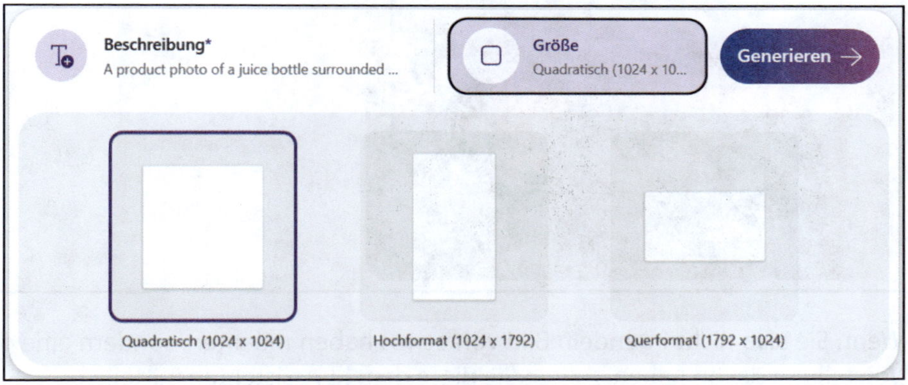

3. Kehren Sie anschließend in die Rubrik *Beschreibung* zurück oder klicken Sie direkt oben rechts auf *Generieren*, um das beschriebene Bild in diesem Format erstellen zu lassen.

9.2 Gute Prompts für Bilder formulieren

Wie auch beim Generieren von Text hängt das Ergebnis vor allem von der Aufforderung ab, mit der Sie dem Assistenten Anweisungen geben. Je ausführlicher und präziser Ihre Vorgaben sind, desto mehr wird das erzeugte Bild Ihren Vorstellungen entsprechen. Ein einfaches Beispiel mag das verdeutlichen.

Wenn Sie den Bildgenerator auffordern, ein Bild von einem Auto zu erzeugen, wird er ein Bild irgendeines Autos in irgendeiner Farbe vor irgendeinem Hintergrund generieren. Es wird ein gutes Bild eines Autos sein. Aber gleichzeitig wird es eine große Überraschung sein und möglicherweise nicht viel mit dem zu tun haben, was Sie sich vorgestellt haben.

Wenn Sie also nicht irgendein Bild von etwas haben möchten, sondern eine genaue Vorstellung davon haben, sollten Sie diese dem KI-Assistenten mitteilen.

Das muss nicht unbedingt ein ausführlicher Text sein, die richtigen Stichpunkte und Adjektive reichen aus, um beim Bildgenerator die gewünschten »Assoziationen« auszulösen:

```
Ein hellblaues amerikanisches Traumauto aus den 60er
Jahren, Cabrio, auf einem leeren Highway durch eine kahle
Wüste, ein Mann mit Cowboyhut am Steuer, eine Frau
mit weißem Kleid und dunkler Sonnenbrille, Kaktus im
Hintergrund, Sonnenuntergang.
```

Mit dem richtigen Prompt generiert Copilot Bilder genau nach Ihren Vorstellungen

Anregungen für Prompts finden

Beispiele sind eine gute Möglichkeit, sich mit der Kunst vertraut zu machen, Eingabe-Prompts zu entwerfen, die zum gewünschten Ergebnis führen. Copilot bietet eine Galerie mit Bildern an, die andere Benutzer mit diesem Dienst erstellt haben. Wer möchte, kann sich auch den Prompt anschauen, der zu einem konkreten Bild geführt hat. So bekommt man schnell ein Gefühl dafür und Tipps, wie man bestimmte Effekte, eine gewünschte Bildstimmung oder einen speziellen Stil erreicht.

1. Rufen Sie im Webbrowser Ihrer Wahl die folgende Adresse auf: https://create.microsoft.com/de-de/features/ai-image-generator.
2. Damit öffnen Sie eine Galerie mit Bildern als kleine Vorschauen. Wenn Sie den Mauszeiger auf eine davon bewegen, wird der Prompt angezeigt, der für das Erzeugen verwendet wurde.

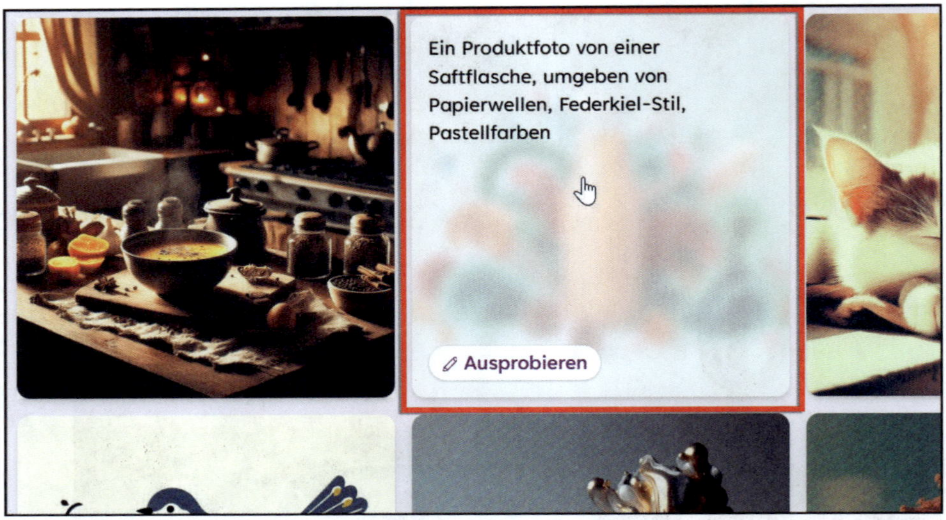

3. Wenn Sie auf die Minivorschau klicken, wird diese in einem einfachen Editor geöffnet. Hier ist die verwendete Aufforderung noch mal in voller Länge zu lesen.

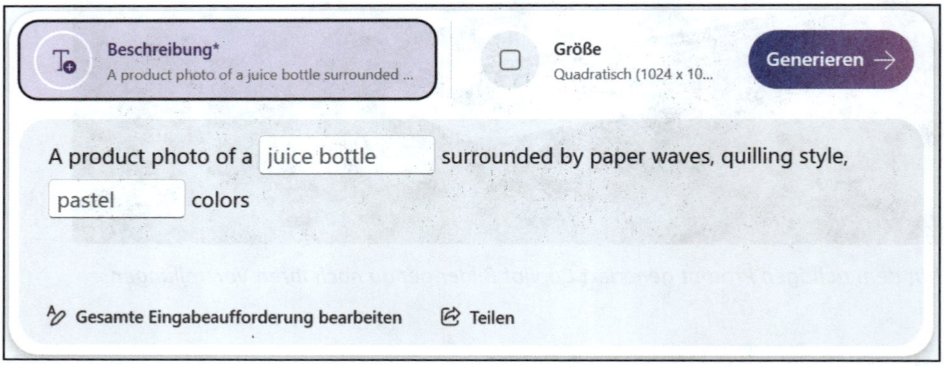

Aufforderung in englischer Sprache?

Da die meisten Copilot-Nutzer Englisch sprechen, sind auch die meisten der Bilder mit einem englischsprachigen Prompt generiert worden. Auch wenn die Aufforderungen in der Übersicht eingedeutscht waren, werden sie im Editor stets im Original angezeigt. Wenn Sie das stört, können Sie aber Copilot selbst nutzen, um sie ins Deutsche zu übersetzen: Klicken Sie unten auf *Gesamte Eingabeaufforderung bearbeiten*. Dann können Sie den gesamten Prompt markieren und kopieren und in ein Copilot-Eingabefeld einfügen mit der Ergänzung: `Übersetze mir diesen Prompt auf Deutsch`. Die übersetzte Version können Sie dann auch wieder zurück in den Editor übertragen und damit weiterarbeiten.

4. Der Text der Aufforderung besteht aus unveränderlichen Bestandteilen und aus einzelnen Eingabefeldern, die Sie bearbeiten können. Copilot hat dabei versucht zu erkennen, welche Teile der Beschreibung den eigentlichen Charakter des Bildes ausmachen und welche sich auf den Inhalt beziehen. Wenn Sie also die Bestandteile in den Feldern durch Ihre eigenen inhaltlichen Vorstellungen ersetzen, sollten Sie ein Bild erhalten, das der Vorlage sehr ähnlich ist, aber Ihren individuellen Inhalt wiedergibt.
5. Alternativ klicken Sie unten auf *Gesamte Eingabeaufforderung bearbeiten*, um den ganzen Prompt beliebig verändern zu können.
6. Haben Sie den Prompt in Ihrem Sinne verändert, klicken Sie auf *Generieren*, um mit diesen Vorgaben ein neues Bild erzeugen zu lassen.

In der nachfolgenden Abbildung sehen Sie links ein Originalbild aus der Copilot-Galerie. In dem dazugehörenden Prompt habe ich lediglich das Wort »juice bottle« (Saftflasche) durch »toaster« ersetzt. Das Ergebnis ist ein Bild, das den Stil des Originals nachahmt, aber eben den gewünschten Inhalt präsentiert.

Prompts von der KI generieren lassen

Wenn Sie vor dem Problem stehen, einen passenden Prompt zum KI-Generieren eines Bildes nach Ihren Vorstellungen zu formulieren, warum lassen Sie sich nicht einfach von Copilot dabei helfen? Klingt im ersten Moment vielleicht komisch, aber wenn man mal darüber nachdenkt, ergibt es Sinn. Eine der Stärken generativer KI ist schließlich das Erzeugen von Texten. Prompts für KI-Assistenten sind ja nichts anderes als Texte. Und Copilot »weiß« selbstverständlich, was ein Prompt ist und was darin stehen sollte und was besser nicht. Wenn Sie selbst konkrete Vorstellungen haben, wie ein Bild aussehen soll, wäre es selbstverständlich Unsinn, dem Assistenten zu sagen: Schreibe mir einen Prompt, in dem dies und das und jenes vorkommt. Aber wenn Sie nur eine grundlegende Idee haben und Anregungen für die konkrete Ausgestaltung suchen, dann können Sie Copilot um einen Vorschlag für einen passenden Prompt bitten:

```
Erstelle mir einen Prompt, mit dem ich ein stimmungsvolles
Bild von einem Lagerfeuer generieren kann.
```

Erstelle mir einen Prompt, mit dem ich ein stimmungsvolles Bild von einem Lagerfeuer generieren kann.

Aber natürlich! Hier ist ein stimmungsvoller Prompt für ein Bild von einem Lagerfeuer:

"Ein gemütliches Lagerfeuer in einer sternenklaren Nacht, umgeben von hohen, schattigen Bäumen. Die Flammen leuchten warm und golden, werfen tanzende Schatten auf den Waldboden und erzeugen ein Gefühl der Geborgenheit und Ruhe. Im Hintergrund glitzern Sterne am klaren Himmel, und das leise Knistern des Feuers verstärkt die friedliche Atmosphäre."

Hoffentlich inspiriert dich das. Viel Spaß beim Generieren deines Bildes! 😊

Den generierten Prompt können Sie in der Antwort markieren und in die Zwischenablage kopieren. Von dort fügen Sie ihn direkt wieder in das Eingabefeld ein und senden ihn ab. Nach kurzer Wartezeit sollten Sie ein entsprechendes Bild erhalten. Wenn es Ihnen gefällt, können Sie es mit dem Download-Symbol rechts daneben herunterladen.

Das klingt so idyllisch! Dein Bild vom Lagerfeuer in einer sternenklaren Nacht ist einfach bezaubernd. Schau dir das Bild an, das ich für dich erstellt habe. Ich hoffe, es fängt die Magie deines beschriebenen Szenarios ein. ✨🔥

Ganz wichtig: Sie müssen den erzeugten Prompt nicht 1:1 übernehmen, sondern können ihn auch als Anschauungsmaterial und zur Anregung nutzen. Was Ihnen daran gefällt, das behalten Sie bei und verbessern es ggf. sogar noch. Was Ihnen missfällt, das lassen Sie weg oder ersetzen es durch etwas, das Ihnen geeigneter erscheint.

```
Ein gemütliches Lagerfeuer in einer sternenklaren Nacht,
umgeben von hohen, schattigen Bäumen. Die Flammen leuchten
warm und golden, werfen tanzende Schatten auf den Waldboden
und erzeugen ein Gefühl der Geborgenheit und Ruhe. Am
Feuer sitzen ein Mann und eine Frau. Die Frau röstet
Marshmallows im Feuer, während der Mann Gitarre spielt.
```

Beschreibungen zu Bildern generieren

Um zu verstehen, wie sich durch Beschreibungen und Schlüsselwörter Bilder auf eine ganz bestimmte Art und Weise erzeugen lassen, kann es sinnvoll sein, auch mal den umgekehrten Weg zu gehen. Also der KI ein fertiges Bild zu geben und sich dazu eine Beschreibung generieren zu lassen. Auf diese Weise kann man lernen, welche Begriffe und Formulierungen man wie einsetzen kann, um ganz bestimmte Effekte zu erzielen. Voraussetzung dafür ist, dass ein Bild in einem der für Copilot zugänglichen Formate (JPEG, PNG, GIF oder WEBP) vorliegt, sodass Sie es wie auf Seite 45 beschrieben hochladen können.

Alternativ können Sie die Screenshot-Funktion der Copilot-Desktop-App nutzen. Dafür reicht es, dass Ihre Bildvorlage irgendwo auf dem Bildschirm zu sehen ist.

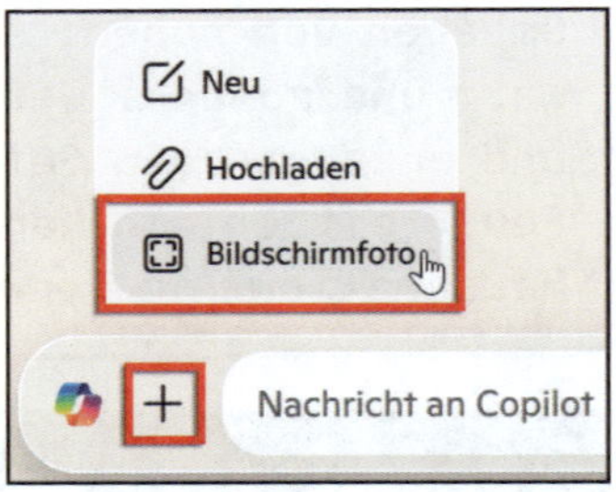

1. Klicken Sie in der Desktop-Anwendung auf das Plussymbol links neben dem Eingabefeld und wählen Sie im so geöffneten Menü die Option *Bildschirmfoto*.
2. Daraufhin wird das Copilot-Fenster ausgeblendet, und Sie können nun den Bereich des Bildschirms, in dem das gewünschte Bild sichtbar ist, markieren.
3. Klicken Sie dazu auf eine der Ecken des Bereichs und ziehen Sie dann mit weiterhin gedrückt gehaltener linker Maustaste zur gegenüberliegenden Ecke, wo Sie die Taste loslassen.

4. Die Copilot-App kommt dann automatisch wieder zum Vorschein und Windows fügt den von Ihnen markierten Bereich als Bild in das Eingabefeld ein.
5. Ergänzen Sie dieses Bild nun um eine Anweisung wie diese:

```
Generiere einen Prompt, mit dem du ein Bild in dieser
Art generieren würdest.
```

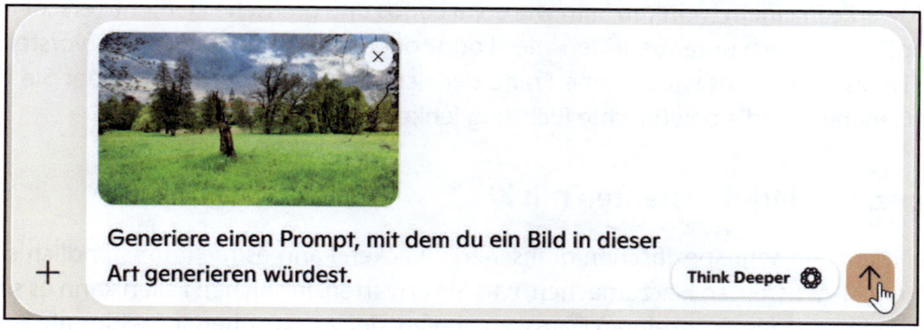

6. Das Analysieren von Bildern dauert etwas länger als das Erfassen von Texten, aber trotzdem sollten Sie nach wenigen Sekunden Wartezeit eine Antwort erhalten.

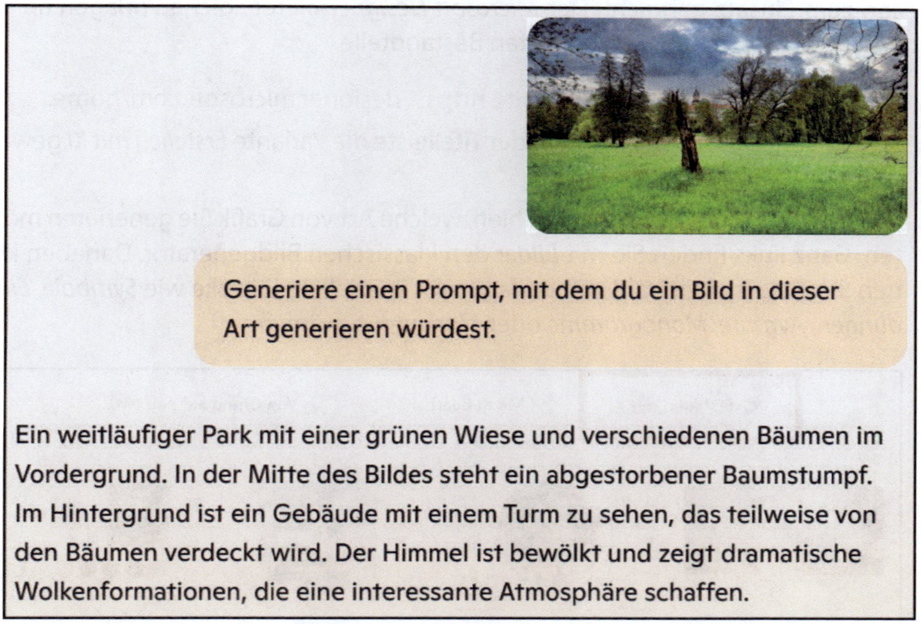

7. Zum Testen können Sie die Antwort des KI-Assistenten mit dem Kopieren-Symbol in die Zwischenablage übertragen, direkt wieder als Aufforderung unten in das Eingabefeld einfügen und absenden.
8. So erzeugt Copilot ein Bild mit dem selbst generierten Prompt und Sie können überprüfen, ob sich so tatsächlich ein Bild erzeugen lässt, das dem Original nahekommt.

9.3 Logos und Grafiken erstellen

In diesem Kapitel ging es bislang vor allem um Bilder im klassischen Sinn von Gemälden, Illustrationen oder Fotografien. Aber KI-basierte Bildgeneratoren können auch Bildwerke in einem weiteren Sinn wie etwa Logos und grafische Elemente erschaffen. Copilot kann sich unter Begriffen wie »Logo« oder »Reklameschild« etwas vorstellen. Es ist also auch hier wieder eine Frage der richtigen Aufforderung, mit der Sie den KI-Generator in die gewünschte Richtung lenken.

Spezielle Bild-Assistenten mit KI

Bei manchen sehr spezifischen grafischen Zwecken kann es recht umständlich sein, einem KI-Assistenten klarzumachen, was Sie erwarten. In solchen Fällen kann es sinnvoll sein, stattdessen zu einem Dienst zu greifen, der von vornherein bestimmte Arten von Projekten zur Auswahl stellt.

Der Entstehungsprozess wird dann entsprechend geleitet und die KI an den richtigen Stellen zum Einsatz gebracht. Der *Microsoft Designer* bietet solche Vorlagen an und integriert Copilot für die KI-generierten Bestandteile.

1. Öffnen Sie im Webbrowser die Seite https://designer.microsoft.com/home.
2. Stellen Sie sicher, dass unterhalb der Titelleiste die Variante *Erstellen mit KI* gewählt ist.
3. Dann können Sie darunter auswählen, welche Art von Grafik Sie generieren möchten. Ganz links finden Sie mit *Bilder* den klassischen Bildgenerator. Daneben können Sie aus einer Vielzahl von Vorlagen für speziellere Zwecke wie *Symbole*, *Einladungen*, *Avatare*, *Monogramme* oder *Marken-Kits* wählen.

4. Abhängig von der gewählten Variante beginnt nun der Gestaltungsprozess. Für ein Marken-Kit etwa geben Sie zunächst den Namen Ihrer Marke bzw. Firma an.

Zusätzlich können Sie beschreiben, was das Unternehmen macht bzw. was die Marke ausdrücken soll. Klicken Sie dann auf die *Generieren*-Schaltfläche.

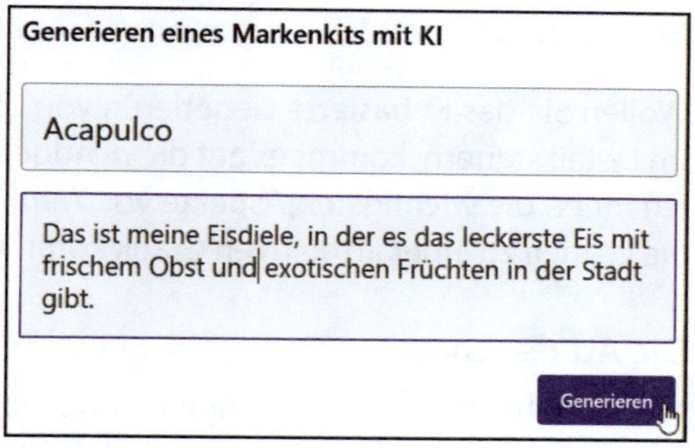

5. Der Assistent generiert anschließend rechts mehrere Vorschläge mit unterschiedlichen Logos, Farben und Schriftarten. Navigieren Sie mit den Schaltflächen, um sich alle anzuschauen. Wählen Sie den aus, der Ihnen am meisten zusagt, und klicken Sie diesen an.
6. Sie sehen dann alle Details des Marken-Kits. Links können Sie die einzelnen Bestandteile inspizieren und beispielsweise ein eventuell bereits vorhandenes *Logo* hochladen, das dann integriert wird. In der Rubrik *Farben* finden Sie weitere Vorschläge für Farbpaletten. Auch einzelne Schriftarten können Sie ersetzen, falls sie Ihnen nicht zusagen.
7. Sind Sie zufrieden, haben Sie unten rechts die Möglichkeit zum *Herunterladen* des Marken-Kits. Mit *Logo* oder *Markenkarte* erhalten Sie jeweils nur diese Bestandteile als Bilder. Mit *Vollständiges Material* bekommen Sie ein ZIP-Archiv mit allen Bildern sowie eine JSON-Textdatei mit sämtlichen weiteren Informationen (wie etwa den verwendeten Schriftarten).

Schlüsselwörter für Logos und Grafiken

Wollen Sie das KI-basierte Generieren von Logos und anderen grafischen Elementen im Detail steuern, kommt es auf die richtigen Schlüsselwörter an. Im Folgenden stelle ich Ihnen die wichtigsten Aspekte vor. Wenn Sie diese geschickt kombinieren, sollten Sie schnell zu einer attraktiven Grafik kommen.

Die Art des Logos

Wenn in Ihrem Prompt von einem Logo, einer Einladung oder einer Speisekarte die Rede ist, dann weiß der KI-Assistent schon, worauf es dabei im Wesentlichen ankommt. Wenn Ihnen also schon klar ist, was Sie erreichen wollen, machen Sie dem KI-System eine entsprechende Vorgabe. Das kann durchaus schon recht spezifisch sein. Bei Logos etwa gibt es verschiedene Grundformen:

- **Symbol**
  Eine grafische Visualisierung eines Gegenstands, einer Tätigkeit oder eines Themas, die in der Regel ohne Beschriftung auskommt und beliebig konkret oder abstrakt sein kann.
- **Emblem** oder **Wappen**
  Spezielle Varianten von Symbolen, die eine Grundform vorgeben, die gleichzeitig aber auch eine Bedeutung transportieren können. Wappen etwa vermitteln Historie, Tradition und Autorität, Embleme stehen für Abzeichen auf Uniformen oder die Erkennungszeichen von Clubs.
- **Maskottchen**
  Eine Personalisierung in Form eines Tieres, einer Kunstfigur oder eines stilisierten Gesichts. Maskottchen machen eine Marke sympathischer und anschaulicher und können so eine starke Bindung aufbauen.
- **Monogramm** (engl. »Lettermark«)
  Die künstlerische Abwandlung oder Verfremdung eines Buchstabens oder mehrerer Buchstaben. Dabei kann es sich etwa um den Anfangsbuchstaben eines Firmennamens oder die Initialen einer Person handeln. Längere Namenszüge eignen sich eher nicht für eine schöne Visualisierung.

`Erstelle ein Monogramm der Buchstaben "WG"`

Der Kunststil

Schaut man sich Logos, Maskottchen und ähnliche Embleme an, dann sind diese grafisch meist in einem einfachen Stil gehalten: klare Formen, deutliche Linien, wenige Farben. Das alles trägt dazu bei, die Markenbotschaft auf den ersten Blick zu erkennen und später jederzeit wiederzuerkennen. Um Bilder in diesem Stil zu generieren, sollte man deshalb einen Stil vorgeben, der dieser Gestaltungsart entspricht. Mit folgenden Schlüsselwörtern etwa bringen Sie KI-Assistenten grundlegend auf die richtige Spur (einzeln oder auch in Kombination einzusetzen):

- **einfach** oder **minimalistisch**
  Die grundlegendste Eigenschaft für grafische Elemente überhaupt, die dafür sorgt, dass mit einfachen Formen und wenigen Farben gearbeitet wird.
- **flach**
  Sorgt ebenfalls für einfache Darstellung ohne räumliche Perspektive (wenn gewünscht).
- **Vektor**
  Führt zu einfachen Elementen und klaren Linien, die sich gut skalieren lassen.
- **schwarz-weiß**, **Umriss** oder **Strichzeichnungen** bzw. **Line Art**
  Ein konkreter Stil, der sich gut für sehr abstrakte oder stilisierte Elemente eignet.

```
Erstelle ein Logo für eine Eisdiele, ohne Text,
einfach, flach, Vektor
```

Daneben gibt es bestimmte Kunststile, die sich besonders für das Erstellen grafischer Elemente eignen, wie beispielsweise *Abstrakter Expressionismus*, *Pop-Art* oder *Kristallkubismus*.

Referenzkünstler als Schlüsselwörter

Anstelle eines Kunststils können Sie auch einen konkreten Künstler vorgeben, was die Angabe noch etwas konkreter macht. Möglicherweise eignet sich einer Ihrer Lieblingskünstler für das Erstellen von Logos und Maskottchen. Ansonsten haben sich beispielsweise die folgenden Künstler für diese Zwecke bewährt:

- Piet Mondrian – geometrisch, abstrakt, harmonisch
- Pablo Picasso – kreativ, abstrakt, lebendig
- Saul Bass – grafisch, minimalistisch, ikonisch
- Paul Rand – kreativ, funktional, modern

Referenzlogos analysieren

Eine gute Möglichkeit, Logos und grafische Elemente zu entwerfen, ist das Orientieren an Referenzen. Vielleicht gibt es ja ein Design, dessen Stil und Machart Sie sich gut für Ihren eigenen Entwurf vorstellen können. Dann besorgen Sie sich eine Bilddatei davon und geben Sie diese Copilot zur Analyse.

1. Wenn Sie ein bestimmtes Logo oder eine andere Form der grafischen Darstellung im Auge haben, suchen Sie am besten eine Webseite, auf der diese verwendet werden.
2. In der Regel können Sie grafische Elemente von Webseiten mit der rechten Maustaste anklicken und im so geöffneten Kontextmenü abhängig vom verwendeten Webbrowser *Grafik speichern unter* bzw. *Bilder speichern unter* o. Ä. wählen. Notfalls machen Sie mit ⇧+⊞+S einen Screenshot, wenn das Element irgendwo zu sehen ist.

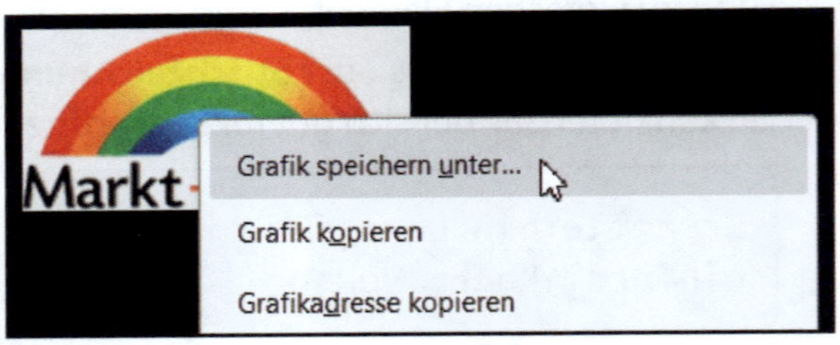

3. Wechseln Sie nun zur Copilot-Oberfläche und laden Sie die gespeicherte Bilddatei hier hoch (siehe Seite 45).
4. Lassen Sie sich das Bild nun aus Sicht des KI-Assistenten beschreiben bzw. einen Prompt für einen Bildgenerator vorschlagen, mit dem man ähnliche Grafiken erstellen könnte.

5. Die Antwort des Assistenten wird nicht lange auf sich warten lassen. Achten Sie auf die *Kopieren*-Schaltfläche oben rechts, mit der Sie den generierten Prompt direkt kopieren können.

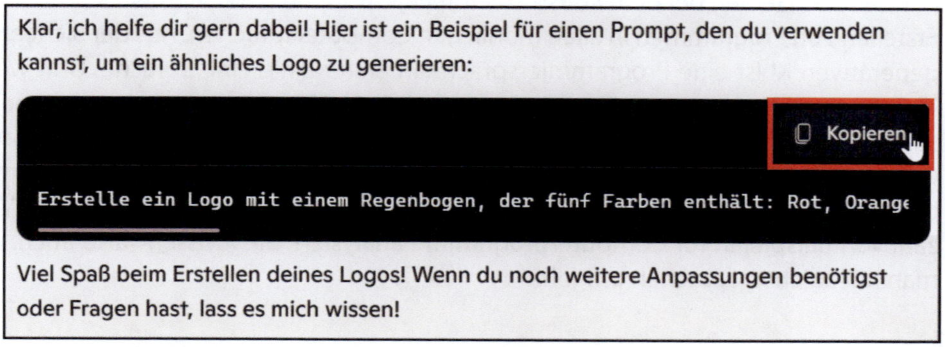

6. Fügen Sie den kopierten Prompt nun bei Copilot oder auch einem anderen Bildgenerator ein. Passen Sie dabei die Aspekte an, die Sie ändern möchten. Achten Sie vor allem darauf, ggf. Namen aus der Originalgrafik zu entfernen oder auszutauschen.

Plagiate durch KI?

Durch das Generieren auf Basis von statistischen Wahrscheinlichkeiten wird ein Bildgenerator niemals eine exakte Kopie eines vorgegebenen Bildes erstellen. Allerdings muss es für ein Plagiat auch keine exakte Kopie sein. Gerade wenn es um Logos mit Wiedererkennungswert geht, spielt der Markenschutz eine Rolle. Und da kann es schon problematisch werden, wenn ein Logo einem anderen zu ähnlich sieht. Achten Sie also bei der vorangehend beschriebenen Referenzmethode darauf, dass Ihr generiertes Logo dem Original am Ende nicht zu ähnlich sieht, insbesondere falls Sie das Bild kommerziell nutzen möchten.

10. Office mit KI-Hilfe programmieren

Ein weiteres Gebiet, bei dem künstliche Intelligenz Ihnen behilflich sein kann, ist das Erstellen von Programmen in allen möglichen Computersprachen. Aus der Sicht einer generativen KI ist eine Programmiersprache in erster Linie eine Sprache. Und wenn KI-Systeme diverse menschliche Sprachen mit ihren Eigenheiten meistern können, sollten sie mit völlig logisch aufgebauten und im Wortschatz sehr überschaubaren Computersprachen spielend zurechtkommen. Und die KI-Systeme haben im Rahmen ihres Trainings mit online verfügbaren Informationen unter anderem auch eine Vielzahl von Beispielen für Computerprogramme analysiert. Sie »wissen« also auch, wie man mit solchen Sprachen umgeht.

10.1 Office-Makros in VBA programmieren

Nun ist nicht jeder ein Programmierer, aber man kann kleine eigene Programme an einigen Stellen sinnvoll nutzen. Office verfügt über eine eigene Programmiersprache namens Visual Basic for Applications (VBA). Diese kommt zum Einsatz, wenn Sie mit dem Makro-Rekorder Aktionen aufzeichnen, um diese später beliebig oft wiederholen zu können. Der Rekorder verwandelt Ihre Aktionen innerhalb der Anwendung in ein kleines VBA-Programm, das dann immer wieder ausgeführt werden kann.

VBA-Programme per Aufforderung erstellen lassen

VBA kann aber wesentlich mehr. Komplexere und flexiblere Programme lassen sich allerdings nicht mehr als Makro aufzeichnen, sondern müssen als Code gestaltet werden. Das klingt anspruchsvoll, aber mit der Unterstützung von KI verliert auch diese Aufgabe ihren Schrecken, wie das folgende Beispiel demonstriert. Dabei geht es darum, dass alle Bilder in einem Word-Dokument so skaliert werden sollen, dass sie exakt der Seitenbreite des Dokuments entsprechen. Dazu sollen die Bilder nach Bedarf entsprechend vergrößert oder verkleinert werden, wobei das Seitenverhältnis zwischen Breite und Höhe erhalten bleiben soll, um Verzerrungen zu vermeiden.

1. Beschreiben Sie dem KI-Assistenten möglichst genau, welche Aufgabe Sie mit dem Programm lösen möchten.

```
Schreibe mir ein VBA-Makro, das in einem Word-Text die
Größe aller eingefügten Bilder der Seitenbreite des
Dokuments anpasst. Die Proportionen der Bilder sollen
dabei erhalten bleiben.
```

2. Nach kurzem Nachdenken präsentiert der KI-Assistent seine Lösung (hier nur auszugsweise wiedergegeben).
3. Mit einem Klick auf das *Kopieren*-Symbol oben rechts neben dem Code übernehmen Sie nur diesen in die Zwischenablage.

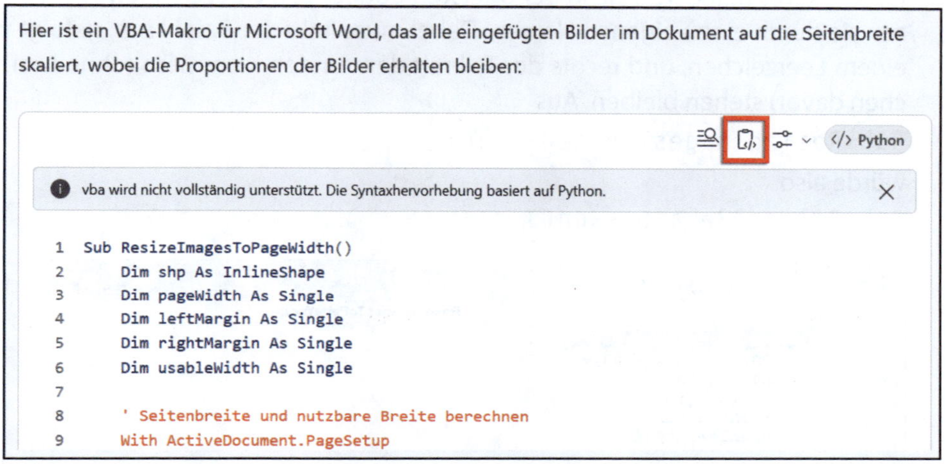

4. Wichtig: Lesen Sie die Antwort von Copilot auch über den Code hinaus bis zum Schluss. Am Ende folgen meist noch Hinweise, wie das Programm konkret eingesetzt werden kann. Teilweise müssen zuvor auch noch Werte innerhalb des Codes angepasst werden, damit es funktioniert.

So verwendest du das Makro:

1. Öffne Word und drücke `Alt + F11`, um den VBA-Editor zu öffnen.
2. Füge das Makro in ein neues Modul ein (`Einfügen > Modul`).
3. Schließe den Editor und führe das Makro über `Entwicklertools > Makros` aus.

VBA-Code in Dokumente einfügen

Um ein VBA-Makro auszuführen, müssen Sie es in das entsprechende Dokument integrieren:

1. Öffnen Sie das fragliche Dokument in Word und drücken Sie das Tastenkürzel Alt+F11, um den VBA-Editor zu öffnen.
2. Klicken Sie im Editor-Menü auf *Einfügen/Modul*.
3. Im so geöffneten Editor-Fenster fügen Sie den zuvor in die Zwischenablage kopierten VBA-Code ein.

4. Hier können Sie nun noch individuelle Änderungen am Programm vornehmen. Vielleicht hat der Assistent dem Code entsprechende Hinweise mitgegeben, vielleicht möchten Sie das Makro aber auch nur umbenennen, um es besser wiederfinden zu können?
5. Für Letzteres markieren Sie in der obersten Codezeile die Bezeichnung und ersetzen sie durch einen eigenen Namen. Dabei muss links der Befehl *sub*, gefolgt von einem Leerzeichen, und rechts der Teil mit den runden Klammern (ohne Leerzeichen davor) stehen bleiben. Aus

   ```
   Sub ResizeImagesToPageWidth()
   ```

   würde also

   ```
   Sub Bildgröße_anpassen()
   ```

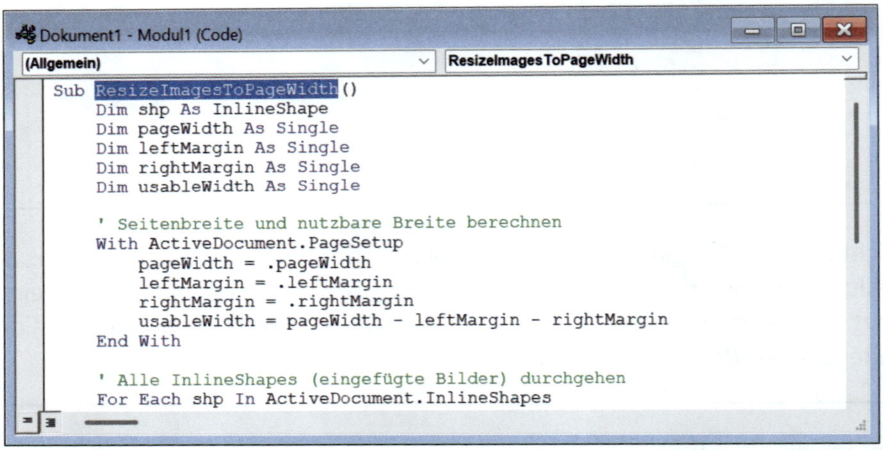

6. Schließen Sie dann den Modulbereich und den VBA-Editor.

KI-generierte Makros ausführen

Ein auf diese Weise erstelltes VBA-Programm können Sie jederzeit wie ein aufgezeichnetes Makro ausführen.

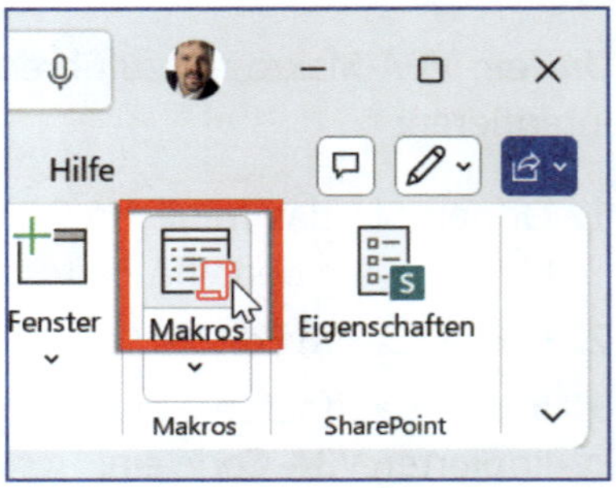

1. Klicken Sie im *Ansicht*-Menüband im Bereich *Makros* auf das gleichnamige Symbol. Alternativ können Sie schneller Alt+F8 drücken.
2. In der so geöffneten Makroübersicht finden Sie sowohl aufgezeichnete Makros als auch, wie vorangehend beschrieben, selbst erstellte VBA-Programme.
3. Lokalisieren Sie das gewünschte Programm anhand des Namens und wählen Sie es aus.

4. Klicken Sie dann rechts auf *Ausführen*.

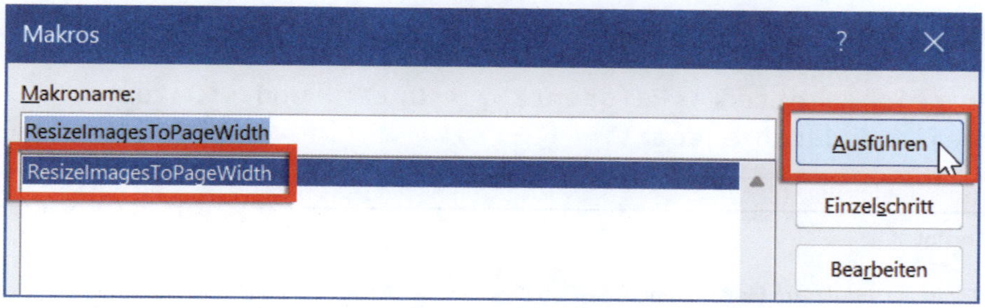

5. Warten Sie ggf., bis die Abarbeitung abgeschlossen ist. Bei dem angeführten Beispiel kann das insbesondere bei Dokumenten mit vielen Bildern ein wenig dauern.
6. Abschließend erhalten Sie ggf. eine Erfolgsmeldung (sofern das KI-generierte Programm dies vorsieht).

10.2 PowerPoint-Präsentation mit interaktiven Makros anpassen

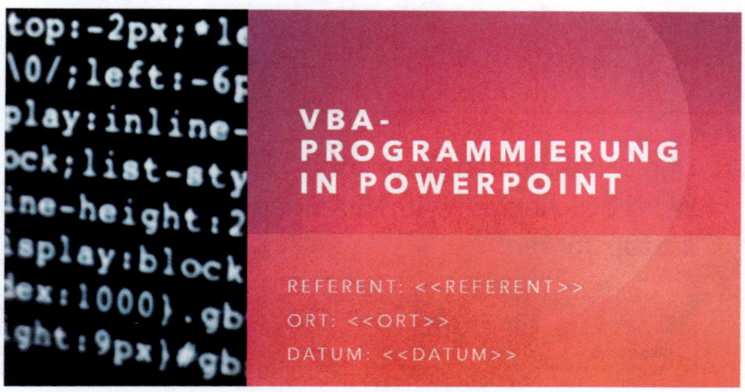

VBA steht in allen wesentlichen Office-Anwendungen zur Verfügung (außer OneNote und Teams) und kann weitaus mehr als nur kurze, einfache Aufgaben abzuarbeiten. Das folgende Beispiel bezieht sich auf PowerPoint und beinhaltet das interaktive Abfragen von Daten. Dabei gehe ich davon aus, dass in einer Präsentation an verschiedenen Stellen Platzhalter wie <<*Referent*>>, <<*Ort*>> und <<*Datum*>> enthalten sind (die doppelten Spitzenklammern sind frei gewählt und sollen den Begriff als zu ersetzenden Platzhalter kennzeichnen). Das macht es leichter, einen Vortrag, der bei verschiedenen Gelegenheiten gehalten werden soll, jeweils anzupassen.

Nun könnte man solche Ersetzungen jeweils mit der *Suchen und Ersetzen*-Funktion vornehmen. Aber praktischer wäre ein kleines Programm, das die jeweiligen Werte vom Benutzer abfragt und dann alle Platzhalter in der Präsentation entsprechend ersetzt. Klingt erst mal kompliziert, aber wenn Sie es dem KI-Assistenten genauso erklären, wird er Ihnen ein passendes Programm generieren.

> Erstelle mir ein VBA-Makro für PowerPoint, das den Anwender um die Eingabe von Name, Ort und Datum bittet und anschließend in der gesamten Präsentation alle Vorkommen der Zeichenketten <<Referent>>, <<Ort>>, und <<Datum>> jeweils dadurch ersetzt.

Copilot

Hier ist ein VBA-Makro für **PowerPoint**, das den Benutzer nach **Name**, **Ort** und **Datum** fragt und anschließend in der gesamten Präsentation alle Vorkommen der Platzhalter `<<Referent>>`, `<<Ort>>` und `<<Datum>>` ersetzt:

Python

```
Sub ErsetzePlatzhalterInPraesentation()
    Dim referent As String
    Dim ort As String
    Dim datum As String
    Dim sld As Slide
    Dim shp As Shape

    ' Eingabeaufforderungen
    referent = InputBox("Bitte geben Sie den Namen des Referenten ein:", "Referent")
    ort = InputBox("Bitte geben Sie den Ort ein:", "Ort")
    datum = InputBox("Bitte geben Sie das Datum ein:", "Datum")
```

1. Den so erhaltenen Code können Sie auch in PowerPoint – genauso wie zuvor für Word beschrieben – im VBA-Editor einfügen und anschließend über *Ansicht/Makros* ausführen.

Präsentation1 - Modul1 (Code)

(Allgemein) | ErsetzePlatzhalterInPraesentation

```
Sub ErsetzePlatzhalterInPraesentation()
    Dim referent As String
    Dim ort As String
    Dim datum As String
    Dim sld As Slide
    Dim shp As Shape

    ' Eingabeaufforderungen
    referent = InputBox("Bitte geben Sie den Namen des Referenten ein:", "Referent")
    ort = InputBox("Bitte geben Sie den Ort ein:", "Ort")
    datum = InputBox("Bitte geben Sie das Datum ein:", "Datum")

    ' Alle Folien durchlaufen
    For Each sld In ActivePresentation.Slides
        For Each shp In sld.Shapes
            If shp.HasTextFrame Then
                If shp.TextFrame.HasText Then
```

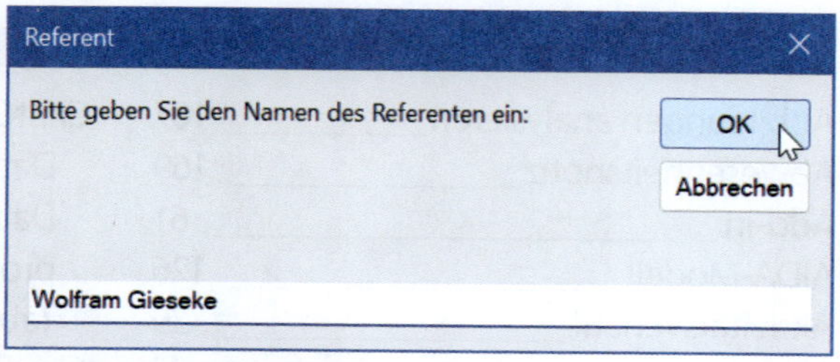

2. Daraufhin werden die drei Dialoge angezeigt, wo Sie jeweils die gefragten Informationen eintippen und mit *OK* bestätigen.
3. Anschließend führt das Programm die Ersetzung der Platzhalter durch die eingegebenen Werte durch. Das Ergebnis sehen Sie direkt in Ihrer Präsentation.

10.3 Programmfehler mit KI-Hilfe aufspüren

Wenn man selbst programmiert oder den mit KI-Hilfe erstellten Code vielleicht individuell abändert, kann es schnell zu kleinen Fehlern kommen, die dann große Wirkung haben. Wenn ein Programm dann statt der beabsichtigten Wirkung nur eine nichtssagende Fehlermeldung produziert, ist guter Rat teuer. Oder eben nicht, wenn er von einer KI schnell und kostenlos kommt.

1. Kopieren Sie den fraglichen Programmcode im Editor. Mit Strg+A und Strg+C geht das am schnellsten. Wenn Sie die Fehlerstelle allerdings einigermaßen eingrenzen können, beschränken Sie sich darauf. Je weniger Code die KI analysieren muss, desto aussagekräftiger und hilfreicher sind die Ergebnisse.
2. Fügen Sie den kopierten Programmcode mit Strg+V in die Aufforderung ein und senden Sie diese ab. Ergänzende Anweisungen sind nur nötig, wenn Sie zusätzliche Informationen mitgeben oder eine spezielle Frage stellen möchten.
3. Der KI-Assistent analysiert den übergebenen Code auch ganz ohne dazu gestellte Fragen oder Aufgaben. Sollte er dabei einen Fehler entdecken, macht er in seiner Reaktion darauf aufmerksam und bietet Ihnen gleichzeitig eine korrigierte Fassung des Programms an.
4. Auch in diesem Fall finden Sie wiederum oben rechts die *Kopieren*-Schaltfläche, mit der Sie den Code direkt in die Zwischenablage übernehmen können.

A

B

C

D

K

L

M

N

O

P